日本経済の課題と針路

経済政策の理論・実証分析

吉野　直行　亀田　啓悟
中東　雅樹　中田真佐男

編著

慶應義塾大学出版会

序

　1990年代初頭のバブル経済崩壊後、日本経済は低成長時代に突入している。内閣府「国民経済計算」によると、平成17年基準の確報ベースで1994年度から2012年度までの平均実質経済成長率はわずか0.8％にすぎず、他の先進諸国と比べて著しく低い。

　この状況に対し、歴代政権は財政・金融の両面からさまざまな政策を実施してきた。1992年度以降の予算措置を伴う景気対策は20回を数え、さらに社会保障制度や社会資本整備等も改革の対象となった。また、金融面では1998年の公的資金投入を手始めに不良債権処理を進め、並行して金融監督体制を整備・強化した。しかし、中国等の途上国経済の急成長や金融技術の多様化・複雑化、また世界的な自然環境意識の向上など、これまで予想しなかった経済環境の変化に翻弄され、日本経済は未だその輝きを取り戻せていない。

　本書は、過去四半世紀にわたる日本経済の「戦い」を最新の経済理論・統計手法により分析・評価し、将来に向けた知見の提供を目指すものである。無論、すべての論点を網羅するのは執筆陣の能力を超える。ゆえに、財政・公共経済分野と金融分野を中心に、今後の日本経済にとって重要と思われる論点を選択した。なお、研究書としての価値を向上させるべく2014年3月と9月に研究会を開催し各論考の質を担保するとともに、執筆にあたっては学部上級生にも理解できる平易な文体となるよう配慮している。

　本書の構成およびその内容は以下のとおりである。第Ⅰ部の「財政・公共経済の理論・実証分析」にはマクロ経済的な視点で財政の維持可能性や財政出動の有効性を考察した6本の論考と、ミクロ経済学的な視点で日本経済の公共経済学的側面を分析した3本の論考が収録されている。

第1章「財政の持続可能性を考慮に入れた最適財政政策ルール」は、国債市場の需要サイドに注目した財政の維持可能性に関する考察が展開されている。国債市場の安定性を考える際には、国債の需要と供給の両方を見る必要がある。しかし、これまでの財政の持続可能性の条件は国債の供給面だけから導出されており、その需要面を考慮してきたとは言い難い。本章は、国債の維持可能性を考える際にプライマリー・バランスの変化に注目するだけでは不十分で、政府の歳出、歳入のそれぞれに政策ルールを設定する必要があることを示す。また、仮にドーマー条件やボーン条件といった財政の安定化条件が満たされたとしても、経済全体が回復しない可能性が存在することも提示され、歳出と歳入を動かす政策では、債務対GDP比率の水準を見るだけでなく、景気の動きを見ながら政策を実行することが不可欠であることが主張されている。

　第2章「ケインズ効果 vs. 非ケインズ効果——near-VARからの接近」では、ケインズ効果・非ケインズ効果の日本経済での存否が再検討されている。財政状況が悪化したときに財政拡大がかえって景気を悪化させる効果は非ケインズ効果と呼ばれ、これまで主に多国間パネルデータにより確認されてきた。しかし、これはVARモデル等によって確認されてきたケインズ効果の存在と表面的には矛盾する。本章では政府の予算制約式を明示的に取り込んだVARモデルを利用して、財政収支を表すパラメータの初期値を変化させながら財政政策の有効性を再検討している。その結果、わが国にも非ケインズ効果は存在するが、現在の財政状況のもとではケインズ効果と相殺されており、ゆえに現時点での財政出動の効果は景気中立的であることが示されている。

　第3章「金融市場の不完全性下における財政政策の効果——真水か政府貸出か」では、非リカード的な家計と金融市場の不完全性を伴うDSGEモデルを用いて、家計への減税、企業に対する政府貸出、政府支出の3種類の財政政策の効果を比較している。その結果、定性的には、減税と政府支出がGDPに与える影響は非リカード的家計の割合が増えるほど大きくなり、金融市場の不完全性の度合いが大きくなれば、政府貸出の効果が大きくなることが示されている。さらに、日本の1990年代から2000年代のデータを用い

てマルコフ連鎖モンテカルロ法（MCMC法）によるベイズ推定を行った結果、日本の非リカード的家計の割合は比較的大きい一方、金融市場の不完全性はほとんど存在しないと言えるほど小さいことが示されている。この結果は、日本では政府貸出はマクロ経済を刺激するうえではほとんど効果を持たず、減税や政府支出といった財政政策の方が効果的であることを示唆している。

第4章「雇用延長が年金財政や家計の厚生に与える影響の世代重複モデルによる分析」は雇用延長が年金財政や他の世代にもたらす影響を世代重複モデルのシミュレーションにより分析している。その結果、①年金支給開始年齢の引き上げによる厚生悪化に対応するために雇用延長は必要であったこと、②60歳以上の世代が年金の拠出側に回ったとしても、年金財政へのプラスの効果は限定的であること、③雇用延長が他の世代の雇用を代替しないのであれば、各世代にとって最も高い厚生が得られること、④雇用延長により他の世代の雇用が代替されるのであれば、雇用が延長され生涯所得が増加する世代と、失業の可能性に直面し生涯所得が減少する可能性のある世代との間で、対立が発生する可能性があること、⑤雇用の代替がもたらす失業は、十分な雇用延長で生涯所得が増加すれば相殺できる可能性があること等が明らかになっている。

第5章「社会資本の老朽化と生産力効果」は、近年の低水準で推移している公共投資が社会資本の整備水準に及ぼしている影響を老朽化の観点から明らかにするとともに、この老朽化が社会資本の生産力効果へ与える影響を評価している。日本の社会資本の老朽化は2000年代に入って急激に進展しつつあり、現状の老朽化度合いは高度経済成長期当初と同一の状態にあると言える。また、社会資本の生産力効果をマクロレベルで推計したところ、多くの先行研究で示唆されているような1990年代以降社会資本の生産力効果が上昇していることは確認できず、さらに近年の社会資本の老朽化の進展は社会資本の生産力効果に対して深刻な影響を及ぼすものではないことが示されている。

第6章「道路投資と自民党の利益誘導政治──動学パネルによる再検討」では、道路投資の地域間配分と自民党の利益誘導を中心とした政治的要因の関係が実証分析により再検討されている。具体的には、国県道のうち国が事

業主体となる事業の国費分（直轄国県道国費）と都道府県が事業主体となる事業の国費分（補助国県道国費）、高速道路投資の3つを対象として、政治変数の内生性に配慮した、動学パネル分析を行っている。その結果、①直轄国県道国費、補助国県道国費ともに、自民党による政治的な影響力が一定程度認められる、②衆議院の自民党議員数が多い都道府県ほど道路投資配分が多くなるが、議席数を一定とすると、自民党の得票率が高い都道府県ほど、道路投資配分は少なくなっている可能性がある等が明らかになっている。一方、③高速道路投資については、強い政治的な影響力は認められず、④マクロ経済状況や政治的景気循環で示唆されるような選挙のタイミングも道路投資水準に影響していることも明らかになっている。

　第7章「医療保険の自己負担率と受診行動──疾病ごとの相違」は、医療保険制度と受診行動の関係を扱っている論考である。経済理論からは、基礎的な医療保険モデルに基づくと、危険回避的な個人が保険機能から得られる効用と保険制度全体の効率性との間のトレード・オフを解決する最適自己負担率が疾病の性質に依存するため、疾病別に自己負担率を設定することが社会厚生にとって望ましくなる可能性があることが導出される。そこで本章では、医療保険制度において、原則70歳を境に自己負担率が3割から1割（分析対象年当時）に変化することに注目し、「くらしと健康の調査」の個票データを用いて年齢別・疾病別に受診行動を分析している。その結果、20疾病中2つの疾病において70歳以上で統計的に有意な受診回数の増加が確認され、自己負担率の変化が受診行動に与える影響が疾病ごとに異なる可能性が示唆されている。

　第8章「情報の非対称性のもとでのインセンティブ規制についての考察」では、プリンシパル・エージェント理論を規制の枠組みに応用し、逆選択やモラルハザード等の問題があるなかでの最適な規制を考えるインセンティブ規制の研究において、理論研究に比べて比較的新しい実証研究、特に理論モデルを構造推計した研究に焦点を当てている。本章では、とくに日本のガス事業を対象とした、インセンティブ規制の一種であるヤードスティック規制の分析が詳しく紹介されており、ヤードスティック制度が逆選択の問題をある程度は緩和していることが示されている。

第9章「消費の異時点間代替性が環境評価に及ぼす影響——谷津干潟の事例より」は環境保全のための政策決定に必要な環境の経済価値評価に対して、異時点間の消費の代替性の影響の有無を明らかにするべく、千葉県の谷津干潟の生態系を対象に環境評価を行っている。その結果、野鳥を10％増やすために今年の増税によって支払える留保価格は最大で2,405円／人となること、環境投資のための支出を1年遅らせるならば、代替性1％に対して18.7円多く支払えることが明らかとなった。また、環境評価のシナリオでは、環境保全投資の方法について税金と募金のどちらか一方が採用されてきたが、両方を用意したうえで、投資計画と成果のタイミングを明示することがより正確な評価につながることがわかった。

第Ⅱ部の「金融の理論・実証分析」には、1990年代末の金融危機対応や近年の金融技術に関する7本の論考が収録されている。

第10章「金融仲介における不透明性」は、金融仲介における不透明性が投資ファンドの行動と経済厚生に与える影響を理論的に考察している。具体的には、「ファンドのポートフォリオ選択とそのポートフォリオを構成する個別プロジェクトの事後的な収益は投資家には観察不可能」という金融仲介に伴う不透明性が、ファンドマネジャーによる危険なプロジェクトへの過剰投資を誘発し、結果として経済厚生を低下させていることを示している。この結果は、金融監督当局による投資ファンドのポートフォリオ開示の義務付け強化に1つの理論的根拠を与えるものと言えよう。

第11章「金融検査が銀行行動に与える影響——金融円滑化法を事例として」では、①金融行政の転換期において当局の目標ウェイトが変更された際に銀行はどのように行動するのか、②実施時期が予測できない検査は銀行の行動にどのような影響を与えるのかについて、金融円滑化法・同検査を対象に分析を行っている。理論分析からは、金融行政の目標として従来の「財務の健全性」に「円滑化への取組」が加わり、また自行の予想よりも当局の「円滑化への取組」のウェイトが高い（低い）ことが判明すると、検査対象行の円滑化実行率は非対象行に比べて高く（低く）なることが示されている。また、実証分析からは、金融検査の実施が金融円滑化実行率に有意な正の影響を与えていることが確認され、理論分析と整合的な結果が得られている。

第12章「クレジットクランチ期における政府系金融機関による民間銀行融資代替の検証」では、契約レベル、企業レベルのデータを用いて、クレジットクランチ期において、メインバンクの貸し渋りの程度の大きかった企業に中小企業金融公庫が融資額を増やしたかを検証している。具体的には、銀行が自己資本目標を上回ることによる貸出供給の増加率（この値が負の場合、貸し渋りによる貸出供給の減少率になる）を銀行ごとに計算したうえで、企業ごとの中小企業金融公庫融資額との関係を実証分析している。その結果、メインバンクの貸出金供給が1標準誤差（3.1％）低下したとき、中小企業金融公庫の総融資額が3.4％、260万円増加することが明らかになっている。

　第13章「株価変動が家計の資産選択行動に及ぼす影響」では、日本の家計が株価変動に対して株式、投資信託、預貯金への需要をどのように変化させたかを、日本銀行『資金循環統計』の1998年以降の金融取引表を用いて検証している。なお、株式需要と投資信託需要、預貯金需要は相互に影響を及ぼし合うことを考慮して、それぞれの需要の決定要因の内生性を考慮した一般化モーメント法（GMM）による連立方程式体系モデルで推定している。この結果、①株価収益率は、株式需要に負の影響を、投資信託需要と預貯金需要には正の影響を与えており、株価の上昇に対して株式需要を下落させる逆張りの行動が確認される、②一方、株価ボラティリティは株式需要に負の影響を与え、資産選択理論どおりの行動が確認される、③株式需要と投資信託需要は相互に正の影響を及ぼし合い、両者の需要は補完的な関係にある、等が示されている。

　第14章「消費者の決済手段選択行動――個票調査による実証分析」は、消費者を対象に実施したパネル個票調査の結果をもとに、新しい小額決済手段である電子マネーが既存の決済手段の「棲み分け」構造に及ぼす影響をパネルミクロデータで実証分析している。分析からは、①電子マネーは硬貨を用いるようなごく小額の現金決済と競合していること、②消費者の電子マネーの利用頻度の決定にはアベイラビリティ・コストや決済時間コストが有意な影響を及ぼしており、経済理論と整合的な行動をとっていることが示されている。政府はこれまで「決済インフラ」としていわば公共財的に補助貨幣（硬貨）を発行してきたが、電子マネー決済が普及していく中で、その発

行量をこれまでと同じ規模に維持する必要性は低下していくと考えられる。

　第 15 章「不動産証券化が財務指標に与える影響」では、不動産証券化を意図するオリジネーターと、証券化のために設立される SPV の貸借対照表を理論モデルで表し、証券化前後の財務指標の変化を比較している。その結果、証券化は、財務の安全性を測る自己資本比率と負債比率を改善させるが、企業の収益性を表す総資産利益率（ROA）と自己資本利益率（ROE）をかならずしも改善させないことが示されている。さらに、不動産の劣化を組み込んで財務指標の時間的推移のシミュレーションを行ったところ、時間の経過とともに総資産利益率（ROA）は低下し、その低下の程度は時間とともに逓減していくことが明らかになっている。

　第 16 章「中国の為替レートの現状と最適為替制度への移行に関する動学分析」は中国における為替制度の最適な移行に関する論考である。中国は現在、実質ドルペッグ制を採用しているが、今後、どのような形でバスケットペッグ制または変動相場制といった望ましい為替制度に移行するのがよいだろうか。この問いに答えるために、本章は小国開放経済を想定した動学的一般均衡モデルを構築したうえで、現行制度からバスケットペッグ制または変動相場制への移行について 4 通りの方法を検討するとともに、これらの方法が経済厚生に与える影響を現行制度を維持する場合と比較している。1999 年第 1 四半期から 2010 年第 1 四半期までの中国のデータを用いて分析した結果、①バスケットペッグ制への漸進的な移行は、為替制度の移行に伴う経済厚生の損失が小さく、中国にとって最適な移行経路であり、② 2 番目に望ましい移行経路はバスケットペッグ制への急激な移行で、変動相場制への急激な移行よりも望ましいこと等が明らかになっている。

　本書は、慶應義塾大学経済学部吉野直行教授の退職とアジア開発銀行研究所所長への就任を記念して、同氏の薫陶を受けた研究者により執筆されたものである。ここで吉野先生のこれまでの研究・教育上の功績について簡単に紹介させていただきたい。

　吉野直行教授はジョンズ・ホプキンス大学で経済学博士号を取得されたのち、ニューヨーク州立大学助教授、埼玉大学大学院政策科学研究科助教授を

経て、1990年に慶應義塾大学経済学部助教授に、翌年に教授に就任された。学部で金融論を担当されるとともに、大学院では数十名にのぼる後進の育成に尽力され、その門下生は世界各地で教壇に立ち、OECDやIMFなどの国際機関でも活躍している。また、現実の経済政策運営にも多大な努力を払われ、関税・外国為替等審議会会長、財政制度等審議会財政投融資部会長、金融審議会会長、金融庁金融研究センター長、預金保険機構運営委員等を歴任し、現在、金融庁研究センター顧問、国債投資家懇談会座長を続けられている。

　研究面では、専門である金融論のみならず財政学においても多大な貢献をされ、財政・金融の両面から、また理論・実証の両面から分析を行う日本では数少ない研究者として、多くの学術的貢献をされている。その研究成果は、*Review of Economics and Statistics*、*Journal of Macroeconomics*、*Journal of the Japanese and International Economies*、*Economics Letters*、*Asian Economic Papers* をはじめとする海外学術誌に掲載され、Oxford University Press、Springer等から数多くの英文研究書を上梓されている。こうした吉野先生の研究活動は内外から高い評価を得ており、2004年にはスウェーデンのGoteborg Universityから名誉博士号、2013年にはドイツ Martin Luther University Halle-Wittenbergより名誉博士号、慶應義塾大学から福澤賞を授与されている。さらに、日本経済学会常務理事、日本ファイナンス学会専務理事、日本FP学会専務理事、海外ジャーナル（*Asian Economic Papers, Singapore Economic Review, Japan and the World Economy* 等）の Associate Editor の職責も果たされるなど、日本・アジアの経済学会の発展にも大きく貢献されている。

　門下生の末席に座るものとして吉野先生から受けたご指導を振り返ると、先生の研究・教育に対する強烈なエネルギーを思い出さずにはいられない。自らも学生を指導する立場となった今、吉野先生の薫陶を受けられた幸運に感謝する次第である。また、今なお昼夜を問わず研究・教育に向かわれる姿勢は、門下生が束となって相対しても到底太刀打ちできるものではない。本書の執筆に際しても、自ら数章を執筆されるとともに、本書の刊行に向けた研究会でもすべての論考にコメントをいただいた。いつまでも追いつくことのできない自身の不甲斐なさを、ただ恥じ入るばかりである。

最後に、本書の出版にあたりお世話になった方々に感謝申し上げたい。慶應義塾大学出版会の喜多村直之氏にはその企画段階から大変なご助力を賜った。喜多村氏のご尽力なくして本書が世に送り出されることはなかったであろう。また、本書の刊行に向けた研究会では、中野英夫（専修大学）、荒井貴史（尾道市立大学）、河端瑞貴（慶應義塾大学）の諸先生方および参加者の皆様から貴重なコメントを頂いた。ここに記して感謝申し上げたい。なお本書は慶應義塾経済学会から平成26年度退職記念出版助成を頂戴している。併せて感謝申し上げる。

2015年1月

門下生を代表して
亀田啓悟
中東雅樹
中田真佐男

目次

序　i

第Ⅰ部　財政・公共経済の理論・実証分析

第1章　財政の持続可能性を考慮に入れた最適財政政策ルール　3
　　　　　　　　　　　　　　　　　　　　　　　　吉野直行・溝口哲郎

第1節　はじめに　3
第2節　日本の債務問題の概観　4
　1　粗債務残高と純債務残高　4
　2　日本国債の増勢とその市場消化手段について　5
　3　国債の需要主体　7
第3節　なぜ、これまで日本の国債市場は安定してきたのか？　8
第4節　財政の持続可能性の条件（ドーマー条件とボーン条件）　12
　1　ドーマー条件　12
　2　ボーン条件　13
第5節　財政不安定化の経路と財政ルール構築の必要性　14
第6節　政策的含意とおわりに　18

第2章　ケインズ効果 vs. 非ケインズ効果
　　　　　　——near-VAR からの接近　21
　　　　　　　　　　　　　　　　　　　　　　　　　　　　亀田啓悟

第1節　はじめに　21
第2節　ケインズ効果・非ケインズ効果の理論　22
第3節　分析方法とデータ　24
第4節　実証分析　26
　1　プレリミナリーな分析　26
　2　インパルス反応関数　27
　3　分析の拡張　30

第 5 節　政策的インプリケーション　33
補論 1　データについて　34
補論 2　構造形ショックの識別方法について　36
補論 3　拡張分析に利用したデータの作成方法　38

第 3 章　金融市場の不完全性下における財政政策の効果
　　　　──真水か政府貸出か　43

　　　　　　　　　　　　　　　　　　　　　江口允崇・高野哲彰

第 1 節　はじめに　43
第 2 節　モデル　46
　1　家計　47
　2　企業家と金融仲介機関　51
　3　中間財企業　54
　4　最終財企業　55
　5　資本財企業　55
　6　政府　56
　7　中央銀行　56
　8　集計　57
第 3 節　カリブレーション　57
　1　パラメータの設定　58
　2　シミュレーション　59
第 4 節　推定　63
　1　データ　63
　2　事前分布の設定　64
　3　推定結果　66
第 5 節　おわりに　68

第 4 章　雇用延長が年金財政や家計の厚生に与える
　　　　影響の世代重複モデルによる分析　73

　　　　　　　　　　　　　　　　　　　　　　　　　佐藤格

第 1 節　はじめに　73

第2節　モデルの構造　76
　　1　モデルの概要　76
　　2　経済主体の行動　77
　第3節　シミュレーションの方法　81
　　1　定常状態と移行過程の確定　81
　　2　パラメータの設定　82
　　3　シミュレーションの方法　84
　第4節　シミュレーションのケース分けと結果　85
　　1　シミュレーションのケース分け　85
　　2　シミュレーションの結果　87
　第5節　結論と今後の課題　94

第5章　社会資本の老朽化と生産力効果　99

中東雅樹

　第1節　はじめに　99
　第2節　社会資本の老朽化と生産力効果に関する先行研究　100
　第3節　日本の社会資本の老朽化の現状　101
　第4節　社会資本を含めた生産関数モデルの提示　105
　　1　推計モデルの提示　106
　　2　社会資本の生産力効果の推定方法　108
　　3　推計に使用するデータ　108
　第5節　社会資本の生産力効果の推定結果　112
　第6節　おわりに　117

第6章　道路投資と自民党の利益誘導政治
　　　　――動学パネルによる再検討　119

近藤春生

　第1節　はじめに　119
　第2節　実証分析の論点　122
　第3節　実証分析の枠組みとデータ　123
　　1　実証分析の枠組み　123

2　変数の定義とデータ　123
　第4節　推定結果　128
　　1　基本推定　128
　　2　追加推定（マクロ経済の影響と政治的景気循環）　131
　第5節　おわりに　134

第7章　医療保険の自己負担率と受診行動——疾病ごとの相違　139
　　　　　　　　　　　　　　　　　　　　　　井深陽子・庄司啓史

　第1節　はじめに　139
　第2節　データと分析手法　141
　　1　分析手法　141
　　2　変数　143
　　3　推定方法　148
　　4　頑健性チェック　148
　第3節　結果　149
　　1　自己負担率の低下と受診行動　149
　　2　自己負担率の低下と受診行動（疾病ごとの分析）　149
　　3　頑健性チェック　151
　第4節　おわりに　157

第8章　情報の非対称性のもとでの
　　　　インセンティブ規制についての考察　161
　　　　　　　　　　　　　　　　　　　　　　　　　　鈴木彩子

　第1節　はじめに　161
　第2節　インセンティブ規制の理論研究　162
　第3節　インセンティブ規制の実証分析の流れ　165
　第4節　ヤードスティック規制の実証研究例　166
　　1　都市ガス供給事業における料金規制と
　　　ヤードスティック査定　167
　　2　モデル　168
　　3　データと推計結果　171

  4　ヤードスティック査定の効果　173
 第5節　おわりに　176

第9章　消費の異時点間代替性が環境評価に及ぼす影響
  ――谷津干潟の事例より　179

和田良子

 第1節　はじめに　179
 第2節　仮想法（CVM）による環境評価の位置づけと概説　180
 第3節　先行研究と本研究との関係　181
  1　CVMの正当性についての先行研究と時間に関する感応性　181
  2　日本の干潟についての先行研究　184
 第4節　研究手法　185
  1　環境評価の対象の選定　185
  2　実験手順　185
  3　仮想法のシナリオおよびサーベイ　186
 第5節　実証結果　192
  1　実験データと基本属性　192
  2　質問への回答分布　193
  3　推定結果　195
 第6節　おわりに　198

第Ⅱ部　金融の理論・実証分析

第10章　金融仲介における不透明性　205

佐藤祐己

 第1節　はじめに　205
 第2節　モデル　208
 第3節　透明性の高いファンド　210
 第4節　不透明なファンド　210
 第5節　経済厚生　212
 第6節　おわりに　215

第11章 金融検査が銀行行動に与える影響
―― 金融円滑化法を事例として　217

永田（島袋）伊津子・飯島高雄

第1節　はじめに　217
第2節　先行研究　219
第3節　金融行政の変遷　221
　1　金融行政における目標の複線化　221
　2　金融円滑化法　222
第4節　理論的考察　224
第5節　推定モデルとデータ　227
第6節　推定結果　228
第7節　おわりに　231

第12章 クレジットクランチ期における政府系金融機関による民間銀行融資代替の検証　235

関野雅弘・渡部和孝

第1節　はじめに　235
第2節　クレジットクランチと政策対応手段について　238
　1　クレジットクランチ　238
　2　1990年代後半の日本におけるクレジットクランチ　239
　3　日本における政府系金融機関を利用したクレジットクランチへの政策的対応　242
第3節　データと分析方法　244
　1　データ　244
　2　仮説の設定と分析モデル　245
第4節　分析結果　247
　1　記述統計量　247
　2　推計結果　248
　3　被説明変数を総資産で相対化した場合の分析　250
第5節　まとめと今後の課題　251
付録　データの加工方法の説明　251

第 13 章　株価変動が家計の資産選択行動に及ぼす影響　255

塚原一郎

　第 1 節　はじめに　255
　第 2 節　理論モデル　257
　第 3 節　利用データとその特徴　259
　第 4 節　推定　263
　第 5 節　おわりに　268

第 14 章　消費者の決済手段選択行動——個票調査による実証分析　271

中田真佐男

　第 1 節　はじめに　271
　第 2 節　電子マネーの利用実態に関するアンケート調査　273
　第 3 節　複数決済手段の選択理論　276
　　1　先行研究　276
　　2　決済手段の利用に伴う取引費用　276
　　3　複数決済手段の並存　281
　　4　電子マネーの普及が既存の決済手段の
　　　　「棲み分け」に及ぼす影響　283
　第 4 節　実証分析　285
　　1　先行研究と本分析の特徴　285
　　2　Ordered Probit モデルによる推定　286
　第 5 節　おわりに　290

第 15 章　不動産証券化が財務指標に与える影響　293

矢口和宏

　第 1 節　はじめに　293
　第 2 節　先行研究のサーベイ　294
　第 3 節　不動産証券化のしくみ　295
　第 4 節　財務指標に与える影響の理論分析（1 期間のケース）　296
　　1　モデルの展開　296
　　2　財務指標への影響　299

第 5 節　財務指標に与える影響の理論分析（多期間のケース）　301
第 6 節　財務指標に与える影響のシミュレーション　304
第 7 節　おわりに　307

第 16 章　中国の為替レートの現状と最適為替制度への移行に関する動学分析　309

吉野直行・嘉治佐保子・阿曽沼多聞

第 1 節　はじめに　309
第 2 節　中国の為替レート変動における実証分析　313
第 3 節　小国開放経済モデル　315
第 4 節　為替制度　318
　1　厳格な資本移動規制を伴う固定相場制（A）　318
　2　緩やかな資本移動規制を伴うバスケットペッグ制（B）　319
　3　資本移動規制を伴わないバスケットペッグ制（C）　320
　4　資本移動規制を伴わない変動相場制（D）　320
　5　完全資本移動下での固定相場制（E）　321
第 5 節　異なる為替制度への移行経路　321
第 6 節　定量分析　325
　1　推定結果　325
　2　推定された係数を用いたシミュレーション　325
第 7 節　政策提言と結論　328

　索引　331
　執筆者紹介　337

第Ⅰ部
財政・公共経済の理論・実証分析

第 1 章

財政の持続可能性を考慮に入れた最適財政政策ルール

吉野直行・溝口哲郎

第 1 節　はじめに

　OECD Economic Outlook のデータによれば、現在の日本の債務残高（対 GDP 比）は 227.9％（2013 年 11 月現在）と世界で最も高い（図 1 - 1）。しかし、日本よりも債務残高対 GDP 比率の低いギリシャは 2011 年 10 月に債務不履行（デフォルト）の危機に陥った。なぜ債務残高対 GDP 比率世界一の日本で財政破綻が起こらず、ギリシャは財政破綻に陥ってしまったのだろうか。本章ではその理由について、国債の需要サイド（＝金融機関など、国債の購入側）の行動がギリシャと日本では異なることから説明する。また、この分析に基づき財政の持続可能性を考慮に入れた最適財政政策ルールも提案することにしたい。

　本章の構成は次のとおりである。まず第 2 節では、日本の債務問題を概観する。第 3 節では、日本の国債市場とギリシャの国債市場の違いを経済理論を用いて説明する。第 4 節では財政の持続可能性テストで利用されるドーマー条件およびボーン条件を紹介し、第 5 節では財政の持続可能性を考慮に入れた最適財政政策ルールを導出する。第 6 節では政策的含意と本章のまとめを行う。

4　第Ⅰ部　財政・公共経済の理論・実証分析

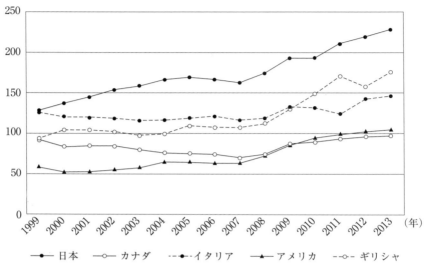

図1-1　債務残高の国際比較（対GDP比）

出所：OECD Economic Outlook より筆者ら作成。

第2節　日本の債務問題の概観

1　粗債務残高と純債務残高

　債務残高（対GDP比）を取り扱う際に重要なのが、粗（Gross）と純（Net）の2つの概念である。粗債務残高とは、債務残高そのものの値を見たものであり、純債務残高とは、債務残高から国有財産などの国の資産を差し引いたものである。

　日本の純債務残高を見ると、日本政府は国有地、庁舎・官舎、金融資産などを保有しており、それらを償還財源とみなせば同残高はそれほど高くはないとも言える。しかし、財政危機時にギリシャ政府が国有財産であるエーゲ海の島々を売却できなかったように、日本も国有地等の国有資産をスムーズに売却することができない可能性がある。また、仮に海外に売却できたとしても、これは国有資産が海外保有となることを意味しており、われわれの将来世代が買い戻すためには、相当な税の徴収を覚悟しなければならない。さらに政府債務残高を純債務残高で捉えるということは、国民の年金積立金を

も債務返済に充てるという厳しい状況であることを意味している。これらの理由により純債務残高の概念で財政の持続可能性を見るのではなく、粗債務残高の概念で見るのが現実的であると言えよう。

2　日本国債の増勢とその市場消化手段について

　標準的なケインズ経済学的な見方では、経済が不況に陥っている状況では、人々の所得が減少しており、政府が積極的に財政政策などの経済政策を実施し、景気の底上げを行う必要がある。しかし財政政策に必要な税収も不足するので、その資金調達のために国債発行が必要となる。財政政策などの結果、景気が回復すれば企業の活動も活発になり、労働者の賃金も上昇する。賃金が上昇し、家計の可処分所得が増大すれば消費意欲も増加するため、法人税・所得税・消費税等の各税収が増え、税収はプラスになり財政は黒字化する。したがって、景気回復に必要な経済政策の原資を得る目的で短期的な国債発行は許容されるべきである。

　ではなぜ日本は国債の大量発行をしなければならなかったのだろうか？日本の場合、1970年代以前から歳出が税収を上回る財政赤字が慢性化していたものの、バブル期までは税収の伸びは右肩上がりであり、毎年の国債発行額は現在と比較すると低い水準にとどまっていた（Yoshino, Nakamura and Sakai 2013）。ところがバブル崩壊後の1990年以降、歳出は右肩上がりの増加にもかかわらず、税収は1990年をピークに右肩下がりの状況が続き、いわゆる「ワニの口」と呼ばれる状態になっていた（図1-2）。このように、社会保障費の増加などの歳出をファイナンスするために、国債が以前にも増して大量に発行されるようになった。景気が回復した時期でも、財政の黒字化は達成されず、むしろ財政赤字が拡大している点に日本の問題がある。

　吉野・溝口（2012）は日本銀行の資金循環勘定を部門別・年代別に分析し、日本では資金の大半が政府部門に吸収されていること、大量の国債の供給を吸収できる国内需要サイドの存在が国債の消化に重要な役割を果たしてきたことを示した。こうして大量に発行された国債は国内金融機関によってその大半が保有されている。これは、われわれが銀行預金や郵便貯金を通じて、間接的に日本国債を保有しており、われわれが預金から受け取る金利も銀行の国債の運用益からもたらされていることを意味している（吉野 2012）。

図1-2 一般会計における歳出・歳入の状況

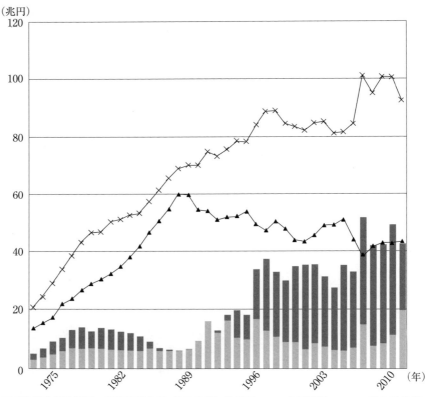

■ 特例公債発行額　■ 建設公債（4条公債）発行額　—▲— 会計税収　—×— 一般会計歳出
出所：財務省資料。

　預貯金の満期時にその全額が返済されるためには、国債の償還期が来たときに、われわれの税によって国債が償還されその元本が返済される必要がある。現状では国債償還時に借換債を発行し借金を続けているが、国家の歳入が税収に依存している以上、「国の借金」は最終的には税金によって返済されなければならない。言い換えれば、国債は将来税金によって返済されなければならない「納税者（＝国民）の借金」なのである。

3　国債の需要主体

　日本国債はどのような経済主体が保有しているのだろうか。また国債の保有主体の違いがどのような違いをもたらしているのか、日本とギリシャを例に比較してみたい。

　日本の国債は、92％が国内の投資家によって保有されている。表1-1に示されるように、銀行預金、郵便貯金、保険、年金で集められた資金が国債購入に向けられている（吉野・溝口 2012）。なぜなら資金調達に有利な低金利な状況にもかかわらず、民間部門が資金借り入れに積極的ではないために、行き場を失った金融機関の貸し出し用途の資金が日本国債の購入に向かっているからである。そして、その結果、金融機関を中心に大量の国債が国内投資家によって保有されている。また、日本国内の国債保有者の大半は、国債による資金運用を行う国内投資家であり、利益が確定すれば国債をただちに市場で売却する海外投資家とは国債の保有動機が異なっている。

　ギリシャの場合は、表1-2で示されるように、外国人投資家によるギリシャ国債の保有比率が約70％強にも達しており、ギリシャ国債はギリシャ以外のユーロ圏で保有されていたことがわかる。このような国債の保有主体の違いは、日本とギリシャの国債市場の安定性の差の要因の1つである。このことを国債市場の需給分析によって示してみたい。

表1-1　日本国債の保有者内訳（2012年12月現在）

保有者	％
日本銀行	9.0
銀行等	41.4
生保損保等	22.4
公的年金	9.2
年金基金	3.8
海外	6.7
家計	3.8
その他	3.4
一般政府	0.2
財政融資資金	0.1

出所：日本銀行「資金循環分析」より筆者ら作成。

表1-2 ギリシャ国債の保有者内訳（2011年12月現在）

保有者	%
欧州金融安定ファシリティ（EFSF），ECB	17
ギリシャ公的部門基金	11
世界各国の公的機関	8
ギリシャ中央銀行	5
その他ローンおよび債券	26
EU加盟国の中央銀行	5
ギリシャ民間金融機関	10.5
EU民間金融機関	17.5

出所：バークレイズ証券，ギリシャ財務省，IMF資料より筆者ら作成。

第3節　なぜ、これまで日本の国債市場は安定してきたのか？

　国債市場の安定性を見る際には、国債の供給（＝発行主体である政府側）と、金融機関などによる国債の需要（＝国債の購入側）の両方を見る必要がある。財政の持続可能性の条件では、①ドーマー条件（Domar Condition）、②ボーン条件（Bohn Condition）の2つが有名であるが、これらの安定性条件は、国債の供給面だけから導出されており、国債の需要面を考慮していない。われわれは国債の需要面を考慮に入れた、①および②の条件を変更したモデルを第4節で提示する。その前に、まず図で国債の需給メカニズムについて説明したい。

　図1-3は国債市場を示している。図1-3において、国債の供給曲線は ΔB_t^s（＝垂直線）、国債の需要曲線は ΔB_t^D（＝右上がりの曲線）で示されている。国債の需要曲線が右上がりとなっているのは、縦軸に国債の金利をとっているからである。金利が上がれば、国債を保有する金融機関や個人は、より多くの国債を購入しようとするため、右上がりの曲線で示される。

　日本の場合も、ギリシャの場合と同様に、国債供給は政府の赤字により増大するため、国債の供給曲線は右にシフトした。ところが日本の場合は、国内の企業が円高等に対応するためアジア等に拠点を移転するなどの要因で、銀行・郵便貯金・保険会社は、国内の貸出先が減少してしまった。企業貸出

図1-3 国債の需給メカニズム

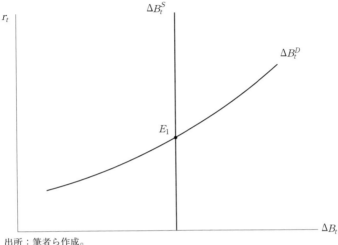

出所：筆者ら作成。

の減少で利益を得られなくなった金融機関は、預貯金や保険を国債でより多く運用することで利益を確保することになった。このため日本の国債需要は、金融機関を中心に増加を続け、国債の需要曲線は右にシフトし続けた。以上のプロセスにより日本の場合、大量の国債供給があったにもかかわらず、国債需要が増大したため、利子率も低位のまま安定している（図1-4）。なお国債市場が安定している理由としては、財務省による国債管理政策も挙げられる。財務省は国債需要に応じて国債の償還年やその種類を変更する操作をする。具体的には供給過剰となっている国債を市場から購入し（＝Buy back）、需要が不足している種類の国債を発行する（＝流動性供給入札）などのきめ細かな調整を通じて国債市場を安定化させている。

　ギリシャのケースでは、日本と同様に財政赤字によって国債供給が増加しているが、国債需要の大半が海外投資家であるため、需要が安定していない（図1-5）。「ギリシャの国債が返済されそうもない」という不安が出始めると、外国人投資家はギリシャ国債の購入の際にはそのリスクを考慮して、より高いリスクプレミアムを要求する。さらにギリシャ国債が危ないと思えば売却し、ほかの資産に資金をシフトさせる。その結果、ギリシャ国債の需要

10　第Ⅰ部　財政・公共経済の理論・実証分析

図 1-4　日本国債の需給メカニズム

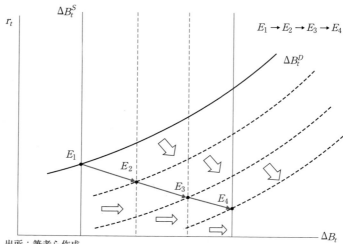

出所：筆者ら作成。

図 1-5　ギリシャ国債の需給メカニズム

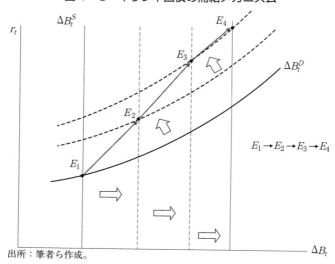

出所：筆者ら作成。

第 1 章　財政の持続可能性を考慮に入れた最適財政政策ルール　11

図1-6　ユーロ圏10年物国債金利

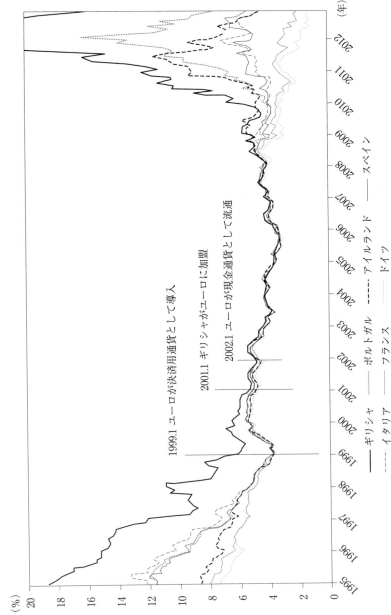

出所：Bloomberg。

は減少し、図1-5の需要曲線は左にシフトする。図1-6に示されるように、国債需要の減少によってギリシャをはじめポルトガルなど財政危機に直面したEU諸国の国債金利は急上昇してしまった。

以上より、国債金利の動きを見るためには、供給側（＝政府の予算制約式）だけではなく、国債需要を考慮しなければ、現実の利子率の動きを説明できないことがわかる[1]。

第4節　財政の持続可能性の条件（ドーマー条件とボーン条件）

国債の需給を考慮した国債市場の安定性を示すために、財政の持続可能性の条件について説明したい。財政の持続可能性の条件として、①ドーマー条件（Domar 1944）および②ボーン条件（Bohn 1998）がある。ドーマー条件およびボーン条件は国債の供給サイド（政府の予算制約式）のみから導出された条件であるため、さらに国債の需要サイド[2]を加えて分析を行う必要がある。国債利子率 r_t と経済成長率 η_t を、ドーマー条件のように外生変数とみなして、両者の大きさだけを比較しても意味はない。なぜなら国債利子率は、国債供給と国債需要の交点で内生的に決定されるからである（図1-3参照）。経済成長率も、外生変数ではなく、マクロ経済の動きによって内生的に導出されるため、国債の需要サイドを考慮に入れる必要がある。

1　ドーマー条件

ドーマー条件は、政府の予算制約式から導出することができる。政府の予算制約式は(1)式で示される。

$$G_t + r_t B_{t-1} = \Delta B_t + T_t \qquad (1)$$

(1)式の左辺は、t 期の政府支出（G_t）と国債の利子支払（$r_t B_{t-1}$、ただし r_t は名目利子率、B_{t-1} は国債残高）であり、国の歳出を示す。(1)式右辺は、税収

---

[1]　その他にギリシャと日本の財政破たんを財政危機の理論モデルを使って分析した論文としては、McNelis and Yoshino (2012) や Yoshino and Vollmer (2014) がある。
[2]　国債需要は可処分所得から消費と民間投資に振り向けられる資金フローを差し引いたもの、と定義する。

（T_t）と新規国債発行（$\Delta B_t = B_t - B_{t-1}$）であることを示している。国の歳出が税収を上回れば、国債を発行しなければならない。

政府の予算制約式(1)の両辺を GDP（Y_t）で割り変形すると、

$$\frac{G_t}{Y_t} + r_t \frac{B_{t-1}}{Y_t} = \frac{B_t - B_{t-1}}{Y_t} + \frac{T_t}{Y_t} \tag{2}$$

となる。（名目）経済成長率を $\eta_t = \frac{Y_t - Y_{t-1}}{Y_{t-1}}$ とおくと、

$$\frac{B_t}{Y_t} = \frac{G_t}{Y_t} - \frac{T_t}{Y_t} + \frac{1+r_t}{1+\eta_t} \frac{B_{t-1}}{Y_{t-1}} \tag{3}$$

と書ける。簡単化のため、$b_t = \frac{B_t}{Y_t}, b_{t-1} = \frac{B_{t-1}}{Y_{t-1}}, g_t = \frac{G_t}{Y_t}, t_t = \frac{T_t}{Y_t}$ とおくと、(3)式は

$$b_t = g_t - t_t + \frac{1+r_t}{1+\eta_t} b_{t-1} \tag{4}$$

(4)式の右辺の b_{t-1} を左辺に移行し、ドーマー条件の式

$$\Delta b_t = g_t - t_t + \frac{r_t - \eta_t}{1+\eta_t} b_{t-1}$$

を得ることができる[3]。

(4)式より利子率（r_t）が経済成長率（η_t）よりも大きければ、一階の差分方程式は発散し、財政破綻に陥ってしまうことがわかる。図1-7に示されているように日本の国債利子率は、経済成長率を平均的に上回っており、ドーマー条件だけから見れば、日本は財政破綻してしまっているはずである。しかしながら未だに日本の国債市場が安定しているのは、国債需要が潤沢にあるからである。

2　ボーン条件

財政安定化のためのボーン条件は、(5)式のように表される。

$$pb_t = pb_{t-1} + \mu(b_{t-1} - b_{t-2}) \quad \text{ただし } pb_t = \frac{PB_t}{Y_t} \tag{5}$$

ボーン条件とは、(5)式に示されるようにプライマリー・バランス（基礎的財政収支 $PB_t = T_t - G_t =$ 税収－国債への利子支払を除いた歳出）の対 GDP 比を、現在の債務残高と初期時点の債務残高の対 GDP 比の増分を見ながら μ

---

[3]　導出の詳細は吉野・溝口（2013）を参照のこと。

図 1-7　日本の長期金利と経済成長率（1990-2012）

出所：内閣府「国民経済計算」、財務省「債務管理レポート」より筆者ら作成。

＞0 の割合だけ、プライマリー・バランスの対 GDP 比を安定化させる必要があるという条件である。言い換えると、国の債務残高が増大した場合には、プライマリー・バランスを黒字化しなければ、長期的には財政破綻に陥ってしまうことを示している。

ところがボーン条件は、長期において財政赤字が発散しないための条件であって、景気回復を考慮に入れた条件ではない。ボーン条件に従った経済政策を行った場合、財政の持続可能性は達成されたとしても景気の悪化を伴う可能性がある。したがってボーン条件は、経済の縮小均衡をもたらす可能性を排除できない条件といえる（Yoshino and Mizoguchi 2013b）。

第 5 節　財政不安定化の経路と財政ルール構築の必要性

本節では国債需要と国債供給の両方を含む、簡単なマクロモデルを用いて最適財政政策ルールを提示する。政府は (7) ～ (15) 式で示されるマクロ経済

環境の制約のもとで、最適な政府支出ルールおよび税収ルールを求める。

政策目標関数は以下の通りである。

$$L(B_t, Y_t, G_t, T_t, \Delta B_t) = \frac{1}{2}w_1(B_t - B_t^*)^2 + \frac{1}{2}w_2(Y_t - Y_t^f)^2 \\ + \frac{1}{2}w_3(G_t - G_{t-1})^2 + \frac{1}{2}w_4(T_t - T_{t-1})^2 + \frac{1}{2}w_5(\Delta B_t - \Delta B_t^*)^2 \qquad (6)$$

ただし w_i ($i = 1, \cdots, 5$) は政策当局の目標の重要性を表すウェイトである。たとえば、(6)式に示される5つの政策目標を政府が同じぐらい重要と考えれば、$w_1 = w_2 = w_3 = w_4 = w_5 = 0.2$ と設定される。また、景気回復を他の目標よりも重視すれば、w_2 のウェイトは 0.2 よりも高く設定されることになる。政府の政策目標関数は、国債残高が望ましい水準の国債残高 (B_t^*) に近づくこと、GDP が完全雇用を達成できる水準 (Y_t^f) に到達できるようにすること、政府の歳出を徐々に変化させ、政府の税収も徐々に変更すること、政府のフローの国債発行高を望ましい国債発行高 (ΔB_t^*) に近づけることを政府の目標としながら、財政赤字が発散しないように設定される。つまり政策当局はプライマリー・バランス以外にも、歳出と税収のそれぞれに目標を設定する必要がある。もし政府が景気を考慮に入れた政策目標を含めなければ、縮小均衡に陥ってしまう可能性が高い。

マクロ経済環境は(7)～(13)式で示される通りである。

$$(1 + \theta)G_t + r_t^B B_{t-1} = \Delta B_t^S + T_t + \Delta M_t \quad \text{政府の予算制約式(=国債の供給)} \qquad (7)$$

$$\Delta B_t^D = b_0 + b_1 r_t^B \qquad \qquad \text{国債の需要} \qquad (8)$$

ここで θG_t は、以下にみるように家計への移転を意味している。(7)式および(8)式より国債の均衡金利は、

$$r_t^{B*} = \frac{(1+\theta)G_t - T_t - \Delta M_t - b_0}{b_1 - B_{t-1}} \quad \text{国債の短期均衡金利} \qquad (9)$$

と導出される。

次に民間部門の投資は、預金を集め銀行の貸出によって賄われるとする。

$$\Delta W_t^D = I_t \qquad \text{預金-投資市場均衡} \qquad (10)$$

$$\Delta W_t^D = d_0 + d_1 YD_t + d_2 r_t \qquad \text{預金関数} \qquad (11)$$

ここで ΔW_t^D は預金需要を、r_t は預金金利を、YD_t は以下で定義される可処分所得を意味する。最後に財市場については以下の通りとする。

$$I_t = i_0 - i_1 r_t \qquad \text{投資関数} \qquad (12)$$

$$C_t = c_0 + c_1 YD_t \qquad \text{消費関数（ケインズ型消費関数＝非リカード型）} \qquad (13)$$

$$YD_t = Y_t - T_t + r_t^B B_{t-1} + \theta G_t = C_t + S_t \quad \text{ただし} \quad S_t = \Delta B_t + \Delta W_t^D + \Delta W_t^M$$
$$\text{可処分所得} \qquad (14)$$

可処分所得は、消費（C_t）と貯蓄（S_t）に配分され、貯蓄は国債の購入（ΔB_t）と国内預金（ΔW_t^D）、貨幣保有（ΔW_t^M）に回される。可処分所得（YD_t）は、所得（Y_t）から税金（T_t）を差し引き、国債からの利子収入（$r_t^B B_{t-1}$）と政府からの社会保障などの移転（θG_t、ただし $0 < \theta \leq 1$）からなるとする[4]。

(7)、(10)、(14)式より、ISバランス式（$Y_t = C_t + I_t + G_t$）が導出される。これに(12)、(13)式を代入すると次式を得る。

$$(1-c_1)Y_t - c_1 r_t^B B_{t-1} + i_1 r_t = c_0 + i_0 + (1+c_1\theta)G_t - c_1 T_t \qquad \text{ISバランス} \qquad (15)$$

(10)式および(15)式より財市場と預金市場の需給が一致するような所得水準および預金金利が導出される。

$$Y_t^* = \frac{1}{\Delta}\{(d_1+i_1)c_0 + d_1 i_0 + i_1 d_0 + ((d_1+i_1)(1+c_1\theta) + d_1 i_1)G_t$$
$$- ((d_1+i_1)c_1 + d_1 i_1)T_t + ((d_1+i_1)c_1 + d_1 i_1)r_t^{B*}B_{t-1}\} \qquad (16)$$

$$r_t^* = \frac{1}{\Delta}\{(1-c_1)(i_0-d_0) - d_1(c_0+i_0) - (1+\theta)d_1 G_t + d_1 T_t - d_1 r_t^{B*}B_{t-1}\} \qquad (17)$$

---

[4] ワルラスの法則より貨幣市場は明示的にとりあつかわない。

ただし $\Delta = (1-c_1)(d_2+i_1) - d_1 i_1$、$r_t^{B*} = \dfrac{(1+\theta)G_t - T_t - \Delta M_t - b_0}{b_1 - B_{t-1}}$ ((9)式) である。

　これらの均衡をふまえたうえで、政府は、(6)式の政策目的関数を最小にするように、政府支出 (G_t) と税収 (T_t) を導出する。以下の1階の条件が導出される。

$$\dfrac{\partial L}{\partial G_t} = w_1(B_t - B_t^*)\left(\dfrac{\partial B_t}{\partial G_t}\right) + w_2\dfrac{\partial Y_t}{\partial G_t}(Y_t - Y_t^f) + w_3(G_t - G_{t-1})$$
$$+ w_5(\Delta B_t - \Delta B_t^*)\left(\dfrac{\partial \Delta B_t}{\partial G_t}\right) = 0 \quad {}^{5)} \qquad (18)$$

$$\dfrac{\partial L}{\partial T_t} = w_1(B_t - B_t^*)\left(\dfrac{\partial B_t}{\partial T_t}\right) + w_2\dfrac{\partial Y_t}{\partial T_t}(Y_t - Y_t^f) + w_4(T_t - T_{t-1})$$
$$+ w_5(\Delta B_t - \Delta B_t^*)\left(\dfrac{\partial \Delta B_t}{\partial T_t}\right) = 0 \quad {}^{6)} \qquad (19)$$

(18)、(19)式から以下の最適政府支出ルールと最適税収ルールが導出される。

$$G_t - G_{t-1} = \alpha_1(B_t - B_t^*) + \alpha_2(\Delta B_t - \Delta B_t^*) + \alpha_3(Y_t - Y_t^f)$$
　　　　　　　　　　　　　　　　　最適政府支出ルール　(20)

ただし $\alpha_1 = \dfrac{w_1}{w_3}\left(\dfrac{B_{t-1}}{b_1 - B_{t-1}} + 1\right)$, $\alpha_2 = \dfrac{w_5}{w_3}\left(\dfrac{B_{t-1}}{b_1 - B_{t-1}} + 1\right)$,

$\alpha_3 = -\dfrac{w_2}{w_3}\left(\dfrac{(d_1+i_1)(1+c_1\theta) + d_1 i_1}{\Delta}\right)$

$$T_t - T_{t-1} = \beta_1(B_t - B_t^*) + \beta_2(\Delta B_t - \Delta B_t^*) + \beta_3(Y_t - Y_t^f) \quad \text{最適税収ルール} \quad (21)$$

ただし $\beta_1 = -\dfrac{w_1}{w_4}\left(\dfrac{B_{t-1}}{b_1 - B_{t-1}} + 1\right)$, $\beta_2 = -\dfrac{w_5}{w_4}\left(\dfrac{B_{t-1}}{b_1 - B_{t-1}} + 1\right)$,

$\beta_3 = \dfrac{w_2}{w_4}\left(\dfrac{(d_1+i_1)c_1 + d_1 i_1}{\Delta}\right)$

---

5) ただし、$\dfrac{\partial B_t}{\partial G_t} = \dfrac{B_{t-1}}{b_1 - B_{t-1}} + 1$, $\dfrac{\partial Y_t}{\partial G_t} = \dfrac{(d_1+i_1)(1+c_1\theta) + d_1 i_1}{\Delta}$,
$\dfrac{\partial \Delta B_t}{\partial G_t} = \dfrac{B_{t-1}}{b_1 - B_{t-1}} + 1$ である。

6) ただし、$\dfrac{\partial B_t}{\partial T_t} = -\left(\dfrac{B_{t-1}}{b_1 - B_{t-1}} + 1\right)$, $\dfrac{\partial Y_t}{\partial T_t} = -\dfrac{(d_1+i_1)c_1 + d_1 i_1}{\Delta}$,
$\dfrac{\partial \Delta B_t}{\partial T_t} = -\left(\dfrac{B_{t-1}}{b_1 - B_{t-1}} + 1\right)$ である。

これらの最適政府支出ルールおよび最適税収ルールを用いて、(22)式で示されるプライマリー・バランス（PB_t）についての関係式が得られる。

$$PB_t - PB_{t-1}$$
$$= (\alpha_1 - \beta_1)(B_t - B_t^*) + (\alpha_2 - \beta_2)(\Delta B_t - \Delta B_t^*) + (\alpha_3 - \beta_3)(Y_t - Y_t^f) \qquad (22)$$

(22)式は、プライマリー・バランス対 GDP 比の望ましい変化を見るだけでは不十分であり、政府の歳出、税収のそれぞれの変数の動きにルールを設定する必要があることを示している。さらに、ボーン条件である「国の債務残高対 GDP 比率とその望ましい水準との差だけを見る」だけではなく、前年度の歳出と税の動き、景気の動向を見ながら、政策を実行することが不可欠であることを(22)式は示している。また(20)式、(21)式では、構造改革によって高齢化による社会保障等の歳出を減少させる政策を並行して実施すれば、($Y_t - Y_t^f$)の増加を促すことができると同時に、G_t の水準を減少させることができるため、財政破たんの可能性をより低める効果があることを示している。ボーン条件の拡張である(22)式の政策的含意として、政府は財政の持続可能性のためには「厳密な国債発行コントロール」および「景気動向」も見ながら政策を行う必要があることを示している。

第6節　政策的含意とおわりに

これまで、国債の供給サイドのみを考慮に入れたドーマー条件やボーン条件によって財政の持続可能性が議論されてきた。本章ではこれら2つの条件だけでは議論が不十分であることを説明した上で、財政破たんに陥らせないために政府支出と税収が従うべき条件を提案し、この下での財政の持続可能性を考慮した歳出と税収の最適ルールを導出した。前節までに示したように、財政の維持可能性は国債の供給サイドだけでなく、その需要サイドの行動も重要である。本章の貢献は、国債の供給サイドのみに注目したドーマー条件やボーン条件で財政運営の議論をすることの限界を示した点にある。

本章を結ぶにあたり、今後の日本の財政再建策について私見を述べたい。日本の財政赤字の最大の要因は、第1に人口の高齢化であり、年金や健康保険などの社会保険の支出増となっている。第2は中央政府から地方政府への

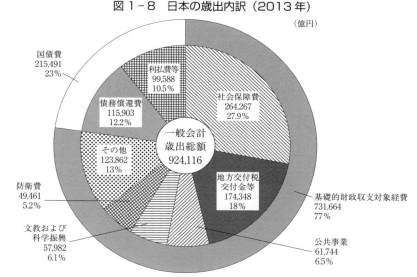

図1-8 日本の歳出内訳(2013年)

出所：財務省資料より筆者ら作成。

補助金（＝地方交付税と国庫支出金）が大きいことであり、日本の歳出では2番目に大きな項目である（2013年現在、図1-8）。

まず人口高齢化の対策としては、元気で働ける人達には、なるべく長く働いてもらう政策の実施である。高齢者が長く働くと、若手の職を奪ってしまうという懸念もあるが、多くの職場では、高齢化と若手が補完できる工夫がなされている。たとえば、多くのメーカーでは、ベテランの技術スキルを若手が継承し、仕事の効率を高めている。さまざまな職場で、高齢者と若手が分業もしくは経験の継承など可能な限り役割分担を果たしながら、生涯現役として働き続けられる社会の構築が望まれる。

第2番目の中央政府から地方政府への補助金であるが、「ふるさと投資ファンド」（吉野・塩澤・嘉治編著 2013; Yoshino and Kaji eds. 2013）により、民間に資金を地方のさまざまなプロジェクトに誘導する方策を推進することが必要である。例えば農業ファンドなどは、公的資金ではなく、民間資金による地方経済の下支えが必要である。

こうした構造改革によって、$(Y_t - Y_t^f)$ が増加できれば、財政破たんの可

能性を減少させ、歳出増加（G_t）と歳入減少（T_t）の負荷を、少しでも減らすことができる。

　高齢化と財政赤字の課題先進国となった日本が、世界に先駆けて財政ルールの構築を行い、ふるさと投資ファンドなど本論文中で示した新しい工夫を導入することで、財政赤字の難局に対処することが可能となるであろう。本論文中で示したこれらの政策が将来、諸外国も経験しようとしている高齢化・財政赤字問題に対する解決策にもつながることであろう。

【参考文献】

Bohn, H.（1998）"The Behavior of US Public Debt and Deficits", *Quarterly Journal of Economics*, Vol. 113, No. 3, pp. 949-963.

Domar, E. D.（1944）"The Burden of the Debt and the National Income", *American Economic Review*, Vol. 34, No. 4, pp. 798-827.

McNelis, P. and N. Yoshino（2012）"Macroeconomic Volatility under High Accumulation of Government Debt: Lessons from Japan", *Advances in Complex Systems*, Vol. 15, Suppl. No. 2, pp. 1250057-1-1250057-29.

Yoshino, N. and S. Kaji eds.（2013）*Hometown Investment Trust Funds*, Springer Japan.

Yoshino, N. and T. Mizoguchi（2010）"The Role of Public Works in the Political Business Cycle and the Instability of the Budget Deficits in Japan", *Asian Economic Papers*, Vol. 9, No. 1, pp. 94-112.

Yoshino, N. and T. Mizoguchi（2013a）"Change in the Flow of Funds and the Fiscal Rules Needed for Fiscal Stabilization", *Public Policy Review*, Vol. 8, No. 6, pp. 775-793.

Yoshino, N. and T. Mizoguchi（2013b）"Optimal Fiscal Policy Rule to Achieve Fiscal Sustainability: Comparison between Japan and Europe", Presented at Singapore Economic Review Conference 2013.

Yoshino, N., T. Nakamura and Y. Sakai（2013）"International Comparison of Bubbles and Bubble Indicators", *AI & Society*, Vol. 29, Iss. 3, pp. 427-434.

Yoshino, N. and U. Vollmer（2014）"The Sovereign Debt Crisis: Why Greece, but not Japan?", *Asia Europe Journal*, June, Vol. 12, Iss. 3, pp. 325-341.

吉野直行（2012）「預金保険制度の今後の方向性を考える」『金融財政事情』2012年5月28日号、39-43頁。

吉野直行・溝口哲郎（2012）「資金の流れの変化と財政安定化のための財政ルール」『フィナンシャル・レビュー』第109号、3-15頁。

吉野直行・溝口哲郎（2013）「持続可能な財政政策ルールの導出──金融機関等による国債購入サイドの要因を考慮」『経済セミナー』2013年10・11月号、37-44頁。

吉野直行・塩澤修平・嘉治佐保子編著（2013）『ふるさと投資ファンド』慶應義塾大学出版会。

第 2 章

ケインズ効果 vs. 非ケインズ効果
―― near-VAR からの接近*

亀田啓悟

第 1 節 はじめに

　財政政策は景気回復に有効か。リーマン・ショック以降、この古典的な問いに多くの注目が集まった（Barro 2009; Feldstein 2009; Krugman 2008 ほか）。当然のことながら、その答えは分析手法（VAR、DSGE 等）やサンプル期間、財政ショックの識別方法、研究対象国によって異なりうる。しかし、いくつかの例外を除き、VAR での分析（fiscal VAR）はケインズ的な乗数効果の存在を、すなわち財政拡大が景気の拡大をもたらすことを主張している（Hebous 2011）。

　この一方で、非ケインズ効果の研究も進んでいる。その嚆矢である Giavazzi and Pagano（1990）は、デンマークとアイルランドの財政再建がその後の経済成長を導いたと主張した。また Perotti（1999）、Giavazzi, Jappelli, and Pagano（2000）、Giavazzi et al.（2005）等は、多国間年次パネルデータを使ってこの効果の存在を確認している。この非ケインズ効果の見方に立てば、財政再建、言い換えれば緊縮財政が経済を成長させることになる。

＊　本章は Kameda（2012）に新たな分析を加え再構成したものである。Kameda（2012）での研究報告会 Asian Economic Policy Review Conference on Fiscal Policy and Sovereign Debt（2011/3/25）での討論者であった岩田一政日本経済研究センター理事長および参加者に感謝申し上げる。ただし、ありうるべき誤謬が筆者の責に帰するのは言うまでもない。なお、本研究は日本学術振興会科学研究費補助金（基盤研究（C）（♯25380381））の助成を受けている。

これら2つの議論は両立するのだろうか？　先行研究によれば非ケインズ効果は極端な財政状況にあるときのみ発生する。よって平時にはケインズ効果が生じ、大幅な財政赤字のもとでは非ケインズ効果が出現すると考えても特に問題はない。事実、上記のパネルデータを使った非ケインズ効果の研究でも平時にはケインズ効果が検出されている。しかし、これらの研究では消費関数のみが推定されており、主にVARをベースに議論が進むケインズ効果研究と比較することが難しい。2つの効果が検出されるのは、単に手法や対象データの違いに起因するのかもしれない。

そこで本章では、これら2つの議論の橋渡しを行うことを目指す。具体的には、財政乗数の研究でよく用いられる単純なVARを拡張し、政府債務・基礎的財政赤字と財政支出の拡大・減税とのクロス項を説明変数に加える。また、政府債務・基礎的財政赤字のダイナミクスを考慮するためにFavero and Giavazzi（2007）に倣い、政府の予算制約式を明示的にVARシステムに加える。このうえで、このnear-VARから財政支出・税のインパルス反応関数を日本のデータにより推計し、需要拡大効果が政府債務・基礎的財政赤字の水準によってどう変化するかを分析することとしたい。

本章の構成は以下のとおりである。第2節でケインズ効果・非ケインズ効果に関する先行理論研究をまとめる。第3節で分析に用いるnear-VARの枠組みとデータについて説明し、第4節で分析結果を述べる。第5節は結論である。

第2節　ケインズ効果・非ケインズ効果の理論

実証分析に入る前に、ケインズ効果と非ケインズ効果に関する経済理論を簡単に振り返っておく[1]。表2-1は財政政策の有効性に関する代表的な理論分析の結果をまとめたものである。伝統的なケインズ経済学においては財政支出の増加および減税はGDPを増加させる。一方、無限期間の最適化を

---

1) 2つの効果に関する先行実証研究は膨大な数にのぼる。ケインズ効果に関する実証研究に関し、諸外国についてはHebous（2011）を、日本についてはKameda（2014）を参照されたい。また非ケインズ効果については、国を問わず亀田（2010）、Kameda（2012）を参照されたい。

表2-1 既存経済理論における財政拡大の効果

	財政支出の拡大	減税
IS-LM 分析	+	+
新古典派（無限期間モデル）	0	0
世代重複モデル （Blanchard 1985, 1989, 有限期間モデル）	−	−
Bertola and Drazen (1993)	政府支出対 GDP 比に依存 （同比が低いと +、高いと −）	／
Sutherland (1997)	／	政府債務対 GDP 比に依存 （同比が低いと +、高いと −）
Perotti (1999)	財政赤字対 GDP 比、政府支出対 GDP 比に依存 （同比が低いと +、高いと −）	財政赤字対 GDP 比、政府支出対 GDP 比に依存 （同比が低いと +、高いと −）

注：Bertola and Drazen（1993）、Sutherland（1997）、Perotti（1999）は対民間消費、ほかは対 GDP。

前提とした教科書的な新古典派モデルでは、財政支出の拡大はそれと同額の民間消費の減少を誘発し、国債の増発による減税はリカードの等価定理により民間消費に何の影響も与えない。よって、一国全体の貯蓄額は不変であり、資本蓄積・GDP も不変にとどまる。次に有限期間の最適化を前提とする世代重複モデル（Blanchard 1985, 1989）では、基礎的財政収支が一定値となるように税を内生的に調整するとき、財政支出の拡大は民間消費を減少させる。しかし、その財政負担のすべてが現役世代に降りかかるわけではないので、その減少額は財政支出増加額より少なく、故に一国全体の貯蓄額は減少する。また、国債の増発による減税も、国債の返済負担の一部を将来世代に転嫁できることから等価定理が成立せず、民間消費を拡大させ一国全体の貯蓄額を減少させる。よって、支出拡大・減税とも一国全体の貯蓄額を減少させ、資本蓄積・GDP は減少する。以上より、伝統的なケインズ経済学がケインズ効果の発生を、世代重複モデルが非ケインズ効果の発生を説明する最も単純な経済理論であると言える。

しかし、これらの経済理論は両者を同時に説明できるものとはなっていない。本来なら、財政状況が望ましいときに財政拡大が GDP を増加させ、悪いときには減少させる状況を説明する単一の理論が必要である。しかし、残

念ながら、この問題に対する回答は GDP ではなく民間消費の変化に関するものにとどまる。Bertola and Drazen（1993）は家計の主観的財政再建確率が財政再建の成否に依存して正値か0のいずれかをとるメカニズムを新古典派マクロ経済モデルに導入し、政府支出の効果が財政収支対 GDP 比に依存して変化しうることを示した。また Sutherland（1997）は家計の主観的財政再建確率が政府債務対 GDP 比に依存するメカニズムを世代重複モデルに導入し、減税の効果が政府債務対 GDP 比に依存して変化しうることを示した。さらに Perotti（1999）はこの原因を Distortional tax と流動性制約下にある家計の存在に求め、初期時点での政府債務が大きく増税による厚生損失が大きいとき、あるいは政府が増税を先送りしがちで財政赤字基調であるときの政府支出拡大・減税は、通時的な最適化を行う家計の消費減少が流動性制約下にある家計の消費増加を凌駕し非ケインズ効果が発生しうることを示した。

以上見てきたように、ケインズ効果と非ケインズ効果を同時に説明する理論的フレームワークはまだ不完全である。しかし、GDP 構成の大きな比重を占める民間消費については複数の理論が構築されており、実証分析により2つの効果の存在を同時に説明できるかを確認することは、経済理論の発展にとっても重要な作業と思われる。

第3節　分析方法とデータ

非ケインズ効果の存在可能性を計量的に検討するために、政府債務・基礎的財政赤字とプライマリー歳出・歳入とのクロス項を説明変数に加えた以下の2種類の near-VAR システムを構築する。

システム1：財政赤字対 GDP 比率を導入したシステム

$$y_t = c_0 + \sum_{i=1}^{k} C_i y_{t-i} + \gamma_G PB_{t-1} g_{t-1} + \gamma_T PB_{t-1} t_{t-1} + u_t \tag{1}$$

$$PB_t = \frac{\exp(g_t) - \exp(t_t)}{\exp(y_t)} \tag{2}$$

システム 2：政府債務対 GDP 比率を導入したシステム

$$\mathbf{y}_t = \mathbf{c}_0 + \Sigma_{i=1}^{k} \mathbf{C}_i \mathbf{y}_{t-i} + \gamma_G d_{t-1} g_{t-1} + \gamma_T d_{t-1} t_{t-1} + \mathbf{u}_t \qquad (3)$$

$$d_t = \frac{1 + r_t}{(1 + \Delta y_t)(1 + \Delta p_t)} d_{t-1} + \frac{\exp(g_t) - \exp(t_t)}{\exp(y_t)} \qquad (4)$$

ここで $\mathbf{y}_t = [g_t, t_t, y_t, p_t, r_t]$ であり、t_t と g_t はプライマリー財政支出とプライマリー歳入の1人当たり対数値、r_t は名目金利、y_t は1人当たり実質 GDP の対数値、p_t は GDP デフレータの対数値である。この変数選択・変数順序は Perotti（2004）、Favero and Giavazzi（2007）と同様である。また d_t は政府債務対 GDP 比率、PB_t は基礎的財政赤字対 GDP 比率、$\mathbf{u}_t$ は攪乱項である。なお、このシステムにおいて推定すべきパラメータは、5×5 係数行列 $\mathbf{C}_i$（$i = 0, 1, ..., k$）と 5×1 ベクトルである γ_G と γ_T である。

このシステムにおいて、非ケインズ効果は(1)式、あるいは(3)式の第3、第4項の存在を通じて、g_t の増加あるいは t_t の減少が y_t を減少させることによって表現される。よって、検討すべき課題は(1) γ_G と γ_T が有意か、(2)有意だったとして、外生的に $d_t = 0$ あるいは $PB_t = 0$ を代入したときにケインズ効果が観察されるか、(3) d_t あるいは PB_t の初期値を増加させたときに非ケインズ効果が出現するか（g_t の増加あるいは t_t の減少が y_t を減少させるか）の3点となる。

このシステムを推計するにあたり、政府債務以外は内閣府『2009年度国民経済計算』のデータを利用した。本章の作成時点において『国民経済計算』のデータは1980年第1四半期から2010年第1四半期まで利用可能であった。しかし、リーマン・ショックによる構造変化が存在したため、単純に2008年第2四半期までのデータに限定した推計を行った。

各データの作成方法は以下のとおりである[2]。まずプライマリー歳入・歳出には中央・地方政府の歳入・歳出データを利用し、基礎的財政赤字データには両者の差を利用した。政府債務データは川出・伊藤・中里（2004）を参

---

2) 詳しくは補論1を参照のこと。

考に財務省『国と地方の長期債務残高』を加工して作成した。さらに、名目金利データは、プライマリー歳入・歳出と同様の手法で算出した中央・地方政府の支払利子額を、政府債務残高データの前期値で除して作成した（年率パーセント（400 倍した百分率）で表示）。最後に、実質 GDP とプライマリー歳出・歳入を総人口により 1 人当たりに換算し、名目金利、GDP デフレータとともに X12-ARIMA による季節調整を施した[3]。

第 4 節　実証分析

1　プレリミナリーな分析

2 つのシステムを推計する前に、データの定常性について確認した。ADF 検定の結果、レベル値ではどのデータも単位根の存在を棄却できない一方、階差データではすべて棄却することが確認された。よってすべてのデータは 1 階の和分過程であると解釈される。次に、これらの変数間に共和分関係が存在するかどうかを調べるために、Johansen の Trace 検定を行った。その結果、共和分関係が 1 個以上存在するという帰無仮説は棄却されないが、2 つ以上存在するという帰無仮説は棄却された。よって、変数間には 1 つの共和分関係が存在するものと考えられる。以上より、ここでは Vector Error Correction Model（VECM）を利用して分析を進めることとする。

表 2-2 はこの VECM を 2 段階法により推計したときの結果をまとめたものである[4]。一見してわかるように、基礎的財政収支の影響を加味したシステム 1 には有意となるパラメータが存在する。特に財政支出の GDP に関するパラメータが有意な負値をとることは、ケインズ効果を上回る大きさを持つかはわからないものの、非ケインズ効果の存在を示唆していると言える。

---

[3]　消費税導入の影響に配慮し、1997 年第 1 四半期と第 2 四半期に別々の additive outlier を加えた。

[4]　表 2-2 の結果は Kameda（2012）の結果と若干異なる。これは誤差修正項（共和分ベクトル）の推定をする際の基準化変数（被説明変数）を GDP から GDP デフレータに変更し、マクロ経済に対する想定を数量調整から価格調整に変更したためである。なお、どの変数が誤差を修正するかに関する検定（Tests of long-run weak exogeneity）の結果は GDP、GDP デフレータとも 5％ 有意であるが、有意確率（p 値）は GDP デフレータの方が小さく、数量調整より価格調整が支持されている。

表2-2 非ケインズ項係数の有意性

システム1：基礎的財政赤字対GDP比

	歳出	歳入	GDP	インフレ率	名目金利
歳出 ×財政赤字対GDP比	18.933 (1.298)	−7.928 (−0.466)	−7.789* (−1.710)	1.249 (0.732)	−132.256 (−2.384)
歳入 ×財政赤字対GDP比	−25.319* (−1.744)	−1.342 (−0.079)	3.852 (0.850)	−2.961* (−1.745)	61.648 (1.117)

システム2：政府債務対GDP比

	歳出	歳入	GDP	インフレ率	名目金利
歳出 ×政府債務対GDP比	0.213 (0.567)	0.135 (0.320)	−0.105 (−0.911)	0.055 (1.287)	−1.744 (−1.247)
歳入 ×政府債務対GDP比	−0.148 (−0.546)	−0.011 (−0.035)	−0.021 (−0.251)	−0.042 (−1.380)	−0.323 (−0.320)

注1：（ ）内はt値。
2：*係数が10％の有意水準で帰無仮説を棄却することを意味する。

一方、政府債務を利用したシステム2には有意となるパラメータは存在しない。よって、以後、基礎的財政収支を利用したシステム1のみに注目して分析を進めることにする。

2 インパルス反応関数

政府の予算制約式を明示的に織り込んだVECMからインパルス反応関数を導出するために、本章ではFavero and Giavazzi（2007）の手法を応用した[5]。この詳細は以下のとおりである。第1に、サンプル期間の最終時点を初期とし、第8四半期分の予想値を導出した。第2に、初期時点にプライマリー歳出・歳入1％（0.01）相当のショックを与えた場合の予想値を導出した。第3に両者の差を算出した。最後に、1,000回のモンテカルロ・シミュレーションにより1標準偏差をバンド幅とする信頼区間を導出した。

図2-1は初期時点における基礎的財政収支対GDP比を0として導出したインパルス反応関数を示したものである。プライマリー歳入・歳出ショック

---

[5] Favero and Giavazzi（2007）では構造形ショックの識別にBlanchard and Perotti（2002）の手法を利用している。詳細は補論2参照のこと。

28 第Ⅰ部 財政・公共経済の理論・実証分析

図2-1 各変数の変化率の累積インパルス反応関数

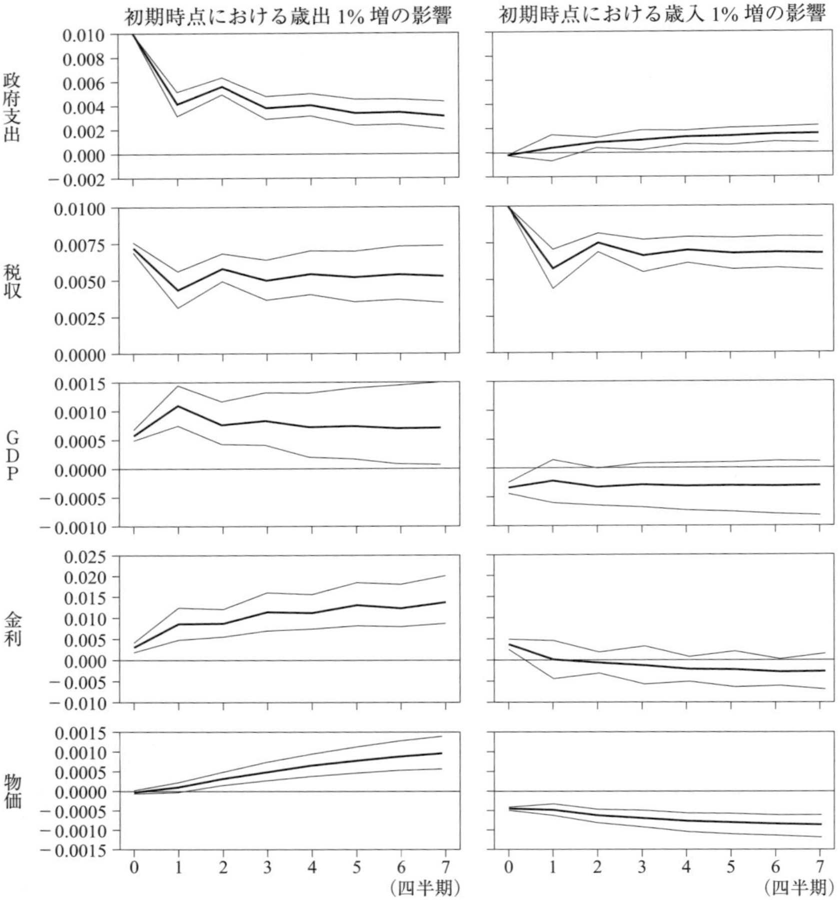

注1：太線は1,000回のモンテカルロ・シミュレーションにより導出したインパルス反応関数の中位数を表す。細線は16-84％信頼区間を表す。
　2：初期時点に0.01のショックを与えたときの1人当たりGDPの累積変化率（小数表示）。

を与えた場合のインパルス反応はすべての変数でケインズ的な反応（GDPの上昇、税収の増加、金利の上昇、物価の上昇）を示しており、健全財政下でのケインズ効果の存在が確認できる。

さて、本章にとって重要な論点は、初期時点の基礎的財政収支を変化させ

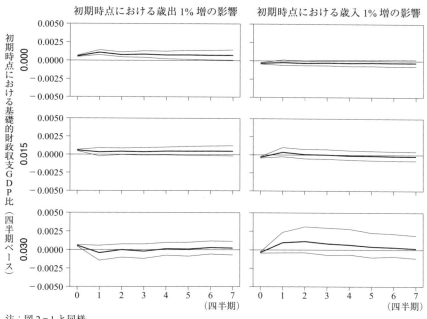

図 2-2 基礎的財政収支対 GDP 比別に見たときの 1 人当たり GDP 変化率の累積インパルス反応関数

注：図 2-1 と同様。

たときに GDP のインパルス反応が負値を示すかどうかにある。図 2-2 は、初期時点の基礎的財政収支対 GDP 比率を 0%（0.000）から 1.5%（0.015）、3%（0.030）に変化させたときの GDP のインパルス反応をまとめたものである。なお、ここでは 4 半期データを利用しているため、この百分率はそれぞれ年率で 0%、6%、12% に相当する。図 2-2 からわかるように、初期時点の基礎的財政収支対 GDP 比率が 0% のときは、プライマリー歳出の増加は安定的に GDP を増加させている。これに対し、同比率が 1.5% のときには GDP の増加は有意ではなくなり、3% のときにはインパルス反応は景気中立的となる。これは財政再建が景気浮揚をもたらすとまでは言えないものの、非ケインズ的な効果の存在を示唆していると言える。プライマリー歳入については、より非ケインズ的傾向が強まる。先にも述べたように初期時点の基礎的財政収支 GDP 比率が 0%（0.000）のときには歳入の変化はリカード

図2-3 外需要因も考慮したケース：1人当たりGDP変化率の累積インパルス反応関数

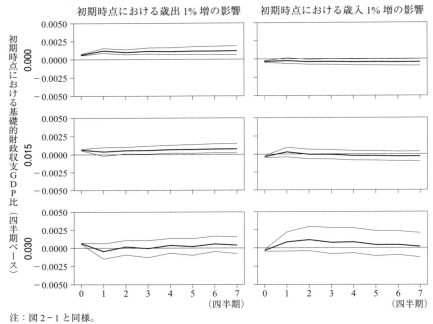

注：図2-1と同様。

的な中立的な効果しか持たない。しかし、同比率を1.5%（0.015）、3%（0.030）に上昇させると、歳入の増加がGDPを増加させるように変化する。こうした変化は、有意ではないとはいえ非ケインズ効果の存在を示唆するものと言える。

3　分析の拡張[6]

(1) 外需要因を考慮した分析

これまでの分析では外需要因を具体的には考慮してこなかった。しかし、近年の日本経済を考えるとき、外需要因を軽視することは許されないであろう。外需の落ち込みを端緒として財政出動が検討されるケースは数多くあり、

---

[6]　本節で利用するデータの詳細については補論3参照のこと。

図2-4 年齢要因も考慮したケース：若年地域における1人当たりのGDP変化率の累積インパルス反応関数

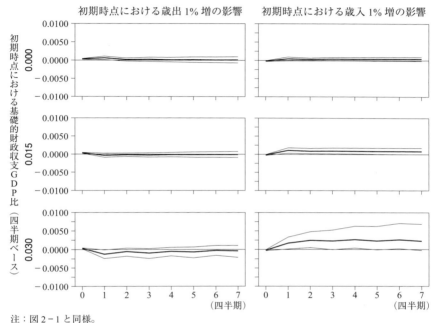

注：図2-1と同様。

これまでの分析ではケインズ効果が過少に推定されている可能性がある。

そこで、税収の次に貿易収支を加えた6変数VECMを推計し、インパルス反応を導出した（図2-3）。

しかし、図2-2と比べるとわかるように、ベンチマークケースとの間に大きな差は見受けられなかった。よって、外需の存在を具体的に考慮しても、非ケインズ効果の存在が示唆された。

(2) 高齢地域と若年地域に分割した分析

第2節で説明した世代重複モデルに基づけば、非ケインズ効果は若年世代ほど大きく作用すると考えられる。そこで、全国を若年地域と高齢地域に分割し、両地域の1人当たりGDPを導入した6変数VECMによる分析も実施した。なお、両変数は若年層が多い都市部から高齢者の多い地方へと景気が

図2-5 年齢要因も考慮したケース：高齢地域における1人当たりの GDP変化率の累積インパルス反応関数

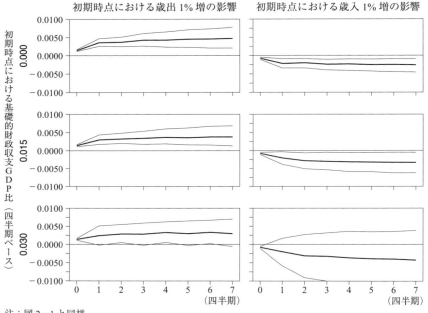

注：図2-1と同様。

伝搬することに配慮し、税収の後に若年地域GDP（3番目）、次いで高齢地域GDP（4番目）の順で配置した。

図2-4は若年地域の、図2-5は高齢地域のインパルス反応をまとめたものである。図2-2と図2-4を比べればわかるように、若年地域でのGDPの反応は基本ケースのそれとほとんど変わらない。これは、若年地域での非ケインズ効果の存在を示唆している。一方、高齢地域の反応をまとめた図2-5では、有意で明確なケインズ効果の存在が確認できる。この対照的な結果は、世代重複モデルでの財政拡大の説明と整合的であり、やはり非ケインズ効果の存在を示唆するものと言える。

第 5 節　政策的インプリケーション

　2014 年度末における『国及び地方の長期債務残高』は 1,010 兆円、対 GDP 比率で見て 202％ と予想されている。こうした財政再建が必須である状況に対し、本章の分析が与える政策的インプリケーションは以下の 3 点である。

　第 1 に、増税による景気悪化を過度に警戒すべきではない。2014 年 12 月 8 日公表の『四半期別 GDP 速報：2 次速報』によれば、2014 年 7－9 月期の実質 GDP 成長率は前期比年率 1.9％ 減であり、2014 年 4 月の消費増税からの景気回復はまだ観察されなかった。しかし、その主因は在庫投資の減少にあり、足元の指標もほぼすべてが改善傾向を示している[7]。さらに、2014 年度の国と地方の基礎的財政収支の予想値は年率マイナス 7.0％ であり[8]、第 4 節の分析に基づけば増税は景気に対して中立的になると推定される。若干の遅れは生じているかもしれないが、増税の影響は早晩収まるものと予想される。

　第 2 に増税後の景気落ち込みを懸念した財政支出の拡大は無用である。第 4 節の分析を鑑みればわかるように現在の財政状況のもとでは財政支出の拡大は景気に中立的であり、さらなる財政悪化をもたらすだけである。先述の『2 次速報』では民間投資の減少がマイナス成長の一因となっているが、これは過度な公共投資が労働市場を逼迫させた結果と考えられる（Alesina et al. 2002; Kameda 2014）。この民間投資のクラウドアウトは中長期的に見ればわが国の潜在成長率の低下を招くものであり、厳に慎むべきである。

　第 3 に、今後、政府は多少の景気悪化には頓着せず、財政再建を着実に実行しなくてはならない。財政政策はマクロ経済の安定化にとって必要不可欠な政策ツールである。そして、われわれの分析が示すように、その効果は健全な財政のもとでこそ発揮される。リーマン・ショックのような大きな経済

---

[7]　2014 年 10 月の諸指標の対前月変化は以下のとおり。鉱工業生産指数 0.2％ 増、家計調査（2 人以上の世帯）0.9％ 増、設備投資（資本財出荷指数。除く輸送機械）6.4％ 増、景気動向指数（一致指数。速報ベース）0.4％ 増。
[8]　内閣府『中長期の経済財政に関する試算』（平成 26 年 7 月 25 日、経済財政諮問会議提出資料）より。(http://www5.cao.go.jp/keizai3/econome/h26chuuchouki7.pdf)

危機に備え、いまは財政の健全化に集中すべきである。

　最後に、前節の分析で政府債務が非ケインズ効果の発生に有意な影響を持たなかった点について議論しておきたい[9]。この理由の解釈に際し、Feldstein（1986）の議論が有益である。Feldstein（1986）は財政赤字・政府債務残高と長期金利の関係を実証分析し、前者のみが有意な効果を持つことを確認した。そしてこの実証結果の解釈として、財政赤字は今後の政府債務に関する期待を内包するのに対し、その残高は「すでに市場に受け入れられた」ものであり、フォワードルッキングな投資家にとって多くの情報を有しないためであると論じた。この文脈は本節の結果の解釈にも有効であろう。わが国の消費者もフォワードルッキングであり、財政赤字の拡大が将来のさらなる赤字を予感させ、消費を抑制させるのである。政府は「現在の債務残高を見れば、少々の財政赤字はたいした問題ではない」などと考えることなく、財政再建に真摯に取り組む必要があると言えよう。

補論1　データについて

　本章で利用された政府債務データは川出・伊藤・中里（2004）を参考に構築した。まずベースとして財務省『財政金融統計月報』から国の長期債務残高（内国債＋外国債＋借入金）四半期データ B_t を作成する。次に、『国と地方の長期債務残高』のデータから、国の長期債務残高が国および地方の長期債務残高に占める割合 κ_t を年度ごとに計算し、この比率 κ を年度内において四半期単位で線形補間する。そして、この四半期ベースの κ_t と国の長期債務残高 B_t を用いて四半期ベースにおける国および地方の長期債務残高を $D_t = (1/\kappa_t) B_t$ として求める。最後に、データの連続性を維持するため、2003年度から日本郵政公社に移管された旧郵便貯金特別会計の借入金48兆7,374億円を2003年度第1四半期以降のデータに加算した[10]。

　次にプライマリー歳入、プライマリー歳出の作成方法を説明する。両デー

---

9)　同様の帰結は伊藤・渡辺（2004）、Kameda（2014）でも得られている。
10)　『債務管理レポート2004』参照。

タとも『2009年度国民経済計算』の制度部門別所得支出勘定（一般政府）（以下、単に所得支出勘定）での四半期データをベースに作成している。ただし、(1) 政府債務データの定義に合わせ、社会保障基金に含まれる歳入・歳出を控除する必要がある、(2) この控除に利用する中央政府・地方政府・社会保障基金別の所得支出勘定（付表6）は年度あるいは暦年ベースデータしか存在せず、いくつかのデータは四半期に分割する必要がある、(3) 資本調達勘定実物取引表（一般政府）に掲載されているデータにも (2) と同様の配慮が必要となる、等の問題に対応しなくてはならない。以下、プライマリー歳入、プライマリー歳出それぞれについて順に説明する。

まず、プライマリー歳入には、①生産・輸入品に課される税、②所得・富等に課される経常税、③帰属社会負担、④資本移転（受取）、⑤利子を除く財産所得（受取）、⑥経常移転（受取）の合計を用いた。ただし、所得支出勘定では最後の2者について社会保障基金への歳入が混入するため、付表6より両勘定科目における社会保障基金割合の年度値を算出し、この割合を四半期データに乗じた値を控除することにより、中央・地方政府のデータを作成した（割合は年度を通じて一定と仮定）。

次にプライマリー歳出には、①利子を除く財産所得（支払）、②補助金、③現物社会移転以外の社会給付、④その他経常移転（支払）、⑤最終消費支出、⑥資本移転（支払）、⑦経常移転（支払）、⑧純固定資本形成、⑨在庫品増加、⑩土地の購入（純）の合計を利用した。ただし、付表6からわかるように、(1)「現物社会移転以外の社会給付」の子勘定である「現金による社会保障給付」と、最終消費支出の孫勘定である「現物社会給付」は専ら社会保障基金からの歳出であるので控除し、(2)「現物社会移転以外の社会給付」の子勘定である「無基金雇用者社会給付」の支出のほとんどは中央・地方政府からのものであるので、社会保障基金からの歳出はゼロと仮定した。また、こうした調整を施してもなお、④その他経常移転（支払）、⑤最終消費支出、⑥資本移転（支払）、では所得支出勘定において社会保障基金からの歳出が混入し、その分割には付表6の年度データを利用せざるを得ないため、プライマリー歳入と同様の手法で作成した社会保障基金割合年度値を乗じることにより四半期データを作成した。最後に、資本調達勘定実物取引表（一般政府）掲載の、⑧純固定資本形成、⑨在庫品増加、⑩土地の購入（純）には年

度・暦年データしか存在せず、また付表6よりそのほとんどが中央・地方政府の歳出であることから、年度データを単純に4分割したデータを利用した。

最後に基礎的財政赤字には上記のプライマリー歳出からプライマリー歳入を控除して算出した。

補論2　構造形ショックの識別方法について

財政ショックを識別するために、本章ではBlanchard and Perotti（2002）を拡張したPerotti（2004）の手法を利用する。具体的には以下の行列式により誘導形ショックから構造形ショックを識別した。

$$\begin{pmatrix} 1 & 0 & a_{gy} & a_{gp} & a_{gr} \\ 0 & 1 & a_{ty} & a_{tp} & a_{tr} \\ \gamma_{yg} & \gamma_{yt} & 1 & 0 & 0 \\ \gamma_{pg} & \gamma_{pt} & \gamma_{py} & 1 & 0 \\ \gamma_{rg} & \gamma_{rt} & \gamma_{ry} & \gamma_{rp} & 1 \end{pmatrix} \begin{pmatrix} u_t^g \\ u_t^t \\ u_t^y \\ u_t^p \\ u_t^r \end{pmatrix} = \begin{pmatrix} 1 & 0 & 0 & 0 & 0 \\ b_{21} & 1 & 0 & 0 & 0 \\ 0 & 0 & 1 & 0 & 0 \\ 0 & 0 & 0 & 1 & 0 \\ 0 & 0 & 0 & 0 & 1 \end{pmatrix} + \begin{pmatrix} \varepsilon_t^g \\ \varepsilon_t^t \\ \varepsilon_t^y \\ \varepsilon_t^p \\ \varepsilon_t^r \end{pmatrix}$$

このシステムを推定するにあたり、本章では外部情報によって推計すべきパラメータ a_{gy}, a_{gp}, a_{gr}, a_{ty}, a_{tp}, a_{tp} に以下の値を採用した。まず、景気変動に伴って自動的に変化する財政支出はないと仮定し、Blanchard and Perotti（2002）、Perotti（2004）、渡辺・藪・伊藤（2010）と同様に $a_{gy} = 0$ とした。また、Perotti（2004）に従い a_{gp} は−0.5とした。なお、加藤（2003）やKo and Morita（2011）と同様に−1としても結果はほとんど変わらない。次にプライマリー歳出・歳入からは利子収入は除外されているため、$a_{gr} = a_{tr} = 0$ とし、a_{tp} は加藤（2003）に倣い1.87とした。

最後に a_{ty} は、Blanchard and Perotti（2002）とPerotti（2004）の手法に従って独自推計を実施し0.9に設定した。その詳細は以下のとおりである。まず a_{ty} を以下のように分解する。

$$a_{ty} = \sum_i \eta_{Ti,Bi} \eta_{Bi,y} \frac{\tilde{T}_i}{\sum \tilde{T}_i}$$

ここで $\eta_{Ti,Bt}$ は税収の課税ベース弾性値、$\eta_{Bt,y}$ は課税ベースのGDP弾性値、

$\bar{T}_i$ は税目別税収額である。本章では税種別として、個人所得税、法人所得税、間接税、移転支出の4種類を考える。本章は発生主義の原則に基づいて作成された『国民経済計算』を利用しているため、Blanchard and Perotti (2002) や渡辺・藪・伊藤 (2010) と異なり、Collection lag は発生しないことに注意されたい。なお、すべてのデータは本文記載と同様の方法で季節調整が施されている。

4種の税に関する課税ベース弾性値、課税ベースのGDP弾性値の推定値の推定方法は、それぞれ以下のとおりである。

個人所得税（『国民経済計算』での家計部門の「所得に課させる税」を利用）

個人所得税は T^{PI} は S を税率、W を賃金、P を物価、E を雇用量として $T^{PI} = S(PW)W(E)E(y)$ のように表現できる。この式の両辺の対数をとり、全微分すると、

$$d \log T_t^{PI} = \left[\left(\frac{\partial \log S}{\partial \log PW_t}+1\right)\frac{\partial \log W_t}{\partial \log E_t}+1\right]\frac{\partial \log E_t}{\partial \log y_t} d \log y_t + \frac{\partial \log S}{\partial \log PW_t} d \log P_t$$

を得る。ここで右辺の $d \log y_t$ に関する係数が $\eta_{Ti,Bi}\eta_{Biy}$ を意味することに注意しよう。また $d \log P_t$ に関する係数は a_{tp} の当該税相当部分で、前述のとおりである。

さて Perotti (2004) は、雇用者数に平均労働時間を乗じたマンアワーの対数値を4期ラグから1期リードまでのGDP対数値に回帰したときの0期ラグ係数を $\partial \log E_t / \partial \log Y_t$ に採用しており、本章もこれに倣ったが有意な係数は得られなかった。そこで、個人所得税のGDP弾性値は0とした[11]。

法人所得税（『国民経済計算』での「一国全体」から「家計部門」を除いた「所得に課させる税」を利用）

課税ベースのGDP弾性値は家計部門を除く一国全体の「営業余剰・混合所得（総）」の対数値をGDP対数値の4期ラグから1期リードまでに回帰したときの、0期ラグにかかる係数（4.47）を利用した。税収の課税ベース弾

---

11) 渡辺・藪・伊藤 (2010) でも同様の結果が得られている。

力性には、家計部門を除く一国全体の「所得・富等に課される経常税」の中の「所得に課させる税」を家計部門を除く一国全体の「営業余剰・混合所得（総）」の対数値に回帰し、その係数（0.79）を利用した。

間接税（『国民経済計算』での「一国全体」の「生産・輸入品に課される税」を利用）

Perotti (2004) に従い、間接税の GDP 弾性値は 1 とした。

帰属社会負担・経常移転・資本移転

雇用保険料を除き、経常移転、資本移転として受け入れられる歳入額がGDP の変化に応じて四半期の間に変更されるとは考えにくい。雇用保険料が経常移転・資本移転に占める割合もわずかであるため、ここでは移転に関する GDP 弾性値は 0 とした。

補論 3　拡張分析に利用したデータの作成方法

貿易収支

第 4 節 3(1) の貿易収支には、『2009 年度国民経済計算』の輸出・輸入データを総人口で除し X12-ARIMA で季節調整したものの差を利用した。

高齢地域・若年地域別 GDP

第 4 節 3(2) で用いた高齢地域・若年地域別 GDP は以下の手順により作成した。まず内閣府経済社会総合研究所『県民経済計算』により実質国内総生産（支出側）の年度ベースの時系列データを作成する。なお、現在『県民経済計算』は基準年と作成期間の異なる 3 つの系列が並存しているため、①1990 年度のデータにより平成 2 年基準系列を平成 7 年基準に定率変換のうえ、平成 7 年基準系列に接続し、②このデータを 1996 年度のデータにより平成 12 年基準に定率変換し、平成 12 年基準系列に接続して作成した。次にこの年度データを Chow and Lin (1971) の手法により鉱工業生産指数を指標として四半期データに変換した。この際、データ入手の都合により関東地方および近畿地方は（都道府県ごとではなく）地方経済産業局管内の都道府県を一括して扱った。次に、この地域別 GDP データを、1980 年から 2005 年

までの計 6 回の『国勢調査』から求めた都道府県別平均年齢に基づき、高齢地域と若年地域に分割・合計した。この結果、若年地域には沖縄・埼玉・神奈川・愛知・千葉・大阪・滋賀・宮城・茨城・東京・奈良・栃木・福岡・兵庫・京都・静岡の住民平均年齢上位 16 都道府県に群馬（19 位）・山梨（28 位）・福井（29 位）・新潟（33 位）・長野（39 位）・和歌山（40 位）が混入したものとなっている。最後に、やはり Chow and Lin (1971) の手法により定数のみを指標として四半期データに変換した都道府県人口から高齢地域人口と若年地域人口を作成し、地域別の 1 人当たり GDP 四半期データを作成した。

構造形ショック識別に利用する外挿パラメータについて

　第 4 節 3(1) では財政支出、税収の誘導形ショックに対する外需の誘導形ショックの影響はないと仮定した。また、第 4 節 3(2) では地域別 GDP の誘導形ショックは、ベンチマークケースと同様に財政支出の誘導形ショックに影響しないと仮定した。

　地域別 GDP の誘導形ショックが税収の誘導形ショックに与える影響は以下のように推計した。まず、個人所得税についてはベンチマーク推計の結果を踏襲し、GDP 弾性値は 0 とした。次に法人所得税については、全国レベルの課税ベースに対する地域別 GDP 弾性値を推計し、地域別の GDP 弾性値を得た。具体的には、被説明変数に全国レベルの課税ベースの対数値を、説明変数に地域別の GDP 対数値の 4 期ラグから 1 期リードを利用した回帰分析を行い、それぞれの 0 期ラグにかかる係数（若年地域：2.15、高齢地域：1.67）を利用した。間接税についてはベンチマークケースと同様に GDP 弾性値は 1 と仮定したが、税収シェアを算出する際には GDP の地域別シェアを乗じた。帰属社会負担等についてはベンチマークケースと同様に、GDP 弾性値は 0 とした。

【参考文献】

Alesina, P., S. Ardagna, R. Perotti and F. Schiantarelli (2002) "Fiscal Policy, Profits, and Investment", *American Economic Review*, Vol. 92, No. 3, pp. 571-589.

Barro, R. (2009) "Government Spending is No Free Lunch", *The Wall Street Journal*, January 22, 2009.

Bertola, G. B. and A. Drazen (1993) "Trigger Points and Budget Cuts: Explaining the Effects of Austerity", *American Economic Review*, Vol. 83, No. 1, pp. 11-26.

Blanchard, O. J. (1985) "Debt, Deficit, and Finite Horizons", *Journal of Political Economy*, Vol. 93, No. 2, pp. 223-247.

―――― (1989) *Lectures on Macroeconomics*, MIT Press.

Blanchard, O. J. and R. Perotti (2002) "An Empirical Characterization of the Dynamic Effects of Changes in Government Spending and Taxes on Output", *Quarterly Journal of Economics*, Vol. 117, No. 4, pp. 1329-1368.

Chow, G. C. and An-loh Lin (1971) "Best Linear Unbiased Interpolation, Distribution and Extrapolation of Time Series by Related Series", *Review of Economics and Statistics*, Vol. 53, pp 372-375.

Favero, C. and F. Giavazzi (2007) "Debt and the Effect of Fiscal Policy", NBER Working Paper, No. 12822, National Bureau of Economic Research.

Feldstein, M. S. (1986) "Budget Deficits, Tax Rules, and Real Interest Rates", NBER Working Paper, No. 1970, National Bureau of Economic Research.

―――― (2009) "Rethinking the Role of Fiscal Policy", *American Economic Review*, Vol. 99, No. 2, pp. 556-559.

Giavazzi, F. and M. Pagano (1990) "Can Severe Fiscal Contraction be Expansionary? Tales of Two Small European Countries", in O. J. Blanchard and S. Fischer eds., *NBER Macroeconomics Annual*. Cambridge, MIT: MIT Press.

Giavazzi, F., T. Jappelli and M. Pagano (2000) "Searching for Non-Keynesian Effects of Fiscal Policy: Evidence from Industrial and Developing Countries", *European Economic Review*, Vol. 44, No. 7, pp. 1259-1289.

Giavazzi, F., T. Jappelli, M. Pagano and M. Benedetti (2005) "Searching for Non-Monotonic Effects of Fiscal Policy: New Evidence", *Monetary and Economic Studies*, Vol. 23, No. S-1, pp. 197-217.

Hebous, S. (2011) "The Effects of Discretionary Fiscal Policy on Macroeconomic Aggregates: A Reappraisal", *Journal of Economic Surveys*, Vol. 25, No. 4, pp. 674-707.

Johansen, S. (1991) "Estimation and Hypothesis Testing of Cointegration Vectors in Gaussian Vector Autoregressive Models", *Econometrica*, Vol. 59, No. 6, pp. 1551-1580.

Kameda, K. (2012) "Estimating Non-Keynesian Effects for Japan", *Asian Economic Policy Review*, Vol. 7, No. 2, pp. 227-243.

―――― (2014) "What Causes Changes in the Effects of Fiscal Policy? A Case Study of Japan", *Japan and the World Economy*, Vol. 31, pp. 14-31.

Ko, J. and H. Morita (2011) "Policy under the Debt Feedback Rule: The Case of Japan", *Economics Bulletin*, Vol. 31, No. 3, pp. 2373-2387.

Krugman, P. (2008) "The Conscience of a Liberal", *The New York Times*, June 12, 2008.

Perotti, R. (1999) "Fiscal Policy in Good Times and Bad", *Quarterly Journal of Economics*, Vol. 114, No. 4, pp. 1399-1439.

―――― (2004) "Estimating the Effects of Fiscal Policy in OECD Countries", Working Paper, No. 276, Innocenzo Gasparini Institute for Economic Research, Bocconi University.

Sutherland, A. (1997) "Fiscal Crises and Aggregate Demand: Can High Public Debt Reverse the Effects of Fiscal Policy?", *Journal of Public Economics*, Vol. 65, No. 2, pp. 147–162.

伊藤新・渡辺努 (2004)「財政政策の非ケインジアン効果」『経済研究』第 55 巻 4 号、313–327 頁。

加藤涼 (2003)「財政政策乗数の日米比較——構造 VAR と制度的要因を併用したアプローチ」『日本銀行国際局ディスカッションペーパーシリーズ』No. 03-J-4、日本銀行国際局。

亀田啓悟 (2010)「日本における非ケインズ効果の発生可能性」井堀利宏編『財政政策と社会保障（バブル／デフレ期の日本経済と経済政策 5）』第 3 章、69–110 頁、慶應義塾大学出版会。

川出真清・伊藤新・中里透 (2004)「1990 年以降の財政政策の効果とその変化」井堀利宏編『日本の財政赤字』第 5 章、105–124 頁、岩波書店。

渡辺努・藪友良・伊藤新 (2010)「制度情報を用いた財政乗数の計測」井堀利宏編『財政政策と社会保障（バブル／デフレ期の日本経済と経済政策 5）』第 5 章、143–177 頁、慶應義塾大学出版会。

第 3 章

金融市場の不完全性下における財政政策の効果
―― 真水か政府貸出か*

江口允崇・高野哲彰

第 1 節 はじめに

　米国のサブプライム・ローン問題に端を発する世界的な経済危機の勃発を受けて、各国政府は 2008 年以降大規模な経済政策を打ち出した。たとえば、震源地である米国では、2008 年 10 月に金融安定化対策として「緊急経済安定化法」を成立させ、約 7,000 億ドルの公的資金を投入し、金融機関と自動車産業を支援することを決定した。2009 年 2 月には、さらに景気対策として「米国再生・再投資法」を可決させ、総額約 7,900 億ドルの財政支出および減税措置を実施することを決めた。欧州においても、欧州経済回復計画が欧州委員会によって打ち出された。

　一方、日本では、麻生内閣のもとで 2008 年から 2009 年にかけて総額 91.2 兆円の経済危機対策が実行された。その内容は、①定額給付金、高速道路料金引き下げ、エコカー減税といった生活者への支援、②政府系金融機関の貸出や信用保証協会の保証枠の拡大といった企業への支援、および③スクール

---

*　本章の作成にあたっては、廣瀬康生准教授（慶應義塾大学）、中田真佐男教授（成城大学）、岡野衛士教授（名古屋市立大学）、および日本経済学会、日本財政学会で発表した際のフロア参加者の方々より有益なコメントを頂いた。記して感謝する次第である。ただし、本章に示されている意見は、筆者個人に属し、筆者の属する機関の公式見解を示すものではない。なお、本章における誤りはすべて筆者の責任である。また、本研究は、全国銀行学術研究振興財団研究助成「DSGE モデルのベイズ推定による財政政策の効果の分析」の支援を受けている。

図3-1 リーマン・ショック後の日本の財政政策（総額91.2兆円）

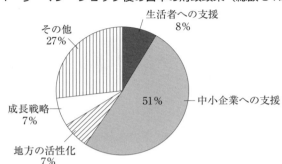

出所：内閣府「好循環実現のための経済対策」、「日本経済再生に向けた緊急経済対策」。

ニューディール（小・中学校などの耐震化、太陽光発電導入、IT 環境の整備など）をはじめとした公共事業などである。図3-1はそれぞれの項目が全体の財政政策の事業規模に占める内訳を表している。ここで注目すべきことは、政府系金融機関貸出等の企業の救済策が、経済対策の事業規模の半分以上を占めていることである。じつは、日本の1990年代に実施された一連の財政政策においても、企業の融資策が財政政策の予算のおよそ4分の1程度（総額136兆円のうち33.6兆円）を占めていた。

しかし、従来の財政政策に関する研究は、主に家計に対する減税（または所得移転）か政府支出に焦点を当てたものであり、このような企業サイドに対する支援策の効果については詳しく分析されてこなかった[1]。財政政策の事業規模の中で減税と政府支出にあたる部分を「真水」と呼び、Posen (1998)、貞廣 (2005) は、1990年代の財政政策が期待されたほどの効果を上げなかった理由はこの真水部分が小さかったためと主張している。

---

[1] 近年の財政政策の分析には、大きく分けて VAR による研究と、DSGE モデルによる研究がある。前者は、Blanchard and Perroti (2002) が代表的なものであり、日本を対象としたものには経済企画庁 (1998)、井堀・中里・川出 (2002)、川出・伊藤・中里 (2004)、渡辺・藪・伊藤 (2010) などの研究がある。一方、DSGE モデルによる研究は、Baxter and King (1993) をはじめとして、Coenen and Straub (2005)、Galí, López-Salido and Vallés (2007)、Forni, Monteforte and Sessa (2009)、Leeper, Walker and Yang (2010) などが代表的なものとして挙げられ、日本を対象とした研究には Iwata (2011) や江口 (2012) がある。

一方で、Gertler and Karadi（2011）および Gertler and Kiyotaki（2010）は、金融市場の不完全性を伴うマクロモデルにおいて、企業に対する政府の直接融資の効果を分析し、直接融資が経済危機下における GDP や消費、投資の収縮を緩和する効果を持つことを示している。また、Kollmann, Roeger and in't Veld（2013）は、銀行救済策に着目し、政府による銀行救済が同じように GDP や投資を押し上げる効果を持つことを示している[2]。したがって、金融市場の不完全性が存在する場合は、真水以外の部分も景気を刺激するうえで有効になり、真水部分が少ないからといって景気刺激効果が小さくなるかはわからない。

　本章の主たる目的は、こうした企業に対する融資策と、従来型の減税と政府支出といった真水部分の景気刺激効果を比較したうえで、日本の 1990 年代および 2000 年代後半に実施された財政政策の評価を行うことである。より具体的には、90 年代および 2000 年代後半に実施された政府の融資策にはマクロ経済を刺激するうえで一定の効果があったのか、それともやはり真水部分をもっと増やすべきだったのかを明らかにしたい。そのために、Bernanke, Gertler and Gilchrist（1999）のような金融市場の不完全性と、Galí, López-Salido and Vallés（2007）で示された非リカード的な家計を含む DSGE モデルを構築し、日本の現実のデータを用いて MCMC 法によるベイズ推定を行ったうえで、各種の財政政策の効果について検証していく[3]。

　分析の結果、次のような結論が得られた。まず、家計への減税・所得移転は、家計の可処分所得を直接増加させることで GDP と消費を短期的に大きく上昇させるが、その効果の持続性は非常に小さい。一方、企業に対する政

---

[2]　厳密には、Gertler and Karadi（2011）および Gertler and Kiyotaki（2010）は政府による融資ではなく中央銀行が企業の株や社債を購入するような信用緩和政策を分析しているが、モデル上は政府貸出と同じものである。また、Kollmann, Roeger and in't Veld（2013）は銀行救済策を考えている点が異なるが、政府貸出も信用緩和政策も銀行救済策も外部資金調達プレミアムを引き下げることで投資が刺激され、GDP が増えるというメカニズムは同じである。

[3]　金融市場の不完全性は企業に対する融資策が効果を持つために必要になる一方で、非リカード的な家計の設定は、家計に対する減税や所得移転が効果を持つために必要になる。通常の DSGE モデルは通時的な予算制約のもとで行動する家計を想定しているため、リカードの等価定理が成立し、家計に対する減税や所得移転の効果はなくなってしまう。

府貸出は、企業家の純資産を増加させることで外部資金調達プレミアムを引き下げ、長期に渡ってGDPと投資を押し上げるが、足元のGDPや消費に与える影響は小さい。政府支出は家計への移転とほぼ同様の効果を持つが、そのインパクトの大きさは家計への所得移転よりも小さい。なお、非リカード的家計の比率が高いほど家計への所得移転と政府支出の効果は上がり、金融市場の不完全性の度合いが高いほど企業に対する融資の効果は高まることになる。以上をふまえ、日本の1981年第1四半期から2014年第2四半期までの四半期データを用いてMCMC法によるベイズ推定を行った結果、非リカード的家計の存在は一定程度確認されたものの、金融市場の不完全性はほとんど存在しないほど小さいという結果になった。これは、日本企業は借りたくても借りられないという借入制約に直面しているのではなく、そもそも資金需要がないという通説と整合的である。本章の推定結果に基づく限り、日本においては企業に対する融資策はGDPや消費を刺激する意味ではほとんど効果を持たず、景気刺激にはやはり真水部分の増加が重要ということになる。

　本章の構成は以下のとおりである。まず、続く第2節では、分析に用いるモデルを提示する。第3節では、第2節で示されたモデルのもとで、家計への所得移転、政府支出、および企業に対する政府貸出のショックが経済に与える影響についてシミュレーションを行い、各政策の効果を比較する。第4節では、日本の1981年第1四半期から2014年第2四半期のデータを用いて、MCMC法によるベイズ推定を行う。最後は結びである。

第2節　モデル

　本章におけるモデルは、Christiano, Eichenbaum and Evans（2005）、Smets and Wouters（2003, 2007）のような①消費の習慣形成、②投資の調整コスト、③可変資本稼働率、④Calvo型名目価格・名目賃金の硬直性といったさまざまな市場の摩擦要因が導入されたニューケインジアンモデルに、さらに⑤Galí, López-Salido and Vallés（2007）における非リカード的家計と⑥Bernanke, Gertler and Gilchrist（1999）などによって提案されたフィナンシャル・アクセラレーター・メカニズムを導入したものである。

第3章 金融市場の不完全性下における財政政策の効果　47

図3-2　経済の概念図

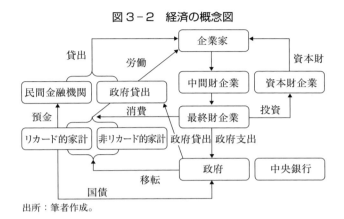

出所：筆者作成。

　経済には家計、企業家、金融仲介機関、中間財企業、最終財企業、資本財企業が存在する。家計は企業家に労働力を供給し、金融仲介機関に預金することで貯蓄を行う。金融仲介機関は家計から預かった預金を企業家に貸し出し、企業家は金融仲介機関からの貸出を元手に資本財を資本財企業から購入し、生産を行う。中間財企業は企業家から生産物を購入し、最終財企業に販売する。最終財企業は中間財を投入し最終財を生産する。そして、資本財企業は企業家が生産に用いた資本財を買い戻し、投資財を生産する。図3-2は経済の概念図を表している。以下、それぞれの経済主体の行動について見ていく。

1　家計

　経済には $h \in [0, 1]$ でインデックスされた無限期間生きる無数の家計が存在し、$1-\omega$ の割合の異時点間の最適化を行うリカード的家計と、ω の割合の近視眼的な家計（非リカード的家計）が存在する。ここで $\omega \in [0, 1]$ である。リカード的家計は異時点間の最適化行動に基づいて消費や貯蓄の意思決定を行い、非リカード的家計は貯蓄を行わず、毎期の可処分所得をすべて使い切るものとする。また、各家計には同じ区間でインデックスされた無数のメンバーが存在し、それぞれが差別化された労働を保有しているとする。リカード的家計の各メンバーは独占的競争市場のもとで自らの賃金率を設定す

る一方で、非リカード的家計の各メンバーは同じ労働タイプを持つリカード的家計と同じ賃金で同じ時間だけ働くものとする。

(1) リカード的家計

任意のリカード的家計 h は実質消費 $C_t^R(h)$ から効用を得て、差別化された労働 $l_t^R(h)$ を企業家に供給する。この家計の期待生涯効用関数は以下のように与えられる。

$$E_0 \sum_{t=0}^{\infty} \beta^t \exp(z_t^b) \left[\frac{(C_t^R(h) - \theta C_{t-1}^R(h))^{1-\sigma}}{1-\sigma} - \frac{A_t^{1-\sigma} \exp(z_t^l) l_t^R(h)^{1+\chi}}{1+\chi} \right]$$

ここで、$\beta \in (0,1)$ は主観的割引率、$\sigma > 0$ は相対的危険回避度、$\theta \in (0,1)$ は消費の習慣形成の度合い、$\chi > 0$ は労働供給の代替弾力性の逆数である。また、z_t^b は選好ショック、z_t^l は労働供給ショックである。Erceg, Guerrieri and Gust（2006）にならい、労働の不効用に関する項に $A_t^{1-\sigma}$ が掛かっているが、これはモデルが均斉成長制約を満たすための工夫である。

リカード的家計の予算制約式は次のように与えられる。

$$C_t^R(h) + D_t^R(h) + B_{g,t}^R(h) = W_t^R(h) l_t^R(h) + \frac{r_{t-1}^n}{\pi_t} D_{t-1}^R(h) + \frac{R_{t-1}^g}{\pi_t} B_{g,t-1}^R(h) + Div_t^R(h) - T_t^R(h)$$

ここで $D_t^R(h)$ はリカード的家計の金融仲介機関への実質預金残高、r_t^n は預金の粗名目利子率、$B_{g,t}^R(h)$ はリカード的家計の実質国債残高、R_t^g は国債の粗名目利子率、$W_t^R(h)$ はリカード的家計の実質賃金、$Div_t^R(h)$ は企業から受け取る実質配当、$T_t^R(h)$ はリカード的家計に課される実質一括税で、$\pi_t (= p_t/p_{t-1})$ は粗インフレ率である[4]。

完備保険市場の存在を仮定することによって各家計間での消費と預金、国

---

4) 現実には、日本の国債の大部分を保有しているのは家計ではなく金融機関であるが、本章の設定では国債は家計が保有し、金融仲介機関は家計からの預金を元手に企業家への貸出のみを行うものとしている。そのため、無裁定条件により預金金利と国債金利は等しくなる。また、本章では国債は1期国債しかないものとしているため、短期金利と長期金利の違いも存在しない。

債の保有量は同じとみなすことができ、それによって消費、国債、預金の最適な選択の1階の条件は次のように求められる。

$$\Lambda_t = \exp(z_t^b)(C_t^R - \theta C_{t-1}^R)^{-\sigma} - \beta\theta E_t \exp(z_{t+1}^b)(C_{t+1}^R - \theta C_t^R)^{-\sigma} \tag{1}$$

$$1 = \beta E_t \frac{\Lambda_{t+1}}{\Lambda_t} \frac{R_t^g}{\pi_{t+1}} \tag{2}$$

$$1 = \beta E_t \frac{\Lambda_{t+1}}{\Lambda_t} \frac{r_t^n}{\pi_{t+1}} \tag{3}$$

ここで、Λ_tはt期における消費の限界効用である。

(2) 非リカード的家計

任意の非リカード的家計hは、リカード的家計と異なり最適化は行わず、毎期の可処分所得をそのまま消費する。すなわち、任意のt期において、

$$C_t^{NR}(h) = W_t^{NR}(h) l_t^{NR}(h) - T_t^{NR}(h)$$

が成り立つ。ここで、$C_t^{NR}(h)$は非リカード的家計の実質消費、$W_t^{NR}(h)$は非リカード的家計の実質賃金、$l_t^{NR}(h)$は非リカード的家計の労働供給量、$T_t^{NR}(h)$は非リカード的家計に課される実質一括税である。Galí, López-Salido and Vallés（2007）にならい、リカード的家計と非リカード的家計の定常状態での消費は等しくなると仮定する。その結果、定常状態でのリカード的家計と非リカード的家計の税負担が決まる。

(3) 労働市場

リカード的家計hは、それぞれ差別化された労働を独占的競争市場のもとで企業家に供給する。また、非リカード的家計はリカード的家計と同じ賃金率で同じだけ働くものとし、$W_t^R(h) = W_t^{NR}(h)$および$l_t^R(h) = l_t^{NR}(h)$が常に成り立つものとする[5]。よって、リカード的家計と非リカード的家計の賃金と労働を区別する必要はないので、添え字をとって$W_t(h)$、$l_t(h)$と表す。

---

[5] これは、労働市場に組合が存在し、リカード的家計と非リカード的家計の加重平均をとった全体の効用を最大化するように賃金を設定しているという、不完全な労働市場を想定した場合と結果的には同じになる。詳しくは、Galí, López-Salido and Vallés（2007）のAppendix Aを参照。

企業家は、以下の Dixit-Stiglitz 型関数によって、家計から提供された差別化された労働サービスを集計する。

$$l_t = \left[\int_0^1 (l_t(h))^{\theta_t^w/(\theta_t^w-1)} dh\right]^{\theta_t^w/(\theta_t^w-1)}$$

ここで、$\theta_t^w > 1$ は各労働の代替弾力性である。企業家の利潤最大化問題より、労働需要関数は

$$l_t(h) = l_t(W_t(h)/W_t)^{-\theta_t^w}$$

で与えられる。これを先の労働集計関数に代入すると、

$$W_t = \left[\int_0^1 (W_t(h))^{1-\theta_t^w} dh\right]^{\frac{1}{1-\theta_t^w}} \tag{4}$$

が得られる。

リカード的家計は、Calvo (1983) 型の賃金の硬直性の仮定のもとで、$W_t(h)$ を設定する。すなわち、各期において $1-\xi_w \in (0,1)$ の割合の家計が賃金を最適化できる一方、残りの ξ_w の割合の家計は定常状態における均斉成長率 γ と、定常状態のインフレ率と1期前のインフレ率の加重平均 $\pi_{t-1}^{\gamma_w} \pi^{1-\gamma_w}$ に従って名目賃金を決定するものとする。ここで、$\gamma_w \in [0,1]$ は1期前のインフレ率を参照するウェイトである。以上より、t 期において賃金の最適化に恵まれたリカード的家計の最適化問題は、以下のように与えられる。

$$\max_{W_t(h)} E_t \sum_{j=0}^{\infty} (\beta \xi_w)^j \left[\Lambda_{t+j} l_{t+j}(h) \frac{P_t W_t(h)}{P_{t+j}} \prod_{k=1}^{j} (\gamma \pi_{t+k-1}^{\gamma_w} \pi^{1-\gamma_w}) \right.$$
$$\left. - \frac{\exp(z_{t+j}^b) A_{t+j}^{1-\sigma} \exp(z_{t+j}^l)(l_{t+j}(h))^{1+\chi}}{1+\chi}\right]$$

$$s.t. \quad l_{t+j}(h) = l_{t+j}\left[\frac{P_t W_t(h)}{P_{t+j} W_{t+j}} \prod_{k=1}^{j} (\gamma \pi_{t+k-1}^{\gamma_w} \pi^{1-\gamma_w})\right]^{-\theta_t^w}$$

1階の条件より、最適賃金 W_t^o は次の式を満たすように決定される。

$$E_t \sum_{j=0}^{\infty} \left\{ (\beta \xi_w)^j \frac{\Lambda_{t+j}}{\lambda_{t+j}^w} l_{t+j} \left[\frac{\gamma^j W_t^o}{W_{t+j}} \prod_{k=1}^{j} \left\{ \left(\frac{\pi_{t+k-1}}{\pi}\right)^{\gamma_w} \frac{\pi}{\pi_{t+k}} \right\} \right]^{-\frac{1+\lambda_{t+j}^w}{\lambda_{t+j}^w}} \right.$$

$$\times \left[\gamma^j W_t^o \prod_{k=1}^{j} \left[\left(\frac{\pi_{t+k-1}}{\pi}\right)^{\gamma_w} \frac{\pi}{\pi_{t+k}} \right] - (1+\lambda_{t+j}^w) \frac{\exp(z_{t+j}^b) \exp(z_{t+j}^l) A_{t+j}^{1-\sigma}}{\Lambda_{t+j}} \right.$$

$$\left. \left. \times \left(l_{t+j} \left\{ \frac{\gamma^j W_t^o}{W_{t+j}} \prod_{k=1}^{j} \left[\left(\frac{\pi_{t+k-1}}{\pi}\right)^{\gamma_w} \frac{\pi}{\pi_{t+k}} \right] \right\}^{-\frac{1+\lambda_{t+j}^w}{\lambda_{t+j}^w}} \right)^{\chi} \right] \right\} = 0 \quad (5)$$

ここで、$\lambda_t^w \equiv 1/(\theta_t^w - 1) > 0$ は賃金のマークアップ率を表しており、構造ショックの1つである。ここから、集計された賃金の(4)式は次のように書き直せる。

$$1 = (1-\xi_w)\left(\left(\frac{W_t^o}{W_t}\right)^{-\frac{1}{\lambda_t^w}} + \sum_{j=1}^{\infty} (\xi_w)^j \left\{\frac{\gamma^j W_{t-1}^o}{W_t} \prod_{k=1}^{j}\left[\left(\frac{\pi_{t+k-1}}{\pi}\right)^{\gamma_w}\frac{\pi}{\pi_{t+k}}\right]\right\}^{-\frac{1}{\lambda_t^w}}\right) \quad (6)$$

2 企業家と金融仲介機関

企業家は資本 K_{t-1} と労働 l_t を投入し、完全競争市場のもとで生産 Y_t^e を行い、中間財企業に販売する。企業家の生産関数は、以下のように与えられる。

$$Y_t^e = (A_t l_t)^{1-\alpha}(u_t K_{t-1})^{\alpha} - \phi A_t \quad (7)$$

ここで、A_t は全要素生産性（Total Factor Productivity: TFP）であり、次の確率過程に従う。

$$\log A_t = \log \gamma + \log A_{t-1} + z_t^a \quad (8)$$

$\gamma > 1$ は定常状態における TFP の成長率であり、z_t^a は生産性ショックである。また、$-\phi A_t$ は固定費用、u_t は資本稼働率、α は資本分配率である。なお、ϕ は正の定数であるとする。

企業家は前期の期末に K_{t-1} を実質価格 q_{t-1} で資本財企業から購入する。企業家が購入する資本財は、企業家の純資産 N_{t-1} だけでなく、実質借入 S_{t-1} を元手に支払われる[6]。

$$S_{t-1} = q_{t-1}K_{t-1} - N_{t-1} \tag{9}$$

借入は民間の金融仲介機関からの借入 S_t^p と政府からの借入 S_t^g が存在するものとする。

$$S_t = S_t^p + S_t^g \tag{10}$$

ここで、S_t^g は外生ショックであり、トレンド除去後の S_t^g は AR(1)過程に従うものとする。民間金融機関は、家計から預金を粗実質利子率 $\frac{r_{t-1}^n}{\pi_t}$ で調達し、企業家に粗実質利子率 r_t^e で貸出を行う一方で、政府は国債の粗実質金利 $\frac{R_{t-1}^g}{\pi_t}$ によって貸出を行う。

　完全競争の仮定より、企業家は生産物の実質価格と実質限界費用 mc_t が等しくなるように生産を行う。資本は毎期 $\delta(u_t)$ の率で減耗していく。Greenwood, Hercowitz and Huffman（1988）らにならい、資本稼働率関数 $\delta(\cdot)$ は $\delta' > 0, \delta'' > 0, \delta(1) = \delta \in (0, 1)$ かつ $\mu = \delta'(u)/\delta''(u) > 0$ という性質を持つとする。ここで、u は定常状態における資本稼働率である。生産の後、企業家は残った資本 $(1-\delta(u_t))K_{t-1}$ を資本財企業に実質価格 q_t で売却し、民間金融機関に $E_{t-1}r_t^e S_{t-1}^p$、政府に $\frac{R_{t-1}^g}{\pi_t}S_{t-1}^g$ を返済する。さらに、Bernanke, Gertler and Gilchrist（1999）にならい、企業家は来期まで生存する確率 $\eta_t = \eta \exp(\tilde{z}_t^{nw})/(1-\eta+\eta\exp(\tilde{z}_t^{nw})) \in (0,1)$ に直面しているものとする。ここで、$\tilde{z}_t^{nw}$ は生存確率に対する構造ショックである。この仮定により、企業家の純資産は常に資本の購入をすべて自己の資産で賄える水準よりも低くなる。以上より、企業家の純資産は次式に従って推移することになる。

$$N_t = \eta_t\left[r_t^e q_{t-1}K_{t-1} - (E_{t-1}r_t^e)S_{t-1}^p - \frac{R_{t-1}^g}{\pi_t}S_{t-1}^g\right] + (1-\eta_t)xA_t \tag{11}$$

ここで $1-\eta_t$ は新規に参入してくる企業家の割合で、xA_t はこの新規に参入してきた企業家が、市場から退出した企業から受け取る移転を表す。

　Bernanke, Gertler and Gilchrist（1999）のように、企業家は危険中立的とす

6）Fernandez-Villaverde（2010）はインフレーションが債務に与える影響を分析するため名目借入を仮定しているが、本章では議論の簡易化のため実質借入を仮定する。ただし、本章の結果は名目値による借入契約を仮定してもほとんど変わらなかった。

ると、企業家の民間金融機関に対する資金需要は期待限界費用と資本の期待限界収益が均衡するところで決まる。

$$E_t r_{t+1}^e = E_t \left[\frac{u_{t+1} R_{t+1}^k + q_{t+1}(1-\delta(u_t))}{q_t} \right] \quad (12)$$

R_t^k は資本の限界生産性である。また、貸出の実質利子率は、預金の実質利子率に外部資金調達プレミアムを加えたものになる。

$$E_t r_{t+1}^e = E_t \left[\frac{r_t^n}{\pi_{t+1}} F\left(\frac{q_t K_t - S_t^p}{q_t K_t}\right) \exp(z_t^{efp}) \right] \quad (13)$$

ここで、外部資金調達プレミアム関数 $F(\cdot)$ は、企業家の総資産に占める民間借入以外の資金調達手段の割合 $\frac{q_t K_t - S_t^p}{q_t K_t} = \frac{N_t + S_t^g}{q_t K_t}$ に依存するものとし、$F' < 0$, $F(1) = 1$ を満たす[7]。また、z_t^{efp} は外部資金調達プレミアムショックである。政府貸出の増加は、企業家の民間借入の依存度を減少させることで、外部資金調達プレミアムを引き下げ、民間貸出金利を低下させることになる。

(13)式を対数線形近似すると、

$$E_t \hat{r}_{t+1}^e = \hat{r}_t^n - E_t \hat{\pi}_{t+1} - \mu^e \left(\frac{n}{n+s^g} \hat{n}_t + \frac{s^g}{n+s^g} \hat{s}_t^g - \hat{q}_t - \hat{k}_t \right) + z_t^{efp}$$

が得られる。

$\mu^e \equiv \frac{\partial F}{\partial((n+s^g)/(qk))} \Big/ \frac{(n+s^g)/(qk)}{F}$ は実質貸出利子率のレバレッジ比率に対する弾力性で、金融市場の不完全性の度合いを表していると解釈できる。

労働投入と資本稼働率に関する企業家の最適化の1階の条件は次のようになる。

---

7) Bernanke, Gertler and Gilchrist (1999) をはじめ、この種類の外部資金調達プレミアム関数を定式化する際は、企業家の自己資産に依存させる形 $F\left(\frac{N_t}{q_t K_t}\right)$ にするのが一般的である。しかし、本質的には民間借入に対して情報の非対称性に起因するコストが存在することが外部資金調達プレミアムが発生する理由であり、自己資産そのものが問題になるわけではない。Bernanke, Gertler and Gilchrist (1999) では企業家の資金調達手段が民間借入と自己資産しかないため $\frac{q_t K_t - S_t^p}{q_t K_t} = \frac{N_t}{q_t K_t}$ となるが、本章では政府貸出が存在し、政府貸出に情報の非対称性は存在しないものとしているため $\frac{q_t K_t - S_t^p}{q_t K_t} = \frac{N_t + S_t^g}{q_t K_t}$ となる。

$$\frac{1-\alpha}{\alpha} = \frac{W_t l_t}{R_t^k u_t K_{t-1}} \tag{14}$$

$$R_t^k = q_t \delta'(u_t) \tag{15}$$

そして、実質限界費用は次のように与えられる。

$$mc_t = \left(\frac{W_t}{(1-\alpha)A_t}\right)^{1-\alpha} \left(\frac{R_t^k}{\alpha}\right)^{\alpha} \tag{16}$$

3 中間財企業

各中間財企業 $f \in [0, 1]$ は、企業家の生産物を実質価格 mc_t で購入する。独占的競争市場のもとで、中間財企業 f は最終財企業の需要関数 $Y_t(f) = Y_t(p_t(f)/p_t)^{-\theta_t^p}$ を所与として最適価格を設定する。ここで Y_t は最終財企業の生産物であり、$p_t(f)$ は中間財企業 f によって生産された中間財の価格である。また、$\theta_t^p > 1$ は中間財における代替の弾力性である。中間財企業もまた Calvo（1983）型の価格の硬直性に直面しており、各期において $1-\xi_p \in (0, 1)$ の割合の中間財企業のみが価格を最適化でき、残りの ξ_p の割合の中間財企業は定常状態のインフレ率と 1 期前のインフレ率の加重平均 $\pi_{t-1}^{\gamma_p} \pi^{1-\gamma_p}$ に従って価格を決定する。ここで、$\gamma_p \in [0, 1]$ は 1 期前のインフレ率を参照するウェイトである。以上より、t 期において価格の最適化の機会に恵まれた中間財企業の利潤最大化問題は次のようになる。

$$\max_{p_t(f)} E_t \sum_{j=0}^{\infty} \xi_p^j \left(\beta^j \frac{\Lambda_{t+j}}{\Lambda_t}\right) \left[\frac{p_t(f)}{p_{t+j}} \prod_{k=1}^{j} (\pi_{t+k-1}^{\gamma_p} \pi^{1-\gamma_p}) - mc_{t+j}\right] Y_{t+j}(f)$$

$$\text{s.t.} \quad Y_{t+j}(f) = Y_{t+j} \left[\frac{p_t(f)}{p_{t+j}} \prod_{k=1}^{j} (\pi_{t+k-1}^{\gamma_p} \pi^{1-\gamma_p})\right]^{-\theta_{t+j}^p}$$

ここで $\beta^j \Lambda_{t+j}/\Lambda_t$ は t 期と $t+j$ 期の間の確率的割引因子を表す。1 階の条件を最適化された価格 p_t^o によって表すと次のとおりである。

$$E_t \sum_{j=0}^{\infty} \left((\beta \xi_p)^j \frac{\Lambda_{t+j}}{\Lambda_t \lambda_{t+j}^p} Y_{t+j} \left\{\frac{p_t^o}{p_t} \prod_{k=1}^{j} \left[\left(\frac{\pi_{t+k-1}}{\pi}\right)^{\gamma_p} \frac{\pi}{\pi_{t+k}}\right]\right\}^{-\frac{1+\lambda_{t+j}^p}{\lambda_{t+j}^p}} \right.$$

$$\left. \times \left\{\frac{p_t^o}{p_t} \prod_{k=1}^{j} \left[\left(\frac{\pi_{t+k-1}}{\pi}\right)^{\gamma_p} \frac{\pi}{\pi_{t+k}}\right] - (1+\lambda_{t+j}^p) mc_{t+j}\right\}\right) = 0 \tag{17}$$

$\lambda_t^p \equiv 1/(\theta_t^p - 1) > 0$ は中間財価格のマークアップ率を表し、構造ショックの1つである。

4　最終財企業

最終財企業は中間財 $Y_t(f)$ を投入し、次の生産関数のもとで生産を行い、完全競争のもとで販売する。

$$Y_t = \left(\int_0^1 Y_t(f)^{(\theta_t^p - 1)/\theta_t^p} df \right)^{\theta_t^p/(\theta_t^p - 1)}$$

最終財企業の利潤は $p_t Y_t - \int_0^1 p_t(f) Y_t(f) df$ で表される。利潤最大化の1階の条件より、最終財企業の中間財企業 f に対する需要は $Y_t(f) = Y_t(p_t(f)/p_t)^{-\theta_t^p}$ で与えられる。これによって、最終財価格（つまり物価水準）は次のように表される。

$$p_t = \left(\int_0^1 p_t(f)^{1-\theta_t^p} df \right)^{\frac{1}{1-\theta_t^p}}$$

賃金と同様に中間財は Calvo 型の価格の硬直性に直面しているため、上記の方程式は次のように表せる。

$$1 = (1 - \xi_p) \left(\left(\frac{p_t^o}{p_t} \right)^{-\frac{1}{\lambda_t^p}} + \sum_{j=1}^{\infty} (\xi_p)^j \left\{ \frac{p_{t-j}^o}{p_{t-j}} \right\}^{-\frac{1}{\lambda_t^p}} \right) \tag{18}$$

企業家の生産関数を集計すると、次式のようになる。

$$Y_t d_t^p = (A_t l_t)^{1-\alpha} (u_t K_{t-1})^\alpha - \phi A_t \tag{19}$$

ここで、$d_t^p = \int_0^1 (p_t(f)/p_t)^{-\theta_t^p} df$ は中間財価格のばらつきを表す。

5　資本財企業

資本財企業は資本 $(1 - \delta(u_t)) K_{t-1}$ を企業家から買い戻し、投資 I_t を行う。投資は $S(I_t/I_{t-1}) = [I_t/I_{t-1} - 1]^2/(2\zeta)$ によって表される投資の調整コストを要する。$\zeta > 0$ は投資の調整コストに関するパラメータである。

資本の推移式は次のようになる。

$$K_t = (1 - \delta(u_t)) K_{t-1} + \left(1 - S\left(\frac{I_t}{I_{t-1}\gamma} \right) \right) I_t \tag{20}$$

その後、資本財企業は資本 K_t を企業家に販売する。

資本財企業は、次の利潤を最大にするように投資 I_t を選択する。

$$E_t \sum_{j=0}^{\infty} \beta^j \frac{\Lambda_{t+j}}{\Lambda_t} \left[q_t \{ K_t - (1-\delta(u_t)) K_{t-1} \} - I_{t+j} \right]$$

最適な投資量は1階の条件より次のように示される。

$$1 = q_t \left[1 - S\left(\frac{I_t}{I_{t-1}\gamma}\right) - S'\left(\frac{I_t}{I_{t-1}\gamma}\right) \frac{I_t}{I_{t-1}\gamma} + \beta E_t \frac{\Lambda_{t+1}}{\Lambda_t} q_{t+1} \gamma S'\left(\frac{I_{t+1}}{I_t \gamma}\right) \left(\frac{I_{t+1}}{I_t \gamma}\right)^2 \right] \quad (21)$$

6 政府

政府のフローの予算制約式は、次のように与えられる。

$$B_{g,t} = G_t + S_t^g + \frac{R_{t-1}^g}{\pi_t} B_{g,t-1} - \eta_t \frac{R_{t-1}^g}{\pi_t} S_{t-1}^g - T_t \quad (22)$$

ここで G_t は政府支出であり、トレンド除去後の g_t は AR(1) 過程に従うものとする。また、T_t は家計からの徴税であり、$T_t \equiv \omega T_t^{NR}(h) + (1-\omega) T_t^R(h)$ である。政府は次のような政策ルールに従って課税（または移転）政策を行うものとする。

$$T_t = \phi_b B_{g,t-1} + \exp(\tilde{z}_t^t) A_t \quad (23)$$

ここで、$\tilde{z}_t^t$ は税ショックである。

7 中央銀行

中央銀行は、次のようなテイラー型の金融政策ルールに従って金融政策を行う。

$$\log r_t^n = \phi_r \log r_{t-1}^n + (1-\phi_r) \left\{ \log r^n + \phi_\pi \left(\frac{1}{4} \sum_{j=0}^{3} \log \frac{\pi_{t-j}}{\pi} \right) + \phi_y \log \frac{Y_t}{Y} \right\} + z_t^r \quad (24)$$

ここで、$\phi_r \in [0,1)$ は金利スムージングの度合いを表すパラメータ、ϕ_π、ϕ_y はそれぞれインフレ率と GDP ギャップに対する金利の反応、r^n、π、Y はそれぞれ r_t^n、π_t、Y_t の定常状態値であり、z_t^r は金融政策ショックである。

8 集計

経済には $1-\omega$ の割合のリカード的家計と ω の割合の非リカード的家計が存在するので、それぞれを集計した各変数は次のようになる。

$$C_t \equiv (1-\omega)C_t^R + \omega C_t^{NR} \tag{25}$$

$$l_t \equiv (1-\omega)l_t^R + \omega l_t^{NR} \tag{26}$$

$$W_t \equiv (1-\omega)W_t^R + \omega W_t^{NR} \tag{27}$$

$$T_t \equiv (1-\omega)T_t^R + \omega T_t^{NR} \tag{28}$$

$$D_t \equiv (1-\omega)D_t^R \tag{29}$$

$$B_{g,t} \equiv (1-\omega)B_{g,t}^R \tag{30}$$

$$Div_t \equiv (1-\omega)Div_t^R \tag{31}$$

また、最終財は、消費されるか、投資されるか、政府によって購入されるか、それ以外に用いられる。よって、財市場の均衡条件は次のように与えられる。

$$Y_t = C_t + I_t + G_t + g^d A_t \exp(z_t^d) \tag{32}$$

ここで、$g^d A_t \exp(z_t^d)$ は在庫や純輸出といったモデルでは表現していない外生需要項目を表しており、g^d はこの項目に対するウェイトを示すパラメータ、z_t^d は外生需要ショックである。

第3節 カリブレーション

本節では、前節で示されたモデルにより、家計への減税（所得移転）、政府貸出、および政府支出ショックの効果について、ベンチマークのパラメータの値を与えたうえで分析を行う。なお、シミュレーションおよび次節の推定を行うにあたっては、モデルの変数からトレンドを除去したうえで定常状態のまわりで対数線形近似を行った体系を扱っている。

1 パラメータの設定

ベンチマークのパラメータの値が表3-1に掲載されている。まず、非リカード的家計の割合 ω は 0.4 とし、残りの構造パラメータ（$\beta, \delta, \alpha, \mu, \lambda^p, \lambda^w$, $\sigma, \theta, \chi, 1/\zeta, \phi, \mu^e, \xi_w, \xi_p, \gamma_w, \gamma_p, \phi_r, \phi_\pi, \phi_y$）はすべて Kaihatsu and Kurozumi (2014) で用いられたものを使用する。なお、Kaihatsu and Kurozumi (2014) では、金融市場の不完全性の度合いを表す μ^e は 0.038 と設定されている。次に、消費、政府支出の定常状態における GDP 比率（$c/y, g/y$）は Sugo and Ueda (2008) より、国債の定常状態における GDP 比率（b_g/y）は江口 (2012)

表3-1 パラメータの設定

β	主観的割引因子	0.996
δ	資本減耗率	0.06
μ	資本稼働率の調整コスト	1
α	資本分配率	0.37
ϕ	固定費用	0.075
λ^p	価格マークアップ	0.2
λ^w	賃金マークアップ	0.2
σ	相対的危険回避度	1
θ	消費の習慣形成	0.7
χ	労働供給の代替弾力性の逆数	2
$1/\zeta$	投資の調整コスト	4
ξ_w	賃金の Calvo	0.375
ξ_p	価格の Calvo	0.375
γ_w	賃金インデクゼーション	0.5
γ_p	価格インデクゼーション	0.5
ϕ_r	テイラールールの金利に対する反応係数	0.8
ϕ_π	テイラールールのインフレ率に対する反応係数	1.7
ϕ_y	テイラールールの GDP ギャップに対する反応係数	0.125
η	企業家の生存確率	0.973
n/k	定常状態における純資産比率	0.5
μ^e	外部資金調達プレミアムの弾力性	0.038
r^e	実質貸出利子率の定常状態値	1.0134
ω	非リカード的家計の割合	0.4
ϕ_b	税ルールの国債ギャップに対する反応係数	0.03
ρ_t	税ショックの持続性	0.5
ρ_{sg}	政府貸出ショックの持続性	0.5
ρ_g	政府支出ショックの持続性	0.5
c/y	定常状態における消費の対 GDP 比率	0.6
g/y	定常状態における政府支出の対 GDP 比率	0.2
b_g/y	定常状態における国債の対 GDP 比率	2

より、定常状態の純資産比率（n/k）はKaihatsu and Kurozumi（2014）にならって設定する。また、定常状態においては、粗インフレ率πと資本稼働率に関わるパラメータμはともに1であるとする。政策ショックの持続性のパラメータであるが、家計への減税（所得移転）、政府貸出、政府支出についてすべて、政策効果が2年程度（8四半期）で消滅するよう政策ショックの持続性のパラメータは、$\rho_x = 0.5 (x \in sg, g, t)$とする。

以上の設定のもとで、①非リカード的家計も金融市場の不完全性も存在しないケース（$\omega = \mu^e = 0$）、②非リカード的家計のみが存在するケース（$\omega = 0.4, \mu^e = 0$）、③金融市場の不完全性のみが存在するケース（$\omega = 0, \mu^e = 0.038$）の3種類のケースについてシミュレーションを行うことにする。

2 シミュレーション

まず、非リカード的家計が存在せず（$\omega = 0$）、金融市場の不完全性もない場合（$\mu^e = 0$）の各政策に対するインパルス・レスポンスが図3-3に示されている。非リカード的家計も金融市場の不完全性も存在しない場合は、家計への減税も企業家への政府貸出も効果を持たなくなる。まず、家計への減税が効果がなくなるのは、いわゆるリカードの等価定理の帰結である。また、企業家への政府貸出が効果を持たない理由は、金融市場の不完全性が存在しなければ、常に貸出金利＝預金金利となるので、政府貸出を行ってもそれ以上金利を引き下げて企業家の借入を促す効果がなくなるからである。したがって、家計への減税または政府貸出が効果を持つためには、非リカード的家計か金融市場の不完全性のどちらかが存在することが必要になることがわかる。この非リカード的家計も金融市場の不完全性もないケースでは、政府支出のみが実体経済への影響を持つことになる。政府支出が増えると、負の資産効果が生じ、消費は減少する一方で、労働供給が増大するため生産量は増える。このメカニズムは、Baxter and King（1993）で示されたような通常のRBCモデルと同じである。

図3-4は、非リカード的家計のみが存在する場合の各政策に対するインパルス・レスポンスが記されている。この場合、家計への減税が非リカード的家計の消費を刺激することで、経済全体の消費とGDPの増大をもたらすことになる。ただし、その反応は一時的なもので持続性は非常に小さい。ま

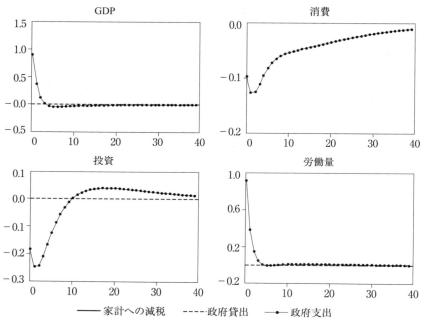

図3-3 家計への減税、政府貸出、政府支出のインパルス・レスポンス（$\mu^e=0$, $\omega=0$）

注：各政策ショックにGDP比1％分のショックを与えた場合のインパルス・レスポンス。縦軸は各変数の定常状態からの変化率（％）を表す。以下、図3-4〜3-7も同様。

た、投資は消費が増えたことによるクラウディングアウトで減少することになる。なお、非リカード的家計が存在することによって、政府支出がGDPや消費に与える影響も大きくなっており、特に消費の反応は負から正になっている。この結果は、Galí, López-Salido and Vallés（2007）で示されたものと整合的である。非リカード家計の割合が増えるほど、家計への減税と政府支出の効果が大きくなる。

図3-5は、金融市場の不完全性のみが存在する場合の各政策に対するインパルス・レスポンスが描かれている。このケースでは、政府貸出が外部資金調達プレミアムを引き下げることで投資が増加し、長期に渡ってGDPを徐々に押し上げることになる。ただし、前の家計への減税のケースとは逆で、GDPに与える短期的な影響は小さい。また、消費はGDPの増大にともなっ

第 3 章　金融市場の不完全性下における財政政策の効果　61

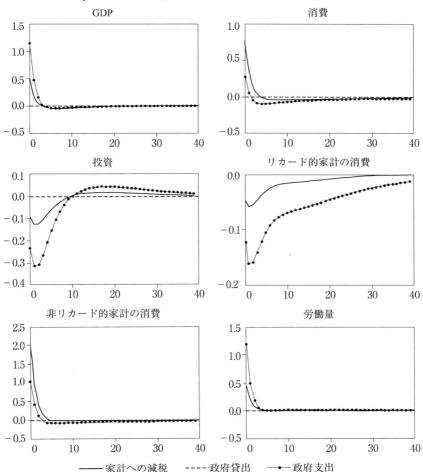

図 3-4　家計への減税、政府貸出、政府支出のインパルス・レスポンス
（$\mu^e=0$, $\omega=0.4$）

て徐々に増えていくが、短期的にはクラウディングアウトされて減少する局面が生じる。金融市場の不完全性が上昇するほど、政府貸出の効果は大きくなる。

　まとめると、非リカード的家計の割合 ω の値が大きくなるほど政府支出

図3-5 家計への減税、政府貸出、政府支出のインパルス・レスポンス($\mu^e=0.038, \omega=0$)

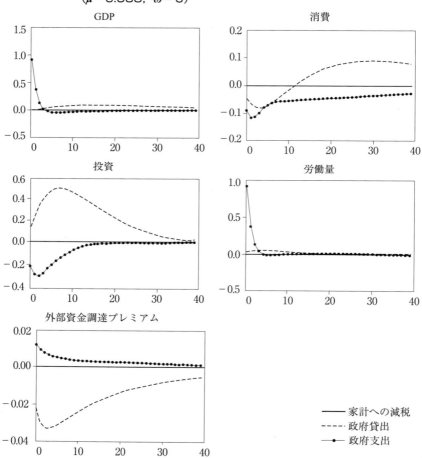

および家計への減税という"真水"部分の財政政策の効果が大きくなる一方で、金融市場の不完全性の度合い μ^e が大きくなるほど政府貸出の効果が上がることになる。したがって、現実にどちらの政策の方の効果が大きくなるかを検証するためには、それぞれのパラメータを実際のデータから推定する必要がある。

第4節　推定

本節では、政策の実際の効果の大きさを分析するために、Smets and Wouters（2003, 2007）にならい、1981年第1四半期から2014年第2四半期までの日本の四半期データを用いて、マルコフ連鎖モンテカルロ法（MCMC法）によるベイズ推定を行う。

1　データ

本章のモデル推計には11の時系列データを用いる。使用するデータは、実質GDP成長率、実質消費成長率、実質設備投資成長率、実質政府支出成長率、実質民間金融機関貸出残高成長率、実質政府系金融機関貸出残高成長率、実質賃金上昇率、労働時間、インフレ率、名目短期金利、名目短期貸出金利である。実質GDP、実質消費、実質設備投資、実質政府支出に関するデータは、内閣府『国民経済計算』からそれぞれの名目値の各系列を総務省『消費者物価指数』の消費者物価指数（生鮮食品を除く）で割ることによって実質化している。実質民間金融機関貸出残高、実質政府系金融機関貸出残高に関するデータは、日本銀行『資金循環統計』からそれぞれの名目値の各系

表3-2　推定に用いるデータ

変数	データ	出所
Y	実質GDP	内閣府『国民経済計算』
C	実質消費	内閣府『国民経済計算』
I	実質投資	内閣府『国民経済計算』
G	実質政府支出	内閣府『国民経済計算』
S^p	非金融法人企業の借入残高（公的金融機関貸出金を除く）および株式以外の証券	日本銀行『資金循環統計』
S^g	非金融法人企業の公的金融機関借入残高	日本銀行『資金循環統計』
W	実質賃金	厚生労働省『毎月勤労統計調査』
l	労働供給	厚生労働省『毎月勤労統計調査』
π	インフレ率（生鮮食品を除く）	総務省『消費者物価指数』
r^n	オーバーナイトコールレート	日本銀行『各種マーケット関連統計』
r^e	貸出金利	日本銀行『預金・貸出関連統計』

列を同様に消費者物価指数（生鮮食品を除く）で割ることによって実質化した。さらに、実質化されたこれらの系列を総務省『労働力調査』の 15 歳以上人口で除することによって、1 人当たりの数字に変換している。実質賃金については、Sugo and Ueda (2008) にならい厚生労働省『毎月勤労統計』から毎月の定期給与÷（総労働時間÷出勤日数）によって時間当たり賃金データを作成し、消費者物価指数（生鮮食品を除く）で除し、実質化している。労働時間は、賃金と同様に『毎月勤労統計』から総労働時間÷出勤日数を使用している。物価上昇率は、消費者物価指数（生鮮食品を除く）を用いた。最後に、名目短期金利については、無担保コールレートのオーバーナイト物を使用した。名目短期貸出金利については、日本銀行『預金・貸出関連統計』から貸出約定平均金利を用いた。上記のデータの出典は、表 3−2 にまとめている。

データとモデル変数をつなぐ観測方程式は次のように書ける。

$$\begin{bmatrix} 100\Delta \log Y_t \\ 100\Delta \log C_t \\ 100\Delta \log I_t \\ 100\Delta \log G_t \\ 100\Delta \log S_t^p \\ 100\Delta \log S_t^g \\ 100\Delta \log W_t \\ 100 \log l_t \\ 100\Delta \log p_t \\ 100 \log r_t^n \\ 100 \log r_t^e \end{bmatrix} = \begin{bmatrix} \bar{\gamma} \\ \bar{\gamma} \\ \bar{\gamma} \\ \bar{\gamma} \\ \bar{\gamma} \\ \bar{\gamma} \\ \bar{\gamma} \\ \bar{l} \\ \bar{\pi} \\ \bar{r^n} \\ \bar{r^e} \end{bmatrix} + \begin{bmatrix} z_t^a + \hat{y}_t - \hat{y}_{t-1} \\ z_t^a + \hat{c}_t - \hat{c}_{t-1} \\ z_t^a + \hat{i}_t - \hat{i}_{t-1} \\ z_t^a + \hat{g}_t - \hat{g}_{t-1} \\ z_t^a + \hat{s}_t^p - \hat{s}_{t-1}^p \\ z_t^a + \hat{s}_t^g - \hat{s}_{t-1}^g \\ z_t^a + \hat{w}_t - \hat{w}_{t-1} \\ \hat{l}_t \\ \hat{\pi}_t \\ \hat{r}_t^n \\ \hat{r}_t^e \end{bmatrix}$$

ここで、$\bar{\gamma} = 100 \log \gamma$、$\bar{l} = 100 \log l$、$\bar{\pi} = 100 \log \pi$、$\bar{r^n} = 100 \log r^n$、$\bar{r^e} = 100 \log r^e$ である。

2 事前分布の設定

本章で推定するパラメータの事前分布は、表 3−3 に記載されている。まず、識別問題を避けるために次の構造パラメータ（$\delta = 0.025$, $\alpha = 0.37$, $\lambda^p =$

表 3-3 推定結果

パラメータ	事前分布	期待値	S.D.	事後分布期待値	90%信用区間
σ	Gamma	1	0.375	1.609	[1.253, 1.954]
θ	Beta	0.7	0.15	0.647	[0.534, 0.763]
χ	Gamma	2	0.75	5.230	[3.567, 6.883]
ω	Beta	0.5	0.1	0.249	[0.189, 0.310]
$1/\zeta$	Gamma	4	1.5	5.812	[3.457, 8.109]
μ	Gamma	1	0.2	1.112	[0.790, 1.440]
ϕ	Gamma	0.075	0.013	0.075	[0.054, 0.095]
γ_w	Beta	0.5	0.25	0.224	[0.007, 0.407]
ξ_w	Beta	0.375	0.1	0.618	[0.524, 0.709]
γ_p	Beta	0.5	0.25	0.093	[0.001, 0.181]
ξ_p	Beta	0.375	0.1	0.711	[0.671, 0.752]
ϕ_r	Beta	0.8	0.1	0.798	[0.747, 0.847]
ϕ_π	Gamma	1.7	0.1	1.535	[1.398, 1.664]
ϕ_y	Gamma	0.125	0.05	0.028	[0.015, 0.042]
$\bar{\gamma}$	Gamma	0.14	0.05	0.181	[0.091, 0.269]
η	Beta	0.973	0.02	0.984	[0.973, 0.995]
n/k	Beta	0.5	0.07	0.218	[0.160, 0.271]
μ^e	Gamma	0.038	0.019	0.005	[0.002, 0.007]
ρ_a	Beta	0.5	0.2	0.062	[0.012, 0.111]
ρ_b	Beta	0.5	0.2	0.961	[0.927, 0.993]
ρ_d	Beta	0.5	0.2	0.987	[0.973, 0.999]
ρ_{efp}	Beta	0.5	0.2	0.977	[0.965, 0.989]
ρ_g	Beta	0.5	0.2	0.958	[0.940, 0.977]
ρ_i	Beta	0.5	0.2	0.197	[0.070, 0.319]
ρ_{nw}	Beta	0.5	0.2	0.255	[0.113, 0.391]
ρ_p	Beta	0.5	0.2	0.980	[0.963, 0.997]
ρ_r	Beta	0.5	0.2	0.578	[0.474, 0.685]
ρ_w	Beta	0.5	0.2	0.164	[0.027, 0.293]
ρ_{sg}	Beta	0.5	0.2	0.980	[0.968, 0.993]
ρ_t	Beta	0.5	0.2	0.564	[0.189, 0.933]
σ_a	Inv.Gamma	0.5	Inf	1.830	[1.647, 2.013]
σ_b	Inv.Gamma	0.5	Inf	2.535	[1.444, 3.584]
σ_d	Inv.Gamma	0.5	Inf	9.897	[8.911, 10.88]
σ_{efp}	Inv.Gamma	0.5	Inf	0.074	[0.066, 0.082]
σ_g	Inv.Gamma	0.5	Inf	2.058	[1.855, 2.264]
σ_i	Inv.Gamma	0.5	Inf	3.439	[3.042, 3.852]
σ_{nw}	Inv.Gamma	0.5	Inf	0.201	[0.179, 0.222]
σ_p	Inv.Gamma	0.5	Inf	0.156	[0.116, 0.196]
σ_r	Inv.Gamma	0.5	Inf	0.095	[0.084, 0.105]
σ_w	Inv.Gamma	0.5	Inf	0.421	[0.354, 0.487]
σ_{sg}	Inv.Gamma	0.5	Inf	3.844	[3.442, 4.221]
σ_t	Inv.Gamma	0.5	Inf	0.518	[0.350, 0.676]

0.2, $\lambda^w = 0.2$) は Sugo and Ueda (2008) で用いられている値をカリブレートする。また、徴税ルールに関するパラメータ ϕ_b は江口 (2011) を参考にした。定常状態における政府支出、外生需要、政府貸出残高の GDP に対する比率 ($g/y, g^d/y, s^g/y$)、総貸出に占める政府貸出の割合 (s^g/s) はデータからサンプル期間の平均値を用いた。同様に、労働供給量、インフレ率、預金金利、貸出金利の定常状態の値 ($\bar{l}, \bar{\pi}, \bar{r}^n, \bar{r}^e$) もサンプル期間の平均値とした。

次に、事前分布であるが、非金融部門の構造パラメータ ($\sigma, \theta, \chi, 1/\zeta, \mu, \phi, \gamma_w, \xi_w, \gamma_p, \xi_p$) は Sugo and Ueda (2008) と同様のものを用いる。金融政策ルールに関するパラメータ (ϕ_r, ϕ_π, ϕ_y) は Iiboshi, Nishiyama and Watanabe (2006) で用いられているものを使用する。金融部門に関するパラメータ ($\eta, n/k, \mu^e$) については、Kaihatsu and Kurozumi (2014) で用いられているものを使用した。非リカード的家計の割合を表すパラメータ (ω) は Coenen and Straub (2005) を参考にした。また、TFP の成長率の定常値である ($\bar{\gamma}$) は平均をサンプル期間の平均値、標準誤差を 0.1 とするガンマ分布を置いた。最後に、構造ショックの自己回帰係数は平均 0.5、標準誤差 0.2 のベータ分布とし、構造ショックの標準誤差は、平均 0.5、標準誤差が無限の逆ガンマ分布とした。

3 推定結果

本章では、近年の DSGE ベイズ推計の研究と同様、カルマンフィルターによって対数線形近似された均衡条件システムの尤度関数を評価し、メトロポリスヘイスティング・アルゴリズムによってパラメータの事後分布を生成する。MCMC 法の実行にあたっては、30 万回のサンプリングを行い、最初の 15 万回をバーンインとして捨て、残りの 15 万回のサンプリングデータを事後分布からのサンプルとして採用する。なお、メトロポリスヘイスティング・アルゴリズムの提案分布の受容率は、0.259 だった。

パラメータの平均と 90% 信用区間は表 3-3 に記載されている。本章で推計されたパラメータのうち、($\sigma = 1.609$, $\theta = 0.647$, $\chi = 5.230$, $1/\zeta = 5.812$, $\mu = 1.112$, $\phi = 0.075$, $\gamma_w = 0.224$, $\xi_w = 0.618$, $\gamma_p = 0.093$, $\xi_p = 0.711$) は他の先行研究の結果とさほど変わらない結果となった。金融市場の不完全性に関するパラメータ ($\eta, n/k$) だが、企業の生存確率に関するパラメータ ($\eta =$

第3章 金融市場の不完全性下における財政政策の効果 67

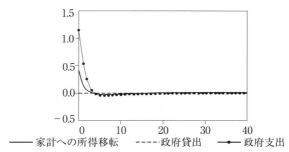

図3-6 事後分布の期待値のもとでの各政策のGDPに対する
インパルス・レスポンス

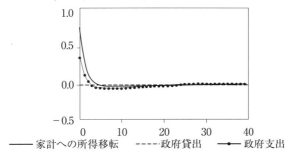

図3-7 事後分布の期待値のもとでの各政策の消費に対する
インパルス・レスポンス

0.984)はKaihatsu and Kurozumi (2014) とほぼ同等の値になったのに対し、自己資本比率 $n/k = 0.218$ は低い結果となった。金融政策ルールを規定するパラメータ（$\phi_r = 0.798$, $\phi_\pi = 1.535$, $\phi_y = 0.028$）はインフレ率に対する反応が高く、GDP ギャップに対する反応が小さいという点で他の先行研究と同様だった。定常状態を規定するパラメータ（$\bar{y} = 0.181$）は事前分布の平均値から大きな変化はなかった。

3節のシミュレーションで確認した、各々の政策効果を左右する非リカード的家計の割合（ω）と金融市場の不完全性の度合いに関するパラメータ（μ^e）の推計結果だが、非リカード的家計の割合の事後分布の期待値は（$\omega = 0.249$）となっており、江口（2012）やIwata（2011）などの先行研究との

結果と整合的である。また、金融市場の不完全性の度合いの事後分布の期待値は（$\mu^e = 0.005$）と推定され、民間金融機関からの借入依存度は外部資金調達プレミアムにほとんど影響を与えないと言えるほど小さい結果になった。

得られたパラメータの事後分布の期待値のもとで、それぞれの政策の分析を行った場合にGDPおよび消費にどのような影響を与えるかシミュレーションを行った結果が図3-6、図3-7に示されている。

GDPに対する影響は、政府支出、家計への所得移転、政府貸出の順に大きいことがわかる。一方で、消費に対する影響は、家計への所得移転、政府貸出、政府支出の順に大きい。したがって、GDPの拡大をとるか消費の拡大をとるかで、政府支出か家計への直接移転かは評価が分かれるものの、金融市場の不完全性の度合いがほぼゼロに近いことから、政府貸出はどちらにもほとんど影響しないという結果になった。この結果をふまえると、日本においては真水部分の財政政策以外にはほとんど効果がないということになる。

第5節　おわりに

本章では、非リカード的家計と金融市場の不完全性を導入したニューケインジアンモデルのもとで、政府支出、家計に対する所得移転、および企業サイドに対する所得移転の効果を分析し、それぞれの景気刺激効果の大きさについて比較した。分析の結果、次のような結論が得られた。まず、家計への所得移転は、家計の可処分所得を直接増加させることでGDPと消費を短期的に大きく上昇させるが、その効果の持続性は非常に小さい。一方、企業サイドへの所得移転は、企業家の純資産を増加させることで外部資金調達プレミアムを引き下げ、長期に渡ってGDPと投資を押し上げるが、足元のGDPや消費に与える影響は小さい。政府支出は家計への移転とほぼ同様の効果を持つが、そのインパクトの大きさは家計への所得移転よりも小さい。また、非リカード的家計の比率が高い場合は家計への所得移転や政府支出のような真水部分が有効になり、金融市場の不完全性が高い場合は政府貸出のような非伝統的な財政政策が有効となる。そして、1981年第1四半期から2014年第2四半期までの日本のデータを用いてMCMC法によるベイズ推定を行った結果、非リカード的家計の存在は一定程度確認されたものの、民間金融機

関からの借入依存度は外部資金調達プレミアムにほとんど影響を与えないという結果になった。したがって、本章の結果に基づく限り、景気刺激のためにはやはり真水部分が重要ということになった。

最後に、残された課題について述べたい。第1に、本章の推定では1981年から2014年までのデータを使用しているが、日本は1990年代後半以降は政策金利がほぼゼロとなっている。Woodford（2011）やChristiano, Eichenbaum and Rebelo（2011）でゼロ金利下では財政政策の効果が大きくなることが示されており、こうしたゼロ金利（または金融政策のスタンスの違い）を考慮したモデルで分析を行う必要があろう。第2に、本章では政府貸出のデータとして政府系金融機関の貸出額を使用しているが、90年代および2000年代後半に実施された財政政策では、企業への融資策として信用保証協会の保証額の引き上げも大きな割合を占めていた。こうした政府保証は事実上政府貸出と同様の効果を持つと思われるので、信用保証協会の保証額のデータも含めて分析することが考えられる。第3に、本章では国債は安全資産として家計が保有するものとしているが、実際には日本の国債の大部分は金融機関が保有しており、かつ財政破綻の危険性が叫ばれて久しい。したがって、国債のデフォルトの可能性を考慮し、さらに金融機関が国債を保有する状況をモデル化すれば、より現実的な設定になるだろう。第4に、本章では無限期間生存する家計を想定しており、世代間の違いなどは考慮していない。しかし、日本では少子高齢化が進展しており、リカード的家計と非リカード的家計というよりは、こうした世代間の違いこそが消費や貯蓄行動の違いを生み出している要因かもしれない。また、日本は基本的には未だ年功序列型の賃金体系であるため、少子高齢化は賃金水準などの労働市場の構造も変化させることになる。よって、世代の違いを考慮した世代重複モデルで分析を行うことも有用な拡張の方向性である。これらについては、今後の課題としたい。

【参考文献】

Baxter, M. and R. G. King（1993）"Fiscal Policy in General Equilibrium", *American Economic Review*, 83(3), pp.315-334.

Bernanke, B. S., M. Gertler and S. Gilchrist（1999）"The Financial Accelerator in a Quantitative Business Cycle Framework", in J. B. Taylor and M. Woodford（eds.）, *Handbook of*

Macroeconomics, Vol. 1, chap. 21, pp.1341-1393.
Blanchard, O. and R. Perotti (2002) "An Empirical Characterization of the Dynamic Effects of Changes in Government Spending and Taxes on Output", *Quarterly Journal of Economics*, 117(4), pp.1329-1368.
Calvo, G. A. (1983) "Staggered Prices in a Utility-Maximizing Framework", *Journal of Monetary Economy*, 12(3), pp.383-398.
Coenen, G. and R. Straub (2005) "Does Government Spending Crowd in Private Consumption? Theory and Empirical Evidence for the Euro Erea", *International Finance*, 8(3), pp.435-470.
Christiano, L. J., M. Eichenbaum and C. L. Evans (2005) "Nominal Rigidities and the Dynamic Effects of a Shock to Monetary Policy", *Journal of Political Economy*, 113(1), pp.1-45.
Christiano, L. J., M. Eichenbaum and S. Rebelo (2011) "When Is the Government Spending Multiplier Large?", *Journal of Political Economy*, 119(1), pp.78-121.
Erceg, C. J., L. Guerrieri and C. Gust (2006) "SIGMA: A New Open Economy Model for Policy Analysis", *International Journal of Central Banking*, 2, pp.1-50.
Fernández-Villaverde, J. (2010) "Fiscal Policy in a Model with Financial Frictions," *American Economic Review*, 100(2), pp.35-40.
Forni, L., L. Monteforte and L. Sessa (2009) "The General Equilibrium Effects of Fiscal Policy: Estimates for the Euro Area", *Journal of Public Economics*, 93(3-4), pp.559-585.
Galí, J. J., D. López-Salido and J. Vallés (2007) "Understanding the Effects of Government Spending on Consumption", *Journal of the European Economic Association*, 5(1), pp.227-270.
Gertler, M. and P. Karadi (2011) "A Model of Unconventional Monetary Policy", *Journal of Monetary Economics*, 58(1), pp.17-34.
Gertler, M. and N. Kiyotaki (2010) "Financial Intermediation and Credit Policy in Business Cycle Analysis", in B. M. Friedman and M. Woodford (eds.), *Handbook of Monetary Economics*, Vol. 3, chap. 11, pp.547-599.
Greenwood, J., Z. Hercowitz and G. H. Huffman (1988) "Investment, Capacity Utilization, and the Real Business Cycle", *American Economic Review*, 78(3), pp.402-417.
Iiboshi, H., S. Nishiyama and T. Watanabe (2006) "An Estimated Dynamic Stochastic General Equilibrium Model of the Japanese Economy: A Bayesian Analysis", mimeo.
Iwata, Y. (2011) "The Government Spending Multiplier and Fiscal Financing: Insights from Japan", *International Finance*, 14(2), pp.231-264.
Kaihatsu, S. and T. Kurozumi (2014) "Sources of Business Fluctuations: Financial or Technology Shocks?", *Review of Economic Dynamics*, 17(2), pp.224-242.
Kollmann, R., W. Roeger and J. in't Veld (2013) "Fiscal Policy in a Financial Crisis: Standard Policy versus Bank Rescue Measures", *American Economic Review*, 102(3), pp.77-81.
Leeper, E., T. B. Walker and S. S. Yang (2010) "Government Investment and Fiscal Stimulus", *Journal of Monetary Economics*, 57(8), pp.1000-1012.
Posen, A. (1998) *Restoring Japan's Economic Growth*, Peterson Institute for International

Economics.
Smets, F. and R. Wouters (2003) "An Estimated Dynamic Stochastic General Equilibrium Model of the Euro Area", *Journal of the European Economic Association*, 1(5), pp.1123-1175.
―――― (2007) "Shocks and Frictions in US Business Cycles: A Bayesian DSGE Approach", *American Economic Review*, 97(3), pp.586-606.
Sugo, T. and K. Ueda (2008) "Estimating a Dynamic Stochastic General Equilibrium Model for Japan," *Journal of the Japanese and International Economies*, 22(4), pp.476-502.
Taylor, J.B. (1993) "Discretion Versus Policy Rules in Practice," *Carnegie-Rochester Conference Series on Public Policy*, 39, pp.195-214.
Woodford, M. (2011) "Simple Analytics of the Government Expenditure Multiplier", *American Economic Journal: Macroeconomics*, 3(1), pp.1-35.
井堀利宏・中里透・川出真清 (2002)「90年代の財政運営――評価と課題」『フィナンシャル・レビュー』第63号、36-68頁。
江口允崇 (2011)『動学的一般均衡モデルによる財政政策の分析』三菱経済研究所。
―――― (2012)「財政政策の効果はなぜ下がったのか？――ニューケインジアンモデルによる検証」Keio/Kyoto Global COE Discussion Paper Series、2012-008。
川出真清・伊藤新・中里透 (2004)「90年代以降の財政政策の効果とその変化」井堀利宏編『日本の財政赤字』岩波書店。
経済企画庁編 (1998)『年次経済報告（経済白書）平成10年度版』。
貞廣彰 (2005)『戦後日本のマクロ経済分析』東洋経済新報社。
中里透 (2005)「財政政策の効果」貝塚啓明・財務省財務総合政策研究所編『財政赤字と日本経済――財政健全化への理論と政策』有斐閣。
渡辺努・藪友良・伊藤新 (2010)「制度情報を用いた財政乗数の計測」井堀利宏編、内閣府経済社会総合研究所企画・監修『財政政策と社会保障（バブル／デフレ期の日本経済と経済政策　5）』第5章、143-177頁、慶應義塾大学出版会。

第4章

雇用延長が年金財政や家計の厚生に与える影響の世代重複モデルによる分析

佐藤 格

第1節 はじめに

　2012年8月に高年齢者等の雇用の安定等に関する法律が一部改正され、高齢者の就労促進の一環として、継続雇用制度の対象となる高年齢者について、雇用確保措置が充実されることになった。すでに2004年の時点で、①定年の引き上げ、②継続雇用制度の導入（労使協定により基準を定めた場合は、希望者全員を対象としない制度も可）、③定年の定めの廃止のいずれかが義務化されていたが、法改正により2013年4月以降は②のただし書き部分がなくなり、継続雇用を希望するすべての者について継続雇用を実施しなければならないこととなった。

　この改正の背景の1つとして、厚生年金の支給開始年齢の引き上げにより、雇用が継続されず年金も支給されないことにより無収入となる者が生じる可能性が出てきた、ということがある。少子高齢化の進展に伴う年金財政の悪化と、世代間の公平性の確保という観点から、年金支給開始年齢の引き上げは避けられない状況であるため、この雇用延長は不可欠なものであったと考えられる。

　60歳を過ぎても元気に働ける状況にあるならば、働き続けることにさまざまなメリットが存在する。年金保険料の拠出を行うという意味では、年金財政の面においてもプラスの効果が見込まれる。しかし一方で、デメリットも存在する。たとえば高齢者の雇用が他の世代の雇用に悪影響を及ぼすケースである。この場合には他の世代の厚生が低下することが考えられるため、

必ずしもすべての世代にとって厚生を高めるものではないかもしれない。また所得の高い高齢者が労働供給を続けることで、引退後の年金給付水準も高くなる可能性があることから、年金財政にとってマイナスとなる面も存在するだろう。本章においては各時点において最大85の世代が同時に存在する世代重複モデルを用いて、雇用延長が年金財政や家計の厚生に与える影響をシミュレーションにより明らかにする。

　雇用延長がもたらす効果については、さまざまな分析がなされている。たとえば太田（2009）では、労働者のタイプを若年と中高年に分類した場合、過剰な労働者タイプを減少させ、不足した労働者タイプを増加させるという戦略が見られるとしている。これは利潤最大化原理とも整合的であり、また実証分析からも、過剰な労働者タイプを減少させ、不足した労働者タイプを補強するというように、若年の少ない産業では若年の雇用成長率が高く、中高年の多い産業では中高年の雇用成長率が低いという結果を得ている。川口（2006）は、2期間の利潤最大化問題を解く企業の行動を想定し、中高年労働者が若年新規採用を抑制するメカニズムを理論的に明らかにしたうえで、実証分析を行い、中高年労働者が多いことが新卒正規雇用を抑制する因果関係が頑健に存在するとしている。原（2005）は、公表データと企業個票データの両方を用いて、新規学卒労働市場について分析している。この結果、企業の中高年齢化や労働組合の存在が、企業の新卒採用を減少させる要因であるとしている。また野呂・大竹（2006）においては、労働者の年齢グループ間における不完全代替性を仮定した分析を行っている。分析の結果、年齢グループ間の代替は不完全であるが、これは若年層・中間層・高年齢層といった大きな年齢グループでの間の代替性が不完全であることが要因であると示されている。太田（2012）では、『雇用動向調査』による、高齢者指標が若年採用に及ぼす影響の分析を行っている。この結果、2006年以降、男性の継続雇用が進展した産業ほど若年採用が停滞したこと、若年採用への影響は女性の方が強かったこと、産業も考慮すると、男性の建設作業者や女性の非正規雇用者に代替関係が見られたことなどが明らかにされている。

　一方で年金の支給開始年齢引き上げがもたらす効果についても、さまざまな分析が行われている。特にこの分野においては、世代重複モデルや保険数理モデル、あるいは両者の融合等、分析手法も多岐にわたる。川瀬他

(2007) では 2004 年改革の効果をシミュレーション分析しつつ、感度分析の一環として、支給開始年齢の引き上げについて扱っている。たとえば TFP の上昇率が当初の想定より 0.3% 低い場合に、2004 年改革で約束されたことを守るためには支給開始年齢を 65 歳から 66 歳へと引き上げる必要があるとしている。また中田・蓮見 (2009) では、給付開始年齢の引き上げが財政の持続可能性にどの程度の影響を及ぼすかを、経済前提の計算に世代重複モデルを利用した保険数理モデルを用いて分析している。長寿化の影響と給付開始年齢引き上げの効果を見ると、たとえば平均余命が 1 歳伸びたときには、支給開始年齢を 2 歳引き上げることにより対応が可能であるという結果を示している。中沢他 (2014) では、年金財政モデルをもとに、報酬比例部分の支給開始年齢引き上げのスケジュールを前倒ししたケースのシミュレーションを行っている。この結果、たとえば 2021 年度までの期間に支給開始年齢を 65 歳まで引き上げることにより、マクロ経済スライドによる調整期間を 2 年間短縮させ、所得代替率も 0.5% ポイント上昇するとしている。山本他 (2010) では、厚生労働省の財政検証プログラムをもとに、年金支給開始年齢を 67 歳あるいは 70 歳まで引き上げたケースのシミュレーションを行っている。特に、保険数理的保守主義の立場から、現状より厳しい状況を想定して計算を行っている。たとえば出生・死亡ともに低位推計を想定し、労働力率も 2006 年の水準を維持したと想定すると、2100 年においても積立金が枯渇しないためには、支給開始年齢を 70 歳まで引き上げる必要があるとしている。堀江 (2008) では、支給開始年齢引き上げのスケジュールを前倒ししたうえで、さらに支給開始年齢を 67 歳まで引き上げるケースを想定して分析している。男性では 1959 年 4 月 2 日以降、女性では 1964 年 4 月 2 日以降に生まれた者の支給開始年齢を 67 歳まで引き上げると、平均受給期間は男性 20.2 年、女性 25.3 年と、2000 年時点の水準とほぼ同等になるとしている。またこれにより、給付総額も約 6.7% 抑制できるとしている。

このように、多くの先行研究のある分野ではあるが、上記のとおり、雇用延長と年金支給開始年齢は別々に分析されていると言える。本章は、雇用延長がもたらす影響をより広い範囲で見直すことを目標としていることに特徴がある。具体的には、雇用延長が若年者の雇用に与える影響についていくつかのパターンを想定したうえで、そのような変化が年金財政や各世代の厚生

に与える影響について分析することが本章の目的である。

本章の構成は次のとおりである。続く第2節でモデルの構造について説明し、第3節でシミュレーションの方法を示す。第4節ではシミュレーションのケース分けと結果について解説し、最後の第5節で結論と今後の課題を述べてまとめとする。

第2節　モデルの構造

1　モデルの概要

本章では、最大で85の世代が同時に存在する世代重複モデルを使用し、シミュレーション分析を行う[1]。

年・年齢・世代

モデル構築にあたっては、年・年齢・世代の三者を明確に区別する必要がある。各期の経済活動は「年」の単位で表されるが、本章のモデルは世代重複モデルであるため、家計は複数の「年」にまたがって経済活動を行うことになる。これを表すために、家計が経済に参入する「年」を「世代」と定義し、この「世代」は、その「世代」が加齢しても、生涯を通じて変化しないものと想定する。すなわち、三者は以下の式により関係づけられる。

$$i = t - s \tag{1}$$

i は世代、t は年、s は年齢を表しており、年齢 s は年 t が1年進むごとに1歳加算されるが、年齢 s と年 t は同時に1ずつ増加するため、ある家計に

---

[1] 「最大で」とあるのは、現在利用できる最新の人口および将来の推計人口は、国立社会保障・人口問題研究所（2012）による0歳から104歳までの1歳刻みのものと、105歳以上を集計したもので、年齢階級は合計で106あることになる。なお本章のモデルにおいては20歳で経済に参入していると仮定していること、また計算の都合上、105歳以上を集計した値については使用しないことから、この場合には85の世代を想定することになる。ただし過去に遡ると、より若い年齢で集計されていることが多く、その場合には、たとえば104歳のデータは存在しないことがある。このような状況であれば、その年に存在する世代の数は85よりも小さくなる。

付与された世代 i は、その家計の生涯を通じて値が変化しない。

生存確率

家計は寿命の不確実性に直面している。$j+20$ 歳の家計が $j+21$ 歳時に生存している条件つき確率を $q_{j+1|j}$ とすると、20歳の家計が $s+20$ 歳まで生存している確率 p_s は次のように表される。

$$p_s(t) = \prod_{j=0}^{s} q_{j+1|j}(t) \tag{2}$$

ただし、$20(s=0)$ 歳ではすべての家計が生存しているため $p_0=1$、$105(s=85=D+1)$ 歳には確実に死亡するため $q_{85|84}=0$、すなわち $p_{85}=0$ と想定される。以上より、$20(s=0)$ 歳の家計数を N_0 とするならば、t 期の各年齢における家計数 $N_s(t)$ は以下のように表現できる。

$$N_s(t+s) = p_s(t+s)N_0(t) \tag{3}$$

2　経済主体の行動

本章のモデルには、家計・企業・政府という3種類の経済主体が存在すると想定している。家計は効用最大化、企業は利潤最大化を行う主体であり、政府は租税と社会保険料を徴収し、政府支出と年金給付を行う主体である。この3種類の主体の行動について、これから具体的に式を示しながら説明しよう。

家計

家計は各世代に1種類の代表的家計が存在すると想定する。また、家計の効用は時間に関して分離可能なライフサイクル効用関数により記述される。家計は毎期の消費と、最終期まで生存した場合に遺す消費としての遺産から効用を得ると想定する。したがって、ライフサイクル効用関数は、各時点における効用の割引現在価値の総和に、消費としての遺産を加えることにより求められ、以下の式により定義される。

$$U_i = \sum_{s=0}^{D} p_s(t)(1+\delta)^{-s}\left(\frac{c_{i,s}^{1-\gamma}}{1-\gamma}\right) + \theta\frac{A_{i,D+1}^{1-\gamma}}{1-\gamma} \tag{4}$$

ここで，U_i は第 i 世代のライフサイクル効用，c は消費，A は資産残高，δ は時間選好率，γ は異時点間の代替の弾力性，D は $104(s=84)$ 歳の最終生存年齢，θ は消費としての遺産に関するパラメータを表している。

また，本章では高齢者の雇用延長の影響の 1 つとして，高齢者の雇用によって他の世代の雇用が代替される可能性について検討している。したがって，高齢者の雇用の増加が他の世代の失業を発生させる可能性をモデルの中に取り入れていることが特徴である。失業の確率については，その世代において家計が失業する確率はわかっているものの，その世代の中のどの家計が失業するのかについてはわからない。したがって，家計は生存確率を考慮した期待効用を，失業確率を考慮した予算制約式を制約条件として最大化すると想定する。家計は利子所得と労働所得，遺産，公的年金を受け取り，消費を行うため，予算制約式は次のように表される。

$$A_{i,s+1} = [1+(1-\tau_r(t))r(t)]A_{i,s} + (1-\tau_w(t)-\tau_{wp}(t))w(t)e_s x v_s l_{i,s} \\ + b_{i,s} + (1-\tau_h(t))a_{i,s} - (1+\tau_c(t))c_{i,s} \quad (5)$$

$$x = 1 - z \cdot \frac{\sum_{s=LS1+1}^{LS2} v_s l_{i,s}}{\sum_{s=0}^{LS1} v_s l_{i,s}} \quad (6)$$

$$a_{i,s} = \frac{\sum_{s=0}^{D-1}(N_s(t)-N_{s+1}(t+1))A_{i,s+1} + N_D(t)A_{i,D+1}}{\sum_{s=0}^{D-1}N_s(t)} \quad (7)$$

$$b_{i,s} = \begin{cases} 0 & \text{if } s < LS2 \\ \pi(t)\beta(t)H(t) & \text{if } s \geq LS2 \end{cases} \quad (8)$$

r は利子率，w は賃金率，e は人的資本パラメータ，l は労働供給，b は年金給付，a は遺産，v は労働力率，τ_r は利子所得税率，τ_w は労働所得税率，τ_{wp} は年金保険料率，τ_h は相続税率，τ_c は消費税率，z は代替の割合を表している。また労働供給は退職年齢 $LS1$ に達するまで行うが，次に説明する失業の確率 x に従い失業する可能性があり，失業している期には労働所得は得られない。公的年金は定められた年齢を超えた家計に支給されるものとする。この年齢 $LS2$ はシミュレーションのケースにより変化するが，61 歳か

ら70歳のいずれかの年齢となる。

　上で述べたとおり、本章では高齢者の雇用によって他の世代の雇用が代替される可能性を想定しているため、60歳以上の高齢者が雇用されるケースにおいては、それ以外の世代の雇用が一部削減される可能性をモデル内にて示す必要がある。xは高齢者の雇用によって自らが失業する確率を示しており、たとえば労働者数を元の状態と同じ水準に保つためには、雇用された高齢者と同じ数だけ、他の世代の雇用が失われることになる。(6)式右辺第2項の分母は退職年齢$LS1$以下の労働者数の和、分子は$LS1$を超える年齢の労働者数の和を表していることから、この割合に該当する者が失業することになる。(5)式は予算制約式であり、就業状態にあることにより労働所得が得られることから、1から失業の確率xを差し引くことで、就業状態にある確率を計算している。

　遺産はある期に生存している家計が生存確率に従って死亡することと、最終期に子孫に資産を遺すことにより発生する。家計はある年における当該世代の家計の死亡する確率はわかっているものの、どの家計が死亡するかは知りえない。したがって、最終生存年まで生きることを前提に最適化を行っている中で意図せず死亡することにより、意図しない形での遺産が発生することになる。この遺産は最終期まで生存した場合に遺す消費としての遺産とともに経済全体で集計され、次の期に生存している家計に均等に配分されることになる。公的年金は支給開始年齢に達すると同時に支給される。年金支給額は当該年に徴収された年金保険料の総額を、受給者に均等に配分する形で決定される。

　以上の設定のもと、家計は予算制約式の範囲内で効用の最大化を行う。このとき効用最大化の1階の条件は次のように表される。

$$c_{i,s+1} = \left[\frac{p_{s+1}(t)}{p_s(t)} \cdot \frac{1+(1-\tau_r(t+1))r(t+1)}{(1+\delta)\pi(t)} \right]^{1/\gamma} \cdot c_{i,s} \qquad (9)$$

$$\pi(t) = \frac{1+\tau_c(t+1)}{1+\tau_c(t)} \qquad (10)$$

　πは物価上昇率であり、本章のモデルにおいては消費税率τ_cが上昇した場

合に限り上昇すると想定しているものの、消費税率はシミュレーション期間中常に 10% で一定であるため、π は常に 1 となる。

企業

本モデルにおいては、経済全体で集計された 1 つの企業のみが存在していると想定する。この企業が、経済全体で集計された資本ストック K と労働供給量 L をもとにして、コブ＝ダグラス型生産関数に従い、生産物 Y を産出すると想定する。なお、Δ は資本減耗率である。

$$Y(t) = \Phi K(t)^{\varepsilon} L(t)^{1-\varepsilon} \tag{11}$$

$$L(t) = \sum_{s=0}^{LSI} e_s v_s l_{i,s} \tag{12}$$

$$K(t) = (1-\Delta)K(t-1) + I(t) \tag{13}$$

$$I(t) = S(t) = \sum_{s=0}^{D} A_{i,s} \tag{14}$$

このとき限界生産力原理により、利子率は以下のように求めることができる。

$$r(t) = \varepsilon \Phi K(t)^{\varepsilon-1} L(t)^{1-\varepsilon} \tag{15}$$

政府

政府は一般会計部門と年金会計部門を保有すると想定する。一般会計は家計から労働所得税、利子所得税、相続税、消費税を徴収し、その収入額と等しい政府支出を行う。年金会計は家計から年金保険料を徴収し、その収入額と等しい年金給付を行う。以下に記す政府部門の予算制約式には政府の債務残高や年金積立金の残高が示されているが、一般会計部門、年金会計部門ともに毎期均衡すると想定しているため、政府の債務残高 B や年金積立金の残高 F は、シミュレーション期間中常に 0 となる。また現在のわが国において、基礎年金の 2 分の 1 は国庫負担によりまかなわれているため、本来であれば一般会計から年金会計への移転が発生しなければならないが、本章の

モデルでは捨象している。さらに 2004 年改革では年金積立金の一部を取り崩し、それを年金給付に充てることが決定されたが、本章のモデルにおいては、この部分も捨象していることに注意されたい。

$$B(t+1) = G(t) - TR(t) + (1+r(t))B(t) \tag{16}$$

$$F(t+1) = PC(t) - PB(t) + (1+r(t))F(t) \tag{17}$$

$$TR(t) = \tau_r(t)A_{i,s} + \tau_w(t)w(t)e(s)xv_sl_{i,s} + \tau_h(t)a_{i,s} + \tau_c(t)c_{i,s} \tag{18}$$

$$G(t) = \sum_{s=0}^{D} g(t)N_s(t) \tag{19}$$

$$PC(t) = \sum_{s=0}^{D} \tau_{wp}(t)w(t)e(s)xv_sl_{i,s} \tag{20}$$

$$PB(t) = \sum_{s=LS1}^{D} \beta(t)N_s(t) \tag{21}$$

なお、税率や年金保険料率は予め設定しているため、まずは各部門の収入が決定される。政府支出や年金給付の総額は、この収入と一致するように決定され、該当する家計に均等に配分されることになる。

第3節 シミュレーションの方法

1 定常状態と移行過程の確定

前節で提示されたモデルをもとにシミュレーションを実行するには、パラメータを設定しなければならない。本章では初期定常状態を 2015 年とする。シミュレーションにおける初期定常状態を得るために、まずは年齢別の人口構成が 2015 年の状態で変化しないものと想定して各パラメータの設定を行った。

2015 年から 2110 年における人口構成は、国立社会保障・人口問題研究所(2012)『日本の将来推計人口（平成 24 年 1 月推計）』の出生中位（死亡中位）推計を利用し、各期において 20 歳から 104 歳までの生存確率 q, p を計算した。なお、『日本の将来推計人口』における「男女年齢各歳別人口」では、

年齢は0歳から104歳、105歳以上に区分されているが、生存確率の計算などの問題があるため、105歳以上は考慮せず、104歳をモデル上の最終生存年齢とする。また2110年から最終定常状態に到達するまでの期間については、出生率と各歳時点における生存確率のデータが存在しない。そこで、2111年以降の出生率と各歳時点での生存確率には、2101年から2110年の10年間の出生率と生存確率の平均値を与えている。

また、簡単化のため、シミュレーションにおける一般会計と年金会計は各期において均衡予算を維持し、財政赤字Bと年金積立金Fは存在しないと仮定する。これは家計の貯蓄Sのみがマクロの総資本Kを構成する経済を分析の対象としていることを意味している。

2 パラメータの設定

シミュレーションにあたっては、各種のパラメータを設定する必要がある。具体的には、効用関数に関するパラメータ、人的資本に関するパラメータ、生産関数に関するパラメータ、税制と公的年金に関するパラメータである。

効用関数に関するパラメータとしては、時間選好率、異時点間の代替の弾力性のパラメータ、消費としての遺産に関するパラメータがある(表4-1)[2]。

人的資本に関するパラメータe_sには、時間当たり賃金率を推定して与え

表4-1 パラメータ一覧

変数名	記号	値
時間選好率	δ	0.013
異時点間の代替の弾力性	γ	0.4
利子所得税率	τ_r	0.2
賃金所得税率	τ_w	0.1
年金保険料率	τ_{wp}	0.17828〜0.183
相続税率	τ_h	0.1
消費税率	τ_c	0.1
分配パラメータ	ε	0.7109
効率パラメータ	Φ	0.1851

---

[2] 消費としての遺産に関するパラメータθの算出には宮里(1998)を参考にした。

た。推定に使用したデータは厚生労働省（2014）『賃金構造基本統計調査』の「年齢階級別きまって支給する現金給与額、所定内給与額及び年間賞与その他特別給与額」、企業規模計、産業計である。「きまって支給する現金給与額」の12倍と年間賞与額を合計した総報酬ベースの時間当たり賃金率 e_s を被説明変数として、年齢 $s+20$ と年齢の2乗、ダミー変数 DS で回帰した。ダミー変数は、60歳以上において賃金が大幅に下落することを反映させるために、60歳以上において1をとるものとしている。なお、『賃金構造基本統計調査』は5歳階級になっているため、説明変数としての年齢は各階級の平均値としている。また、推計式の下の行の（　）内の値は t 値である。

$$e_s = -2257.477 + 284.783 \times (s+20) - 2.546 \times (s+20)^2 - 1823.774 \times DS \quad (22)$$
$$(-4.926) \quad (12.714) \quad (-9.643) \quad (-8.771) \quad \bar{R}^2 = 0.983$$

$$DS = \begin{cases} 0 \text{ if } s < 40 \\ 1 \text{ if } s \geq 40 \end{cases} \quad (23)$$

生産関数に関するパラメータとしては、初期定常状態で賃金率 $w=1$、利子率 $r=0.04$ を実現するような効率パラメータ Φ と分配パラメータ ε を逆算して得られた値 $\Phi=0.1851$、$\varepsilon=0.7109$ を用いている。

最後は税制と公的年金に関するパラメータである。税制を表現する税率として、労働所得税率 $\tau_w=0.1$、利子所得税率 $\tau_r=0.2$、消費税率 $\tau_c=0.1$、相続税率 $\tau_h=0.1$ を与える。これらの値はシミュレーション期間中常に一定であると仮定する。また公的年金に関するパラメータについては、各家計が厚生年金に加入しているという想定のもと、初期定常状態では年金保険料率 $\tau_{wp}=0.17828$ を与えた。なお、年金保険料率は実際のスケジュールどおり、毎年 0.354% ずつ上昇し、2018年度以降は 18.3% で固定されると想定する。なお、現在基礎年金の半分は国庫負担によりまかなわれているが、本章では簡単化のため、この部分については捨象している。

なお、年金給付を除く政府支出は、本章のモデルにおいては特定の用途に用いられることは想定していない。すなわち、政府支出の増加が家計の効用を高めたり、あるいは生産に寄与したりという想定は行っていない。したがって、本章では毎期得られる税収と等しい額の支出を行うと仮定し、この支

出は各家計に均等に使用されると想定する。もちろん、川出（2003）や川出・別所・加藤（2003）に見られるように、政府支出が生活基盤型社会資本と生産基盤型社会資本に分類され、前者は家計の効用に、後者は生産に寄与すると想定したりすることは可能である。また佐藤・上村（2006）などに見られるように、初期定常状態で求められた1人当たりの政府支出の値を固定して、それを将来にわたって実現しつつ財政の均衡を図るべく、税率を変化させるようなシミュレーションも可能である。ただし本章においては、シミュレーションにおいて税率の変化がもたらす影響は特に重視していない。したがって、税率変化の影響、あるいは政府支出の変化が経済に与える影響の分析はほかに譲り、政府部門については年金給付のみが家計に影響を与えると想定して分析を行うこととする。

　本章においては、定年延長により60歳以上の家計が労働供給を続けることを想定している。また、この高齢者の労働供給がそれ以外の世代に与える影響についても分析を行っている。ただし、60歳以上の家計がすべて労働供給を続けるという想定を置くと、この世代の労働供給量が過大になるのと同時に、その一部または全部が代替されると想定したときに、60歳未満の世代の労働供給量に与える影響が大きくなりすぎ、当該世代の労働供給量が過小になってしまう。したがって、労働供給に関しては、労働力率を用いてこの問題を回避した。すなわち、各家計は毎期付与される時間のうち、労働力率に相当する時間の分だけ労働供給を行い、それ以外の部分を余暇に充てていると想定している。労働力率については総務省統計局（2014）『労働力調査』のI-4表「就業状態・従業上の地位・雇用形態（非農林業雇用者については従業員規模）・農林業・非農林業、配偶関係・年齢階級別15歳以上人口」の「労働力人口比率」を用いた。

3　シミュレーションの方法

　以上の設定により、シミュレーションにおいてGauss＝Seidel法を利用することで合理的期待の移行過程を計測することができる。基本的なシミュレーションの方法は、Auerbach and Kotlikoff（1987）やJudd（1998）に従い、以下の手順で計算を行った。

(ステップ1)　初期定常状態から最終定常状態にわたる賃金率と利子率の流列を初期値として与える。
(ステップ2)　初期定常状態から最終定常状態にわたる税率、保険料率の流列を初期値として与える。
(ステップ3)　各世代が受け取る遺産の初期値を与える。
(ステップ4)　各世代の家計の最適化行動によってライフサイクルの消費、貯蓄を決定する。
(ステップ5)　各期の年齢別人口と死亡した各世代の貯蓄をもとに意図せざる遺産額を集計し、各期において生存している世代への遺産とする。これを新たな初期値としてステップ4に戻り、Gauss = Seidel 法で収束させる。収束すればステップ6へ進む。
(ステップ6)　各期における一般会計の税収と政府支出、年金会計の保険料収入と年金給付を集計する。すべての期において一般会計と年金会計が均衡するような政府支出、保険料率の流列を収束計算で求めるためにステップ2へ戻る。均衡すればステップ7へ進む。
(ステップ7)　各期における資本を集計し、利子率の流列を計測する。再びGauss = Seidel 法による収束計算を行うため、これらの価格体系の流列を新たな初期値としてステップ1へと戻る。

以上の手順を繰り返し、各期における利子率が変化しなくなったとき、合理的期待の移行過程の経路が確定することになる。

第4節　シミュレーションのケース分けと結果

本節では、シミュレーションのケース分けを行い、分析結果を提示する。

1　シミュレーションのケース分け

シミュレーションにおいては、定年延長と、それに伴う他の世代への影響について分析を行う。雇用延長が行われないケースを基準ケースとして設定し、比較ケースとして、雇用延長による影響を考慮した3つのケースを設定した。比較ケースにおいては、定年延長に従って増加する高齢者の労働供給

表4-2 シミュレーションで想定するケース

	退職年齢	年金支給開始年齢	他の世代に与える直接的影響
基準ケース	60歳	段階的に65歳	
70歳支給開始ケース（ケースB）	60歳	段階的に70歳	
ケースA1	65歳	段階的に65歳	なし
ケースB1	70歳	段階的に70歳	なし
ケースA2	65歳	段階的に65歳	20〜59歳の労働供給量で完全代替
ケースB2	70歳	段階的に70歳	20〜59歳の労働供給量で完全代替
ケースA3	65歳	段階的に65歳	20〜59歳の労働供給量で50%代替
ケースB3	70歳	段階的に70歳	20〜59歳の労働供給量で50%代替

量への対応をいくつかのケースに分けている。すなわち、雇用延長が行われても他の世代の雇用に影響がないケース（ケース1）と、雇用延長により他の世代が影響を受けるケース（ケース2・3）である。他の世代が影響を受けるケースについては、雇用延長が完全に他の世代の雇用を代替するケースと、経済全体の雇用を増加させる効果を持つものの他の世代の雇用も一部代替するケースを想定した。さらにそれぞれについて、年金支給開始年齢と定年を70歳まで延長するケースのシミュレーションも行った。この場合、年金支給開始年齢については、2年ごとに1歳ずつ引き上げることを想定する。現行の支給開始年齢の引き上げでは、3年ごとに1歳ずつ引き上げるスケジュールになっているため、このケースでは、支給開始年齢は、現在予定されているスケジュールよりも前倒しされるうえに、支給開始年齢自体も上昇するということになる。これらをまとめると表4-2のようになる。

定年延長の実施は2013年度からであり、本章で初期定常状態としている2015年度においては、すでにこの制度が施行されている。一方で公的年金のうち報酬比例部分の支給開始年齢は60歳から65歳へと引き上げられる過程の途中の状態にあり、ここで65歳まで就労するケースを扱うと、就労する高齢者に給付される年金についてどのように扱うのかという問題が発生する。すなわち、現在の日本においては在職老齢年金という制度があり、一定額を超える収入がある場合には、年金の一部あるいは全部が支給停止となる。

したがって、定年延長を利用して65歳まで就労するのであれば、年金は一部あるいは全部が減額される可能性がある。本来であればこの効果を反映する必要があり、この支給額の一部または全部停止に伴い、この制度にかからない家計については、年金支給額が増加することになる[3]。ただし本章においては、各世代には1種類の家計しか存在しないと想定していることから、在職老齢年金制度の適用による年金給付額の削減も取り扱ってはいない。

年金支給開始年齢の引き上げについても、男性と女性とでは差があり、また男女にかかわらず、定額部分の支給開始年齢を先に65歳まで引き上げ、その後報酬比例部分を65歳まで引き上げるというスケジュールになっている。ただし本章においては、支給開始年齢の引き上げは、男性の報酬比例部分のもののみを利用している。さらに、年齢別の労働力率についても、男女で大きな差がある。本来であれば、男女の分割とともに、定額部分と報酬比例部分の分離も必要であろうが、本章のモデルにおいては簡単化のため、これらの部分については捨象している。

2 シミュレーションの結果

それではシミュレーションの結果を確認してみよう。図4-1では労働者数、図4-2では1人当たりの年金給付水準、図4-3では各世代の厚生水準を示している。

基準ケース

基準ケースでは、雇用延長は行われず、60歳以上の世代は労働を供給しない[4]。すなわち、年金の支給開始年齢の引き上げに伴い、定年により労働所得が得られなくなる一方、年金も支給開始年齢に達していないために受給できないというような状況が発生することになるという想定である。

---

[3] 本章では就労している世代の年金拠出額をもとに、年金会計の収支が均衡するように1人当たりの年金給付額が決定される。したがって、仮に本章において、在職老齢年金により一部の家計に対する給付が削減されるような設定を組み込んだとするならば、在職老齢年金にかからない家計への給付が増加することにより収支の均衡が実現する。

[4] 実際の制度として雇用延長がなされているが、この延長を希望する者が存在しなかったケースとして解釈できる。

88　第Ⅰ部　財政・公共経済の理論・実証分析

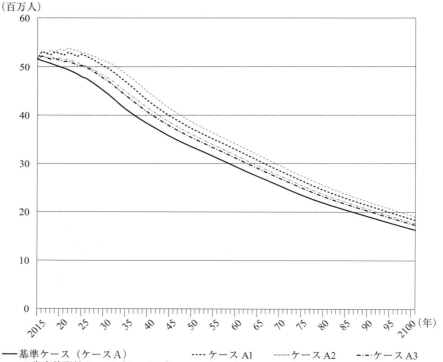

図4-1　労働者数

出所：筆者作成。

　図4-1において、初期定常状態の2015年度以降の労働者数の推移を表している。労働者数は年齢階級別の人口に労働力率を乗じることで計算される。総人口が低下していることに伴い、モデル内にて労働供給を行うと想定される人数も、低下を続けることになるが、特にこのケースにおける労働者数は、20歳から59歳までの者に限られるため、すべてのケースの中で最も低い値をとることになる。
　次に年金財政について見てみよう（図4-2）。基準ケースにおける2015年の値を1に基準化して見てみると、年金給付水準は急速に低下していくことがわかる。本章において、年金給付水準は拠出総額と給付総額が一致するように決定される。すなわち、拠出額が給付額を規定する構造になっているた

第4章　雇用延長が年金財政や家計の厚生に与える影響の世代重複モデルによる分析　89

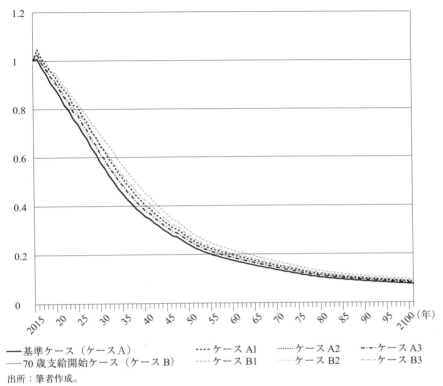

図4-2　年金給付水準

出所：筆者作成。

め、給付と拠出の均衡を想定すると、労働力人口が減少を始めることにより、給付の急速な低下が避けられないということになる。保険料率は2018年度までは上昇するものの、それ以降は18.3％で固定されることから、給付の減少は拠出する人数の減少によるものと言える。

なお、本章においては、実際の年金財政と大きく異なる点が3つある。1点目は賃金上昇率を考慮に入れていないこと、2点目は年金積立金の取り崩しを考慮に入れていないこと、3点目は基礎年金部分の2分の1を占める国庫負担分を考慮に入れていないことである。これら3点は、それぞれ拠出額を増加させる、あるいは給付額を増加させる要素であり、モデルの中で捨象されているこれらの要素の存在を考慮すれば、年金給付水準はここに示した

図4-3 厚生水準

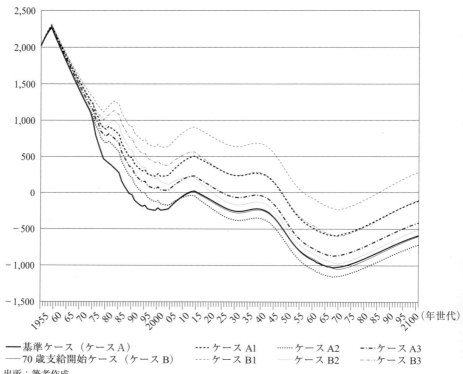

出所：筆者作成。

ほど大きな低下を示すことはないと考えられる。ただし、ケース間の比較という点では、各ケースの大小関係は上記3点の存在いかんにかかわらず変化しないものと考えられる。もちろん、これらの要素を取り入れたとすれば、給付水準の低下はより緩やかなものになると考えられることから、2004年改革により決定された積立金の取り崩しや、基礎年金部分についての国庫負担は、年金給付水準を維持するためには有効なものであると考えられる。

最後に厚生水準を見てみよう（図4-3）。厚生水準は初期定常状態に設定した2015年度に経済に参入する世代を0と基準化しているが、全体的な傾向としては、生まれ年が早いほど高い効用を得ている傾向にある。早い時期に経済に参入した世代は、高齢化の影響をあまり受けないため、少ない拠出

の割に比較的多くの給付を受けることができていることが、高い効用につながっていると考えられる。また、2065〜2070年あたりの世代を境に反転し、厚生は上昇を始めるが、これは高齢化の進展が止まることによるものと考えられる。

　さらに、他のケースと比較した場合、すでに経済に参入している世代も、これから経済に参入する世代も、退職が早いことから労働所得の得られる期間が短く、さらに支給開始年齢が遅れることにより労働所得も年金給付も受けられない空白期間が発生するため、厚生水準は比較的低い値をとることになる。基準ケース同様に定年の延長を実施せず、年金支給開始年齢は70歳まで引き上げるケースBではこの状況がさらに顕著である。すなわち、空白期間がさらに長くなるため、厚生水準はますます低下してしまう。

ケース1

　ケース1においては、一部の高齢者が労働供給を行うが、その労働供給が他の世代の労働供給を代替することはない。したがって、高齢者の労働供給が発生した分、経済全体での労働供給量は増加する。図4-1に示される労働者数のグラフにおいても、60歳以上の世代が労働供給を開始する2016年度において大きな変化を見ることができる。人口の絶対数が減少するため、基準ケースとの差は縮小していくように見えるが、2100年度までの期間中、基準ケースよりも約10％程度多い値をとり続けることになる。

　また年金給付に目を向けると、雇用延長に伴い60〜64歳の家計の一部が労働供給を始めると想定している2016年度に、拠出の増加の影響を受けて給付も増加するが、2017年度にはほぼ2015年度の基準ケースの値に戻り、それ以降は他のケース同様に、給付は急速に低下を続ける。年金支給開始年齢の引き上げおよび定年延長のスケジュールを早め、さらにこれらを70歳まで延長するケースB1でも、同様に急速な低下が見られる。もちろん各年の年金給付自体は基準ケースを上回る水準が実現しているため、ケース1のように他の世代の労働供給を阻害しない形での高齢者の労働供給量の増加は望ましいことではある。しかし年金給付における世代間の不公平性の解消という観点からは、定年を5歳、あるいは10歳延長することで労働者数を増加させても、その効果は限定的なものにとどまると言えるだろう。

最後に厚生水準を見ると、このケース1において、ほとんどすべての世代の厚生水準が最も大きな値をとることになる。初期定常状態の時点で65歳未満の世代については、65歳に到達するまで労働供給することができるため、生涯所得が増加する分生涯消費も増加し、生涯効用を上昇させることになる。さらに、このケースでは次に説明するケース2やケース3とは異なり労働の代替が発生しないため、すべての世代が失業による所得の減少に直面しないまま、雇用延長による所得の増加のみを享受する。したがって、雇用延長のプラスの効果のみを取り入れたこのケースでは高い厚生水準が得られることになる。年金支給開始年齢を70歳まで引き上げ、その分定年も70歳まで延長したケースB1では、この効果がさらに大きく現れる。したがって、年金給付の項においても指摘したように、高齢者が労働供給を行っても他の世代の労働供給が阻害されないような状況は、各世代の厚生水準を上昇させることになる。

ケース2

ケース2は、高齢者の雇用が増加したのと同じ分だけ、他の世代の雇用が削減されているケースである。したがって、図4-1を見るとわかるように、労働者の総数は基準ケースと変わらない。ただし、図には現れないものの、60歳以上の労働者が労働市場に参入した分、60歳未満の労働者が減少するというように、年齢構成が変化することになる。

次に年金給付水準を見ると、基準ケースをわずかに上回っていることがわかる。前述のとおり労働者数は完全に代替されるために基準ケースと変わらないものの、生産関数に現れる労働投入量は人的資本パラメータの影響を受けるため、人的資本パラメータが低い水準にある世代が代替されることで、わずかに年金拠出額が増加し、それが給付の増加につながっていると考えられる。また、支給開始年齢を70歳まで遅らせることにより、各年における1人当たり年金給付額は、基準ケースと比べて10%程度上昇する。ただし、年を追うごとに給付水準が低下していくことは、やはり避けられない。

このとき、最も大きな影響を受けるのは各世代の厚生水準である。初期定常状態である2015年にすでに経済に参入し、ある程度の年齢に達している世代と、経済に参入して間もない、あるいは2015年にはまだ経済に参入し

ていない世代とでは、異なった影響が見られる。たとえば2015年時点で50歳の家計であれば、失業の可能性を考慮しなければならないのは50歳から59歳までの10年間にすぎないが、2015年時点で20歳の家計であれば、失業の可能性は20歳から59歳までの40年間にわたって発生する。したがって、経済に参入するタイミングの遅い世代ほど、失業を考慮した生涯所得の期待値は小さくなり、それが厚生水準を低下させる要因になっていると言える。一方で雇用延長がなされれば、その期間労働供給を行うことにより生涯所得が増加することから、失業の可能性から発生する生涯所得の減少を補える世代であれば厚生水準は上昇し、補えない世代であれば厚生水準は低下するということになる。本章のシミュレーションであれば、ケースA2では2007年あたりの世代までは前者の効果が大きいために基準ケース以上の厚生水準が得られる一方で、それ以降の世代については後者の効果が大きいために基準ケースを下回る厚生水準しか得られないことになる。

ただし、この厚生水準の低下は、定年をさらに延長することによりある程度緩和することが可能である。上に述べたとおり、雇用延長は、延長された分の期間労働供給を続けることによる労働所得の増大というメリットと、雇用が代替されることにより自らが失業し、労働所得が減少するというデメリットがあり、その大小関係で厚生水準が変化する。したがって、定年延長により労働所得が十分に増大すれば、そのメリットが失業のデメリットを凌駕することも十分に考えられる。本章におけるシミュレーションとしては、70歳まで定年を延長したケースがそれに該当する。ケースB2においては、定年を70歳まで延長し、その分の雇用はすべて他の世代の雇用が減少することにより完全に代替されると想定しているが、それにもかかわらず、基準ケースよりも高い厚生水準が実現している。すなわち、これらのケースにおいては、雇用延長による労働所得増加のメリットが失業のデメリットよりも大きくなっていることを示している。

ケース3

　ケース3は、高齢者の雇用が増加したうちの半分は、他の世代の雇用が削減されることにより対応され、労働者の純増分は、雇用された高齢者の半分の量というケースである。これを図4－1にて確認すると、基準ケースをは

じめとする各ケースと、ケース1のようなケースの中間に位置していることがわかる。

また、年金給付水準を見ると、ケース1と比べると少ないものの、基準ケースを上回る水準になっていることがわかる。高齢者が労働供給を行うことに伴い、その他の世代の労働の一部は代替されるものの、代替が一部にとどまることから労働者数は基準ケースやケース2よりも増加するため、年金拠出の担い手の増加が拠出総額を増加させ、結果として1人当たりの給付額も増加する。各年の年金給付水準を基準ケースと比較すれば、65歳支給開始の場合には6%程度、70歳支給開始なら17%程度、基準ケースよりも高い値となる。ただし長期的に見れば急速な給付水準の低下が起きるのは他のケースと同様である。

各世代の厚生水準については、ケース1と比較すると低くなるものの、基準ケースよりは高い値が得られることになる。すなわち、失業により所得が低下する可能性はあるものの、失業する確率はケース2よりは低い水準にとどまり、60歳未満における所得の期待値は基準ケースよりは低下するが、ケース2よりは高い値となる。一方で基準ケース以外の各ケースと同様に、自らが労働供給できる期間は延長され、その分労働所得は増加する。したがって、このケース3においては、前者の労働所得が減少する効果よりも、後者の労働所得が増加する効果の方が強く現れていると言えるだろう。特に、ケースB3においては、ケースA1と変わらない程度の厚生は維持されることになる。すなわち、雇用の代替がある程度発生するケースでも、70歳まで定年延長がなされれば、雇用の代替がなく65歳までの定年延長がなされるケースと同等の厚生水準を確保できる可能性があることを示している。

第5節　結論と今後の課題

本章では、雇用延長が年金財政や他の世代にもたらす影響についていくつかのケースを想定し、各ケースにおいてどのような影響が生じるかについて世代重複モデルによりシミュレーション分析を行った。本章の分析により得られた結果をまとめると、次のようになる。第1に、年金支給開始年齢の引き上げがもたらす厚生水準悪化に対応するために、雇用延長は必要であった。

第 4 章　雇用延長が年金財政や家計の厚生に与える影響の世代重複モデルによる分析　95

　第 2 に、雇用延長により 60 歳以上の世代が年金の拠出の側に回ったとしても、年金財政へのプラスの効果は限定的なものにとどまる。第 3 に、雇用延長が他の世代の雇用を代替しないのであれば、各世代にとって最も高い厚生水準が得られる。第 4 に、雇用延長により他の世代の雇用が代替されるのであれば、雇用が延長され生涯所得が増加する世代と、失業の可能性に直面し生涯所得が減少する可能性のある世代との間で、世代間の対立が発生する可能性がある。第 5 に、雇用の代替がもたらす失業は、十分な雇用延長で生涯所得が増加すれば、相殺できる可能性がある。

　したがって、今後の年金給付開始年齢引き上げを考慮すれば、雇用延長は不可欠なものであるが、雇用延長が他の世代の就労を阻害するものでないことが望まれることになる。もちろん雇用の中心は民間企業であることから、雇用延長とともに他の世代の雇用も確保することを義務づけるのは難しいと考えられるが、他の世代の雇用を確保することは、高齢者の雇用の確保と同様に非常に重要であると考えられる。したがって、特に若年世代の雇用についても、さらなる政策の拡充が期待される。また、雇用延長が他の世代の雇用をまったく阻害しないという状況は考えづらいものの、雇用延長の期間を長くとることにより、失業がもたらす労働所得の低下というデメリットを相殺できる可能性がある。少子高齢化の進展により年金財政の厳しさが増す状況下においては、さらなる支給開始年齢の引き上げと、それに伴う雇用延長を一層進めることも検討の余地があるものと考えられる。

　もちろん、これらの結論については、モデルの設定に依存する面も存在する。たとえば本章のモデルにおいては、余暇からの効用は発生しないと想定している。余暇から効用が発生するような想定においては、失業したことにより余暇が増大すると、効用が高まる可能性があるため、そのような状況を排除するための設定である。しかし、雇用延長に対応して労働供給を継続するかどうかの選択といった場面を想定すれば、余暇の量を選択できるような設定も必要かもしれない。また現在の高齢者層の労働力率は比較的低い値にあることから、他の世代への影響が比較的低い水準にとどまっている可能性もある。今後高齢者層の労働力率が上昇すれば、場合によっては代替される効果がより大きく現れ、雇用延長による労働所得増大の効果では相殺しきれなくなる可能性もあるだろう。さらに、年金給付水準の低さが本章の結論に

影響を与えている可能性もある。仮に年金給付水準が高ければ、多少の空白期間が存在しても、その空白期間を自らの貯蓄を取り崩すことで対応できる余地はより大きくなる。したがって、雇用延長の必要性は、年金給付水準が低いことによって一層強調されている可能性があるだろう。

　最後に、本章に残された課題である。第1に、高齢者の雇用と若年者の雇用に関する代替性についての詳細な検討である。本章ではこの部分について、いくつかのケースを想定してシミュレーションを行っているが、あくまで仮想的な値であり、実際のデータに基づくものではない。すでに言及したとおり、確定的な結論の得られている状況ではなく、論文によってさまざまな結果が報告されていることから、何らかの推計を行ってシミュレーションのパラメータを得ることが必ずしも適切とは限らないものの、何らかの実証分析を行うことは必要であろう。

　第2に、政府支出や政府債務残高、年金積立金の取り扱いである。本章においては、政府は一般会計、年金会計ともに均衡財政を維持するという想定になっている。そのために、1人当たり政府支出は毎期可変であり、また年金給付についても、拠出総額の範囲内で行われることとされる。しかし実際には、政府支出は毎期収入を大きく上回る水準になっており、深刻な財政赤字を発生させている。年金給付も、基礎年金部分の2分の1は国庫負担によってまかなわれているとともに、2004年改革以降、年金積立金の一部が取り崩されて給付に充てられているという状況がある。したがって、国庫負担の効果や積立金取り崩しの効果をモデルに組み込めば、年金給付水準が本章のシミュレーションで見られたような急速な低下を示すことはなく、低下のスピードは緩やかになることが予想される。ただし一方で、年金積立金の運用の効果も考慮する必要がある。もし年金積立金が経済の中で資本の一部として扱われるのであれば、生産は民間資本のみを資本投入量として扱う本章のようなケースと比較しても増大するであろう。もちろん年金積立金が取り崩されるのであれば、その生産が増大するという効果も一部相殺されることになると考えられる。

　第3に、パラメータの感度分析である。本章のシミュレーションにおいて、効用関数等のパラメータは先行研究を参考にしたり、モデルが発散しないことを重視したりして設定している。しかし、パラメータの変更により結果が

異なることも考えられることから、いくつかのパラメータを用いて計算を行い、結果の頑健性を確かめる必要があるだろう。

　第4に、家計の労働供給に関する状態の設定である。本章のモデルでは、基準ケース以外の各ケースにおいて、家計は毎期失業の可能性に直面している。ただしこの失業の可能性はすべての家計について一律に与えられるものであり、たとえば今期就業状態にある者と失業している者について、来期の就業している可能性は同一である。しかし実際には、就業している状態の者が次の期に失業するかどうかと、現在失業している者が次の期も失業の状態にあり続けるかどうかの確率は異なるものと考えられる。またいったん失業して再度就業した者と、就業状態が継続している者とでは賃金のプロファイルも異なるだろう。本章ではこれらを区別できていないため、失業による厚生水準の低下が小さく計算されている可能性がある。

　第5に、年金給付の算定についてである。本章では労働所得と保険料率をもとに計算された年金拠出総額を、年金財政が均衡するように受給者に配分することを想定しているが、受給者の賃金プロファイルを特定し、給付水準変更の効果を分析することができれば、世代間の格差の是正を考察する点でも有効であろう。

　これらの点については今後の課題として、さらなる改良に努めたい。

【参考文献】

Auerbach, A. J. and L. J. Kotlikoff (1987) *Dynamic Fiscal Policy*, Cambridge University Press.
Judd, K. L. (1998) *Numerical Method in Economics*, The MIT Press.
石井加代子・黒澤昌子 (2009)「年金制度改正が男性高齢者の労働供給に与える影響の分析」『日本労働研究雑誌』No. 589、43-64頁。
太田聰一 (2009)「高齢化と若年就業——その連関の再検討」『高齢化は脅威か？——鍵握る向こう10年の生産性向上』NIRA研究報告書、第5章。
―――― (2012)「雇用の場における若年者と高齢者——競合関係の再検討」『日本労働研究雑誌』No. 626、60-74頁。
川口大司 (2006)「労働者の高齢化と新規採用」『一橋経済学』第1巻第1号、35-60頁。
川瀬晃弘・北浦義朗・木村真・前川聡子 (2007)「2004年年金改革のシミュレーション分析」『日本経済研究』No. 56、92-121頁。
川出真清 (2003)「高齢化社会における財政政策——世代重複モデルによる長期推計」PRI Discussion Paper Series、No. 03A-25。

川出真清・別所俊一郎・加藤竜太（2003）「高齢化社会における社会資本——部門別社会資本を考慮した長期推計」ESRI Discussion Paper Series、No. 64。
厚生労働省（2014）『賃金構造基本統計調査』。
国立社会保障・人口問題研究所（2012）『日本の将来推計人口（平成 24 年 1 月推計）』。
佐藤格・上村敏之（2006）「世代間公平からみた公的年金改革の厚生分析」『年金改革の経済分析——数量モデルによる評価』日本評論社。
総務省統計局（2014）『労働力調査』。
中澤正彦・影山昇・鳥羽建・高村誠（2014）「年金財政と支給開始年齢等に関する定量的分析」KIER Discussion Paper Series、No. 1313。
中田大悟・蓮見亮（2009）「長寿化が年金財政に与える影響」RIETI Discussion Paper Series、09-J-004。
野呂沙織・大竹文雄（2006）「年齢間労働代替性と学歴間賃金格差」『日本労働研究雑誌』No. 550、51-66 頁。
原ひろみ（2005）「新規学卒労働市場の現状——企業の採用行動から」『日本労働研究雑誌』No. 542、4-17 頁。
堀江奈保子（2008）「年金支給開始年齢の更なる引上げ——67 歳支給開始の検討とその条件」『みずほ総研論集』2008 年 I 号。
宮里尚三（1998）「世代間再分配政策と世代間負担」『季刊社会保障研究』Vol. 34、No. 2、203-211 頁。
山田知明（2010）「雇用リスクと最低保障年金の厚生分析」『季刊社会保障研究』Vol. 46、No. 1、47-57 頁。
山本克也・金山峻・大塚昇・杉田知格（2010）「厚生年金保険のシミュレーション分析」『社会保障の計量モデル分析——これからの年金・医療・介護』東京大学出版会。

第5章

社会資本の老朽化と生産力効果

中東雅樹

第1節　はじめに

　近年の公共投資の水準は対 GDP 比率で 3% 程度まで低下してきている。こうした現状に対して、現存する社会資本ストックの老朽化の進展は、社会資本サービスの水準を低下させ、結果として生産効率性や国民の生活水準の低下を引き起こす可能性がある。こうしたこともあり、近年、維持・更新のあり方に関して活発に議論されるようになってきた。

　また、社会資本サービスの経済的影響の1つである社会資本の生産力効果について、日本では、1990 年代後半以降、「国民経済計算」の基準改訂で遡及推計がなされてこなかったこともあって、マクロレベルでの評価は Annala, Batina and Feehan (2008) や国土交通省編 (2014) 以外ほとんど存在しない。ただし、都道府県データによる社会資本の生産力効果の推計は近年も行われており、亀田・李 (2008)、亀田・中東 (2010)、宮川・川崎・枝村 (2013) などがあり、その多くの研究では社会資本の生産力効果が大きくなっていることを示している。もし、社会資本の生産力効果が近年大きくなっているとすれば、老朽化の進展による社会資本サービスの水準の低下は深刻な問題であり、公共投資政策の転換も必要になると考えられる。

　本章は、近年の低水準で推移している公共投資が社会資本の整備水準に及ぼしている影響を老朽化の観点から明らかにするとともに、マクロレベルで見た日本の社会資本の生産力効果への影響の有無を明らかにすることを目的にしている。

本章の構成は以下のとおりである。第2節では近年の社会資本の老朽化および生産力効果に関する先行研究を整理し、本章の位置付けを明らかにする。第3節では、近年の社会資本の老朽化の状況を内閣府政策統括官（経済社会システム担当）（2012）のデータを用いて明らかにする。第4節では、社会資本の生産力効果を推計するための推定モデルを提示するとともにデータについて説明する。それをふまえて、第5節では社会資本の生産力効果の推計結果を述べ、第6節では結論を述べる。

第2節　社会資本の老朽化と生産力効果に関する先行研究

本節では、本章で分析する社会資本の老朽化と生産力効果について先行研究を概観し、本章の位置付けを明らかにする。

社会資本の老朽化は、公共投資が削減されはじめた2000年前後に長野・南（2003）などで問題提起され、2007年度には国土交通省が道路橋を対象に点検の実施費用と維持補修計画策定のシステム化費用の補助制度として「施設長寿命化支援制度」を設け、その後、対象を他の社会資本にも拡大しながら、ほかにもさまざまな老朽化対策が実施されている。

財政学の分野における社会資本の老朽化に関する先行研究の多くは老朽化の現状把握であり、その捉え方によって2つに分類できる。第1に、社会資本の老朽化に伴い維持補修費や更新費が増大することをふまえ、維持補修費の将来推計によって老朽化の程度を表したもので、長野・南（2003）や樺（2009）、国土交通省編（2012）、西村・宮崎（2012）などがある。第2に、社会資本の老朽化を直接的に指標で表したもので、その指標には小巻（2002）や浜潟・人見（2009）、宮崎・西村（2013）のように社会資本の平均年齢で表したものと、中東（2012, 2013）のように異なる定義の資本ストックを用いた老朽化指標で表したものがある。

日本における社会資本の生産力効果は、2000年前後においては1990年代以降の拡張的な公共投資政策に対する経済効率性からの評価の中で分析されてきた[1]。そして、日本における社会資本の生産力効果の2000年代後半以降の研究を見ると、2つの特徴を見出すことができる。

第1に、生産関数の分析手法が多様化していることである。林（2009）や

亀田・中東（2010）は同時性などをふまえて生産関数を動学的に分析している。さらに Annala, Batina and Feehan（2008）はマクロレベルのデータで生産要素と生産量による共和分分析を行い、社会資本の生産力効果が存在していることを示している。第2に、林（2009）、亀田・中東（2010）、宮川・川崎・枝村（2013）のように、都道府県パネルデータによる分析で社会資本の生産力効果が上昇している可能性が示唆されていることである[2]。

社会資本の老朽化が進む中で、もし社会資本の生産力効果が近年上昇しているとすれば、削減が進んできた公共投資政策を転換する必要が生じるだろう。以上のことをふまえ、本章では、日本の社会資本の老朽化の現状を示すとともに、日本のマクロレベルでの長期データを作成したうえで、社会資本の生産力効果をマクロレベルで推計して、社会資本の老朽化による生産力効果への影響を明らかにする。

第3節　日本の社会資本の老朽化の現状

本節では、内閣府政策統括官（経済社会システム担当）（2012）で推計している3種類の社会資本ストックを利用し、近年の社会資本の状況を老朽化の観点から明らかにする。

内閣府政策統括官（経済社会システム担当）（2012）では、OECD（2001）やOECD（2009）の概念を適用し、3種類の社会資本ストックを推計している。第1に、資本ストックの減少を資本サービスが供給できなくなる状況、つまり資本の消滅（以下、除却と呼ぶ）のみで捉えたものを粗資本ストックと呼んでいる。第2に、資本ストックの減少を除却および経年による資本サービス水準の低下で捉えることで、実質的な資本サービス水準の変化を表そうと

---

1)　1990年代後半までにおける社会資本の生産力効果に関する包括的なレビューは吉野・中島・中東（1999）や中東（2003）を参照されたい。
2)　都道府県単位のデータによる分析はほかに Miyara and Fukushige（2008）と亀田・李（2008）がある。Miyara and Fukushige（2008）は都道府県ごとに生産関数を分析し、社会資本の生産力効果の都道府県間での違いを検証している。亀田・李（2008）は社会資本を公共事業の実施主体によって区分し、社会資本の生産力効果が実施主体別に違うことを明らかにしている。

図5-1 社会資本ストックの変化率の推移

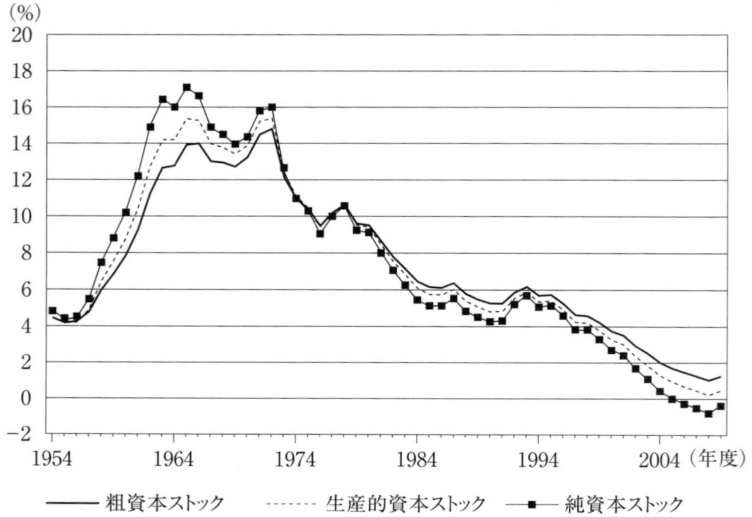

凡例：—— 粗資本ストック　------ 生産的資本ストック　—■— 純資本ストック
出所：内閣府政策統括官（経済社会システム担当）（2012）より作成。

するものを生産的資本ストックと呼んでいる。第3に、将来生み出す資本サービスの潜在的残存供給量を捉えたものを純資本ストックと呼んでいる[3]。

これら3種類の社会資本ストックは老朽化の進展によって推移の仕方に違いを生じさせる。なぜなら、老朽化が高齢化と連関性を持つことをふまえれば、老朽化は資本サービス水準を低下させ、資本サービスを供給する残存期間を短くするからである。

図5-1は、内閣府政策統括官（経済社会システム担当）（2012）により推計された、3種類の社会資本ストックの主要17部門の合計値の変化率の推移を示している。なお、図5-1における生産的資本ストックは、劣化が最初のうちは小さく耐用年数前後で大きくなる双曲線型の劣化曲線による内閣府政策統括官（経済社会システム担当）（2012）の試算3-2を用い、純資本スト

---

[3] 3種類の資本ストックの概念の詳細な説明は、OECD（2001）や野村（2004）、OECD（2009）を参照されたい。また、これらの概念を社会資本ストックに適用したときの意味や限界は、中東（2012）や内閣府政策統括官（経済社会システム担当）（2012）を参照されたい。

ックは本章で用いる生産的資本ストックと同じ劣化曲線に基づいて推計した試算3-2を用いている[4]。

　3種類の社会資本ストックの変化率を比較すると、高度経済成長期の生産的資本ストックと純資本ストックの変化率は粗資本ストックの変化率に比べて大きく、この時期に新たに社会資本整備が急速に進展したことがわかる。他方で、1980年度以降になると、生産的資本ストックの変化率と純資本ストックの変化率が粗資本ストックの変化率に比べて小さくなり、社会資本の老朽化が始まったことを示している。特に、2006年度以降は粗資本ストックや生産的資本ストックの変化率はプラスである一方で、純資本ストックの変化率はマイナスになっており、老朽化がかなり進展していることを示している。

　次に、そうした老朽化の進展状況を明確にするために、3種類の社会資本ストックを用いて3種類の老朽化指標を作成する。第1は、生産的資本ストックに対する純資本ストックの割合で、老朽化を加味した社会資本サービス供給量で見た残存供給期間を相対的に表したものである。第2は、粗資本ストックに対する純資本ストックの割合で、老朽化を加味しない社会資本サービス供給量で見た残存供給期間を相対的に表したものである。第3は、粗資本ストックに対する生産的資本ストックの割合であり、老朽化による資本サービス供給量の低下の程度を相対的に表したものである。

　これらの指標の時系列推移を示したものが図5-2である。これらの指標は、共通して第1次オイルショックの時期まで急上昇し、そこから低下し続けていることがわかる。急上昇した時期は高度経済成長期における社会資本整備が推進された時期で、特に粗資本ストックに対する生産的資本ストックの割合が1に極めて近い水準にまで達していることをふまえると、高度経済成長期末に存在している社会資本のほとんどは新たに整備されたものと言えよう。また、3つの指標とも1980年代以降徐々に低下してきたが、2000年代の低下は著しく、この時期に老朽化が急速に進んだことを示している。

　そして、社会資本の老朽化が資本の消滅量を増やすことをふまえると、資

---

[4]　現時点で社会資本の経年劣化に関してはわかっていないことが多く、内閣府政策統括官（経済社会システム担当）（2012）においても生産的資本ストックや純資本ストックは試算レベルにとどまっている。

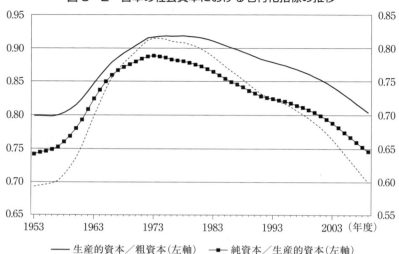

図5-2 日本の社会資本における老朽化指標の推移

― 生産的資本／粗資本(左軸)　-■- 純資本／生産的資本(左軸)
‥‥‥ 純資本／粗資本(右軸)

出所：内閣府政策統括官（経済社会システム担当）（2012）より推計。

本ストックのうち老朽化が進んだ資本ストックの多寡は、社会資本ストックの消滅割合の高低と対応することが推測できる。そこで、現存する資本ストックに対する資本ストックの消滅量の割合で老朽化を表してみよう。なお本章では、粗資本ストックに対する除却の割合を除却率と呼び、生産的資本ストックに対する除却と経年による資本サービス水準の低下の和の割合を効率性低下率と呼び、純資本ストックに対する潜在的残存供給量の低下の割合を減耗率と呼ぶことにする。

図5-3は、資本ストックの変化量は新設改良費と資本ストックの消滅量の和と仮定して、3種類の社会資本ストックそれぞれについて新設改良費と資本ストックの変化量の差を資本ストック量で割って、除却率、効率性低下率、減耗率の推移を示したものである[5]。この図によると、除却率と効率性低下率、減耗率は高度経済成長期に急激に低下し、その後徐々に大きくなっ

---

5) もちろん、資本ストックの変化には災害を原因とするものもあるが、災害復旧事業により資本ストックの減少を埋め合わせできるとみなし、無視している。

図5-3 日本の社会資本の除却率、効率性低下率、減耗率の推移

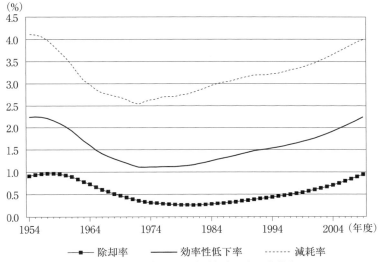

出所:内閣府政策統括官(経済社会システム担当)(2012)より推計。

ており、全体として社会資本が老朽化していることを示している。

これらの指標を見ると、日本のマクロレベルで見た社会資本の老朽化の進展は2000年代に入ってから急速に進んでいることがわかり、さらに老朽化の程度は高度経済成長期の初期段階の水準とほぼ同じになっていることもわかる。特に、高度経済成長期から1970年代にかけて社会資本が新規に整備されてきており、その時期に整備された社会資本の消滅が現実になったときに、老朽化問題が深刻なレベルで登場する可能性がある。

第4節　社会資本を含めた生産関数モデルの提示

本節では、近年の社会資本ストックの老朽化の進展による社会資本の生産力効果への影響を明らかにするための推定モデルと社会資本の生産力効果の表現方法、データについて説明する。

1　推計モデルの提示

民間資本 K_P、労働 L、社会資本 K_G の3要素から生産量 Y を産出するという生産技術関係があり、それが以下のようなトランスログ型で表現できると仮定する。

$$\ln Y = \alpha_0 + \alpha_K \ln K_P + \alpha_L L + \alpha_G \ln K_G$$
$$+ \beta_{KK} \frac{1}{2} (\ln K_P)^2 + \beta_{KL} \ln K_P \ln L + \beta_{KG} \ln K_P \ln K_G$$
$$+ \beta_{LL} \frac{1}{2} (\ln L)^2 + \beta_{LG} \ln L \ln K_G + \beta_{GG} \frac{1}{2} (\ln K_G)^2 \qquad (1)$$

トランスログ型生産関数は、対数線形近似であるので生産技術構造を柔軟に表現できる利点がある一方で、変数間の多重共線性の問題を生じさせる可能性がある。そこで、吉野・中島・中東（1999）と同じように、生産者は生産要素の提供者に対して限界生産力に応じて対価を支払うという所得分配の限界生産力説を仮定することで、生産関数のパラメータに制約を課すことにする。

所得分配の限界生産力説を仮定すると、生産者の要素支払いのうち各生産要素への支払額の割合は、各生産要素の生産弾力性と等しくなることが知られている。さらに、売上が労働と民間資本に完全に分配されると仮定することによって、生産関数が民間資本と労働に関する1次同次性を満たすことになる。そしてすべての生産要素について限界生産力の逓減を仮定すると、

$$\frac{\partial Y}{\partial K_P} > 0, \ \frac{\partial Y}{\partial L} > 0, \ \frac{\partial Y}{\partial K_G} > 0, \ \frac{\partial^2 Y}{\partial K_P^2} < 0, \ \frac{\partial^2 Y}{\partial L^2} < 0, \ \frac{\partial^2 Y}{\partial K_G^2} < 0$$

を満たしている必要がある。

以上の関係をトランスログ型生産関数(1)式に基づいて表してみよう。まず、労働分配率 S_L と民間資本分配率 S_K は、それぞれ労働の生産弾力性と資本の生産弾力性に等しいことを利用して

$$S_L = \alpha_L + \beta_{KL} \ln K_P + \beta_{LL} \ln L + \beta_{LG} \ln K_G$$
$$S_K = \alpha_K + \beta_{KK} \ln K_P + \beta_{KL} \ln L + \beta_{KG} \ln K_G$$

となる。また、1次同次関数に関する Eular の定理より、生産関数における

労働と民間資本の 1 次同次制約はパラメータについて以下の十分条件を満たせばよい。

$$\begin{cases} \alpha_K + \alpha_L = 1 \\ \beta_{KK} + \beta_{KL} = 0 \\ \beta_{KL} + \beta_{LL} = 0 \\ \beta_{KG} + \beta_{LG} = 0 \end{cases} \quad (2)$$

さらに、限界生産力の逓減の仮定から、パラメータが以下の条件を満たしていなければならない。

$$\beta_{KK} < 0, \ \beta_{LL} < 0, \ \beta_{GG} < 0$$

以上から、トランスログ型生産関数(1)式に制約条件(2)式を課し、かつ労働分配率関数との同時推計からなる、本章での基本的な推計式は

$$\begin{cases} \ln \dfrac{Y_t}{L_t} = \alpha_0 + \alpha_K \ln \dfrac{K_{P,t}}{L_t} + \alpha_G \ln K_{G,t} \\ \qquad + \beta_{KL}\left(\ln K_{P,t} \ln L_t - \dfrac{1}{2}(\ln K_{P,t})^2 - \dfrac{1}{2}(\ln L_t)^2 \right) \\ \qquad + \beta_{KG}(\ln K_{P,t} \ln K_{G,t} - \ln L_t \ln K_{G,t}) + \beta_{GG}\dfrac{1}{2}(\ln K_{G,t})^2 + \varepsilon_{p,t} \\ S_{L,t} = (1 - \alpha_K) + \beta_{KL}\ln \dfrac{K_{P,t}}{L_t} - \beta_{KG}\ln K_{G,t} + \varepsilon_{s,t} \end{cases} \quad (3)$$

となり、さらにパラメータの推定値について $\beta_{KL} > 0$ および $\beta_{GG} < 0$ であることも求められる。なお、$\varepsilon_{p,t}$、$\varepsilon_{s,t}$ は誤差項である。

(3)式の推計においては、生産関数と労働分配率関数の誤差項が相関している可能性を考慮して、SUR（Seemingly Unrelated Regression）で推計する。

また、トランスログ型生産関数でも、推計期間中に生産要素間の代替関係や補完関係が変化する意味での構造変化が存在する可能性があるため、本章では構造変化の発生年度は、労働分配率関数に対して Stepwise Chow Test を適用することで特定する。さらに、変数の採否においては労働分配率関数の当てはまり、およびパラメータの符号条件で妥当な変数を決定したうえで、生産関数に反映させ、労働分配率関数に関連性がないパラメータの構造変化は分配率関数の構造変化と同一時点で発生したものとみなして定式化する。

2 社会資本の生産力効果の推定方法

生産関数の推計結果から社会資本の生産力効果を推計する場合に、生産弾力性または限界生産力が使われることが一般的であるが、本章では、これらに加えて、吉野・中野（1994）や吉野・中島・中東（1999）で提唱された、社会資本が民間資本や労働の生産性を変化させることによる生産力効果も推定する。

吉野・中野（1994）や吉野・中島・中東（1999）は、民間資本と労働、社会資本の3つの生産要素からなる生産関数において、社会資本が生産要素である民間資本や労働の生産性への影響も加味した包括的な社会資本の生産力効果が、

$$\frac{dY}{dK_G} = \frac{\partial Y}{\partial K_G} + \frac{\partial Y}{\partial K_P}\frac{\partial K_P}{\partial K_G} + \frac{\partial Y}{\partial L}\frac{\partial L}{\partial K_G} \quad (4)$$

で表せることを示し、(4)式の第1項を社会資本の直接効果、第2項を民間資本の間接効果、第3項を労働の間接効果と呼んでいる。(4)式の第1項の直接効果は、社会資本の生産力効果で通常用いられる限界生産力と同義であり、第2項および第3項は、三井・竹澤・河内（1995）や宮川・川崎・枝村（2013）で示している、生産要素に対する社会資本のクラウディング・イン効果またはクラウディング・アウト効果を経由した生産力効果とも言える。

さらに、(4)式の社会資本の生産力効果をトランスログ型生産関数(3)式に基づいて表すと

$$\frac{dY}{dK_G} = \eta_{K_G}\frac{Y}{K_G} + \eta_{K_P}\frac{\eta_{K_G}\eta_{K_P} + \beta_{KL}}{\eta_{K_P}(1-\eta_{K_P}) + \beta_{KL}}\frac{Y}{K_G} + \eta_L\frac{\eta_{K_G}\eta_L - \beta_{KL}}{\eta_L(1-\eta_L) + \beta_{KL}}\frac{Y}{K_G} \quad (5)$$

となる。なお、η_{K_P} と η_L、η_{K_G} はそれぞれ民間資本の生産弾力性、労働の生産弾力性、社会資本の生産弾力性を表している[6]。

3 推計に使用するデータ

以下では、生産関数の推計のために使用する総生産量、労働、労働分配率、民間資本ストック、社会資本ストックデータについて述べる。

推計期間は1955年度から2010年度までとし、生産量と労働投入量は

---

6) この導出の詳細は吉野・中島・中東（1999）および中東（2003）を参照されたい。

1955年度から2010年度のデータを用いている。なお、ストック変数である民間資本ストックと社会資本ストックの公表系列は期末時点の値であり、本章では期末時点の資本ストック量は次期の生産活動で供給される資本サービス量を表していると仮定し、1954年度末から2009年度末のデータを用いる。

(1) 総生産量

民間部門の生産活動における社会資本の影響を明示的に評価するために、総生産量は内閣府経済社会総合研究所『国民経済計算年報』の経済活動別国内総生産の「産業」の実質値を用いる。ただし、経済活動別国内総生産の「産業」は暦年データしかないため、暦年と年度が同一であると仮定して暦年データをそのまま利用する。また、1955年から2010年まで一貫して推計したデータがないため、公表系列を接続して用いる。

なお、公表系列の接続において問題になるのは、日本の国民経済計算体系の概念や推計方法の変更の存在である。1995年基準から2000年基準への改訂においては93SNAに基づいた体系に変わり、2005年基準への改訂においては固定資本減耗の計算方法やソフトウェアへの支出の扱いの変更、さらに帰属利子の扱いにおいてFISIMの導入という変更があった。こうした変更は、1955年から2010年にかけての基準年の異なる時系列データを水準で接続することを困難にさせている。ただし、異なる基準で作成されたデータを変化率について重複して推計されている年の値を比較すると、それほど大きな違いは見られないので、本章では、2010年の産業における値を起点にして、1994年から2010年までの変化率は2005年基準の公表系列の変化率を用い、1980年から1993年までの変化率は2000年基準の公表系列の変化率を用い、1979年以前の変化率は1995年基準の公表系列の変化率を用いて遡及推計している。

(2) 労働

労働は労働投入量で表せるとして、『国民経済計算年報』の「経済活動別の就業者数・雇用者数、労働時間数」の年度値を用いて就業者数と労働時間の積で推計する。ただし、公表系列の労働時間は雇用者の労働時間であり、1979年度以前は労働時間は推計されていない。そこで、本章では、まず産

業別に就業者の労働時間を推計したうえで産業別の労働投入量を推計し、それらを集計して産業計の就業者の労働投入量を推計する。

　農林水産業以外の産業の就業者の労働時間は以下のように推計する。まず、1979年度以前の雇用者の労働時間において、厚生労働省『毎月勤労統計調査』の産業別の労働時間指数を用いて1980年度を起点にして遡及推計する。そして、総務省『労働力調査年報』の「産業、従業上の地位、週間就業時間別就業者数」または「従業上の地位、産業別平均週間就業時間数」を利用して雇用者の労働時間に対する就業者の労働時間の比率を導出し、その比率に雇用者の労働時間を乗じて就業者の労働時間を推計する。

　また、農林水産業の就業者の労働時間は以下のように推計する。1979年度以前の雇用者の労働時間を『労働力調査年報』の「産業、従業上の地位、週間就業時間別就業者数」または「従業上の地位、産業別平均週間就業時間数」を用いて1980年度を起点にして遡及推計するとともに、雇用者の労働時間に対する就業者の労働時間の比率を導出し、その比率に雇用者の労働時間を乗じて就業者の労働時間を推計する。

(3) 労働分配率

　労働分配率は、経済活動別の「産業」における就業者の所得を推計したうえで、「産業」の国内総生産で割ることで推計する。ただし、経済活動別国内総生産の分配については暦年データしかないため、暦年値と年度値が同一と仮定したうえで暦年値をそのまま利用する。

　また、「産業」における就業者の所得は、個人事業者の利益である家計部門の「持ち家」の営業余剰以外の営業余剰をすべて個人事業主の労働所得とみなし、その所得と経済活動別の「産業」における「雇用者報酬」と合算することで就業者の所得を推計している。なお、労働分配率の推計では、基準年改訂において推定方法や定義が変更されているため、図5-4のように異なる基準年の推計値によって労働分配率の水準に差が発生することになる。本章では、1994年度以降は2005年基準の公表系列から推計した労働分配率を、1980年から1993年までは2000年基準の公表系列から推計した労働分配率を、1979年以前は1995年基準の公表系列から推計した労働分配率を用いることとし、異なる基準年による推定値の差は無視している。

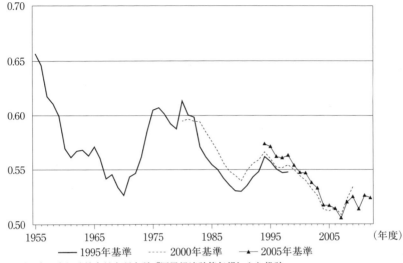

図5-4 1955年から2010年までの労働分配率の推移

出所:内閣府経済社会総合研究所『国民経済計算年報』より推計。

(4) 民間資本ストック

民間資本ストックは、内閣府経済社会総合研究所『民間企業資本ストック年報』の公表系列を利用する。

『民間企業資本ストック年報』には、1995年基準の1955年から1999年までの公表系列と2000年基準の1980年から2009年までの公表系列がある。これらの系列はともに、民営化された公社のストック額は民営化された時点で加算されるため、民間企業の範囲が一貫していない点で不連続なデータであるとともに、国内総生産において生産活動として扱っている住宅サービス（持ち家も含む）の生産要素である住宅ストックは含まれていない。

本章では、資本ストックの「変化率」は、途中から含まれる民営化企業の存否にかかわらず変化しないと仮定したうえで推計する。まず、途中から含まれる民営化企業の影響を除外するために、途中から民営化企業を含むために不連続になる時点の前後それぞれにおいて、民営化企業を含めた場合の変化率と含まない場合の変化率を計算し、途中から民営化企業を含むことによる影響を除外した変化率を導出する。さらに、2009年度末の資本ストック

額を起点にして、1979年度以降は2000年基準の公表系列に対して途中から民営化企業を含むことによる影響を除外した変化率を用い、1978年度以前は1995年基準の公表系列の変化率を用いて遡及推計する。

(5) 社会資本ストック

本章では、粗資本ストックと生産的資本ストックの両方を用いる。なお、生産的資本ストックは、内閣府政策統括官（経済社会システム担当）（2012）における生産的資本ストックの試算3-2を利用している。

本章における社会資本は、道路、港湾、航空、下水道、廃棄物処理、水道、都市公園、学校施設、社会教育施設、治水、治山、海岸、農業、林業、漁業、国有林、工業用水であり、鉄道・運輸機構等と地下鉄等、公共賃貸住宅、郵便は除外している。

第5節　社会資本の生産力効果の推定結果

生産関数の推計結果を表5-1に示している。なお、通常の推定結果で示されるパラメータ推定値と標準誤差、決定係数に加えて、Breusch and Pagan (1980)が提唱した、推定モデルの誤差項の分散共分散行列が対角行列であることを帰無仮説とするラグランジュ乗数タイプの検定統計量の推定値も示している[7]。社会資本ストックとして粗資本ストックを用いた推計では、構造変化が1962年、1973年、1986年、1994年の4時点で見出され、社会資本ストックとして生産的資本ストックを用いた推計では、構造変化が1962年、1973年、1986年、1994年、2007年の5時点で見出された[8]。

推定結果を見ると、粗資本ストックで推計したものでも生産的資本ストックで推計したものでも、推計期間の当初はコブ・ダグラス型であるが、その後、生産要素間での代替関係や補完関係を表すパラメータが統計的に有意で

[7) この推計モデルにおけるBreusch and Pagan (1980) のLM統計量は、帰無仮説のもとで自由度1のカイ2乗分布に従う。
[8) 特に1994年度は、労働分配率の推定値が基準改訂によって不連続になっている時点であり、実際には構造変化を原因としていない可能性がある。

表5-1　生産関数と労働分配率関数の同時推計の結果

(1) 粗資本ストックによる推計

パラメータ	推定値	（標準誤差）
α_0	-3.9787^{**}	(0.2440)
α_K	0.3937^{**}	(0.0079)
α_G	0.2428^{**}	(0.0281)
β_{KL}	—	
β_{KG}	—	
β_{GG}	—	
1962年度以降ダミー		
α_K	0.1208^{**}	(0.0258)
α_G	—	
β_{KL}	—	
β_{KG}	-0.0060^{**}	(0.0015)
1973年度以降ダミー		
α_K	0.0270^{**}	(0.0072)
α_G	—	
β_{KL}	0.0060^{**}	(0.0013)
β_{KG}	—	
1986年度以降ダミー		
α_K	0.1273^{**}	(0.0261)
α_G	—	
β_{KL}	—	
β_{KG}	-0.0064^{**}	(0.0015)
1994年度以降ダミー		
α_K	0.0744^{**}	(0.0249)
α_G	—	
β_{KL}	—	
β_{KG}	-0.0036^{**}	(0.0012)
決定係数		
生産関数	0.9968	
労働分配率関数	0.5779	
Breusch-Pagan LM	25.4980^{**}	

(2) 生産的資本ストックによる推計

パラメータ	推定値	（標準誤差）
α_0	-4.5826^{**}	(0.2244)
α_K	0.3952^{**}	(0.0077)
α_G	0.3107^{**}	(0.0266)
β_{KL}	—	
β_{KG}	—	
β_{GG}	—	
1962年度以降ダミー		
α_K	0.1186^{**}	(0.0253)
α_G	—	
β_{KL}	—	
β_{KG}	-0.0064^{**}	(0.0015)
1973年度以降ダミー		
α_K	0.2308^{**}	(0.0401)
α_G	—	
β_{KL}	0.0143^{**}	(0.0020)
β_{KG}	-0.0090^{**}	(0.0017)
1986年度以降ダミー		
α_K	0.1247^{**}	(0.0244)
α_G	—	
β_{KL}	—	
β_{KG}	-0.0061^{**}	(0.0012)
1994年度以降ダミー		
α_K	0.0288^{**}	(0.0092)
α_G	-0.0199^{*}	(0.0076)
β_{KL}	—	
β_{KG}	—	
2007年度以降ダミー		
α_K	0.1006^{**}	(0.0333)
α_G	—	
β_{KL}	—	
β_{KG}	-0.0048^{**}	(0.0016)
決定係数		
生産関数	0.9979	
労働分配率関数	0.6060	
Breusch-Pagan LM	29.5542^{**}	

注1：**、*はそれぞれ有意水準1%、5%で統計的に有意であることを示す。
　2：Breusch-Pagan LM は Breusch and Pagan（1980）の LM 検定の検定統計量の値であることを示す。

あることがわかる。特に社会資本に関連するパラメータに着目すると、1962年度以降は一貫して $\beta_{KG}<0$ となっており、社会資本の増加は労働分配率を上昇させる点で労働使用的であり、吉野・中島・中東（1999）の結果と同じである。こうした結果は、1962年以降は多くの先行研究で用いられているコブ・ダグラス型生産関数による特定化では捉えられない生産構造があり、トランスログ型生産関数による推計の優位性を示していると言えよう。また、Breusch and Pagan（1980）のLM検定の検定統計量が帰無仮説を1％水準で棄却できるので、SURによる推定は有効であると言える。

次に、表5－1の推計結果に基づいて社会資本の生産力効果を推計して、それを1956年度以降5年ごとで平均をとった結果を表5－2と表5－3に示している。なお、社会資本のみを変化させたときの生産弾力性や限界生産力は、前述のように直接効果と同義であるので「直接効果」として示している。また、表5－2は社会資本ストックとして粗資本ストックを用いた推計（表5－1(1)）に基づいた推定結果を、表5－3は社会資本ストックとして生産的資本ストックを用いた推計（表5－1の(2)）に基づいた推計結果を示し、それぞれの表では、(1)で生産弾力性で表した社会資本の生産力効果を、(2)で限界生産力で表した社会資本の生産力効果を示している。

社会資本の生産力効果は、1960年代初めにおいて社会資本整備が不十分だった状況を反映して非常に大きくなっている一方で、1980年代後半の内需拡大政策による公共投資拡大により低下している。こうした変化は、吉野・中島・中東（1999）における推定結果と同じ傾向を示している。また、国土交通省編（2014）に比べると、構造変化の影響によって本章の推定値は1980年代後半以降小さくなっている。間接効果の大きさについては、推計期間を通して民間資本の間接効果も労働の間接効果も1960年代前半を除き低下し続けているとともに、民間資本の間接効果よりも労働の間接効果が常に大きいことがわかる。

そして、都道府県データによる多くの先行研究では、1990年代以降に社会資本の生産力効果が上昇している可能性を示唆しているが、表5－2と表5－3を見ると、社会資本ストックとして粗資本ストックを用いても生産的資本ストックを用いても、社会資本の生産力効果が上昇しているということは確認できなかった。こうした結果は、社会資本の生産力効果を生産弾力性

第5章 社会資本の老朽化と生産力効果　115

表5-2　粗資本ストックを用いた推計に基づく社会資本の生産力効果

(1) 生産弾力性

期間（年度）	1956-60	1961-65	1966-70	1971-75	1976-80	1981-85
直接効果	0.243	0.233	0.228	0.224	0.222	0.221
間接効果（資本）	0.158	0.176	0.176	0.172	0.167	0.163
間接効果（労働）	0.374	0.291	0.265	0.271	0.278	0.281
民間資本	0.394	0.442	0.451	0.452	0.450	0.446

期間（年度）	1986-90	1991-95	96-2000	2001-05	2006-10
直接効果	0.194	0.184	0.172	0.169	0.168
間接効果（資本）	0.157	0.149	0.140	0.135	0.132
間接効果（労働）	0.223	0.212	0.195	0.195	0.195
民間資本	0.489	0.494	0.506	0.502	0.500

(2) 限界生産力

期間（年度）	1956-60	1961-65	1966-70	1971-75	1976-80	1981-85
直接効果	0.696	0.737	0.638	0.508	0.359	0.275
間接効果（資本）	0.452	0.557	0.493	0.389	0.270	0.203
間接効果（労働）	1.071	0.924	0.740	0.612	0.448	0.350
民間資本	0.444	0.485	0.452	0.363	0.294	0.262

期間（年度）	1986-90	1991-95	96-2000	2001-05	2006-10
直接効果	0.215	0.181	0.135	0.114	0.108
間接効果（資本）	0.174	0.146	0.110	0.091	0.085
間接効果（労働）	0.247	0.208	0.154	0.132	0.125
民間資本	0.272	0.242	0.219	0.202	0.194

で見ても限界生産力で見ても同じである。本章のマクロデータによる推計結果と都道府県パネルデータによる先行研究の結果が異なった原因は、パネルデータの分析が時系列方向の変化と横断面方向の変化を同一で扱っているだけでなく、公共投資の地域間配分の変遷をふまえると、社会資本の整備水準の差と生産性の差の関係において社会資本の地域間配分が都市圏に多くなった影響を受けて社会資本の生産力効果が過大に推計されてしまった可能性が考えられる。

　さらに、近年の老朽化の進展による社会資本の生産力効果の影響を見ると、老朽化を加味した生産的資本ストックを用いて推計した社会資本の生産力効

表 5-3 生産的資本ストックを用いた推計による社会資本の生産力効果

(1) 生産弾力性

期間（年度）	1956-60	1961-65	1966-70	1971-75	1976-80	1981-85
直接効果	0.311	0.300	0.295	0.274	0.257	0.254
間接効果（資本）	0.203	0.226	0.225	0.233	0.227	0.214
間接効果（労働）	0.476	0.398	0.381	0.304	0.259	0.265
民間資本	0.395	0.439	0.446	0.491	0.514	0.504

期間（年度）	1986-90	1991-95	96-2000	2001-05	2006-10
直接効果	0.226	0.212	0.195	0.192	0.172
間接効果（資本）	0.211	0.196	0.184	0.176	0.163
間接効果（労働）	0.216	0.205	0.185	0.186	0.162
民間資本	0.544	0.546	0.554	0.549	0.575

(2) 限界生産力

期間（年度）	1956-60	1961-65	1966-70	1971-75	1976-80	1981-85
直接効果	1.117	1.148	0.938	0.687	0.454	0.347
間接効果（資本）	0.730	0.861	0.718	0.580	0.402	0.293
間接効果（労働）	1.710	1.525	1.213	0.776	0.456	0.363
民間資本	0.445	0.482	0.447	0.393	0.335	0.295

期間（年度）	1986-90	1991-95	96-2000	2001-05	2006-10
直接効果	0.279	0.236	0.177	0.153	0.135
間接効果（資本）	0.260	0.218	0.167	0.140	0.128
間接効果（労働）	0.267	0.228	0.168	0.148	0.127
民間資本	0.302	0.267	0.240	0.221	0.224

果は、老朽化を加味していない粗資本ストックを用いて推計したものに比べて大きくなってはいるが、生産的資本ストックを用いて推計した社会資本の生産力効果が近年上昇しているわけではないことがわかる。これは、老朽化は近年進展しつつあるものの、社会資本の生産力効果に対して現時点で影響するほどのものではないことを示している。

第6節 おわりに

　本章は、近年日本において低水準で推移している公共投資が社会資本の老朽化に与える影響について、内閣府政策統括官（経済社会システム担当）(2012)で推計している粗資本ストック、生産的資本ストック、純資本ストックを用いた老朽化指標によって明らかにするとともに、社会資本の老朽化がマクロレベルで見た社会資本の生産力効果に影響しているかを社会資本を含むマクロ生産関数を用いて明らかにすることを目的にしている。

　日本の社会資本の老朽化は2000年代に入って急速に進展しており、現状の老朽化度合いは高度経済成長期当初と同一の状態であることがわかった。また、社会資本の生産力効果をマクロレベルで推計したところ、多くの先行研究で示唆されているような1990年代以降社会資本の生産力効果が上昇しているということは確認できず、近年の社会資本の老朽化の進展は、現状では社会資本の生産力効果に対して影響を及ぼしてはいないことが明らかになった。

　以上のことから、現在社会資本の老朽化は進展しつつあるものの、社会資本の生産力効果に影響するほどのものではないと言える。ただし、高度経済成長期から1970年代にかけて新規に整備された社会資本が老朽化で消滅すると、老朽化の影響は社会資本の生産力効果に現れる可能性がある。

　なお、社会資本の生産力効果の推計のために本章で使用したデータには特異な仮定のもとで作成されたものもあるため、データの推計方法の改善が必要であると考えており、今後の課題としたい。

【参考文献】

Annala, C. N., R. G. Batina and J. P. Feehan (2008) "Empirical Impact of Public Infrastructure on the Japanese Economy", *Japanese Economic Review*, 59(4), pp. 419-437.

Breusch, T. S. and A. R. Pagan (1980) "The Lagrange Multiplier Test and its Applications to Model Specification in Econometrics", *Review of Economic Studies*, 47, pp. 239-254.

Miyara, I. and M. Fukushige (2008) "Types of Public Capital and Their Productivity in Japanese Prefectures", *Japanese Economic Review*, 59(2), pp. 194-210.

OECD (2001) *Measuring Capital OECD Manual: Measurement of Capital Stocks, Consumption of Fixed Capital*, OECD Publishing.

―――(2009) *Measuring Capital OECD Manual,* Second Edition, OECD Publishing.
樺克裕(2009)「日本の社会資本の維持・更新投資に関する研究――展望」『大阪大学経済学』59(3)、184-193 頁。
亀田啓悟・李紅梅(2008)「事業別社会資本の生産性分析――国直轄事業・国庫補助事業・地方単独事業別の推計」『財政研究』第 4 巻、148-164 頁。
亀田啓悟・中東雅樹(2010)「社会資本の生産性の再検討――90 年代後半の公共投資は「無駄」だったのか」公共選択学会発表論文。
国土交通省編(2012)『国土交通白書 2012 平成 23 年度年次報告』ぎょうせい。
―――(2014)『国土交通白書 2014 平成 25 年度年次報告』日経印刷。
小巻泰之(2002)「社会資本の Vintage とその経済効果」『経済集志』72(4)、759-774 頁。
内閣府政策統括官(経済社会システム担当)(2012)「社会資本ストック推定」内閣府ホームページ、http://www5.cao.go.jp/keizai2/jmcs/jmcs.html、2014 年 9 月 5 日参照。
長野幸司・南衛(2003)「社会資本の維持更新に関する研究」『国土交通政策研究』第 32 号。
中東雅樹(2003)『日本の社会資本の生産力効果』三菱経済研究所。
―――(2012)「日本の道路資本ストックの現状――OECD の資本測定方法による道路資本ストック推計」『新潟大学経済論集』第 93 号、75-90 頁。
―――(2013)「日本における社会資本の高齢化と社会資本のアセットマネジメントからみた維持補修における論点」『公共選択』第 60 号、122-141 頁。
西村隆司・宮崎智視(2012)「社会資本の維持・更新投資額の将来推計と PPP の導入効果の計測」『会計検査研究』第 46 号、79-96 頁。
野村浩二(2004)『資本の測定――日本経済の資本深化と生産性』慶應義塾大学出版会。
浜潟純大・人見和美(2009)「都道府県別社会資本ストックデータ(1980-2004)の開発」『電力中央研究所報告』Y08006。
林正義(2009)「公共資本の生産効果――動学パネルによる再考」『財政研究』第 5 巻、119-140 頁。
三井清・竹澤康子・河内繁(1995)「公共投資のクラウディング・イン効果と厚生分析」三井清・太田清編著『社会資本の生産性と公的金融』日本評論社、第 4 章、67-96 頁。
宮川努・川崎一泰・枝村一磨(2013)「社会資本の生産力効果の再検討」RIETI Discussion Paper Series、13-J-081。
宮崎智視・西村隆司(2013)「社会資本の老朽化と今後の定量的把握のあり方について」『公共選択』第 60 号、142-157 頁。
吉野直行・中島隆信・中東雅樹(1999)「社会資本の生産力効果」吉野直行・中島隆信編『公共投資の経済効果』日本評論社、第 1 部、13-88 頁。
吉野直行・中野英夫(1994)「首都圏への公共投資配分」八田達夫編『東京一極集中の経済分析』日本経済新聞出版社、第 6 章、161-190 頁。

第 6 章

道路投資と自民党の利益誘導政治
―― 動学パネルによる再検討[*]

近藤春生

第 1 節　はじめに

　わが国の道路投資については、効率性の観点で整備されるというよりも、政治的なバイアスが働く可能性がしばしば指摘されてきた[1]。特に戦後長らく政権与党であり続けた、自民党もしくは道路族を中心とする政治家が、道路投資水準や地域間配分に大きな影響を与えてきたことを示唆する逸話的事実も数多く存在する[2]。小泉政権以降は、財政状況の悪化や少子高齢化の進展に伴う社会保障費の増大の影響も受け、公共投資の規模は縮減傾向にあったが、2012 年の総選挙で政権に返り咲いた自民党は「国土強靱化」を掲げ、

---

[*]　本章は、日本財政学会第 69 回大会報告論文ならびに近藤（2013）を大幅に加筆・修正したものである。データの収集にあたっては、宮本拓郎氏（財務省財務総合政策研究所）の協力を得た。また、吉野直行先生（アジア開発銀行研究所、慶應義塾大学）から有益なコメントを得たほか、亀田啓悟（関西学院大学）、川崎一泰（東洋大学）、田中宏樹（同志社大学）、中東雅樹（新潟大学）、宮崎智視（神戸大学）、山下耕治（福岡大学）、渡部和孝（慶應義塾大学）の各先生方からも有益な示唆を頂いたことに感謝する。言うまでもなく、残る過誤は筆者の責任である。

1)　計量分析によらないものとしては、松下（2005）、五十嵐・小川（2008）などが挙げられる。

2)　たとえば、2009 年 8 月 14 日付の『朝日新聞』では、当時の金子一義国土交通大臣が、地元の東海北陸道の 4 車線化に目途をつけ、「我田引水をやっている自覚がある」と述べたことを紹介しているほか、2014 年 7 月 19 日付の『日本経済新聞』では 2001 年から 4 年間自民党道路調査会長を務めた古賀誠前衆議院議員が、地元選挙区に九州自動車道のインターチェンジや九州新幹線の駅を設置することに尽力したことを示唆する記事を載せている。

防災・減災を目的とした公共投資を再び増やす方針[3]を打ち出しており、従来型の自民党的な公共投資を通じた利益誘導政治が復活するのではないかとの指摘も見られる[4]。しかしながら、道路投資に限定して、自民党による利益誘導を含む政治的要因の影響について、社会経済的要因も考慮しつつ、計量経済学的に検証した研究は十分に行われているとは言えない。より一層厳しさを増すわが国の財政の効率化を実現するうえで、公共投資の中で最も事業規模が大きい道路投資の地域間配分のあり方を明らかにすることは一定の意義があろう[5]。

公的資金の地域間配分と利益誘導政治との関係については、これまでにさまざまな観点で研究が行われてきた。海外では、米国における地方政府向け連邦支出に対する党派性や、1票の重みによる影響を実証分析により明らかにした研究として、Levitt and Snyder（1995）や Atlas et al.（1995）などが代表的である。わが国では、公共投資配分について分析したものとして、吉野・吉田（1988）、堀（1996）、玉田（2005）、近藤（2008）、Tamada（2009）など[6]が、国庫支出金配分について分析したものとして、鬼塚（1997）、小林（1997）、土居・芦谷（1997）、Meyer and Naka（1998, 1999）、鷲見（2000）、Horiuchi and Saito（2003）、Hirano（2011）などが、公的金融機関による貸付の地域間配分について分析したものとして、Imai（2009）が挙げられる。また、日米両国のデータを用いて、中央政府から地方政府への純財政移転の地域間配分と政治的要因の関係について分析した研究として、Kawaura（2003）が存在する。これらの研究の多くが、公的資金の地域間配分における、政権与党や選挙制度要因の影響の存在を示唆するものになっているが、Hirano（2011）のように、個々の政治家の影響はそれほど大きくないとするものも

---

3) 自民党は 2012 年の政権交代前から「国土強靱化法案」を準備していたが、2013 年 12 月に「強くしなやかな国民生活の実現を図るための防災・減災等に資する国土強靱化基本法」が成立し、2014 年 6 月には、「国土強靱化基本計画」が閣議決定された。
4) たとえば、『朝日新聞』2012 年 5 月 30 日朝刊「自民、人からコンクリへ」、同 2013 年 12 月 25 日「規律なき歳出膨張——自民流予算　族議員が復活」など。
5) 公共投資と道路投資総額の推移は図 6-1 に示すとおりである。道路投資が公共投資総額に占める比率は最近 20 年間、約 25～28％ の間で安定的に推移している。
6) 公共投資の地域間配分に関するサーベイについては、長峯（2001a）や近藤（2008）参照。

存在し、必ずしも一貫した結果が得られているわけではない。また、斉藤（2010）は、高速道路や新幹線などの有益な交通インフラ投資は票田を荒らすことから、地域への利益誘導手段としては有効ではなかったとしている。この結論は、自民党が公共投資を利益誘導のために利用してきたとする既存研究の見解が必ずしも適切ではない可能性を示唆している。ただし、これらの研究は道路に分析対象を限定したものではない。

一方で道路投資の決定要因に関する実証分析は少なく、国内では小椋（1984）、長峯（2001b）、田邊・後藤（2005）などが存在するのみである[7]。このうち、長峯（2001b）は、1993〜1995年度の行政投資データを用いて、国による直轄の道路投資と、県の道路投資を分けて、政治的要因を考慮した横断面データによる回帰分析を行っているが、自民党得票率や当選回数、大臣経験回数などの政治的要因はあまり有意とはなっていない。これに対して、田邊・後藤（2005）は、1998〜2002年度の県管理道路の投資額を対象として回帰分析を行ったところ、自民党得票率がプラスに有意との結果を得ており、道路投資に対しても政治力の影響が示唆される。ただし、この研究ではパネル分析を行っているものの、政治力を表す指標として自民党得票率のみを用いていることは改善の余地があると思われる。

そこで本章では、先行研究の論点を踏まえつつ、都道府県単位のパネルデータを用いた実証分析により、道路投資の地域間配分と政治的要因の関係について再検証する。また、地域間配分のあり方は、道路の種類（国県道か高速道路か）、事業主体（国か都道府県か）によっても異なることが考えられることから、先行研究の結果と比較しながら、これらの点についても考慮した計量分析を行う。

本章の構成は以下のとおりである。第2節は、先行研究で得られた知見に基づいて、実証分析に関する論点整理を行う。第3節では、実証分析の枠組みとデータについて説明し、第4節で推定結果を整理し、解釈を行う。第5節では本章で得られた結果をまとめる。

---

7) 国外では、ノルウェーにおける道路投資の地域間配分と政治的要因の関係を分析したものとして、Elvik（1995）とHelland and Sørensen（2009）がある。道路の効率性については、中里（2001）、林（2004）、湯之上・福重（2004）などがある。

第 2 節　実証分析の論点

　実証分析を行うにあたっての論点としてはまず、政治変数として何を用いるかという問題が挙げられる。既存の研究では、1 票の重みや自民党の政治力を考慮するものが多いが、国政については衆議院のみの影響を考慮したものがほとんどであり、参議院の影響を考慮したものは少ない。また、公共投資の多くが地方負担を伴って行われることを考えれば、地方政治（たとえば、地方議会）の影響を考慮することも重要と考えられる。しかしながら、国政と地方政治の双方の影響を考慮したものも少ない[8]。

　また、長峯（2001b）が指摘するような政治変数にまつわる解釈の難しさもある。たとえば、自民党の得票率は、地域間配分においてマイナスに検出されるケースが少なからずある。Horiuchi and Saito（2003）では、この結果を支持率の低い地域の票を買ったためと解釈しているが、自民党が自らの地盤に利益を誘導しているならば、プラスになることもありうる。このように、政治変数をどのように選択し、定義するかについては、他の政治変数との兼ね合いもあるが、慎重に検討すべき問題であると言える。

　もう 1 つの論点としては、しばしば政治変数の内生性が議論されている。たとえば、自民党の支持率を表す変数は、政策による影響を受けるとすれば、外生であるとは言い難い[9]。政治変数が内生変数であるにもかかわらず最小二乗法（OLS）で推定すれば、推定量にバイアスが生じる。これに対して、Horiuchi and Saito（2009）は、投票率の操作変数として、Tamada（2009）では、自民党議席シェアの操作変数として、選挙日当日の降雨量を用いて、同時性バイアスに対処しようとしている。これらの試みは、望ましい推定量を得るうえで有益であると考えられるが、同時に複数の政治的な要因を考慮することは一般に難しくなる。Horiuchi and Saito（2003）のように制度の変更や、Hirano（2011）のような、候補者の死亡など外生的なショックを用いる

---

[8] スペインの政府間財政移転を分析した、Solé-Ollé and Sorribas-Navarro（2008）は中央政府と地方政府の党派性の一致（partisan alignment）が地域間配分に影響を与えていることを実証的に示している。

[9] もしくは、地域間配分を説明する推定式で観察されない脱落変数（omitted variables）が政治変数と相関する場合も、OLS 推定量はバイアスを持つ。

自然実験的研究もやはり同じような難点があると言える。

第3節　実証分析の枠組みとデータ

1　実証分析の枠組み

　本章では、前節で整理した論点を踏まえ、政治変数の内生性も考慮すべく、動学パネルの手法によって、道路投資と利益誘導政治の関係について明らかにする。各都道府県の道路投資額を従属変数とし、この道路配分に影響を与えると考えられる統御変数等を考慮したうえで、政治変数を独立変数として含めることにより、政治的影響が働いているかどうかを見る。基本的な推定モデルは以下のとおりである。従属変数を y_{it} とすると、

$$y_{it} = \alpha + \beta \cdot y_{it-1} + \sum_k \beta_k \cdot Pol_{k,it} + \sum_l \gamma_l \cdot X_{l,it} + \sum_m \delta_m \cdot RD_{m,it} + c_i + d_t + u_{it}$$

と表される。ここで Pol_{it} は政治変数群、X_{it} は統御変数群、RD_{it} は道路需要に関係する変数群、c_i は個体方向の、d_t は時点方向の固定効果ダミーをそれぞれ表すものとする。

　動学パネルでは、1期ラグの道路投資額が説明変数に含まれる。道路投資を含む公共投資は、増分主義的に決められている側面が強く、前年度の実績が当年度の配分に影響を与えているならば、より適切な定式化になると思われる。ただし、このモデルを最小二乗法で推定すると、推定量にバイアスが生じることから、Arellano and Bond（1991）により提唱された方法により推定を行う。この手法では、内生性が疑われる変数について、適切なラグ変数を操作変数として用いることで、内生性バイアスにも対処することができる。

2　変数の定義とデータ

　まず、従属変数として用いる道路投資データについて説明する。道路投資については、国県道と高速道路を対象とし、前者は国主体のものと都道府県主体のものに分けられる。このうち、国主体のものはいわゆる直轄事業であり、地方から直轄事業交付金を受けて、基本的には国費を投じて実施される。これに対して、県主体のものは、補助事業と単独事業から成り、補助事業は国からの国庫支出金と都道府県の財源を用いて実施される。本章では、国に

よる資金配分に着目するという観点で、国県道で国が事業主体となる事業の国費分（直轄国県道国費）と、都道府県が事業主体となる事業の国費分（補助国県道国費）をそれぞれ従属変数として用いることとした。これらの国県道に関するデータは、総務省『行政投資実績』から得た。また、高速道路の投資額としては、国土交通省『道路統計年報』の日本道路公団総括表における建設費の計数を用いた。ただし、高速道路の年度別投資額は年によって大きく変動するので、3カ年の移動平均値を用いている。また、日本道路公団の民営化によって、都道府県別支出額が『道路統計年報』において、2003年度を最後に掲載がとりやめになっているため、利用可能なサンプル期間は1981～2002年度までである。国県道については、直近の2011年度までのデータが利用可能であるが、分析期間を高速道路と合わせるために、サンプル期間は1981～2002年度までとした。これらの従属変数はいずれも、都道府県別のデフレータによって2000年価格に実質化のうえ[10]、対数をとっている。このサンプル期間における、国県道投資額（国費分）と高速道路投資額（高速道路建設費）の推移は図6-2、および、図6-3にそれぞれ示すとおりである。

次に説明変数のうち、政治変数について説明する。第2節でも述べたように、各地域の政治力をどう測るかが重要なポイントとなるが、本章では、(1)国政における自民党の政治力、(2)地方議会における自民党の政治力、(3)その他の与党の選挙動機の3点を考える。

具体的には、(1)の指標としては、各都道府県の自民党国会議員数と自民党得票率を用いる。ただし、自民党議員数は実数ではなく、人口1人当たりの国会議員数の全国平均に対する比率を用いる[11]。また、これまでの研究の多くが衆議院の自民党議員だけを対象としていたが、ここでは参議院の自民党議員数も考慮する。自民党が自らの地盤に道路や補助金を優先的に配分

---

10) 実質化の方法は、以下のとおりである。内閣府「都道府県別経済財政モデル」の公的固定資本形成と政府最終消費支出の名目値と実質値から、公的資本形成デフレータ、政府最終消費支出デフレータを算出する。そのうえで、名目値の国県道投資額と高速道路投資額に公的固定資本形成デフレータを、政府最終消費デフレータをそれぞれ掛け合わせて求めた。
11) このような操作を行うのは、衆議院、参議院ともに総定数が時期によって異なることに対処するためと、地域間の政治力の差を測るためである。

第6章　道路投資と自民党の利益誘導政治　125

図6-1　公共投資と道路投資総額の推移（1980-2011年度）

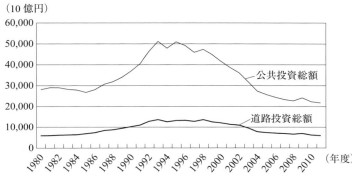

出所：総務省『行政投資実績』より作成。

図6-2　国県道投資額（国費分）の推移（1980-2003年度）

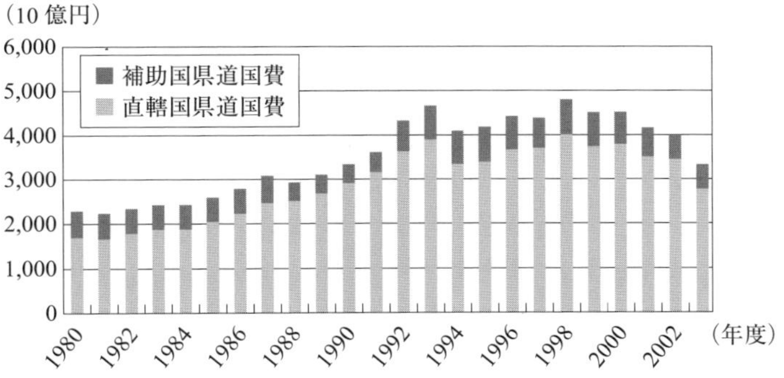

（10億円）

■ 補助国県道国費
□ 直轄国県道国費

出所：総務省『行政投資実績』より作成。

図6-3　高速道路投資額（高速道路建設費）の推移（1980-2003年度）

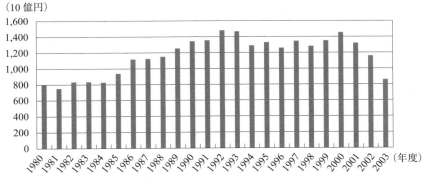

出所：国土交通省『道路統計年報』より作成。

するという意味での政治力を持つならば、この回帰係数はプラスとなることが期待される。一方で、自民党得票率については、直近の衆議院総選挙における得票率を用い、自民党の議席数を一定としたときの、選挙戦における接戦度を近似する指標と考える。自民党が議席を最大化すべく接戦を強いられている都道府県に多く道路や補助金を配分しているとすれば、この回帰係数はマイナスになることが考えられる。(2)の指標としては、各都道府県議会の自民党議席率を用いた。定義式は、自民党所属都道府県議会議員数÷都道府県議会議員総数である。(3)の指標としては、投票率に加え、Helland and Sørensen（2009）がswing voterモデルを代理する変数として用いた政党への固着度（party identification）を参考に、限界的投票者率を用いることにした。投票率が高い地域は、一般に政策に対する感応度が高いと考えられ、政策的に優遇される可能性がある。限界的投票者の指標としては、(財)明るい選挙推進協会が国政選挙ごとに行う世論調査『衆議院総選挙の実態』の「この10年間同一政党に投票しているか」という質問項目における、「政党を変えた」割合を用いることにした[12]。政党支持の変化は、さまざまな要素によって影響を受けるだろうが、固定効果によって、時期的、地域的な差異をコントロールすることを考えると、限界的投票者の密度をある程度近似する指標となりうると判断した。イデオロギーや政党の好みに対して中立的な地域をターゲットにするという、本来のswing voterモデルが示唆するところによれば、この係数はプラスになる可能性がある。

統御変数としては、所得水準（人口1人当たり都道府県別実質GDP）、租税負担シェア[13]（各都道府県別国税徴収決定済額÷全国値）、有効求人倍率、年少（14歳以下）人口比率、老年（65歳以上）人口比率を用いる。

そのほかに道路投資に関する変数としては、公共工事受注による利益を受ける建設業の政治力を代理する変数として、建設業就業者比率を[14]、道路

---

12) ただし、(財)明るい選挙推進協会『衆議院選挙の実態——世論調査原資料』では、都道府県別のデータは得られず、地域ブロック別のデータである。サンプルが多くないことを考えると、かなり粗いデータではある。
13) これは、Helland and Sørensen（2009）にならったものである。しかしながら、歳入面において分権度の低いわが国において、この指標が持つ意味はやや曖昧である。
14) したがって、建設業就業者比率も政治変数とみなせるが、本章では与党の政治力とインセンティブに直接結びつくと判断される変数を政治変数と分類することにした。

表6-1 記述統計

	平均	標準偏差	最大値	最小値
独立変数				
自民党議員数(衆議院)	1.278	0.531	2.885	0.000
自民党議員数(参議院)	1.551	1.042	5.543	0.000
自民党得票率	0.488	0.125	0.809	0.153
自民党議席率(地方)	0.539	0.129	0.855	0.081
限界的投票者率	0.320	0.085	0.505	0.182
投票率	0.711	0.077	0.876	0.534
所得水準*	1.142	0.230	2.032	0.552
租税負担シェア	0.021	0.049	0.369	0.002
有効求人倍率	0.762	0.418	2.440	0.130
建設業就業者比率	0.101	0.014	0.144	0.068
道路整備水準*	−5.167	0.335	−4.384	−6.139
自動車台数伸び率	0.031	0.014	0.073	−0.005
年少人口比率	0.182	0.030	0.293	0.118
老年人口比率	0.150	0.039	0.261	0.066
マクロ経済成長率	0.022	0.021	0.059	−0.015
景気後退期ダミー	0.429	0.495	1.000	0.000
衆議院選挙ダミー	0.286	0.452	1.000	0.000
参議院選挙ダミー	0.333	0.472	1.000	0.000
統一地方選ダミー	0.238	0.426	1.000	0.000
従属変数				
直轄国県道国費*	17.608	0.872	19.854	15.701
補助国県道国費*	16.300	0.476	17.995	14.966
高速道路建設費*	16.216	1.881	19.394	6.685

注:*印がついた変数は対数値であることを表す。

整備への需要を代理する変数として、道路整備水準(国県道延長÷総面積)、自動車台数伸び率を用いることにした。データの出所は章末、記述統計は表6-1にそれぞれ示すとおりである。

第4節　推定結果

1　基本推定

　基本モデルによる推定結果は、表6-2に示すとおりであり、それぞれの従属変数に対し、年次ダミーを含むモデルと含まないモデルの双方を推定している。また、Arellano and Bond（1991）の1段階推定を行い、系列相関の検定（Abond testと標記）を行っている。この推定方法が妥当であるためには、少なくとも2階の系列相関の存在しないことが必要である。表6-2における検定結果によれば、補助国県道国費の年次ダミーを含むモデル（推定式3）を除いては、2階の系列相関なしとの帰無仮説を10％水準で棄却できないことが確認された。なお、政治変数のすべて（自民党議員数、自民党得票率、都道府県議会の自民党議席率、限界的投票者率、投票率）と所得水準、建設業就業者比率を内生変数とみなして、これらの変数の2期ラグから4期ラグまでを操作変数として用いた。

　推定結果を見ると、国県道、高速道路ともにいずれのケースも従属変数の1期ラグが強くプラスに有意となっており、予算配分における増分主義的な側面が強いことがうかがえる。ただし、係数の大きさには多少ばらつきがあり、直轄国県道国費は0.5〜0.6程度、補助国県道国費は0.3〜0.4程度であるのに対し、高速道路については0.8程度となっている[15]。

　次に政治変数の結果について確認する。国政における自民党の政治力を表す変数については、直轄ないし補助国県道国費（推定式1〜4）に対して、衆議院の自民党議員数が多くのケースでプラスに有意になっているほか、自民党の得票率は一部マイナスに有意となっており、自民党は相対的に多くの議員を抱えるという点で「地盤」となる地域に国県道のための国費を多く配分しているが、議員数の影響をコントロールすると、相対的に選挙で接戦となっている都道府県において、配分を多めにしている可能性が示唆される。ただし、高速道路（推定式5, 6）に対しては、自民党得票率がマイナスに有意になっているものの、全般的に有意ではない。また、参議院の自民党議員数については、係数がプラスであっても有意でないかマイナスであり、解釈が

15）　高速道路の係数が大きいのは、移動平均をとったことが影響している可能性がある。

表6-2　道路投資と政治的要因（基本推定）

推定方法：GMM（one step）

従属変数	直轄国県道国費		補助国県道国費		高速道路	
	(1)	(2)	(3)	(4)	(5)	(6)
道路投資（1期ラグ）	0.670***	0.537***	0.325***	0.487***	0.840***	0.831***
	(0.044)	(0.059)	(0.080)	(0.050)	(0.048)	(0.041)
自民党議員数（衆議院）	0.179***	0.132***	0.028	0.066**	0.066	0.126
	(0.038)	(0.048)	(0.018)	(0.026)	(0.136)	(0.104)
自民党議員数（参議院）	0.014	0.052	−0.028***	−0.028**	0.007	0.035
	(0.025)	(0.034)	(0.010)	(0.013)	(0.081)	(0.090)
自民党得票率	−0.410	−0.110	0.029	−0.607***	−1.098*	−1.461***
	(0.271)	(0.256)	(0.086)	(0.133)	(0.598)	(0.493)
自民党議席率（地方）	0.502**	0.642***	0.405***	1.329***	−1.767**	−0.727
	(0.237)	(0.189)	(0.113)	(0.151)	(0.807)	(0.624)
限界的投票者率	0.297	0.162	0.200	0.926***	−0.707	−0.086
	(0.327)	(0.366)	(0.167)	(0.198)	(1.054)	(0.833)
投票率	−0.250	−0.390	−0.103	0.194	−2.126	−0.589
	(0.799)	(0.274)	(0.266)	(0.156)	(1.959)	(0.797)
所得水準	0.549	0.401	0.253	−0.432	0.748	0.087
	(0.562)	(0.453)	(0.162)	(0.252)	(1.475)	(0.830)
租税負担シェア	0.351	0.485	−0.326	−0.035	1.430	0.174
	(1.162)	(0.981)	(0.285)	(0.424)	(1.541)	(1.779)
有効求人倍率	−0.022	−0.007	0.094***	0.067**	0.276	−0.192
	(0.089)	(0.050)	(0.028)	(0.033)	(0.197)	(0.138)
建設業就業者比率	8.364**	6.546*	−1.225	5.179**	7.073	5.102
	(4.228)	(3.586)	(2.147)	(2.206)	(12.446)	(10.346)
道路整備水準	−0.851	−0.310	−0.753	−1.837*	−2.363	−3.919
	(1.434)	(1.530)	(0.750)	(1.105)	(3.119)	(3.596)
自動車台数伸び率	9.141**	2.690	2.191	−3.010***	4.081	2.875
	(3.410)	(1.738)	(1.437)	(1.137)	(8.041)	(4.885)
年次ダミー	Yes	No	Yes	No	Yes	No
標本規模	893	893	893	893	893	893
(#of instruments)	(385)	(366)	(385)	(366)	(385)	(366)
Abond test						
1st order AR (p-value)	(0.000)	(0.000)	(0.000)	(0.000)	(0.024)	(0.036)
2nd order AR (p-value)	(0.150)	(0.234)	(0.021)	(0.806)	(0.712)	(0.343)

注1：（ ）内は Cluster Robust な標準誤差。
　2：***、**、* はそれぞれ係数が1％、5％、10％水準で有意であることを示す。
　3：説明変数のうち統御変数である、年少人口比率、老年人口比率の結果は割愛している。

難しい。地方議会における自民党の政治力の指標として用いた、都道府県議会の自民党議席率は、直轄国県道国費、補助国県道国費に対して、安定的にプラスに有意になっており、国会議員だけでなく、地方議会における自民党所属議員の多寡も、国県道国費の配分を左右した可能性があると言える。しかしながら、高速道路については、プラスに有意には推定されず、国政における自民党の政治力を代理する変数（主に自民党議員数）に関する結果と合わせて評価すると、高速道路の地域間配分については、自民党による「我田引水（道）」的な利益誘導は強くないのかもしれない。もしそうであるとすると、この結果は、高速道路などの有益なインフラはいったん整備されると、有権者は自民党に投票する動機をなくすから、利益誘導の手段として有効でないとした斉藤（2010）の議論と整合的に解釈することができる。

　その他の政治的要因として考慮した、限界的投票者率の係数は一部プラスに推定されており、swing voter モデルと整合的であるが、必ずしも有意でない[16]。これは、限界的投票者のデータの精度が十分に高くないことや、その他の政治変数との識別が難しいからかもしれない。また、投票率については、ほとんどのケースで係数がマイナスとなっており、想定される符号条件を満たしていない。

　統御変数について見ると、租税負担シェアと有効求人倍率については、係数の符号は定式化によって異なるほか、ほとんどのケースで有意ではない。一方で、建設業就業者比率は、直轄国県道国費についてはプラスで少なくとも 10% 水準で有意、補助国県道国費については、年次ダミーを含まないモデルにおいて、5% 水準で有意であることから、長峯（2001b）や山下（2001）が指摘するような、公共工事の受注者としての利益を受ける地方の建設業者のロビー活動や投票行動が、国県道の国費配分にも影響を与えていると解釈できる。

　道路投資整備への需要をコントロールする変数については、道路整備水準の係数はおおむねマイナス、自動車台数伸び率の係数は一部を除いてプラスに推定されている。したがって、道路ストックが不十分な都道府県ほど、ま

---

16)　ただし、得票率がマイナスに推定されているケースは、自民党の地盤ではない地域に対して国費配分を増やしていることを意味しており、間接的に swing voter モデルが成立していると考えることはできる。

た道路需要が増大している都道府県ほど、道路投資のための国費が優先的に配分されてきた可能性がある。

2 追加推定（マクロ経済の影響と政治的景気循環）

基本推定では、同一時点でマクロ的に影響を与えうる要素は、年次ダミーに吸収されると考えて、その影響は考慮しなかった。しかしながら、現実の公共投資水準やそれに伴う国費の配分額は、マクロ経済の動向やいわゆる政治的景気循環（e.g. Nordhaus 1975; Rogoff and Sibert 1988; Rogoff 1990）の文脈で強調されるような選挙のタイミングによって影響を受けるかもしれない。そこで、ここではこれらの要因を考慮すべく、基本モデルのうち、年次ダミーを含まないモデルをベースに、①マクロ経済状況に関する変数と、②政治的景気循環に関する変数を説明変数として加えたモデルを推定する。

①マクロ経済状況に関する変数としては、景気対策として公共投資ないしは道路投資が増額される可能性を考慮してマクロ経済成長率、もしくは景気後退期ダミーを用いる。マクロ経済成長率は、各年度の実質国内総生産の伸び率であり、データは内閣府の「2009年度国民経済計算（2000年基準）」から入手した。景気後退期ダミーは、経済成長率の絶対値よりも景気循環における相対的な経済状況が景気対策の実施に影響を与える可能性を考慮し、内閣府による「景気基準日付」に基づき、6カ月以上景気後退期にあったとされる年度を1、それ以外の年度を0とするダミー変数である。もし、景気対策として、道路投資に対する国費を増やしているとすれば、マクロ経済成長率の符号はマイナスに、景気後退期ダミーの係数はプラスに推定されることが期待される。

②政治的景気循環に関する変数としては、衆議院選挙のあった年を1とする、衆議院選挙ダミー、参議院選挙のあった年を1とする、参議院選挙ダミー、統一地方選があった年を1とする、統一地方選ダミーの3つを用いることにした。政治的景気循環の理論を援用すると、選挙のタイミングに合わせて国費を増やしているかもしれない。仮にそうであれば、これらのダミー変数はプラスに推定されると予想される。

推定結果は、表6-3に示すとおりである。政治的景気循環に関する変数はすべて含むが、マクロ経済状況に関する変数については、マクロ経済成長

表6-3 道路投資と政治的要因（追加推定）

推定方法：GMM（one step）

従属変数	直轄国県道国費		補助国県道国費		高速道路	
	(1)	(2)	(3)	(4)	(5)	(6)
道路投資（1期ラグ）	0.536***	0.541***	0.511***	0.553***	0.832***	0.830***
	(0.060)	(0.058)	(0.049)	(0.052)	(0.041)	(0.041)
自民党議員数（衆議院）	0.128***	0.139***	0.042*	0.049**	0.129	0.140
	(0.048)	(0.047)	(0.022)	(0.024)	(0.101)	(0.101)
自民党議員数（参議院）	0.052	0.051	−0.034***	−0.030***	0.042	0.038
	(0.034)	(0.034)	(0.011)	(0.011)	(0.091)	(0.090)
自民党得票率	−0.061	−0.089	−0.451***	−0.543***	−1.308***	−1.421***
	(0.241)	(0.248)	(0.103)	(0.112)	(0.462)	(0.473)
自民党議席率（地方）	0.543***	0.548***	1.135***	1.181***	−0.809	−0.740
	(0.196)	(0.192)	(0.123)	(0.125)	(0.665)	(0.641)
限界的投票者率	0.027	0.064	0.525***	0.687***	−0.326	−0.173
	(0.382)	(0.354)	(0.171)	(0.178)	(0.918)	(0.937)
投票率	−0.719***	−0.516*	−0.462***	−0.267*	−1.164	−0.952
	(0.278)	(0.285)	(0.142)	(0.153)	(0.780)	(0.787)
所得水準	0.837*	0.672	0.295	0.079	0.463	0.165
	(0.507)	(0.480)	(0.243)	(0.247)	(0.999)	(0.955)
租税負担シェア	0.365	0.153	−0.185	−0.048	−0.177	−0.148
	(0.996)	(1.032)	(0.390)	(0.379)	(1.824)	(1.793)
有効求人倍率	−0.052	−0.092	−0.009	0.020	−0.241	−0.243
	(0.060)	(0.060)	(0.028)	(0.029)	(0.170)	(0.150)
建設業就業者比率	3.419	5.082	−0.231	1.105	1.118	3.553
	(3.948)	(4.006)	(1.965)	(2.085)	(10.047)	(10.032)
道路整備水準	−0.546	−0.705	−1.853*	−2.375**	−3.722	−4.258
	(1.413)	(1.373)	(1.025)	(0.998)	(3.453)	(3.552)
自動車台数伸び率	2.880	4.591**	−2.069*	−3.215***	5.324	5.157
	(2.207)	(2.277)	(1.171)	(1.207)	(5.433)	(5.128)

率と景気後退期ダミーを選択的に説明変数に入れることで、各従属変数について2つのモデルが推定されている。系列相関の検定によると、補助国県道国費については（推定式3，4）は、2階の系列相関なしとの帰無仮説が棄却されており、推定結果の妥当性については留保が必要である。

まず、マクロ経済状況に関する変数について見ると、マクロ経済成長率はマイナスに、景気後退期ダミーはプラスに推定されており、仮説と整合的な

	(1)	(2)	(3)	(4)	(5)	(6)
マクロ経済成長率	−0.927 (0.763)		−2.461*** (0.278)		−2.465 (1.938)	
景気後退期ダミー		0.070*** (0.021)		0.044*** (0.009)		0.065* (0.038)
衆議院選挙ダミー	0.025 (0.016)	0.031* (0.016)	0.048*** (0.008)	0.054*** (0.008)	0.061** (0.300)	0.071** (0.031)
参議院選挙ダミー	0.046** (0.020)	0.040** (0.018)	0.054*** (0.009)	0.079*** (0.009)	0.010 (0.032)	0.027 (0.034)
統一地方選ダミー	0.023 (0.021)	0.035* (0.020)	0.061*** (0.007)	0.074*** (0.008)	0.039 (0.048)	0.055 (0.049)
年次ダミー	No	No	No	No	No	No
標本規模	893	893	893	893	893	893
(# of instruments)	(370)	(370)	(370)	(370)	(370)	(370)
Abond test						
1st order AR (p-value)	(0.000)	(0.000)	(0.000)	(0.000)	(0.030)	(0.032)
2nd order AR (p-value)	(0.101)	(0.121)	(0.000)	(0.002)	(0.336)	(0.343)

注1：（　）内はCluster Robustな標準誤差。
2：***、**、*はそれぞれ係数が1％、5％、10％水準で有意であることを示す。
3：説明変数のうち統御変数である、年少人口比率、老年人口比率の結果は割愛している。

結果が得られた。また、マクロ経済成長率を用いるよりも、景気後退期ダミーを用いる方が、係数は有意になりやすいとの結果が得られた。これは、政府は絶対的な成長率水準よりも、相対的な景気動向に基づいて、国費を投入していることを表していると思われる。

次に、政治的景気循環に関する変数について見ると、衆議院選挙ダミーは主に補助国県道国費と高速道路に対して、参議院選挙ダミーについては直轄国県道国費と補助国県道国費に対して、統一地方選ダミーは、主に補助国県道国費に対してプラスに有意となっている。これらのダミー変数同士が、一定程度相関している可能性は否定できないが、係数の大きさや有意性から判断する限り、特に参議院選挙が行われる年に道路に対する国費投入が増大する傾向にあることが明らかになった。この結果は、マクロデータで公共投資に対する政治的景気循環の検証を行った、近藤（2008）などと整合的である。衆議院選挙に比べ、参議院選挙に対して国費投入が増えるのは、前者は内閣によってそのタイミングが内生的に決定されるのに対し、後者は選挙のタイ

ミングが外生的に決まっているからであると考えられる。一方で、統一地方選の年も外生的に決まっているが、特に都道府県知事選挙については、知事の在任期間中における辞職等によって、統一地方選の年に選挙が行われない都道府県が多くなっていることも、統一地方選ダミーがあまり有意とならなかった理由かもしれない。

第5節 おわりに

本章では、これまでにしばしば政治的な歪みが働くことが指摘されていながら、必ずしも十分に定量的な分析が行われてこなかった、道路投資の地域間配分を明らかにするために、1980年代から2000年代までのわが国のデータを用いた実証分析を行った。

実証分析では、これまでにわが国でも行われてきた、補助金配分の政治経済学的分析の枠組みを参考に、道路向けの国費配分がどのように行われているかを明らかにすべく、国県道で国が事業主体となる事業の国費分(直轄国県道国費)と、都道府県が事業主体となる事業の国費分(補助国県道国費)に加え、高速道路投資(日本道路公団建設費)の3つを対象として、政治変数の内生性にも対処した動学パネルによる推定を行った。

まず、マクロ的要因を考慮しない基本モデルによる推定結果からは、直轄、補助国県道国費ともに、自民党による政治的な影響が認められ、衆議院の自民党議員数が多い都道府県ほど、国費配分が多くなるが、議員数を一定とすると、自民党の得票率が高い都道府県ほど、配分は少なくなっている可能性が示された。これは、土居・芦谷 (1997) で補助金について明らかにされたのと同様に、自民党の地盤に手厚く国費を配分しながらも、選挙における競争度の高い県にも戦略的に国費を配分することにより、議席数の維持を図ってきた結果かもしれない。また、本章では、既存研究ではあまり考慮されていない、参議院議員と地方議会の影響も検証した。その結果、前者の影響は明確ではないが、後者については、都道府県議会の自民党議席率が、道路投資への国費配分にプラスの影響を与えている可能性が確認された。それに対して、高速道路については、強い政治的な影響は認められなかった[17]。

次に、マクロ的要因を考慮した追加推定の結果によれば、道路投資への国

費投入は、マクロ経済状況や政治的景気循環の理論で示唆されるように選挙のタイミングに合わせて増大することが明らかにされた。

また、いずれのモデルにおいても、従属変数の1期ラグが強くプラスに推定されており、これらの予算配分が増分主義的に決められている可能性が明らかにされた。

本章で得られたような、道路投資配分における政治的な影響が、時代や党派性によって普遍的なものであるかどうか、より綿密な検討が必要であるが、道路投資の質の向上が求められる中で、政治的な歪みが極力働かないような制度設計が望まれるだろう。

なお、本章では道路投資配分において政治的影響が働くことをある程度示すことができたと考えられるが、結果の頑健性についてはより一層の検討が必要である。たとえば、国会議員が選挙区単位で選出されることを考えれば、都道府県は分析単位として大きすぎる可能性もある。選挙区単位や市町村単位の分析が望まれるだろう[18]。さらに、2009年以降の政権交代の影響も分析すべき点と思われる。これらは今後の課題である。

【データの出所】
1 従属変数
「直轄国県道国費」、「補助国県道国費」
　　総務省（旧自治省）『行政投資実績』各年版。
「高速道路建設費」
　　国土交通省（旧建設省）『道路統計年報』各年版。

2 独立変数
「自民党議員数（衆議院）」、「自民党得票率」、「投票率」
　　総務省（旧自治省）『衆議院議員総選挙・最高裁判所裁判官国民審査結果調』。
「自民党議員数（参議院）」
　　総務省（旧自治省）『参議院議員通常選挙結果調』。
「自民党議席率（地方）」
　　総務省（旧自治省）『地方公共団体の議会の議員及び長の所属党派別人員調等』。
「限界的投票者率」

---

17)　ただし、分析の枠組みにより結果が変わる可能性は否定できない。
18)　選挙区単位の分析は、補助金については斉藤（2010）の第5章で扱われている。

(財) 明るい選挙推進協会『衆議院総選挙の実態——世論調査結果・原資料』。
「租税負担シェア」
　国税庁『国税庁統計年報書』各年度版。
「有効求人倍率」、「年少人口比率」、「老年人口比率」、「自動車台数伸び率」
　総務省『社会・人口統計体系』。
「建設業就業者比率」
　総務省（旧総務庁統計局）『国勢調査報告』、『就業構造基本調査報告』。
　(ただし、データが得られない年度については線形補間を行っている。)
「道路整備水準」
　国土交通省（旧建設省）『道路統計年報』各年版。
「所得水準」
　内閣府「都道府県別経済財政モデル・データベース——データ推定結果（県民経済計算）」。
　http://www5.cao.go.jp/keizai3/database.html
「マクロ経済成長率」
　内閣府「2009年度国民経済計算（2000年基準・93SNA）」。
　http://www.esri.cao.go.jp/jp/sna/data/data_list/kakuhou/files/h21/h21_kaku_top.html

【参考文献】

Arellano, M. and S. Bond (1991) "Some Tests of Specification for Panel Data: Monte Carlo Evidence and an Application to Employment Equations", *Review of Economic Studies*, 58(2), pp. 277-297.

Atlas, C., T. Gilligan, R. Hendershott and M. Zupan (1995) "Slicing the Federal Government Net Spending Pie: Who Wins, Who Loses, and Why", *American Economic Review*, 85(3), pp. 624-629.

Elvik, R. (1995) "Explaining the Distribution of State Funds for National Roads Investments between Counties in Norway: Engineering Standards or Vote Trading?", *Public Choice*, 85, pp. 371-388.

Helland, L. and R. Sørensen (2009) "Geographical Redistribution with Disproportional Representation: A Politico-economic Model of Norwegian Road Projects", *Public Choice*, 139, pp. 5-19.

Hirano, S. (2011) "Do Individual Representatives Influence Government Transfers? Evidence from Japan", *Journal of Politics*, 73(4), pp. 1081-1094.

Horiuchi, Y. and J. Saito (2003) "Reapportionment and Redistribution: Consequences of Electoral Reform in Japan", *American Journal of Political Science*, 47(4), pp. 669-682.

———(2009) "Rain, Elections and Money: The Impact of Voter Turnout on Distributive Policy Outcomes in Japan", *Asia Pacific Economic Papers*, No. 379.

Imai, M. (2009) "Political Determinants of Government Loans in Japan", *Journal of Law and Economics*, 52(1), pp. 41-70.

Kawaura, A. (2003) "Public Resource Allocation and Electoral System in the U.S. and Japan",

Public Choice, 115, pp. 63-81.
Levitt, S. D. and J. Snyder (1995) "Political Parties and the Distribution of Federal Outlays", *American Journal of Political Science*, 39(4), pp. 958-980.
Meyer, S. and S. Naka (1998) "Legislative Influences in Japanese Budgetary Politics", *Public Choice*, 94, pp. 267-288.
─────(1999) "The Determinants of Japanese Local-Benefit Seeking", *Contemporary Economic Policy*, 17(1), pp. 87-96.
Nordhaus, W. D. (1975) "The Political Business Cycle", *Review of Economic Studies*, 42(2), pp. 169-190.
Rogoff, K. (1990) "Equilibrium Political Budget Cycles", *American Economic Review*, 80(1), pp. 21-36.
Rogoff, K. and A. Sibert (1988) "Election and Macroeconomic Policy Cycles", *Review of Economic Studies*, 55(1), pp. 1-16.
Solé-Ollé, A. and P. Sorribas-Navarro (2008) "The Effects of Partisan Alignment on the Allocation of Intergovernmental Transfers. Differences-in-Differences Estimates for Spain", *Journal of Public Economics*, 92, pp. 2302-2319.
Tamada, K. (2009) "The Effect of Election Outcomes on the Allocation of Government Spending in Japan", *Japanese Economy*, 36(1), pp. 3-26.
Worthington, A. and B. Dollery (1998) "The Political Determination of Intergovernmental Grants in Australia", *Public Choice*, 94, pp. 299-315.
五十嵐敬喜・小川昭雄(2008)『道路をどうするか』岩波新書。
小椋正立(1984)「道路事業費の地域間配分の効率性」『季刊現代経済』SUMMER 1984、116-127頁。
鬼塚尚子(1997)「政府の補助金配分における政治的要素について」『法学政治学論究』33、297-317頁。
小林良彰(1997)『現代日本の政治過程』東京大学出版会。
近藤春生(2008)「社会資本整備における政治経済学的側面」『フィナンシャル・レビュー』89、68-92頁。
─────(2013)「道路投資における政治的要因の実証分析」『西南学院大学経済学論集』47(3-4)、41-63頁。
斉藤淳(2010)『自民党長期政権の政治経済学──利益誘導政治の自己矛盾』勁草書房。
鷲見英司(2000)「補助金の地域配分における政治・官僚要因の検証」『三田学会雑誌』93(1)、33-50頁。
田邊勝巳・後藤孝夫(2005)「一般道路整備における財源の地域間配分の構造とその要因分析──都道府県管理の一般道路整備を中心に」『高速道路と自動車』48(12)、25-33頁。
玉田桂子(2005)「公共投資の地域間配分と自民党」『福岡大学経済学論叢』50、111-138頁。
土居丈朗(2001)「裁量的財政政策の非効率性と財政赤字」貝塚啓明編『財政政策の効果と効率性──サスティナビリティを求めて』第2章、東洋経済新報社。
土居丈朗・芦谷政浩(1997)「国庫支出金分配と政権与党の関係」『日本経済研究』34、

180-195 頁。
中里透（2001）「交通関連社会資本と経済成長」『日本経済研究』43、101-116 頁。
長峯純一（2001a）「公共投資の地域間配分――実証分析のサーベイ」長峯純一・片山泰輔編『公共投資と道路政策』第 6 章、勁草書房。
―――（2001b）「道路投資の地域間配分に関する政治 - 経済分析」長峯純一・片山泰輔編『公共投資と道路政策』第 7 章、勁草書房。
林宜嗣（2004）「公共投資と地域経済――道路投資を中心に」『フィナンシャル・レビュー』74、52-64 頁。
堀要（1996）『日本政治の実証分析』東海大学出版会。
松下文洋（2005）『道路の経済学』講談社現代新書。
武藤博己（2008）『道路行政』行政学叢書 10、東京大学出版会。
山下耕治（2001）「公共投資の政治的意思決定――パネルデータによる仮説検証」『公共選択の研究』36、21-30 頁。
湯之上英雄・福重元嗣（2004）「利用面から見た道路の効率性と政治的要因」『会計検査研究』30、51-64 頁。
吉野直行・吉田祐幸（1988）「公共投資の地方への配分の実証分析」『ESP』1988 年 6 月号、42-47 頁。

第 7 章

医療保険の自己負担率と受診行動
—— 疾病ごとの相違[*]

井深陽子・庄司啓史

第 1 節　はじめに

　社会保障制度の 1 つの柱である医療保険は疾病に対するリスクを保険加入者全体で分散する機能を果たすが、保険者と患者との間に存在する情報の非対称性がモラルハザードを引き起こす可能性がある。医療保険において受診の際に自己負担を設定することは、モラルハザードを軽減するための 1 つの方法である。自己負担を増加させるとモラルハザードの程度は減少するが、同時に必要な受診の抑制へとつながるため、社会厚生を最大にするように自己負担を決定する場合には、モラルハザードの抑制（医療サービス利用の効率化）と保険リスク分散機能の間のトレード・オフを考慮する必要がある。このような理由から、モラルハザードが存在する場合の最適な自己負担率は、疾病に関わる変数の関数として導かれる。たとえば、小塩（2013）では、最適な自己負担率が、疾病リスク（増加関数）と治療から得る効用の重要性（減少関数）に依存することを示している。また、中泉（2004）では、医療サービスの利用によって健康が改善する効果が自己負担を下回っている場合

---

[*]　本章は、井深（2014）「自己負担率と健康——「くらしと健康の調査」を用いた分析」『Eco-Forum』29 巻 2・3 号をもとに、分析を含め全面的に改定を行ったものである。
　本章の作成にあたって、独立行政法人経済産業研究所から「くらしと健康の調査」の第一回、第二回、第三回調査の個票データの提供と、一般財団法人医療経済研究機構の研究助成を受けた。また、泉田信行、金子能宏、齋藤裕美、野口晴子、濱秋純哉、吉田浩、若林緑の各先生からは貴重なコメントをいただいた。記して謝意を表したい。

には受診を控える行動への誘因となるため、疾病の重症度により自己負担を決定することがモラルハザードを減少させるために必要であるとしている。

仮にこの理論の現実への応用可能性を考えた場合（一例として疾病ごとに自己負担を変化させることなどが考えられる[1]）、理論上導き出された自己負担が実際に意図したような受診抑制効果を生むかどうかは、個人が疾病ごとに自己負担に対して異なる行動をとるかどうかに依存する。なぜなら、このような理論モデルの背景には、個人は疾病リスクや治療から得る効用、または疾病の重症度を理解し、それに応じて受診行動を変化させるという前提が存在するからである。仮にすべての疾病について、自己負担の変化に対して同じ受診行動の変化をとるのであれば、個人は疾病リスク、特定の疾病の治療から得る効用、または疾病の重症度の違いを考慮したうえで受診行動を決定したとは言えず、異なる自己負担を設定することは過剰受診というモラルハザードを抑制しつつリスク分散機能を保証することにはならないだろう。逆に、仮に治療から得る効用が高い疾病（重篤でほかに代替的な治療が限られる疾病）では、あまり自己負担の上昇に反応せず、治療から得る効用が低い疾病（医療機関受診以外の治療が存在するような疾病）では、自己負担の上昇に対して受診を控えるような行動をとるのであれば、前者には相対的に低く、後者には相対的に高い自己負担を設定することにより、モラルハザードを防ぎつつ保険の本来の役割である疾病リスクの分散効果が期待できる。本章では、このような動機から、受診行動において自己負担率への反応が疾病ごとに異なるのかどうかという実証的課題に対して分析を行う。

疾病ごとの分析に主眼を置かない自己負担の変化が受診行動にどのような影響を与えるかという課題に関する先行研究はこれまで豊富な蓄積がある。最も著名な例としては、米国では1970年代にランド研究所が行った大規模な社会実験 RAND Health Insurance Experiment から得られたデータにより、自己負担率の変化がどのように個人の受診行動を変化させるかということが分析され、自己負担率の増加は一定程度受診行動を減少させるという結果が得られている（Gruber 2006）。日本においても、医療費の自己負担率の相違

---

[1] 疾病別のコントロールは疾病ごとに自己負担を変化させる以外にも政策的可能性があり、例として疾病群別の包括支払制度が考えられる。

や制度変更による変化を用いた受診行動と自己負担率の関係の分析は多く、おおむね米国の結果と整合的な定性的結論が得られている（Bhattacharya et al. 1996; 井伊・大日 1999a, b; 吉田・伊藤 2000; 泉田 2004; Shigeoka 2014）。

本章では、行動の変化を引き起こす外生的なショックとして、制度上 70 歳を境に、所得水準が現役並みのものを除き原則として個人の自己負担率が 3 割から 1 割に変化することに注目して[2]、70 歳未満と 70 歳以上の個人で、疾病ごとに受診行動が異なるかどうかを「くらしと健康の調査」の第一回、第二回、第三回調査の個票を用いて分析する。

第2節　データと分析手法

1　分析手法

本章の目的は疾病別に自己負担率が受診行動に与える影響を分析することであるが、前段階として、疾病を問わない平均的な個人の受診行動と自己負担率の変化との関係を分析する。米国では、先述した RAND Health Insurance Experiment のように無作為に自己負担に関する条件を割り当てた社会実験に基づいた分析がなされている。社会実験は、条件をコントロールできることによる識別の精度の面から分析する際の黄金律であると考えられるが、一方で社会実験にかかる費用は大きく（Cameron and Trivedi 2005）、日本においては社会実験が行われた経験自体が希少である。そのため日本では、医療保険制度の変更が過去に数度行われてきたこと、また保険の種類により自己負担が異なる時期が存在したことに着目して、非実験データを用いた自己負担の個人間でのバリエーションを用いた分析が行われている。制度上で自己負担率が変化したタイミングを捉えて、その前後での医療サービス需要の変化を評価した論文としては、鈴木（2011）、吉田・伊藤（2000）が挙げられる。また、保険制度により自己負担が異なることに着目して個人間の自己負担の差異を利用した分析も存在する（井伊・大日 1999a, b; Shigeoka 2014）。

---

[2] 法律上 2 割と規定されているが、本章の分析期間中は予算措置による特例として 1 割のまま凍結されていた。2014 年 4 月から低所得者等の負担に配慮しつつ段階的に法定割合へと移行することになっている。

医療需要の価格弾力性の研究において、さらに因果関係の識別への対処としては、Kan and Suzuki（2006）と Shigeoka（2014）を特筆すべきであろう。前者は Difference-in-Differences（DID）method により制度改正の影響を受けたグループと受けなかったグループとの間で改正前後の変化の差を見ることで、後者は 70 歳を超えると自己負担率が一律 3 割から 1 割に減少するという非連続性に注目し Regression Discontinuity Design（RDD）を使用することで、因果関係の特定を行っている。

本章では、Shigeoka（2014）で使用された方法と類似の考えに基づいた識別法で分析を行う。つまり、70 歳を境に（所得水準が現役並みのものを除き）原則として個人の自己負担率が 3 割から 1 割に変化していたことに注目して、70 歳未満と 70 歳以上の個人でどのように通院回数・受診確率といった受診行動が異なるかということを分析する。現在の制度では 70 歳という年齢の分岐点が受診行動に与える制度的要因はほかにはないと考えられ（Shigeoka 2014）、70 歳以上を表すダミー変数が自己負担率の影響であると解釈可能である。

次に、前段階で得られた個人の受診行動と自己負担率との間の関係が、報告された疾病別に異なるかどうかを 70 歳以上ダミーと疾病ダミーの交差項を回帰式に加えることにより分析する。

ここでは通院回数 y を分析する線形モデルを例にとり説明すると、モデルは個人 i、調査年 t と疾病 j について

$$y_{it} = \theta_1 Post70_{it} + \theta_2 Diag_{ij} + \theta_3 Post70_{it} \times Diag_{ij} + X_{it}\beta + u_{it}$$

を推定する。

ここで、$Post70$ は 70 歳以上であれば 1、そうでなければ 0 をとるダミー変数、$Diag$ は 20 種類の疾病ダミーを表す。疾病ダミーは、その疾病の診断・指摘を過去に受けたことがあると答えた個人は 1、そうでなければ 0 をとる変数である。また、X_{it} は定数項と k 個のコントロール変数からなる $1 \times (k+1)$、β は $(k+1) \times 1$ のベクトルをそれぞれ表す。ここで、θ_1 は、「疾病の報告がない個人において、自己負担率の低下が通院回数に与えた影響」を、θ_2 は「70 歳未満の個人において疾病の存在が通院回数に与えた影響」をそれぞれ表している。ここで、本章の問いである「70 歳以上で自己負担率が

低下したことにより、その疾病を理由にした通院が増加するかどうか」は、$θ_3$ の係数を見ることで明らかになる。なお、受診確率に関しては、線形モデルの代わりに Probit モデルを使用するが係数等の解釈は同様である。

　データは独立行政法人経済産業研究所、国立大学法人一橋大学、国立大学法人東京大学が実施する「くらしと健康の調査（JSTAR: Japanese Study of Aging and Retirement)」の第一回調査（2007 年）、第二回調査（2009 年）と第三回調査（2011 年）の個票データを用いる。この調査は、高齢者の実態を多角的に把握することを目的として、2007 年から高齢者の経済面、社会面および健康面に関する情報について、同一個人を追跡するパネルデータという形で収集している。データは複数の市区町から収集され、2007 年では足立区、金沢市、白川町、仙台市、滝川町の 5 市区町、2009 年は左記の 5 市区町に鳥栖市、那覇市の 2 市、2011 年には調布市、富田林市、広島市の 3 市が加わり、計 10 市区町からのデータが収集されている[3]。調査対象年齢は、50 歳以上の在宅の男女である。データは 3 カ年の unbalanced パネルデータを使用する。

2　変数

　被説明変数は①月当たりの通院回数、②月当たりの受診確率、である。①月当たりの通院回数は、「過去 1 年の間に、病院・医院の外来や鍼灸・接骨院に通院しましたか。健康診断や、健康に関する相談、予防接種での受診は含めずに答えてください。また歯医者にかかった場合と入院した場合も除いてください。」という質問に対して、「いいえ」を回答した場合 0 回、続く質問「そこ［注：現在定期的に通っている病院、医院の外来］には、だいたいどのくらいの頻度で通っていますか。1 週間に何回程度、1 カ月に何回程度、いずれかでお答えください。」における回答を実際の回数として、月当たりに直して使用した。2 つの質問のうちいずれかに対する回答について「わからない」「回答拒否」、「欠損」のいずれかの場合は、欠損値として取り扱った。②月当たりの受診確率については、月当たりの通院回数が 1 以上であれ

---

[3]　個人特定化防止の機密保護の観点から使用できるデータ情報には制限があり、今回使用したデータセットにおいては個人の居住地域の情報は利用可能ではない。

表7-1 「くらしと健康の調査」で定義された疾病の種類と診断・指摘を受けた回答者の割合および診断・指摘の有無による平均通院回数の差

		N	診断・指摘ありの割合(%)	平均通院回数／月		P-value
				診断・指摘あり	診断・指摘なし	
1	心臓の病気	5,311	10.0	1.55	1.16	0.000
2	高血圧	5,311	39.9	1.24	1.17	0.108
3	高脂血症	5,311	14.1	1.08	1.22	0.940
4	脳卒中・脳血管障害	5,311	3.4	1.49	1.19	0.031
5	糖尿病	5,311	12.9	1.23	1.19	0.352
6	慢性肺疾患	5,311	1.6	1.09	1.20	0.681
7	喘息	5,311	2.9	1.23	1.20	0.418
8	肝臓の病気	5,311	3.8	1.63	1.18	0.002
9	潰瘍など胃腸の病気	5,311	6.3	1.03	1.21	0.928
10	関節疾患	5,311	5.6	1.67	1.17	0.000
11	大腿骨頸部骨折	5,311	0.5	1.85	1.19	0.064
12	骨粗しょう症	5,311	3.9	1.87	1.17	0.000
13	眼の病気	5,311	11.4	1.25	1.19	0.244
14	耳の病気	5,311	3.7	1.12	1.20	0.688
15	排尿の問題	5,311	3.5	1.09	1.20	0.747
16	パーキンソン病	5,311	0.4	1.45	1.20	0.309
17	うつ病などこころの病気	5,311	2.1	1.25	1.20	0.404
18	認知症	5,311	0.3	1.35	1.20	0.384
19	皮膚の病気	5,311	3.0	1.27	1.19	0.331
20	癌や悪性腫瘍	5,311	4.0	1.31	1.19	0.227

注：P-value は診断・指摘の有無により通院回数の平均値に統計的に有意に差があるかどうかの t 検定（片側検定）による有意水準を表す。

ば1を、0であれば0をとる二値変数を作成した。

　疾病ダミーは次の方法で作成する。調査の中で「これからいくつかの病気の名前を挙げていきます。これまで医師に診断を受けたり、検診で指摘を受けたことがあれば教えてください。」という質問において、表7-1で示される診断・指摘がある場合には1、診断・指摘がない場合には0をとる二値変数を回答の選択肢である20疾病のそれぞれにつき作成した。また、このように定義された疾病ダミーにおいては、診断・指摘が過去に受けたもので現

在は治療が完了している実質的には現在の通院と無関係な疾病という可能性を排除しない。調査の中では「当該病気について治療の有無、治療の完了状況」を問う質問があるが、回答者が少数であったことから、頑健性チェックの分析では、あわせて通院している理由（最大5つ）として挙げられている疾病について、同様にダミー変数を作成した分析も行った。

　次に分析モデルでは、さまざまな個人属性をコントロールした。具体的には、年齢、年齢の二乗、パートナーの有無、就業形態（被用者、自営、その他）、雇用形態（フルタイム、パートタイム・派遣、その他）、住居（持家、借家、その他）、医療保険の種類（国民健康保険、協会けんぽ、健康保険組合・共済組合、老人保健制度（2009年、2011年調査については後期高齢者医療制度）、その他）、医療保険の被保険者被扶養者の別、民間の医療保険の加入状況、日常生活動作を表す変数（日常生活動作1：靴下や靴を脱いだり履いたりする、日常生活動作2：部屋の中を歩いて移動する、日常生活動作3：ひとりで入浴する、日常生活動作4：ひとりで食事する、日常生活動作5：寝床に入ったり起きたりする、日常動作6：洋式トイレを使って排泄をする）、その他の日常生活動作を表す変数（その他1：100m歩く、その他2：2時間椅子に座る、その他3：長時間椅子に座り続けた後、椅子から立ち上がる、その他4：手すりに頼らず階段を1段上がる、その他5：手すりに頼らず階段を何段か上がる、その他6：しゃがんだり、ひざまずいたりする、その他7：肩の高さより高く腕を上げる、その他8：居間の椅子やソファのような大きなものを押したり引いたりする、その他9：5kg以上の物を持ち上げたり運んだりする、その他10：小さなものを指でつかむ）、過去1年での入院の有無、昨年度健康診断を受けたことがある（マンモグラフィー、子宮頸癌検診、前立腺検診のいずれか）、主観的健康感（とてもよい、よい、普通、悪い、とても悪い）である。さらに、固定効果分析を除くすべての推定に関しては、性別、学歴（義務教育修了、高卒、短大・専門学校卒、大学卒、大学院卒）、子どもの数、という時間を通じて不変であると考えられる変数でコントロールするとともに、同一調査年における個人間で共通に発生する影響を調査年ダミーによりコントロールした。

　表7-2は使用するデータの記述統計を表している。3年分の全標本16,432観測値（person-years）のうち、通院回数の欠損値を除いた5,311個の観測値が本章の分析の対象となる。定期的な通院回数は、分析対象となる標

表7-2 記述統計

変数	N	平均	標準偏差	最小値	最大値
定期的な通院回数／月	5,311	1.20	2.19	0	28
1回以上通院ダミー	5,311	0.73	0.45	0	1
70歳以上ダミー	5,311	0.29	0.45	0	1
年齢	5,311	64.31	7.19	47	79
パートナーの有無	5,274	0.79	0.41	0	1
就業形態					
被用者	5,311	0.37	0.48	0	1
自営	5,311	0.15	0.36	0	1
その他	5,311	0.48	0.50	0	1
雇用形態					
フルタイム	5,311	0.19	0.39	0	1
パートタイム・派遣	5,311	0.16	0.37	0	1
その他	5,311	0.65	0.48	0	1
住居					
持家	5,311	0.81	0.39	0	1
借家	5,311	0.15	0.35	0	1
その他	5,311	0.04	0.19	0	1
医療保険の種類					
国民健康保険	5,311	0.51	0.50	0	1
協会けんぽ	5,311	0.28	0.45	0	1
健康保険組合・共済組合	5,311	0.15	0.36	0	1
老人保険・後期高齢者医療制度	5,311	0.05	0.21	0	1
その他	5,311	0.03	0.18	0	1
被保険者かどうか	5,276	0.70	0.46	0	1
民間医療保険加入（あり＝1）	4,513	0.57	0.50	0	1
性別（男性＝1）	5,311	0.48	0.50	0	1
教育水準					
義務教育修了	5,311	0.27	0.45	0	1
高卒	5,311	0.44	0.50	0	1
短大・専門学校	5,311	0.13	0.33	0	1
4年制大学	5,311	0.15	0.36	0	1
大学院	5,311	0.01	0.10	0	1
その他	5,311	0.00	0.06	0	1

変数	N	平均	標準偏差	最小値	最大値
子どもの数	4,716	2.10	1.19	1	6
日常生活動作（差し支えあり＝1)					
靴下や靴を履いたり脱いだりする	4,584	0.03	0.17	0	1
部屋の中を歩いて移動する	4,584	0.02	0.13	0	1
ひとりで入浴する	4,584	0.02	0.13	0	1
ひとりで食事する	4,584	0.01	0.07	0	1
寝床に入ったり起きたりする	4,584	0.01	0.11	0	1
洋式トイレを使って排泄をする	4,584	0.01	0.09	0	1
その他の日常生活動作（差し支えあり＝1）					
100m 歩く	5,311	0.04	0.21	0	1
2 時間椅子に座る	5,311	0.06	0.23	0	1
長時間座り続けた後、椅子から立ち上がる	5,311	0.08	0.27	0	1
手すりに頼らず階段を 1 段上がる	5,311	0.06	0.24	0	1
手すりに頼らず階段を何段か上がる	5,311	0.11	0.31	0	1
しゃがんだり、ひざまずいたりする	5,311	0.10	0.30	0	1
肩の高さより高く腕を上げる	5,311	0.03	0.18	0	1
居間の椅子やソファのような大きなものを押したり引いたりする	5,311	0.07	0.25	0	1
5kg 以上の物を持ち上げたり運んだりする	5,311	0.07	0.26	0	1
小さなものを指でつかむ	5,311	0.02	0.13	0	1
入院の有無（あり＝1）	5,305	0.11	0.31	0	1
健康診断を受けたことがある	4,892	0.57	0.49	0	1
主観的健康感					
とてもよい	5,311	0.04	0.19	0	1
よい	5,311	0.22	0.41	0	1
普通	5,311	0.54	0.50	0	1
悪い	5,311	0.10	0.30	0	1
とても悪い	5,311	0.01	0.08	0	1
調査年					
2007 年	5,311	0.32	0.47	0	1
2009 年	5,311	0.38	0.49	0	1
2011 年	5,311	0.30	0.46	0	1

本全体ではひと月当たり 1.20 回であるが、4 分の 1 強の個人が月当たりの通院回数を 0 回であると回答している一方で、最大値は 28 回にのぼる。「くらしと健康の調査」は調査開始当初 50 歳以上である個人を対象としており、分析対象者において平均年齢は 64 歳、また約 7 割が 70 歳未満の個人である。このため、日常生活動作に差し支えがあるとの回答は主な日常生活動作各項目で 0 から 3 ％ にとどまり、その他の日常生活動作で 2 ％ から 11％ である。約半数が自身の健康感を「普通」であると答えており、その次に「よい」が約 5 分の 1、「とてもよい」、「悪い」がそれぞれ 4 ％、10％ であり、「とても悪い」との回答は 1 ％ 未満となっている。

3　推定方法

　受診回数を被説明変数とした分析については、3 調査年分をプールしたデータにより、OLS と 0 で打ち切りデータになっているという特徴を考慮するために、Tobit モデルにより推定した。あわせて、パネルデータ分析の固定効果推定、ランダム効果推定、Tobit モデルのランダム効果推定を行った。受診確率を被説明変数とした分析については、Probit モデルと Probit モデルのランダム効果推定による分析を行った。

　疾病別の分析は、これまでに診断・指摘を受けた疾病のダミーを用いて、受診回数に与える影響を OLS と固定効果推定を用いて行った。さらに、受診確率に与える影響を Probit モデルを用いて分析した。

4　頑健性チェック

　頑健性チェックとして 3 つの分析を行う。第 1 に疾病別ダミー変数に関しての定義を変更して分析を行う。過去の診断・指摘の有無に関する情報は、受診回数だけでなく通院の有無の選択に対する影響を見ることができるという意味で有益であるが、同時に過去に診断・指摘を受けたことがあるが現在は根治した疾病も含まれるという点でデメリットがある。そこで、1 カ月当たりの定期的な通院回数が正である個人に焦点を当てて、定期的な通院の理由として挙げられた疾病の情報を用いて疾病別の受診回数の変化を分析する。

　第 2 に、所得をコントロールしたうえでの分析である。所得は個人の受診行動と説明変数である健康状態、年齢などの両方に関係のある重要な変数で

あると考えられるが、回答における欠損値の割合が大きいため、メインの分析では所得をコントロールしていない。したがって、頑健性チェックとして所得をコントロールしたうえで分析を行う。第3に、70歳以上ダミーという自己負担率の変化を表すダミー変数に関して、より制度を正確に反映するために世帯所得を考慮し分析を行う。医療保険制度上、70歳以上個人の患者負担割合は原則1割であったが、現役並み所得のあるものは現役世代と同じ3割を負担することになっている。ここで現役並み所得者の定義は、個人の加入する保険制度により異なり、①被用者保険の場合、被保険者が70歳以上でありその標準報酬月額が28万円以上であること、②国民健康保険の場合、世帯内に課税所得額が145万円以上の被保険者（70〜74歳に限る）がいること、③後期高齢者医療制度の場合、世帯内に課税所得の額が145万円以上の被保険者がいること、と定義されている。頑健性チェックでは、便宜上複雑な世帯・収入構造を捨象して、医療保険制度におけるモデル世帯を想定し、世帯収入が520万円（70〜74歳の被保険者または、被扶養者が1人の場合は383万円）以上の世帯収入を持つ個人を現役並み所得者として70歳以上ダミーを0として分析を行う。最後に、70歳における非連続性により注目するために、より70歳に近い個人（65歳以上75歳未満）にデータを限定したうえで分析を行う。

第3節 結果

1 自己負担率の低下と受診行動

表7-3および表7-4は、自己負担率と受診回数および受診確率の関係についての推定結果を表している。紙面の都合上、最も関心のある年齢に関する3変数のみの推定結果を表示した。すべての推定において、70歳以上ダミーの係数は統計的に有意に0と異ならず、標本全体の平均として70歳以上で受診回数が増加したり、新たに受診を開始するという仮説は支持されないことがわかる。

2 自己負担率の低下と受診行動（疾病ごとの分析）

70歳での自己負担率の減少により受診回数または受診確率が増加したと

表7-3 70歳での受診回数の変化

	被説明変数：受診回数				
	OLS	Tobit	固定効果推定	ランダム効果推定	ランダム効果Tobit
70歳以上ダミー	−0.010 (0.144)	0.024 (0.178)	0.105 (0.309)	−0.013 (0.146)	0.187 (0.170)
年齢	−0.159 (0.130)	−0.203 (0.161)	−0.48 (0.498)	−0.208 (0.114)	−0.245 (0.147)
年齢の2乗	0.001 (0.001)	0.002 (0.001)	0.003 (0.004)	0.002 (0.001)	0.002 (0.001)
N	5,311	5,311	5,311	5,311	5,311

注1：***、**、*はそれぞれ係数が1%、5%、10%水準で有意であることを示す。
 2：（ ）内は標準誤差。回帰分析は、表7-2に含まれる個人の属性によってコントロールされている。

表7-4 70歳での受診確率の変化

	被説明変数：受診確率	
	Probit	ランダム効果Probit
70歳以上ダミー	0.016 (0.031)	0.090 (0.148)
年齢	−0.029 (0.023)	−0.130 (0.114)
年齢の2乗	0.000 (0.000)	0.001 (0.001)
N	5,311	5,311

注1：***、**、*はそれぞれ係数が1%、5%、10%水準で有意であることを示す。
 2：（ ）内は標準誤差。回帰分析は、表7-2に含まれる個人の属性によってコントロールされている。

いう結果は統計的に有意には確認できず、70歳以上で一律に受診が増加するという傾向は見られなかった。次に、自己負担率と通院回数の関係は通院理由の疾病ごとにより異なるのか、また異なるとすれば、どの疾病で異なるのかに関する分析を行う。

　表7-1は、20疾病のうち、高脂血症、慢性肺疾患、潰瘍などの胃腸の病気、耳の病気、排尿の病気を除く15疾病への診断・指摘がある個人は、ない個人に比べて平均的に受診回数が多い。このうち、差が統計的に有意であ

るのは、心臓の病気、脳卒中・脳血管障害、肝臓の病気、関節疾患、大腿骨頸部骨折、骨粗しょう症である。これらの受診回数の差が、はたして自己負担率の変化とともに起こっているものであるのかを検証するために、個人のさまざまな属性をコントロールしたうえで回帰分析を用いて分析し、結果を表7-5に示した[4]。

表7-5（A）はOLSによる推定結果を表している。最も関心のある70歳以上の個人における自己負担率の低下による追加的な影響であるが、喘息、肝臓の病気の診断・指摘を受けたことのある個人は、それらの病気の診断・指摘がない個人に比べそれぞれ1カ月当たり0.76回、1.54回受診回数が多い。また、診断ダミーに注目すると、いくつかの疾病において係数が統計的に有意に負の値をとっている。

表7-5（B）は固定効果推定による結果を表している。固定効果推定により、個人の観測不可能な時間を通じて不変の属性をコントロールした結果、推定結果には変化が生じている。70歳以上の個人における診断・指摘ありによる追加的な影響は、排尿の問題、および皮膚の病気、の2疾病において統計的に有意に検出された一方で、OLSで観察された2つの疾病に関しては影響が検出されない。

次に、疾病別の自己負担率の変化が受診確率に及ぼす影響を表7-5（C）に示す。高血圧、高脂血症、糖尿病、うつ病などのこころの病気で統計的に有意に負の値をとり、70歳を超えることにより受診確率が増加するという傾向に対しては否定的な結果となった。受診回数の結果と合わせて考えると、一部疾病に見られる自己負担率の減少に伴う平均的な受診回数の増加は新たな受診の増加によりもたらされるものというよりは、すでに1回以上受診している個人の受診回数の増加によるものである可能性が示唆される。

3　頑健性チェック[5]

疾病の情報に関して、「定期的な通院の理由」として挙げられた疾病の情

---

4) 紙面の都合上、受診回数モデルのTobit、ランダム効果、ランダム効果Tobit、受診確率モデルのランダム効果Probitモデルの結果は省略。
5) 受診の有無を表す指標は、受診回数から作成されたものであるため、頑健性チェックではより多くの情報を含む受診回数への影響のみを対象として分析を行う。

表7-5　疾病ごとの受診行動の変化

(A)　OLSによる推定

		70歳以上ダミー	診断ダミー	交差項
1	心臓の病気	−0.047	0.071	0.266
		(0.148)	(0.158)	(0.267)
2	高血圧	0.013	0.016	−0.048
		(0.160)	(0.069)	(0.132)
3	高脂血症	0.018	−0.114	−0.180
		(0.146)	(0.084)	(0.146)
4	脳卒中・脳血管障害	−0.008	−0.044	−0.046
		(0.145)	(0.232)	(0.344)
5	糖尿病	−0.001	−0.108	−0.013
		(0.148)	(0.084)	(0.155)
6	慢性肺疾患	−0.009	−0.226	−0.177
		(0.145)	(0.237)	(0.282)
7	喘息	−0.037	−0.271**	0.765**
		(0.144)	(0.130)	(0.379)
8	肝臓の病気	−0.092	−0.282**	1.541***
		(0.145)	(0.115)	(0.471)
9	潰瘍など胃腸の病気	−0.011	−0.267**	−0.078
		(0.145)	(0.125)	(0.182)
10	関節疾患	−0.033	0.032	0.428
		(0.146)	(0.203)	(0.351)
11	大腿骨頸部骨折	−0.016	−0.115	0.858
		(0.144)	(0.661)	(1.099)
12	骨粗しょう症	−0.044	0.222	0.579
		(0.143)	(0.244)	(0.437)
13	眼の病気	−0.040	−0.205*	0.167
		(0.148)	(0.126)	(0.212)
14	耳の病気	−0.024	−0.302**	0.196
		(0.145)	(0.140)	(0.240)
15	排尿の問題	−0.010	−0.352**	0.108
		(0.145)	(0.141)	(0.316)
16	パーキンソン病	−0.006	−0.496	0.119
		(0.145)	(0.605)	(0.686)
17	うつ病などこころの病気	−0.001	−0.084	−0.502
		(0.145)	(0.161)	(0.330)
18	認知症	−0.015	−0.965***	0.878
		(0.145)	(0.153)	(0.579)
19	皮膚の病気	−0.031	−0.188	0.692
		(0.144)	(0.210)	(0.489)
20	癌や悪性腫瘍	0.000	0.009	−0.208
		(0.145)	(0.188)	(0.253)

注1：***、**、*はそれぞれ係数が1％、5％、10％水準で有意であることを示す。
　2：（　）内は標準誤差。回帰分析は、表7-2に含まれる個人の属性によりコントロールされている。

(B) 固定効果推定

		70歳以上ダミー	診断ダミー	交差項
1	心臓の病気	0.142	−0.012	−0.313
		(0.396)	(0.213)	(0.356)
2	高血圧	0.059	0.108	0.105
		(0.478)	(0.326)	(0.346)
3	高脂血症	0.129	−0.217	−0.198
		(0.388)	(0.299)	(0.347)
4	脳卒中・脳血管障害	0.126	0.146	−0.788
		(0.378)	(0.255)	(0.516)
5	糖尿病	0.120	0.042	−0.088
		(0.423)	(0.453)	(0.476)
6	慢性肺疾患	0.101	0.276	−0.734
		(0.378)	(0.484)	(0.538)
7	喘息	0.084	−1.009	0.582
		(0.380)	(0.531)	(0.602)
8	肝臓の病気	0.101	0.342	0.401
		(0.380)	(0.219)	(0.607)
9	潰瘍など胃腸の病気	0.128	0.113	−0.398
		(0.384)	(0.236)	(0.408)
10	関節疾患	0.122	−0.009	−0.251
		(0.384)	(0.341)	(0.693)
11	大腿骨頸部骨折	0.106	−0.935	0.580
		(0.377)	(1.047)	(1.350)
12	骨粗しょう症	0.049	−0.038	0.836
		(0.395)	(0.389)	(0.567)
13	眼の病気	0.068	−0.406*	0.231
		(0.384)	(0.232)	(0.318)
14	耳の病気	0.130	0.456	−0.154
		(0.382)	(0.382)	(0.436)
15	排尿の問題	0.000	−0.978	1.438*
		(0.395)	(0.790)	(0.844)
16	パーキンソン病	n. a.	n. a.	n. a.
17	うつ病などこころの病気	0.105	0.148	0.055
		(0.377)	(0.343)	(0.901)
18	認知症	n. a.	n. a.	n. a.
19	皮膚の病気	0.095	−0.409	0.791*
		(0.378)	(0.417)	(0.489)
20	癌や悪性腫瘍	0.134	0.246	−1.024
		(0.371)	(0.333)	(0.874)

注1：***、**、* はそれぞれ係数が1％、5％、10％水準で有意であることを示す。
 2：( ) 内は標準誤差。回帰分析は、表7−2に含まれる個人の属性によりコントロールされている。
 3：パーキンソン病と認知症に関しては、分析対象のパネルデータにおいて当該変数に変化が見られず係数の推定値が得られなかった。

(C) 受診確率（Probit 推定）

		70歳以上ダミー	診断ダミー	交差項
1	心臓の病気	0.018	0.028	−0.024
		(0.031)	(0.026)	(0.040)
2	高血圧	0.049	0.248***	−0.099***
		(0.031)	(0.014)	(0.030)
3	高脂血症	0.031	0.109***	−0.104***
		(0.031)	(0.017)	(0.040)
4	脳卒中・脳血管障害	0.015	0.039	0.013
		(0.031)	(0.045)	(0.065)
5	糖尿病	0.026	0.135***	−0.089**
		(0.031)	(0.018)	(0.038)
6	慢性肺疾患	0.013	−0.027	0.096
		(0.031)	(0.063)	(0.110)
7	喘息	0.013	0.005	0.069
		(0.031)	(0.043)	(0.076)
8	肝臓の病気	0.014	−0.023	0.036
		(0.031)	(0.040)	(0.065)
9	潰瘍など胃腸の病気	0.009	−0.059	0.087
		(0.031)	(0.032)	(0.055)
10	関節疾患	0.012	−0.054	0.051
		(0.031)	(0.037)	(0.055)
11	大腿骨頸部骨折	0.016	0.015	−0.068
		(0.031)	(0.115)	(0.174)
12	骨粗しょう症	0.022	0.052	−0.092
		(0.031)	(0.037)	(0.061)
13	眼の病気	0.008	−0.066**	0.040
		(0.032)	(0.027)	(0.039)
14	耳の病気	0.015	−0.053	−0.004
		(0.031)	(0.044)	(0.066)
15	排尿の問題	0.018	−0.082*	−0.009
		(0.031)	(0.049)	(0.069)
16	パーキンソン病	0.015	−0.041	0.123
		(0.031)	(0.150)	(0.180)
17	うつ病などこころの病気	0.020	0.093	−0.270**
		(0.030)	(0.041)	(0.105)
18	認知症	0.015	−0.238	0.258
		(0.031)	(0.217)	(0.241)
19	皮膚の病気	0.016	−0.102	0.018
		(0.031)	(0.047)	(0.079)
20	癌や悪性腫瘍	0.020	0.053	−0.069
		(0.031)	(0.036)	(0.067)

注1：***、**、* はそれぞれ係数が1％、5％、10％水準で有意であることを示す。
 2：数字はそれぞれ限界効果を表す。交差項の限界効果は Ai and Norton（2003）の手法により推定した。
 3：( ) 内は標準誤差。回帰分析は、表7-2に含まれる個人の属性によりコントロールされている。

表7-6 疾病ごとの受診行動の変化：頑健性チェック

(A) 受診回数への影響：正の受診回数報告者のみを対象に、疾病の分類は通院理由による分析

		70歳以上ダミー	理由ダミー	交差項
1	心臓の病気	−0.132	−0.669***	0.795***
		(0.169)	(0.113)	(0.276)
2	高血圧	−0.18	−0.561***	0.269
		(0.184)	(0.081)	(0.144)
3	高脂血症	−0.090	−0.565***	0.100
		(0.173)	(0.067)	(0.145)
4	脳卒中・脳血管障害	−0.072	−0.067	−0.408
		(0.172)	(0.400)	(0.482)
5	糖尿病	−0.092	−0.478***	0.184
		(0.176)	(0.096)	(0.166)
6	慢性肺疾患	−0.109	−0.708***	2.905
		(0.177)	(0.153)	(2.315)
7	喘息	−0.104	−0.557***	1.196*
		(0.171)	(0.136)	(0.625)
8	肝臓の病気	−0.145	−0.379*	2.357***
		(0.172)	(0.204)	(0.775)
9	潰瘍など胃腸の病気	−0.097	−0.578	0.079
		(0.172)	(0.111)	(0.168)
10	関節疾患	−0.115	0.414	0.782
		(0.172)	(0.430)	(0.660)
11	大腿骨頸部骨折	−0.087	2.957	−1.922
		(0.172)	(2.678)	(2.941)
12	骨粗しょう症	−0.128	−0.202	0.964*
		(0.168)	(0.212)	(0.516)
13	眼の病気	−0.112	−0.637***	0.388
		(0.172)	(0.123)	(0.225)
14	耳の病気	−0.082	0.524	−0.684
		(0.172)	(0.691)	(0.767)
15	排尿の問題	−0.079	−0.383**	−0.098
		(0.173)	(0.134)	(0.227)
16	パーキンソン病	−0.076	−1.363**	0.521
		(0.172)	(0.672)	(0.696)
17	うつ病などこころの病気	−0.089	−0.436***	0.316
		(0.172)	(0.150)	(0.635)
18	認知症	−0.085	−1.046***	2.226***
		(0.172)	(0.248)	(0.850)
19	皮膚の病気	−0.085	−0.073	0.081
		(0.171)	(0.226)	(0.569)
20	癌や悪性腫瘍	−0.087	−0.046	0.088
		(0.173)	(0.324)	(0.487)

注1：***、**、*はそれぞれ係数が1％、5％、10％水準で有意であることを示す。
 2：（ ）内は標準誤差。回帰分析は、表7-2に含まれる個人の属性によりコントロールされている。

(B) 所得コントロール、自己負担率定義の修正、および65〜75歳にサンプル限定

		OLS	OLS通院理由	所得をコントロール	自己負担率再定義	65歳以上75歳未満
1	心臓の病気		+			
2	高血圧					
3	高脂血症				−	−
4	脳卒中・脳血管障害					
5	糖尿病					
6	慢性肺疾患					
7	喘息	+	+			
8	肝臓の病気	+	+	+	+	+
9	潰瘍など胃腸の病気					
10	関節疾患					
11	大腿骨頸部骨折					+
12	骨粗しょう症		+			
13	眼の病気					
14	耳の病気					
15	排尿の問題					
16	パーキンソン病					
17	うつ病などこころの病気				−	
18	認知症		+			
19	皮膚の病気					
20	癌や悪性腫瘍					

注：表は通院理由ダミーと70歳以上ダミーの交差項の係数の推定値について、＋は有意水準10％で統計的に有意に正、−は有意に負であることを表す。

報を用いて、疾病別の受診回数の変化を分析した。表7-6（A）はその結果である。交差項の係数は心臓の病気、喘息、肝臓の病気、骨粗しょう症、認知症で統計的に有意に0と異なるという結果が得られており、これらの疾病で70歳以上で有意に通院回数が増加している。このように、70歳以上で疾病に起因する受診回数が増加した疾病の数は、「過去の診断・指摘の有無」を使用した場合に比べ、「通院理由」を用いた分析の方が多く、自己負担率の低下が受診回数に与える影響は、定期的な通院をしている場合により顕著に表れる。

表7-6（B）は分析において、所得をコントロールした場合、自己負担率の変化の定義を所得による制限を加えて再定義した場合、分析対象を65歳以上75歳未満に限定した場合、について、受診回数に与えた影響に関する分析結果の要約を表している。交差項の係数のみに注目し、統計的に有意な係数について係数の正負の符号のみを表した。それぞれの分析で疾病ごとの

影響に関してばらつきはあるものの、肝臓の病気に関してはすべての分析に共通して増加の影響が見られる。

第4節　おわりに

　本章では、基礎的な医療保険の理論で導かれる最適な自己負担率が疾病の属性に依存することに注目して、疾病ごとの自己負担率の変化に対する受診行動の変化を日本の中高年者のパネルデータ「くらしと健康の調査」を用いて実証的に分析した。本章の分析において、個人の自己負担率の低下に対する受診回数や受診確率の変化はデータ全体での平均的な影響としては統計的に有意な結果が得られなかった。一方で、疾病ごとの影響について、今回の分析では、肝疾患において70歳以上で自己負担率が低下することにより受診回数が増加する傾向が見られた。この結果は、モデルを所得でコントロールした場合、自己負担率の定義について精緻化したうえで分析を行った場合、分析対象個人の年齢を非連続性のある70歳付近にサンプルを限定した場合、のいずれの場合でも得られ、個人間での差異を分析の対象とした場合には頑健な結果であると言える。ただし、過去に診断・指摘を受けたものの現在は根治した疾病を持つ個人も含むデータを使用した固定効果推定では、その傾向は消えるため、個人内での差異に注目した場合には、自己負担率が疾病に由来した受診行動に及ぼす影響は異なる可能性がある。
　自己負担率の変化が受診確率に与える影響はどの疾病に関しても統計的に有意に見られず、この結果は前述の受診回数の結果と合わせて考えると、平均的な受診回数の増加は新たな受診の増加によりもたらされるものというよりは、すでに1回以上受診している個人の受診回数の増加によるものであることを示唆している。
　分析により示された、受診行動の自己負担率の変化への反応が疾病ごとに異なるという結果は、個人は疾病の種類により、他の治療手段との代替性や治療の効果において異なる予想を持ち、その結果自己負担率が変化した場合には、疾病ごとに異なった程度で受診行動を変化させる可能性を示唆している。一方で、受診行動の変化のメカニズムや根拠については、本章の分析からは明らかとなってこない。仮に実証分析の結果が、疾病ごとに自己負担率

の変化の受診行動に与える影響が異なるという結果を示していたとしても、それが、理論モデルで取り上げられた疾病への罹患リスク、治療から得られる効用の重要性、疾病の重症度、などとの関連において、系統的な関係にあることを見てとることは本データからはできない。そもそも治療から得られる効用の重要性や、疾病の重症度を議論することはそれ自身が大きな課題であるので捨象し、ここでは例として、罹患リスクとの関係を考えてみる。今回分析に使用したデータは、疾病の罹患率は高血圧症、高脂血症、糖尿病、眼の病気では高いことを示しており、これらの疾病の罹患リスクは相対的に高いことが示されているが、それらの疾病においてより自己負担に対する反応が大きいという傾向を得られた結果から見てとることはできない。このことから、罹患リスクの高い疾病において高い自己負担を設定することがはたして理論に沿った形でのモラルハザードの抑制という効果を生むかどうかについては、明確な結論は出てこない。

　最後に、本章の分析の限界としていくつか記す。第1に、70歳以上と未満による制度上の変化に着目して自己負担率の変化が疾病別の受診回数および受診確率にどのように影響するかについて分析したことである。70歳という年齢は、他の制度的な変更の要因の影響を受けないという点で、全体の平均的な効果を見るには望ましい性質を持っていると考えられる。しかし、疾病ごとの変化に注目した場合には、年齢をコントロールしたうえでなお70歳未満と70歳以上という違いが受診行動の違いを生む程度に疾病の重症度に差を及ぼす可能性については否定できず、70歳以上の受診回数の変化をそのまま自己負担率に対する変化であると結論づけるには留保が必要である。とりわけ、70歳未満と70歳以上で正と負の影響の双方が混在するという実証結果のもとでは、この違いの要因を自己負担率の変化だけに求めることは困難である。第2に、「くらしと健康の調査」は、日本全国から無作為に抽出された個人に対する調査ではなく、一部の市区町のみが対象となっており、本章の結果をそのまま日本全体での傾向とみなすことはできないことに注意が必要である。

【参考文献】

Ai, C. and E. C. Norton（2003）"Interaction Terms in Logit and Probit Models", *Economics Letters*, 80(1), pp. 123-129.

Bhattacharya, J., W. B. Vogt, A. Yoshikawa and T. Nakahara（1996）"The Utilization of Outpatient Medical Services in Japan", *The Journal of Human Resources*, 31(2), pp. 450-476.

Cameron, A. C. and P. K. Trivedi（2005）*Microeconometrics: Methods and Applications*, Cambridge University Press.

Gruber, J.（2006）"The Role of Consumer Copayments for Health Care: Lessons from the RAND Health Insurance Experiments and Beyond", The Kaiser Family Foundation. http://kaiserfamilyfoundation.files.wordpress.com/2013/01/7566.pdf.

Kan, M. and W. Suzuki（2006）"The Demand for Medical Care in Japan: Initial Findings from a Japanese Natural Experiment", *Applied Economics Letters*, 13(5), pp. 273-277.

Shigeoka, H.（2014）"The Effect of Patient Cost Sharing on Utilization, Health and Risk Protection", *American Economic Review*, 104(7), pp. 2152-2184.

井伊雅子・大日康史（1999a）「軽医療における需要の価格弾力性の推定――疾病及び症状を考慮した推定」『医療経済研究』Vol.6、5-17頁。

―――（1999b）「風邪における医療サービスと大衆医薬の代替性に関する研究――独自アンケートに基づく分析」『医療と社会』Vol.9、No.3、70-81頁。

泉田信行（2004）「患者の受診パターンの変化に関する分析」『医療と社会』Vol.14、No.3、1-20頁。

井深陽子・庄司啓史（2013）「中高年者の受診行動――身体機能との関係から」『月刊統計』、2013年12月号、15-22頁。

小塩隆士（2013）『社会保障の経済学』（第4版）日本評論社。

鈴木亘（2011）「慢性疾患と自己負担率引上げ――糖尿病・高血圧性疾患レセプトによる自己負担率引上げの動態的効果の検証」『学習院大学経済論集』Vol.3、169-191頁。

独立行政法人経済産業研究所・国立大学法人一橋大学・国立大学法人東京大学 JSTAR「くらしと健康の調査」データセット。http://www.rieti.go.jp/jp/projects/jstar/

中泉真樹（2004）「情報の非対称性のもとでの医療技術の選択と最適医療保険」『医療と社会』Vol.14、No.3、111-125頁。

吉田あつし・伊藤正一（2000）「健康保険制度の改正が受診行動に与えた影響」『医療経済研究』Vol.7、101-121頁。

第 8 章

情報の非対称性のもとでのインセンティブ規制についての考察

鈴木彩子

第 1 節　はじめに

　本章では、情報の非対称性のもとでのインセンティブ規制に関する既存研究を考察する。インセンティブ規制の研究は新しい規制の経済学とも呼ばれ、プリンシパル・エージェント理論を使って規制の環境を分析しようとするものである。その理論分析はすでに 1980 年代初めから活発になされ、また、実用化されたメカニズムは実社会でも導入されている。たとえば、1990 年頃から米国電話会社 AT&T の料金規制で導入されたプライスキャップ方式や、後で紹介するヤードスティック規制などはインセンティブ規制の 1 つである。また、これを反映して、インセンティブ規制の実証研究も近年見られるようになってきた。本章では理論研究に比べて比較的新しい実証研究に焦点を当て、新しい規制の経済学を考察していきたい。

　規制当局が企業の商品やサービスの価格／料金を規制する際には、大きく分けて 2 つの情報の非対称性の問題が存在する[1]。1 つは「逆選択の問題」であり、もう 1 つは「モラルハザード問題」である。

　料金規制ではたいてい料金は企業の原価をベースに決定される。たとえば公共料金規制における総括原価方式では、サービスに伴う原価を企業に報告させ、それに基づき規制料金が決定される。しかし、このベースとなる原価

---

1) 本章では、特に断りがない限り、価格（料金）規制が必要となる独占企業を想定することとする。

は企業特有のさまざまな要因に依存し、企業によって変わってくる。企業特有の要因は企業自身が一番よく知っているため、ここに情報の非対称性が存在し、規制当局は「逆選択の問題」に直面する。すなわち、規制当局が真の原価を知ることが困難なため、企業は実際より高い原価を報告し、高い規制料金を得ようとするインセンティブが発生するのである。

また、企業の原価は上記の企業特有の潜在的な要因に影響される以外にも、往々にして企業内での費用削減努力にも影響される。規制当局としては、なるべく企業に費用削減努力をしてもらいたいと考えるが、企業内ではなるべく努力の度合いを小さく済ませたいと考えるため、規制当局の望みどおりにはいかない可能性がある[2]。特に、規制当局が企業内での努力行動を監視することは困難なため、ここに「モラルハザード問題」が発生する。

インセンティブ規制の理論は、このような情報の非対称性による問題を明示的にモデルに取り入れたうえで、社会厚生を最大化するような次善の規制のメカニズムを考えたものである[3]。

次節ではまず、インセンティブ規制の理論研究を考察したい。

第2節　インセンティブ規制の理論研究

インセンティブ規制の代表的な理論モデルは Baron and Myerson (1982) や Laffont and Tirole (1986) であると言えよう。これらの研究に共通しているところは、プリンシパル・エージェント理論の Revelation Principle を規制の枠組みに当てはめ、最適な規制を考えているところである。すなわち、プリンシパルである規制当局はその最適メカニズム（規制）を考えるとき、無数にある規制のメカニズムの中から、企業が真の原価を報告させるようなインセンティブを与えることができる規制デザインに絞って考えればよい。

Baron and Myerson (1982) はこの枠組みを使って「逆選択の問題」が存在

---

2) 経済学ではこのような努力負担は人々の効用を下げる要因になると考えられることが多い。よって企業内の人々はなるべく努力の度合いを小さくしたいというインセンティブがある。

3) 情報の非対称性があるもとでは、最善の結果に持っていくことができないため、次善の結果をもたらすメカニズムを考える。

する場合の最適規制を導出している。彼らが提案する規制は、報告された原価に連動した「規制料金」と「補助金」のペアであるが、最適な規制はそのようなペアのうち、Incentive compatibility と Participation の2つの制約を満たし、社会厚生を最大化するものである。

　Laffont and Tirole（1986）の Baron and Myerson（1982）との大きな違いは、後者では外生的に決まっていた企業の原価を内生化しているところである。つまり、企業特有の外生的な要因で決まっていた原価が、企業の努力レベルにも影響を受けるようにモデル化され、モラルハザード問題も起こりうる環境になっている。また、企業が生産活動を終えた後に実現された「事後（Ex-post）の原価」が規制当局にも観測されるとした点も Baron and Myerson（1982）との違いである。

　Laffont and Tirole（1986）はこのような状況のもとでの最適な規制は、2つの対極にある規制をミックスさせたものであることを示している。対極にある2つの規制の1つは Cost-plus（費用積み上げ）方式である。これは、サービスの原価が確定した後にその確定された原価がカバーされるように料金や補助金が決まる方式である。Laffont and Tirole（1986）の設定では、事後に原価が観測されるようになっているため、この方式のもとでは逆選択の問題は起こらない。しかし、確定された原価が必ずカバーされるため、企業の原価削減インセンティブはわかない。したがって、この規制のもとではモラルハザードの問題はそのまま残される。

　もう1つの対極にある規制はプライスキャップ方式である。この方式は、生産活動に入る前に規制当局が（上限の）料金を決めておくものである。事前に料金が固定されているため、企業にとっては原価を小さくすればするほど利潤が増える。よって原価削減のインセンティブが高くなる。しかし、上限料金は企業の原価をベースに決まるため、その時点で逆選択の問題が起こりうる。したがって、プライスキャップ方式のもとではモラルハザード問題は排除することができるが、逆選択の問題が残る。

　よって、Laffont and Tirole（1986）のようにモラルハザードと逆選択の問題が両方存在するような設定での最適な規制はこれらの対極にある2つの方式をミックスさせたものになる。さらに言えば、最適な規制は、2つの方式のウェイトを変えた複数の規制を提示して企業自身にウェイトを選ばせるも

のになる。企業は自分の潜在的な原価によってこのウェイトを選ぶことになるが、原価が高い企業はCost-plus方式に近く、低い企業はプライスキャップ方式に近い規制を選ぶことになるとLaffont and Tirole（1986）は示している。

上記の2つの研究とはまったく別のアプローチをとったインセンティブ規制にShleifer（1985）がある。Shleifer（1985）は異なる市場で活動する同じような独占企業が複数あった場合（たとえば地方独占など）、これらの企業を比較し、競争を導入することで効率的な結果が得られることを示した。たとえばある企業の規制料金を定める際、その企業ではなく、他の市場の企業の原価を基準（ヤードスティック）にするのである。このような規制はヤードスティック規制と呼ばれる。

この規制のもとでは、企業の規制料金はその企業の原価に依存しないため、実質的にはプライスキャップ規制と同様の効力が表れる。すなわち、企業は原価を小さくすればするだけ利潤が上がるため、企業の努力水準が効率的な水準にまで導かれ、モラルハザードの問題は解決される。また、当該企業の原価を他の企業の原価と比べることで逆選択の問題も緩和される。

ヤードスティック規制がBaron and Myerson（1982）やLaffont and Tirole（1986）らのインセンティブ規制と違う点は、規制当局が把握する情報が少ない場合でもそれを実行することが可能な点であると言える。たとえば、Baron and Myerson（1982）らの研究では、規制当局は、消費者の選好や、それに伴う市場の需要曲線について完全な情報を持っていると仮定されているし、企業の努力がどの程度原価を減らすのか、またどの程度企業の効用を減らすのか、についても知っているとされている。ヤードスティック規制ではこれらの情報は必要ではない[4]。

次節では、本節で紹介した理論研究に基づいた実証研究を考察したい。

---

[4] さらにヤードスティック規制で注目したいところは、規制当局がその規制を使って最善の結果に到達することができうることである。

第3節　インセンティブ規制の実証分析の流れ

　インセンティブ規制の理論研究は上述のようにすでに30年以上前から存在しており、また、それをもとにした規制もさまざまな国、産業で導入されてきた。その効果はやはり実証研究によって測られるものであろう。この節では、インセンティブ規制の実証研究を考察する。中でも特に、上述のモデルをそのまま構造推計した研究に焦点を当てていきたい。そのような実証研究は理論分析にかなり遅れて登場したのであるが、その時間差の一番の理由はやはり、インセンティブ規制のモデルの一番のカギとなる「観測されない情報」がデータとして経済学者にも観測されないことであったと思われる。

　しかし、1990年代になると、Wolak（1994）や Gagnepain and Ivaldi（2002）らが「観測されない情報」に分布の仮定を置くことで実証研究を可能にした。理論モデルの中では、情報の非対称性が存在する際、それを観測されない確率変数と仮定することが多い。Wolak（1994）や Gagnepain and Ivaldi（2002）はその理論モデルでの仮定をそのまま計量分析に使っている。つまり、観測されない変数を確率変数とし、その確率分布関数を用いて推計をしている。

　Wolak（1994）はカリフォルニアの水道事業、Gagnepain and Ivaldi（2002）はフランスの交通事業の規制を分析しているが、2つの実証分析に共通する点は、両方とも情報の非対称性は企業の労働投入量にあるとしているところである。つまり、観測される労働投入量と、実際に生産力となる実効労働投入量に差があり、規制当局は前者しか観測できないと仮定している点で共通している。また、両研究とも、情報の非対称性があるという仮定と、非対称性がないという仮定で推計を行い、2つの推計結果を比較することにより情報の非対称性の存在を認める方法をとっている。

　2つの実証分析の相違点は、まず、Wolak（1994）が「逆選択」の問題のみを考慮しているのに対して、Gagnepain and Ivaldi（2002）は「逆選択」と「モラルハザード」の両方の問題を考慮している点にある。この相違点は、ちょうど Baron and Myerson（1982）と Laffont and Tirole（1986）との相違点と同じであるため、Wolak（1994）の実証研究は Baron and Myerson（1982）に、Gagnepain and Ivaldi（2002）の実証研究は Laffont and Tirole（1986）に対応していると言える。また、もう1つの大きな相違点は、Wolak（1994）は

実際の規制を理論上の最適な規制であると仮定しているのに対し、Gagnepain and Ivaldi（2002）はそれを仮定していないことである。Wolak（1994）はまず理論的に最適な規制を導出し、企業がその規制のもとで行動していると仮定している。そして、データがそのような行動で説明できるか否かをテストしている。それに対して、Gagnepai and Ivaldi（2002）は、実際の規制が最適であるとは仮定せず、実際の規制と最適規制との社会厚生の差を求めている。

　もちろん、Wolak（1994）や Gagnepain and Ivaldi（2002）以前にも規制に関する実証研究は多く存在してきた。しかし、これらの実証研究のほとんどは、誘導型の関数を推計するにとどまってきた。Wolak（1994）や Gagnepain and Ivaldi（2002）の実証研究はいわゆる構造推計を用いて情報の非対称性を生じさせるパラメータを推計し、情報の非対称性の存在の有無やその社会への影響を実証してみせた画期的なものであると言える。

　ヤードスティック規制についても実証研究は多く存在する。しかし、そのほとんどは上述のように誘導型を用いた実証研究である。また、ヤードスティック規制の実証研究のほとんどがモラルハザード問題がどの程度軽減されたかを分析したものになる。つまり、これらの実証研究はヤードスティック規制が企業の原価削減のインセンティブにどの程度働きかけ、実現した費用がどの程度実際に低くなったか、を分析したものである。これに対し、次の節で紹介する Suzuki（2012）は前述の Gagnepain and Ivaldi（2002）のフレームワークを用い、情報の非対称性を明示的に組み込んだモデルを推計し、ヤードスティック規制が逆選択の問題をどの程度軽減したかを実証分析している。

第4節　ヤードスティック規制の実証研究例

　本節では、日本のヤードスティック規制の実証研究の1つの例として Suzuki（2012）論文（以下 Suzuki）を詳しく考察していきたい。Suzuki は日本の都市ガス供給事業において導入されたヤードスティック査定が情報の非対称性の問題、特に逆選択の問題をどの程度緩和することができたかを研究している。以下、当該論文における規制の枠組み、モデル、推計方法、結果の

順に考察する。

1　都市ガス供給事業における料金規制とヤードスティック査定

　日本の都市ガス供給事業は地方独占であり、都市ガス料金は経済産業省によって規制されている。ガス供給会社は、ガス料金を変更する際、経済産業省にそれを申請し、承認を得なければならない[5]。規制料金は翌年の期待需要 Y^e に基づき、

$$P^r Y^e = C(Y^e) + sB \tag{1}$$

が満たされるように決定される。ここで、$C(Y^e)$ は期待需要を満たす供給にかかる原価（つまり期待原価）、s は収益率、B はレートベースである。ガス供給会社は上記式のそれぞれの項を報告し、経済産業省は上記式が満たされるかどうかをチェックする。これらのチェックはすべて事前に（生産活動に入る前に）行われるものであり、事後のチェックはない。

　まずはこの規制の性質を考えてみたい。この規制は一見すると費用積み上げ方式のように見えるが、規制料金は実現した原価で決まるのではなく、期待原価で決まるため、費用積み上げ方式とは異なるものであると言える。この規制のもとでは、生産活動が始まるときにはすでに料金が決定しており、プライスキャップ規制と同様の効果がある。すなわち、料金決定後の生産活動において、企業は原価を削減すればするだけ利潤が上がるため、企業の原価削減努力を促し、モラルハザード問題が存在しない。しかし、逆選択の問題は未解決のまま残され、上記の規制のもとでは、企業は $C(Y^e)$ を高く報告しようとするインセンティブがある。

　経済産業省は上記の規制に加え、1995年にヤードスティック査定という査定制度を導入した。大まかにその査定制度を説明すると、まず、すべての都市ガス供給産業をその特質（市場サイズ、生産システム、供給エリア、民営・公営など）によって16のグループに分ける。そして、それぞれのグループ内の企業は、その報告された原価によってさらに3つのグループに分類分けされる。原価の低いグループからグループⅠ、Ⅱ、Ⅲとすると、ⅡとⅢグ

---

[5]　1998年からは料金引き下げの場合は届出だけでよいことになった。

ループに入った企業はペナルティーを科される。そのペナルティーは報告された原価をそれぞれ 0.5%、1% 割引きするというものである。

このヤードスティックは査定制度であり、第2節で見た純粋なヤードスティック競争モデルとは異なるが、しかしヤードスティック競争のエッセンスを含んでいる。したがって、上記のペナルティーが十分に効果的であるとすれば、それぞれの企業の原価を高めに報告しようとするインセンティブは下がるはずである。Suzuki はこの効果を実証しようとしたものである。

2　モデル

Suzuki の推計モデルは Gagnepain and Ivaldi（2002）の推計モデルをベースにしており、企業の行動、消費者行動（需要関数）、そして規制当局の行動（規制）の3つから成る。

企業の行動

まず都市ガス供給量 Y は下記のように、労働投入量（L）、ガス投入量（G）、材料（M）、そして資本量（K）で決まる。

$$Y = f(L, G, M, K | b) \quad (2)$$

そして、上記の生産関数に情報の非対称性が明示的にモデルに組み込まれるが、Wolak（1994）や Gagnepain and Ivaldi（2002）と同様、労働投入量に情報の非対称性があると仮定されている。特に、実効労働量（観測されない）L は実際の（観測される）投入量 $\hat{L}$ とかい離すると仮定され、その関係を

$$\hat{L} = L \exp(\theta - e) \quad (3)$$

とする。ここで、パラメータ θ は労働非効率性パラメータであり、e は企業の努力水準レベルである。この2つのパラメータは規制当局には観測されない。(3) 式から、企業が効率的（θ が低い）であればあるほど、また企業が努力すれば（e が高い）するほど、実効労働投入量と実際の労働投入量とのかい離は小さくなることがわかる。

企業は、(2) 式の生産関数を制約として、次の費用最小化問題を解く。

$$\tilde{C}(Y, K, \omega, \theta) = \min_{L, G, M, e} \omega_L \hat{L} + \omega_G G + \omega_M M + \psi(e) \qquad (4)$$
$$= \min_{L, G, M, e} \omega_L L \exp(\theta - e) + \omega_G G + \omega_M M + \psi(e)$$

ここで、$\omega = [\omega_L, \omega_G, \omega_M]$ はそれぞれの生産要素（労働、ガス、材料）の価格である。関数 $\psi(e)$ は努力水準からくる非効用を表し、$\psi(e) = \exp(\alpha e) - 1$ ($\alpha > 0$) とする。生産関数にコブ＝ダグラス関数を仮定し、(4) の最小化問題を解くと下記の費用関数と最適努力水準が得られる。

$$\tilde{C}(Y, K, \omega, \theta|\beta) = \beta_0 \exp[\beta_L(\theta - e^*)] \omega_L^{\beta_L} \omega_G^{\beta_G} \omega_M^{\beta_M} K^{\beta_K} Y^{\beta_Y} + \psi(e)$$
$$\equiv C(Y, K, \omega, \theta|\beta) + \psi(e) \qquad (5)$$

$$e^* = e^*(Y, K, \omega, \theta|\beta)$$
$$= \frac{\beta_L \theta + \ln\beta_L\beta_0 - \ln\alpha + \beta_L\ln\omega_L + \beta_G\ln\omega_G + \beta_M\ln\omega_M + \beta_K\ln K + \beta_Y\ln Y}{\alpha + \beta_L} \qquad (6)$$

消費者行動（需要関数）

需要関数は対数線形であると仮定し、以下を設定する。

$$\ln Yh = d_0 + d_1 \ln P + d'\ln X + d_2't + \varepsilon d \qquad (7)$$

ただし、Yh は市場の1戸当たり供給量、d_0 は企業固定効果、P はガス供給料金、X は需要関数をシフトさせる変数のベクトルである。

規制当局の行動（規制）

最後に規制当局の行動がモデル化される。都市ガス産業では (1) 式からわかるように、料金は期待平均原価に等しくなるように決まる。よって、規制当局の目的は料金を（実現した）平均原価に等しくすることであると仮定する。つまり、ここでは、他の論文にあるように、規制当局が社会厚生を最大化するように料金を決めるとは考えない。

よって、規制当局の目的は企業が報告した次式の K、ω、$\hat{\theta}$ や sB の値をもとに、次の式を満たす需要レベル Y^r を見つけることとなる。

$$P(Y^r)Y^r = C(Y^r, K, \omega, \hat{\theta}|\beta) + sB \qquad (8)$$

ただし、$\hat{\theta}$ は報告された情報パラメータであり、これは真のパラメータ θ と違う値をとる可能性もある。規制当局は θ を観測できないため、報告されたパラメータ値 $\hat{\theta}$ と真のパラメータ値 θ を区別できない。よって、規制当局は、報告された $\hat{\theta}$ をもとに供給量 Y^r（同時に料金）を決めることとなる[6]。

報告された $\hat{\theta}$ をもとに、認可供給レベル $Y^r = Y(\hat{\theta})$ が決まり、同時に規制料金 $P(Y(\hat{\theta}))$ が決まると、それをもとに企業は（4）式の費用最小化問題を解き、（5）式の費用が実現する。このとき、費用は $C(Y(\hat{\theta}), K, \omega, \theta|\beta)$ で表すことができるが、これは報告されたパラメータと真のパラメータ両方に依存することがわかる。

社会厚生

最後に社会厚生を考える。社会厚生 W は粗消費者余剰 S、企業の売上高 R、そして企業の効用 U から成り、$W = S - R + U$ とする。ただし、

$$U = PY - C(Y, \theta) - sB - \psi(e) \tag{9}$$

である。つまり、社会厚生 W は報告されたパラメータと真のパラメータ両方の式で表すことができ、以下のようになる。

$$W^c(\theta, \hat{\theta}) = S(Y(\hat{\theta})) - P(Y(\hat{\theta}))Y(\hat{\theta}) + \\ [P(Y(\hat{\theta}))Y(\hat{\theta}) - C(Y(\hat{\theta}), \theta) - sB - \psi(e^*(Y(\hat{\theta}), \theta))] \tag{10}$$

また、情報が対称であった場合（完全情報）は、企業は真のパラメータ θ を報告せざるを得ないため、$\hat{\theta} = \theta$ である。よって、完全情報のもとでの社会厚生レベル W^f は、

$$W^f(\theta, \theta) = S(Y(\theta)) - P(Y(\theta))Y(\theta) + \\ [P(Y(\theta))Y(\theta) - C(Y(\theta), \theta) - sB - \psi(e^*(Y(\theta), \theta))] \tag{11}$$

となる。

Suzuki はこの 2 つの厚生レベルを使ってヤードスティック査定の導入が

---

[6] ここで、規制当局は情報パラメータ以外はパラメータも変数の値もすべて観測できると仮定する。

逆選択の問題を緩和したかどうかを検証する。企業が費用を高く報告するインセンティブが減ったとすれば、報告されたパラメータが真のパラメータに近いということであるから、2つの厚生レベルの差は縮まるはずである。よって、ヤードスティック査定の導入以前と以後で2つの厚生レベルの差に変化があったかどうかを検証するのである。

3 データと推計結果

Suzukiは、58の公営企業の1995年から2005年のデータを使用して上記の推計を行っている[7)][8)]。このサンプル内では、すべての企業が一斉に査定された1995年の初回を除くと12件のヤードスティック査定が行われている。初回以降は料金変更を申請した企業だけが査定の対象となるが、以下、1995年の査定を一斉査定、それ以降の査定を個別査定と呼ぶことにする。

表8-1はデータの記述統計を示している[9)]。一番上段のカテゴリーは費用関数の推計に必要な変数であり、年間ガス販売量（m^3）、総費用（円）、投入財価格（円）、資本がある。資本は導管の長さ（m）を代理変数として使用している。

次のカテゴリーは需要関数の推計に必要な変数であり、まず、ガス認可料金（円/10,000 kcal）がある。また、需要をシフトする変数として、1戸当たり所得（円）、失業率（％）を用いる。所得と失業率のデータは統計局から入手した。

社会厚生を計算する際に資本コスト（(10)式のsB）が必要となるが、これは、公営企業の場合「企業債の支払い利息＋年初・期末の固定資産の平均の2％」と決まっているため、これを計算して使用した。

これらの変数を用い、費用関数、需要関数を推計し、その推計値を用いて

---

7) 公営企業が一般の民間企業と同じような行動をとるかどうかについては議論の余地がある。特に公営企業が上述のモデルのように費用最小化問題を解いているかについては疑わしい。Suzukiの補論ではこのことについて議論しているので参照されたい。また、公営企業にも民間企業のように利益を追随させようとする動きも近年制度として見られるようになってきた。レベニューボンド（事業別歳入債）もその1つである。レベニューボンドについてはYoshino（2008）を参照されたい。
8) データは主に『地方公営企業年鑑』から入手している。
9) すべての金額はGDPデフレータで実質値に直されている。

表 8-1 記述統計

変数	観測値数	平均	標準偏差	最小値	最大値
費用関数					
供給量（1,000 m³）	753	9,141	14,400	442	141,000
総費用（100 万円）	753	464.80	664.52	25.23	5,803.09
投入財価格					
労働（1,000 円）	753	3,776	635	2,314	5,638
ガス（円/m³）	753	44.35	5.46	22.74	61.50
材料	753	108.42	4.52	95.56	120.28
資本（1,000 m）	753	250.25	262.25	23.07	1,411.93
需要関数					
ガス料金（円/10,000 kcal）	753	112.41	26.26	67.07	192.00
1 戸当たり供給量（m³）	753	4.78	10.26	0.12	121.65
1 戸当たり所得（1,000 円）	753	2,790	288	2,181	3,559
失業率（％）	753	2.62	1.60	0.10	7.00
社会厚生					
資本費用（100 万円）	753	96.83	136.89	3.79	703.85

出所：Suzuki（2012）より抜粋。

社会厚生を計算する。まず、費用関数の推計であるが、Suzuki では、$c_{it} = \ln C$ を最尤法で推計している。その際、(θ_i を所与とした) 条件付き尤度関数は

$$L_{it}(\theta_{it}) = L(c_{it}|Y_{it}, K_{it}, \omega_{it}, \theta_i, \beta, \sigma_c) = \frac{1}{\sigma_c}\varphi\left[\frac{\varepsilon_{it}^c}{\sigma_c}\middle|\theta_i\right] \quad (12)$$

で表される。ただし、$\varphi(.)$ は正規分布の密度関数、ε_{it}^c は平均ゼロ、分散 σ_c^2 の誤差項である。この条件付き尤度関数にはまだ観測されない θ_i が入っているため、このまま推計することはできない。ここでは Gagnepain and Ivaldi (2002) にならい、θ_i がスケールパラメータ μ と ν を持つベータ分布に従うと仮定し、上記の条件付き尤度関数を条件なし尤度関数に書き直す。その尤度関数は下記のようになる。

$$L_{it} = \int_0^1 L_{it}(u_i) u_i^{\nu-1}(1-u_i)^{\mu-1}\frac{\Gamma(\nu+\mu)}{\Gamma(\nu)\Gamma(\mu)}du_i \quad (13)$$

ただし、$\Gamma(.)$ はガンマ関数である。表 8-2 はこの尤度関数の推計結果を示

第 8 章　情報の非対称性のもとでのインセンティブ規制についての考察　173

表 8-2　費用関数の推計結果

パラメータ	推計値	s.d.
α	25.821	30.602
β_0	0.016***	0.001
β_L	0.100***	0.009
β_G	0.577***	0.048
β_K	0.094***	0.005
β_Y	0.855***	0.039
β_t	0.032***	0.008
μ	1.764***	0.174
v	1.493*	0.799
σ_c	0.099**	0.042
Log likelihood	653	
観測値数	753	

注：***、**、* はそれぞれ 1 %、5 %、10% 有意を意味する。推計段階で年次ダミーを入れたが、β_t はその係数である。
出所：Suzuki（2012）より。

している。費用関数の推計後、Jondrow et al.（1982）に従い、予測値との誤差

$$u_{it} = \varepsilon_{it}^c \{\alpha/(\alpha+\beta_L)\}\beta_L \theta_i \tag{14}$$

からそれぞれの企業の θ_i を復元することができる。θ_i が復元されれば、（6）式の努力水準も計算される。需要曲線は（7）式に見られるように線形対数が仮定されており、その推計結果は表 8-3 に見られるとおりである。

4　ヤードスティック査定の効果

最後に得られたパラメータの推計値を使い、（10）式の W^c と（11）式の W^f の 2 つの厚生レベルを計算する。Suzuki はこの 2 つの厚生レベルを使ってヤードスティック査定の導入が逆選択の問題を緩和したかどうかを検証した。ヤードスティック査定の導入が逆選択の問題を緩和した場合、（10）式の社会厚生は（11）式の社会厚生に近づくはずである。よって 2 つの厚生の差 ΔW を計算し、ヤードスティック査定の導入以前と以後でその差に変化

表8-3 需要関数の推計結果

変数	推計値	標準誤差
ガス料金	−0.985***	0.128
1戸当たり所得	−0.668*	0.353
失業率	0.033*	0.018
定数項	13.184***	2.730
企業固定効果	あり	
年次ダミー	あり	
観測値数	753	
Adjusted R-squared	0.9827	
F-test (76,677)	512.72	

注：従属変数は1戸当たり供給量。1戸当たり供給量、ガス料金、1戸当たり所得は対数値。***、**、*はそれぞれ1％、5％、10％有意を意味する。
出所：Suzuki (2012) より。

があったかどうかを検証する。

　パラメータ推計値とデータから、それぞれの企業のそれぞれの年の ΔW が計算されるが、それをヤードスティック査定を受けたグループとコントロールグループに分け、それぞれのグループの平均の ΔW を計算する。ヤードスティック査定の効果があるのであれば、前者のグループの ΔW の平均の方が小さくなるはずである。なお、ここでの厚生レベルは企業サイズをコントロールするために1戸当たりの厚生レベルを計算している。

　コントロールグループはヤードスティック査定導入前に料金変更の申請をした企業の集合とする。それに対して、Suzukiは3つのヤードスティックグループを考えた。1つはヤードスティック査定が導入されて以降料金変更を申請したすべての企業（以下ヤードスティック第1グループ）、2つ目は1995年にヤードスティック査定が一斉に行われたときに査定されたすべての企業、すなわち1995年に存在する全企業（ヤードスティック第2グループ）、3つ目は1番目から2番目を除いたグループ、すなわち個別査定を受けたグループである（以下ヤードスティック第3グループ）。これらのグループを用いた厚生分析の結果は表8-4に示されている。数値はヤードスティックグループの ΔW の平均値からコントロールグループの ΔW の平均を引いたも

表8-4 社会厚生分析:ヤードスティック査定の効果

	推計値(円)
$\Delta W(yard1) - \Delta W(control)$	136.02
$\Delta W(yard2) - \Delta W(control)$	-261.88**
$\Delta W(yard3) - \Delta W(control)$	1,824.06**

注:数値は実際の(1戸当たり)社会厚生と完全情報下での社会厚生の差をヤードスティックグループとコントロールグループで比較したものである。***、**、*はそれぞれ1%、5%、10%有意を意味する。
出所:Suzuki(2012)からの抜粋による。

のである。よって、数値が負であればヤードスティック査定の効果があったということになる。

表8-4の1行目はヤードスティック第1グループとコントロールグループの差であるが、その差は統計的に有意ではない。第2行目はヤードスティック第2グループとコントロールグループとの差で、統計的に有意に負である。つまり、1戸当たり261.88円ヤードスティックグループでの社会厚生の方が完全情報下の社会厚生に近づいていると言える。3行目はヤードスティック第3グループとコントロールグループの差であるが、その差は有意に正である。これらの結果は、1995年の一斉査定は逆選択の問題を緩和することができているが、それ以外の個別のヤードスティック査定にその効力がないことを示している。

個別のヤードスティック査定が効果を表さない理由の1つとして考えられることは、料金変更を申請する企業の行動が内生的であるということが挙げられる。現在の制度のもとでは、料金変更をするか否かは企業が決めている。よって、それに伴う個別のヤードスティック査定も内生的であることになる。つまり、費用を高く報告するインセンティブが高い企業が料金変更を申請しやすく、査定を受けやすい、という現象が起きている可能性がある。

現在のヤードスティック査定が上記のようなセルフセレクションを許してしまっている1つの原因として、現在のペナルティー制度がうまく機能していない可能性が挙げられる。現在の制度のもとでは、すでに査定で3番目のカテゴリーに入ってしまった企業は、そのペナルティーをカバーしようとさ

らなる料金変更を求める可能性がある。そのため、原価を高く報告するインセンティブが高い企業が料金変更を申請しやすい、というセルフセレクションが起こる可能性があるのである。これは、現在のペナルティーが原価のランクだけで決まっていることが原因になっていると言えよう。

よって、ヤードスティック査定をより効果のあるものとするためには、原価がほかの企業より「どの程度」高いのか、にペナルティーを連動させることが必要である。または、事務的コストを考えなくてよいのであれば、セルフセレクションを起こさないために、導入時のような一斉査定を毎年行うということも効果的であると言えよう。

第5節　おわりに

本章ではインセンティブ規制の既存研究を考察した。インセンティブ規制は情報の非対称性を考慮した規制モデルであるが、じつは規制の枠組みでの情報の非対称性の問題は本章で紹介した研究よりずっと以前に議論されている。たとえば規制の経済学ではよく知られるアバーチ・ジョンソン効果などは情報の非対称性からくる非効率性を理論的に示したものであるが、インセンティブ規制の理論よりずっと以前から唱えられており、それに関する実証研究も多数存在する。しかし、本章で紹介した新しい情報の経済学は、情報の非対称性を明示的にモデル化し、その状況での最適な規制を考えたことに、それまでの規制の経済学との違いがあると言えよう。

また、本章で紹介した実証分析は、理論モデルを構造推計しているため、それまでの誘導型主流の既存研究とは一線を画するものであると言える。特に、誘導型での研究では、実現された（Ex-postの）原価を分析対象にせざるを得ない。それに対し、構造推計では、完全情報下での仮想の状況と現状を比較したり、事前（Ex-ante）の問題である逆選択の問題について分析することができたりと、ほかのさまざまな可能性が生まれた。

インセンティブ規制の経済学が生まれてからすでに30年が経過しているが、本章で紹介したような実証研究はまだ少なく、今後このような実証研究が増えていくことが望まれる。

第8章 情報の非対称性のもとでのインセンティブ規制についての考察 177

【参考文献】
Baron, D. P. and R.B. Myerson (1982) "Regulating a Monopolist with Unknown Costs", *Econometrica*, 50(4), pp. 911-930.
Gagnepain, P. and M. Ivaldi (2002) "Incentive Regulatory Policies: The Case of Public Transit Systems in France", *RAND Journal of Economics*, 33(4), pp. 605-629.
Jondrow, J. C., A. K. Lovell, I.S. Materov and P. Schmidt (1982) "On the Estimation of Technical Inefficiency in the Stochastic Frontier Production Function Model", *Journal of Econometrics*, 19(2-3), pp. 233-238.
Laffont, J. J. and J. Tirole (1986) "Using Cost Observation to Regulate Firms", *Journal of Political Economy*, 94(3), pp. 614-641.
Shleifer, A. (1985) "A Theory of Yardstick Competition", *RAND Journal of Economics*, 16(3), pp. 319-327.
Suzuki, A. (2012) "Yardstick Competition to Elicit Private Information: An Empirical Analysis", *Review of Industrial Organization*, 40(4), pp. 313-338.
Wolak, F. A. (1994) "An Econometric Analysis of the Asymmetric Information, Regulator-utility Interaction", *Annales d'Economie et de Statistique*, 34, pp. 3-69.
Yoshino, N. (2008) "Using Private-Sector Funding to Establish Fiscal Discipline: Improving Fiscal Policy Discipline by Introducing Revenue Bonds", *The Japanese Economy- A Market Quality Perspective*, M. Yano(ed.), Keio University Press, pp. 32-42.

第 9 章

消費の異時点間代替性が環境評価に及ぼす影響
―― 谷津干潟の事例より＊

和田良子

第 1 節　はじめに

　本章は、環境保全のための政策決定において、環境に関する消費の異時点間代替性（Intertemporal substitution in consumption：以降、異時点間代替性）が環境評価にどう影響するのかを明らかにしようとするものである。環境投資は動学的な意思決定を行うものであるにもかかわらず、外部性に起因する過少投資の問題が強調されるあまり[1]、異時点間代替性に焦点を置いた研究は少ない。しかしながら、環境保全投資は将来の複数の期間にわたって効果があるものであり、成果が生じるまでに一定の時間を要する。したがって投資を行うための資金をいつ投入するべきかの決定について考察しないことは、環

＊　本実験は、科研費の 2012 年度から 2014 年度における挑戦的萌芽研究（課題番号 23653069）による助成を受けたものである。また、谷津干潟自然観察センター所長の島田義夫氏並びに、すべてのスタッフの方には本研究へのご理解をいただき、暖かいご指導とご協力をいただいた。また、被験者の方にも長時間の拘束にもかかわらず、さまざまなご指摘をいただいた。ここに心からの感謝を申し述べたい。
　　また、本章を仕上げるにあたり、吉野直行教授から概念にまつわる重要な指摘をいただき、編者の亀田啓悟氏と中東雅樹氏には実証内容や実証モデルの仮定など詳細にわたりご助言とご鞭撻をいただいた。心より感謝を申し述べる。にもかかわらず間違いがあればもちろん著者に帰する。

1) 環境はその利用に競合性が働くコモンズではなく公共財であるため、犠牲を払わない主体も当該財からの恩恵（効用）が同じになるという消費の非競合性が働く。受益者負担の原則が崩れて、どの主体にもフリーライダーとなるインセンティブが生じるため、適切な政策を講じなければ、環境保全投資は過小投資になることが知られている。

境への過剰な投資や過小な投資を招くと考えられる。

　本研究では谷津干潟の渡り鳥を中心とする生態系について、直接干潟に来られる人に仮想法（Contingent Valuation Method：CVM）を用いて環境評価を実施した。CVMとは、政策決定について、ある決定が行われた場合と、行われなかった場合に、起きてくる結果の違いを想定して、その決定をするために、いくらまで支払うことが可能かを表明してもらうものである。そして、ここまでの金額ならば支払ってよいと表明された留保価格（支払意思額 Willingness To Pay: WTP）が、異時点間にまたがる投資としての性質をどの程度反映しているのかを明確にすることを目的としている。

第2節　仮想法（CVM）による環境評価の位置づけと概説

　本章の評価対象は、谷津干潟の生態系であるため、評価方法としてCVMを採用する。CVMは市場で取引されていない非市場財を評価するために用いられる手法の1つである。市場で売買されていない財（非市場財）の評価方法は、直接法と間接法に分かれる。間接法を用いた評価とは、人々の顕示された行動から環境の利用価値を推定する方法であり、たとえば公園の利用価値を、その公園を訪れるための交通費や入場料といった、行動から顕示されたデータから推定するものである[2]。間接法には、レクリエーション価値を測るのに適したトラベルコスト法（TCM）、ヘドニック法などがある。これに対して、直接法は、母集団を代表していると思われる人々をサンプリングして、財やサービスの価値を直接尋ねるものである。CVMでは政策に合わせてこの質問内容を決めることができる。

　評価対象となる環境水準からの効用に対する支払準備を表明してもらうことは難しいが、環境が改善する変化分に対していくらまで支払うことが可能かという支払意思額（Willingness To Pay: WTP）、または悪化を受け入れるための受入補償額（Willingness To Accept: WTA）を尋ねることが可能である。WTAとWTPは理論的には所得効果を除いて等価だが、WTAの回答では

2）　栗山（2012）によると、そのコストには機会費用も含まれるため、たとえば国立の自然公園などもレクリエーションの対象として競合する場所であれば、遊園地などの入場料や到達コストなども推計に入れるべきである。

WTPを大きく上回り現実的でない金額が提示されやすいことがわかっているためWTPを尋ねる。

WTPを尋ねる場合も、「投資をしない場合に今よりも環境がx％悪化するので現状維持のためにいくら払えますか」という質問と、「投資をすることで、純粋に環境がx％良くなるためにいくら支払えますか」という質問が可能である。結果の解釈が容易になるので、本章では後者の純投資のWTPを尋ねている。

WTPを表明してもらう際、自由に留保価格を書いてもらう形式（自由回答形式）では負荷が大きい。ある価格を提示されて受け入れるかどうかを回答する二肢選択方式（Dichotomous Choice Model）の結果が、信頼性が高いと言われている。回答者は、「x円支払えますか？」と尋ねられ、YESであれば、それよりも切り上げられた価格を支払えるかを尋ねられる。NOであれば、それよりも切り下げられた価格を支払えるかを尋ねられる。二段階二肢選択方式ではこれを1回限り行う。

第3節　先行研究と本研究との関係

本節では、CVMで環境を評価した研究の中から、異時点間代替性を意識した数少ない研究を取り上げる。その中で、CVMという手法の正当性を巡って行われた歴史的な議論についても触れる。また日本の干潟をCVMで評価した先行研究にも言及する。

1　CVMの正当性についての先行研究と時間に関する感応性

CVMという手法の正当性を巡っては、CVMのシナリオが含む環境の範囲や支払計画の違いに対する回答の感応性が小さいという「包含効果（embedding effect）」が議論されてきた[3]。1989年にエクソン・ヴァルデス号が1,100万ガロンの重油漏れを起こした海洋汚染で、被害の見積もりに

3）たとえば、Cooper and Loomis（1992）がWTPの計測において、一番低い金額の回答と高い金額の回答を排除していることについて、Kanninen and Kriström（1993）では恣意的であるとするコメントをしている。それを受けてCooper and Loomis（1993）ではそれらのデータを含めても有意に評価の範囲に感応的な結果を得ていると主張している。

CVM を用いることの正当性への検証が喚起された。1993 年、アメリカ海洋大気庁（National Oceanic and Atmospheric Administration：NOAA）は Kenneth Arrow や Robert Solow を議長としたパネル議論の場を用意し、CVM を用いることの正当性を認めて終了した[4]。

Kahneman and Knetsch（1992）は「英国のコロンビア地区の化学物質や有害な廃棄物を適切に処理するために、有毒な廃棄物だけの処理施設のための資金」を一括で支払う場合と 5 年間で支払う場合について WTP を尋ねており[5]、一括払いの場合は平均 54 ドルであるのに対して、5 年分割払いでは 60 ドルという結果を得ている。彼らはこの結果をもって時間についての感応性が低いと判断しているが、将来の支払いについて現在の一括払いより多くなっているので一概に結論づけられない。Smith（1992）は上記の結果が、シナリオで施設の建築後の運営費用の回収計画などが示されなかったことによってもたらされたものだとしている。

また Stevens, DeCoteau and Willis（1997）は、環境財の価値が一定に保たれるための支払計画への感受性を調べ、一括税（または一括支払い）と、数年間の税金（または数週間での支払い）を有意に識別しているという結果を得た。環境財（salmon の復元）と通常財（映画が観られるパス）の両方について CVM によって学生に価格付けをさせて、通常財消費の異時点間代替性として、通常では 20％ から 34％、環境財では 50％ から 270％ を得ている。Stevens らはこの結果について、Loewenstein and Thaler（1989）が測定した異時点間代替性の電気ヒーター、冷蔵庫、ガスヒーターの 243％、138％、102％ と比較すると小さいこと、Thaler（1981）が指摘するマグニチュードエフェクト（対象の価値が大きいものほど割引率が高くなること）も考慮に入れると、期間についての包含効果は小さかったと結論づけている。なお彼らは、

---

[4] 今も CVM による計測で真の WTP を測ることが可能なのかどうかについての議論がなくなったわけではない。

[5] 具体的には「もしもあなたの資金が集められることによって重要なレベルの（環境の）改善ができるとしたら、毎年、より高い税金、価格、または利用料金を環境サービスの向上のために、最大いくら支払うことができますか？」と尋ねている。このサービスの内容の範囲について最大の医療サービスなど個人的な利用が可能な財に、海洋の化学物質、放射能汚染物質の浄化といった環境の公共財が加えられたときの回答者の反応が大きく違わないことから、包含効果を指摘している。

異時点間代替性を時間選好率と呼んでいるが、実際に彼らが計測しているのは、Barro（1999）が言うところの消費からの効用の代替性であり、いつでもマクロ的な意味で用いる時間選好率に等しくならない点に注意されたい[6]。

CVM を用いて環境についての異時点間の選択問題だけに焦点を当てている論文に、Kovacs and Larson（2008）がある。オレゴン州の公園について「Powell Butte の 100 エーカーの土地が開発者に購入されて住宅地となる可能性がある。市がその土地を買い Powell Butte 自然公園を 100 エーカー増やすことができるが、毎月の追加的な支払いまたは水道料金の上昇が x カ月続きます」というシナリオで、ある期間を支払えると回答した人にはより長い期間支払えるか、支払えないと回答した人にはより短い期間を支払えるかを尋ねる。420 の有効回答から計測された 1 年間の環境の代替率は 30％ で、先行文献で推定された数字の中ではかなり低い[7]。本研究では 1 年後に投資の成果が出るシナリオで、現在から 1 年後の環境の異時点間代替性を、支払い

---

[6] 市場均衡問題において消費の代替性＝時間選好率という仮定を置いてモデルを解くため、この問題は軽視されがちである。異時点間の問題を個人が解くうえで、消費の代替性と時間選好率、さらにリスク態度のパラメータが異なっているとする理論的なモデルとして、Epstein and Zin（1989）があり、市場データを用いた計測の 1 つの例として Epstein and Zin（1991）がある。Wada and Oda（2007）はそれを計測した実験の結果を示している。

[7] 彼らの計測では、支払計画に「今すぐの支払い」というオプションがないため、現在と 1 期後の間にあるとされる「現在バイアス」が含まれない。現在バイアスは、現在と将来の間において、来期の消費にコミットできないとき、消費の代替率について（一般的に時間の割引率と呼ばれている）異時点間の定常性が満たされないことを示しており、0 時点と 1 時点の間には、τ 時点と τ+1 時点の間の割引率のほかにも何らかのバイアスが存在するとされる。21 世紀には経済学者の間でも stylized fact として受け入れられたが、心理学者の間では 1960 年代から計測されてきたものである。現在バイアスの存在があるとき、割引率は双曲割引と呼ばれ、家計は必ず動学問題の最適化に失敗することが予見される。それにもかかわらず、証券市場で完全に将来の消費にコミットできないことにより、家計の消費経路が毎期の所得に依存するため、マクロ的に見た消費経路は双曲割引がないときとあまり違わないことが、Laibson（1997）によって示された。さらに証券市場の不完全性により来期の消費にコミットメントできなくても効用関数が対数関数であれば消費経路は同じであり、成長のスピードが低下する可能性がある以外に大きな影響がないことが Barro（1999）によって示されている。時間選好率のアノマリーに関して、理論と心理学者による一連の検証については Ainslie（1992）を、経済学者による実験については Frederick, Loewenstein and O'Donoghue（2002）のメタ・サーベイを参照されたい。

の増加に対する環境改善のプレミアムの差として測定しており、平均7%程度となっている。

2 日本の干潟についての先行研究

日本における干潟をCVMで環境評価した初期研究として鷲田・栗山・竹内(1998)の愛知県藤前干潟の環境評価があり、1,100(うち名古屋市560)の回答を得ている。シナリオは「藤前干潟の自然環境を残すために、伊勢湾内の現在使用されていない埋立地に(ゴミの)代替処分場を建設する政策があるとし、そのために「藤前干潟保護基金」を創設し、この基金に(1回のみ)○○円を負担しても構わないか」というものであり、二肢選択形式が用いられている。名古屋市世帯のWTPは10,260円／世帯、全国世帯のWTPは6,555円／世帯であり、藤前干潟を残すことの価値は2,960億円となったことを示している。ほかにも伊藤(2000)による東京湾三番瀬への税金によるWTPでは1世帯当たり13,672円を計測している。基金への寄付金では、四角他(2003)の諫早干潟の計測では標本397人について諫早市、長崎市、北九州市の平均で6,422円を計測している。このときすでに諫早干潟の自然が失われていたため、「自然の干潟を回復するため」のWTPを尋ねている。

大野・佐尾(2008)[8]では干潟の保全の目的を温暖化によるヒート現象で人が死亡する可能性を下げるため(または可能性が増えないように)と説明して干潟へのWTPを尋ね、計測された生物多様性についての評価は1,599円／人(日本全国で2,043億円／年)となっている。このWTPの低さは「ヒートアイランド現象で人が死亡する」というシナリオにあるかもしれないが、支払いが1回限りでなく、「毎年」の支払いとなっており何年続くか明記されていないことにあると考える。

上記の研究はすべてメールや書面で行われている。これに対し本研究はフィールドから集めた被験者に実際に渡り鳥の観察をしてもらった直後に生態系の価値を評価してもらっている。またWTPの説明変数として、当該干潟の自然環境について表明してもらった異時点間の代替率がどの程度WTPを

---

[8] 大野・佐尾(2008)では、潮干狩りなどのレクリエーション価値をトラベルコスト法(TCM)で測っている。ほかにもTCMによる干潟の価値計測をした文献が存在する。

説明するのかを明確にした。

第4節　研究手法

1　環境評価の対象の選定

環境評価対象は千葉県習志野市にある谷津干潟の野鳥などを含む生態系とした。谷津干潟には自然観察センターが設置されており、気候や天候にかかわらず野鳥を観察することができる[9]。谷津干潟は東京湾に臨む約40haの湿地で、野鳥が特に好むカニ、ゴカイのほか、多くの貝や魚などが生息している。海と水路でつながっているため満ち引きがあり、引き潮時には水鳥の格好の餌場となる。そのため北半球（シベリア）から南半球（オーストラリア）に移動する渡り鳥の重要な経由地であり、1993年からラムサール条約「特に水鳥の生息地として国際的に重要な湿地に関する条約」の締結地となっている。環境省の管轄下にあり、一般の人が干潟に許可なく入ることはできない。また住宅地に囲まれているため、生活汚水が常に流れ込みバクテリアが発生しやすく、あおさなどの水蘚類が発生しやすい。初夏から真夏にかけて大量のあおさで水面が覆われると、水面下の生き物の植生が失われてしまう。環境省ではボランティア活動をしている人を一時雇用して、あおさを取り除く作業をしている。

谷津干潟では環境省による介入がなければ水鳥に快適な環境を保全することができないことが説明しやすいため、税金の負担増加を伴うシナリオが現実的であることや、潮干狩りなどのレクリエーション価値がないことから生態系の価値を評価するのに適していると考えた。

2　実験手順

フィールド実験では被験者が母集団を代表していることが重要である。たとえばボランティア団体の人などに偏ることは避けなければならない。また納税義務・経験がない被験者は望ましくない。さらにラムサール条約締結地

---

[9]　調査・実験にあたって、事前に谷津干潟自然観察センター、千葉県習志野市、環境省に承諾を得た。なお、本研究の成果は谷津干潟自然観察センター、習志野市、環境省の政策決定とは関係ない。

は日本全国に存在しているため、自力で谷津干潟に来られる程度に近隣に居住しており谷津干潟に関心を持っている人に評価してもらうこととした。実験の手順は以下のとおりである。

① Webサイトを作成して被験者を募集する。被験者は、指定日時に谷津干潟自然観察センターに自力で来場し、入場料380円を払ってもらう。集合時間は水鳥が多く現れる引き潮前後の2時間とし、謝礼金は拘束時間3時間程度に対して5,000円に設定した[10]。
② 被験者に対して、自然観察センター内にある模型を用いて谷津干潟が住宅地の中にあることの弊害を解説し、そして展示を用いながら谷津干潟がラムサール条約の締結地であることや谷津干潟の重要性を解説する。
③ 被験者には、望遠鏡で自然観察センター内から、渡り鳥を観察してもらう。被験者はセンターの備品を用いて水鳥の種類を自学することもできる。さらに、配布した谷津干潟の公式パンフレットを各自で読んでもらう。
④ 被験者に再度集合をかけたうえで2枚の資料を渡し(図9−1および図9−2)、環境省によるあおさの除去についての事実と、水鳥の飛来数の関係を説明する。環境省によるあおさの除去がない場合に、渡り鳥の飛来数が減る可能性を示唆したうえで、政府には東日本大震災の復興予算が必要であり、財政困難な状況にあることを説明する。これが仮想法のシナリオの前提となっている。
⑤ 被験者にアンケートを渡し、質問内容に回答するように求める。回答中は互いに相談することがないように監視する。被験者は二段階二肢選択法でWTPを中心とした質問と属性についての質問に答える。

3 仮想法のシナリオおよびサーベイ

本章の研究におけるシナリオは次のようなものである。①環境省は日本国憲法のもと、野鳥や野生の生き物の保護を行っている。谷津干潟においてはあおさを取り除く活動を行っている。②2011年3月の東日本大震災で谷津

---

10) 現地での拘束時間と休日の土曜日・日曜日という機会費用を考慮に入れて設定した。拘束時間は、集まった人数が多いときは4時間程度となった。

第 9 章　消費の異時点間代替性が環境評価に及ぼす影響　187

図9-1　渡り鳥の飛来数と環境省の谷津干潟保全活動
（2009年9月～2010年7月）

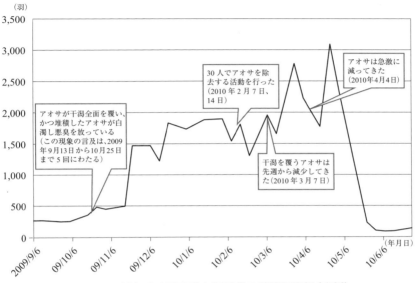

図9-2　渡り鳥の飛来数と環境省の谷津干潟保全活動
（2010年9月～2011年6月）

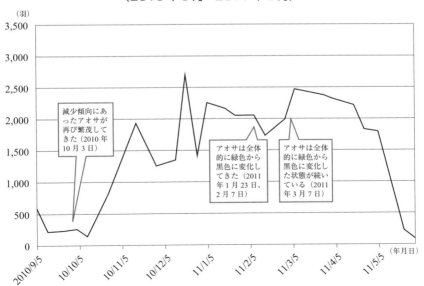

干潟には入れなくなり、あおさの除去活動ができなくなったため、その影響で前年に比べ、渡り鳥が少なくなった（図9-2で確認）ように見える。③日本の財政赤字は巨大になっているうえ、2011年には東日本大震災が起きたので、復興のための追加予算が必要となった。環境省は野鳥保護のための予算を減らさざるを得ない可能性がある。谷津干潟を含めた干潟の保全には、増税によって将来のための支払いをする必要が生じる可能性がある。

CVMのシナリオの特徴は環境評価のための資金提供が他の事業の予算の削減または被験者による生活資金の犠牲を伴うことを意識させる点にある。この点に留意しながらどのような資金の負担が純増することについてどう考えるかを質問した。このための設問は質問1である[11]。

質問1　今後、環境省の判断で、野生鳥獣の保護の優先事項が下がり、「あおさ」除去のための十分な予算が取れなくなる可能性があります。このとき、渡り鳥飛来の現状を維持するためには、何らかの方法でお金を集める必要があります。その是非や手法について、下の選択肢①～④より、もっとも近い考えを選んでください。
⇒ ＿＿＿＿＿

①渡り鳥飛来数の現状維持は重要でない。そのためにどのような方法でも資金を集める必要はない。
②他の事項への予算を減らして、鳥獣保護のための予算を確保する

---

11) 厳密には抵抗回答の有無を尋ねる質問が必要であり、これは「野鳥の保護は重要であり、渡り鳥飛来の現状を維持することは必要だが、資金を集める必要はない」という設問になる。これは現実的にはボランティアで干潟の自然を維持するという意味になる。谷津干潟はボランティア活動による保全活動が不十分であったという経緯があり、実験前に説明しているので、今回はその抵抗回答は意味をなさない。また回答②が抵抗回答に近い。しかし実験当時は震災直後であり、復興予算を削って渡り鳥の現状を維持する資金をねん出しようとするのであれば環境へのWTPが低いとは断定できない。②も現実的な考えの1つであることから、抵抗回答としなかった。また、被験者は夫婦や家族で来ており、お付き合いでの参加もありえたことから、野鳥の保護そのものを特に必要と考えない人がいる可能性があった。そこで、今回は、抵抗回答を測る問題を少し変えて、そもそも野鳥の保護が必要ないと考える人の回答を計測から外すこととした。

第 9 章 消費の異時点間代替性が環境評価に及ぼす影響 189

べきである。そのための増税は一切行うべきではない。
③他の環境の改善に対しての費用がかかるのであれば、鳥獣保護のための予算の分を確保するためいくらか増税してもよい。
④他の環境の改善に対しての費用がかかるため、鳥獣保護のための予算が減るのはやむを得ないが、資金の確保は税金ではなく、募金が良い。

次に、谷津干潟への生態系についての WTP を表明してもらう質問について、提示額が 1,000 円のケースについて掲載する。

質問 2-1　谷津干潟の「あおさ」の除去や、野鳥飛来数の観察・調査などのために、追加的な資金が必要であるとします。もしも、野鳥の飛来数が、来年 10% 増加するのであれば、今年 1,000 円を何らかの形で負担することに同意できますか？　YES、NO でお答えください。（○をつけてください）
　　　　　　　YES⇒　質問 2-2 へ　　NO⇒　質問 2-3 へ

質問 2-2　質問 2-1 で YES と回答した方にお伺いします。谷津干潟の「あおさ」の除去や、野鳥飛来数の観察・調査などのために、追加的な資金が必要であるとします。もしも、野鳥の飛来数が、来年 10% 増加するのであれば、今年 1,500 円を何らかの形で負担することに同意できますか？　YES、NO でお答えください。（○をつけてください）　⇒　YES　　NO

質問 2-3　質問 2-1 で NO と回答した方にお伺いします。谷津干潟の「あおさ」の除去や、野鳥飛来数の観察・調査などのために、追加的な資金が必要であるとします。もしも、野鳥の飛来数が、来年 10% 増加するのであれば、今年 500 円を何らかの形で負担することに同意できますか？　YES、NO でお答えください。（○をつ

けてください）　⇒　YES　　NO

　なお、提示額は、上記のケース以外に（500 円、1,000 円、250 円）、（1,500 円、2,000 円、1,000 円）を採用した。被験者は 3 種類の異なる提示額を受け取っている。特に夫婦や家族で必ず提示額が異なるように留意した。また男女比や年齢がグループ内で偏らないように注意した。

　次に、本章の特徴である異時点間の環境の代替率が WTP にどう影響するかを顕示してもらうための質問については、以下の理由によりまったく新しい方法を用いた。通常異時点間代替率の顕示には複数の支払いシナリオを提示する必要がある。しかし実験での長すぎる拘束時間は回答者の真剣さを失わせる。とはいえ非市場財である環境投資について、異時点間の代替率を自由回答で尋ねても信頼できる回答を得るのは難しい。そこで、被験者が仮想的に増税で負担する金額を固定して、環境投資を今すぐ行いすぐに増税する場合と、環境投資の時期は同じだが、増税時期が 1 年後となった場合に水鳥がどれくらい増えればよいと思うかのプレミアムをそれぞれ尋ね、その差を測るというまったく新しい手法を考えた。被験者の効用関数（選好）について、環境の量（ここでは渡り鳥など生態系の量）からの効用と通常財からの効用がそれぞれ単調性と連続性を満たし、通常財と環境への選好が凸性を示すという仮定を満たしていれば、環境の量の変化を固定して、支払える金額を尋ねることと、投資の金額を固定して環境の量の変化を尋ねることはほとんど同じ意味となる。この条件の下でさらに効用関数などについての一定の仮定を満たすと、計測した環境の改善量に求めるプレミアムの違いは時間選好率に等しくなる[12]。シナリオでは 1,000 円を支払うケースと 5,000 円を支払うケースを用意し、交互に回答してもらうことで、単調に同じ回答をすることを誘導してしまうことを避けた。

　今年の増税で環境投資をして 5,000 円支払うケースと、今年国債を発行して投資をするが 1 年後の増税時に 5,000 円支払うケースの比較であるため、後者の投資金額が 5,000／(1＋利子率)円となってしまい、投資金額が減っているので、本来これを回答者に明示するべきである。しかしながら、質問内容が難しくなってしまう。実験当時の 2012 年 2 月～2014 年 3 月の国債金利

は超低金利であった（固定金利 3 年満期の個人向け国債の金利が年利 0.07%～0.14% であった）ため無視しうること、さらに国債の金利が高かったとしても、投資金額の現在価値の違いは客観的なものであるので再計算が可能である。以上の理由から質問 6-2 と質問 7-2 のシナリオを採用した。

質問 6-2　国債の発行によって、全国の干潟を保全するための資金を賄うとします。今年、国債（1 年物）を発行し、購入者を募ることによって、来年必要な「あおさ」の除去にかかる費用を賄うとします。今年の増税はありませんが、来年には国債の満期が来るため、来年には 1 人当たり 5,000 円が増税され、あなたも負担するとします。集められた資金で、環境対策を今年行うことができるので、1 年後（来年）に干潟の自然環境を維持・改善したりして、野鳥の増加が期待できると考えてください。
来年の野鳥の増加が、少なくとも何パーセント以上でなければ納得できませんか？　現状維持でもよければ、0 と回答してください。
　　　　　　　　　　　　　　　　　　［　　　　　］% 以上

---

12)　通常財 (C_t) と環境需要 (Z_t) からなる 2 期 2 財モデルを考える。ここで $t=0$ が現在、$t=1$ が 1 年後をあらわすとする。また、2 期の効用として準線形効用関数を仮定し、2 年間の効用は $U = C_0 + u(Z_0) + 1/(1+\theta)(C_1 + u(Z_1))$ で表現できるものとし、今年と来年の所得 Y_0 と Y_1 は所与とする。さらに、環境改善には 1 期必要と仮定し環境の生産関数を $Z_1 = f(G_0)$（ただし f' は一定）とする。なお G_0 は今年政府が実行する環境改善投資である。
　この家計は借入制約のため貸借不能であり、政府が G_0 賄うために今年増税するとすれば、$G_0 = T_0$ かつ $C_0 = Y_0 - T_0$、$C_1 = Y_1$ となる。このとき、消費者の効用最適化条件は、$Z_1 = f(G_0)$ の逆関数を $G_0 = g(Z_1)$ として、$g'(Z_1) = (1/(1+r))u'(Z_1)$ となる（条件 1）。これに対して、国債を発行するときは、来年増税するため $C_0 = Y_0$、$C_1 = Y_1 - T_1$ であり、この消費者の異時点間の環境からの効用最適化条件は、$g'(Z_1) = u'(Z_1)$ となる（条件 2）。ここで、f' は一定、つまり g' 一定と仮定しているので、この 2 条件より、$1+r = u'((1+y)Z_0)/u'((1+x)Z_0)$ を得る（x：今年増税するときに必要な環境の増加（プレミアム）、y：来年増税するときに必要な環境の増加（プレミアム））。よって、プレミアムの比 x/y が大きいときは、1 年後に支払えばいいのであれば環境投資の成果に求めるものが相対的に小さくなっており、要求する WTP はその分小さなものとなる。

192　第Ⅰ部　財政・公共経済の理論・実証分析

> 質問7-2　今年の増税によって、全国の干潟の環境を良くするための資金を賄うとします。その対策は今すぐ打ちますが、環境が実際によくなるのは1年後、来年と考えてください。今すぐ5,000円が増税・徴収されるためあなたも5,000円を負担するとします。環境対策を今年行うことができるので、来年の干潟の自然環境を維持・改善して、野鳥が増加することが期待できると考えてください。来年の野鳥の増加が、少なくとも何パーセント以上でなければ納得できませんか？　現状維持でもよければ、0と回答してください。
> 　　　　　　　　　　　　　　　　　　　[　　　　　]％以上

第5節　実証結果

1　実験データと基本属性

　実験データは以下のとおり。プレ実験が2012年2月19日に14人、第1回が2012年8月19日、18人、第2回は2013年1月27日で28人、第3回が2013年3月15日・16日の16人、合計62人の有効回答を得た。女性31人、男性31人である。年齢構成は18~19歳が3人（4.8％）、20代が14人（22.6％）、30代が9人（14.5％）、40代が13人（21.0％）、50代が14人（22.6％）、60代が8人（12.9％）と偏りは少ない。個人の所得構成は、所得を知らない人が2人（3.2％）、0万円が6人（9.6％）、100万円未満が9人（14.5％）、100万円以上200万円未満が9人（14.5％）、200万円以上300万円未満が8人（12.9％）、300万円以上400万円未満が12人（19.3％）、400万円以上600万円未満が4人（6.4％）、600万円以上800万円未満が9人（14.5％）、800万円以上が3人（4.8％）であった。おおむね母集団を代表していると考えてよい。このほかにも結婚の有無、子供・孫の数、家族の人数、東日本大震災のときに寄付をした合計金額、ボランティアの経験頻度などについて回答を得た。東日本大震災の被害に対する寄付の合計金額の分布は、0円が18人（29.0％）、1円以上~5,000円未満が17人（27.4％）、5,000円以上10,000円未満が10人（16.1％）、10,000円以上50,000円未満が9人（24.1％）であった。また、東日本大震災に対するボランティアの回数は0回が16人

(25.8%)、1回が13人(21.0%)、2回が7人(11.3%)、3回が24人(38.7%)であった。

2　質問への回答分布

質問1の結果を見ると、①の回答はなかったが、郵送による回答や遠方の人に対するメールでのサーベイでは出現する可能性が高い。②の回答は29％を占め、③の増税もやむを得ないは21％、④の募金がよいという回答が50％を占めた。

環境評価額を表明してもらうための質問2-1から2-3への回答の分布は、表9-1に示している。提示額が500円のグループと1,000円のグループでは提示額に対する反応は(NO、YES)において逆転しており、提示価格への感応性が低い。しかし最初の提示額が1,500円に対しては35％しかYESと回答しておらず、総じて価格に感応的であると言える。

質問6-2と質問7-2への回答から得られた、現在バイアスを含む1年間のプレミアム（異時点間代替率の代理変数）の分布は図9-3のとおりである。先行研究ではFrederick, Loewenstein and O'Donoghue (2002) やTakeuchi (2011) のメタ・サーベイによって100％を超えてしまうケースが極めて多いことがわかっている[13]。これに対して、今回の回答は62人のうち最大のプレミアムとなったのは2人で30％であった。プラスのプレミアムとなった22人のうちモードは10％で7人、マイナスの回答を含めた全体の平均では7％である。0％以外のプレミアムを回答した人が半数を占めているのは

表9-1　二段階二項選択モデルによる提示額と回答の分布

最初の提示額（円）	切り上げられた提示額（円）	切り下げられた提示額（円）	YES、YESと回答した人数	YES、NOと回答した人数	NO、YESと回答した人数	NO、NOと回答した人数
500	1,000	250	8(40%)	5(25%)	2(10%)	5(25%)
1,000	1,500	500	7(32%)	5(23%)	5(23%)	5(23%)
1,500	2,000	1,000	5(25%)	2(10%)	6(33%)	7(35%)

---

13) Wada, Yoneda and Oda (2011) において154人を用いた最大2カ月にわたる計測で現在バイアスを仮定した場合、そのバイアスは151％と極めて高かった。

194 第Ⅰ部 財政・公共経済の理論・実証分析

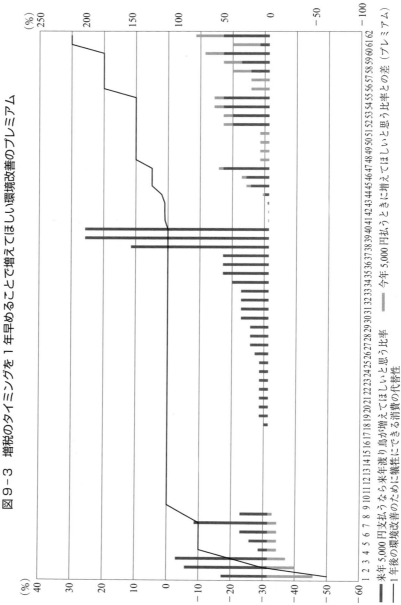

図9-3 増税のタイミングを1年早めることで増えてほしい環境改善のプレミアム

━━ 来年5,000円支払うなら来年渡り鳥が増えてほしいと思う比率 ━━ 今年5,000円払うときに増えてほしいと思う比率との差(プレミアム)
━━ 1年後の環境改善のために犠牲にできる消費の代替性

注:左縦軸は,今年5,000円増税することにより来年増えてほしい水鳥の量(%)から,今年は国債で資金を賄い,増税は来年ならば来年増えてほしい水鳥の量(%)の差を取ったものである。1~62の番号は被験者を示しているが,IDに対応していないので通番である。

妥当な結果と解釈できる。Kovacs and Larson（2008）の30％と比較しても低い値となっている。

3 推定結果

谷津干潟の生態系の改善に対するWTPを推定するにあたり、ランダム効用モデルを用いた。すなわち被験者が増税負担できるかどうか、提示された値をbidとして、環境からの効用について、$U_i = \alpha + \beta \times bid_i + \epsilon_i$とあらわされると考える。$\beta$の大きさは、$bid$が100円大きくなるにつれてYESと回答する人が減っていく傾きを示している。推定された式は、$U = 1.153 - 0.106 \times bid$となり、$\alpha$のz値は5.06、$\beta$のz値は-6.17でいずれも1％水準で有意であった。尤度は-84.38である。

次に、$U_i = \alpha_0 + \alpha_j x_{ij} + \beta \times bid_i + \epsilon_i$、すなわち谷津干潟の生態系からの効用が個人属性などによって説明できると仮定したモデルを推定した。

本研究の目的は、異時点間の消費の代替性がWTPを説明する要因となりうるかを明確にすることであるため、一定の金額を今年支払う場合と来年支払う場合に増えてほしい水鳥（環境）の量のプレミアムの差（時間のプレミアムの差）を加える。1,000円の質問の回答を用いた場合と、5,000円の質問の回答を用いた場合、それぞれの結果は表9-2と表9-3のとおりである。時間のプレミアムの差に関する係数は、それだけではどちらの場合も有意ではなく、推定式の説明力も低い。ワルド検定量を見てもすべての係数が0であるとする帰無仮説を棄却できない（モデルA1およびB1）。

そこで、質問1で得た環境投資のための資金調達法についての考え方の違いをモデルに組み込む。「環境保全のための増税もやむなし」と回答した人（増税OKな人ダミー）と、「資金の負担は増税ではなく募金が良い」と回答した人（募金が良いダミー）をそれぞれダミー変数としている。それ以外の人は、環境投資のために「他の予算を削るべきで増税は適切でない」と回答した人になっていることに注意されたい。結果は、増税OKな人ダミー、募金が良い人ダミーのいずれも有意となった。これは推定全体を通じて頑健な結果となった。それらの係数はプラスであり、「増税もやむなし」「増税より募金が良い」と回答した人たちのWTPは「増税は適切でない」と回答した人たちのWTPを上回っている。このとき環境投資のための税負担1,000円

表 9-2 属性を違えたモデル（時間のプレミアムの差は 1,000 円投資のときを採用）

モデル	A1 係数	z	A2 係数	z	A3 係数	z	A4 係数	z	A5 係数	z	A6 係数	z
定数	1.177***	5.12	0.617***	1.94	0.359	0.6	0.715***	1.96	0.274	0.72	0.0646	0.1
bid	−0.108***	−6.18	−0.126***	−6.23	−0.125***	−6.1	−0.126***	−6.23	−0.130***	−6.26	−0.128***	−6.12
時間のプレミアム (1,000円投資)	−0.018	−1.33	−0.023*	−1.66	−0.0253**	−1.79	−0.02283*	−1.67	−0.0216	−1.55	−0.0239*	−1.64
増税 OK なんダミー			1.6763***	3.71	1.797***	3.9	1.716***	3.74	1.675***	3.69	1.831***	3.91
増税より募金が良いダミー			0.803**	2.32	0.929**	2.54	0.820**	2.35	0.887**	2.53	1.047**	2.8
個人所得（万円）					0.0233	0.26					0.0442	0.48
震災への寄付金額（円）							−0.0212	−0.55			−0.0367	−0.86
震災ボランティアの経験									0.199*	1.7	0.214*	1.7
誤差項の標準偏差	9.286		7.915		8.011		7.912		7.709		7.709	
標本数	62		62		60		62		62		60	
尤度	−83.39		−76.14		−72.94		−75.99		−74.69		−71.42	
ワルド統計量	1.76		15.6**		17.19***		15.85***		18.13***		19.87***	

注：***、**、* はそれぞれ、1％、5％、10％水準で有意であることを示す。

表 9-3 属性を違えたモデル（時間のプレミアムの差は 5,000 円投資のときを採用）

モデル	B1 係数	z	B2 係数	z	B3 係数	z	B4 係数	z	B5 係数	z	B6 係数	z
定数	1.208***	5.16	0.680**	2.10	0.421	0.71	0.777**	2.1	0.459	1.12	0.104	0.16
bid	−0.108***	−6.18	−0.126*** +	−6.22	−0.124***	−6.09	−0.126***	−6.22	−0.129***	−6.25	−0.1265***	−6.11
時間のプレミアム (5,000円投資)	−0.015	−1.2	−0.017	−1.28	−0.0160	−1.20	−0.0174	−1.29	−0.0137	−1	−0.0129	−0.95
増税 OK なんダミー			1.6051**	3.60	1.692***	3.74	1.648***	3.63	1.676***	3.67	1.730***	3.76
増税より募金が良いダミー			0.757**	2.18	0.867**	2.38	0.774**	2.22	0.898**	2.51	1.001***	2.67
個人所得（万円）					0.0257	0.29					0.0474	0.53
震災への寄付金額（円）							−0.02106	−0.54	−0.0417	−1.02	−0.0378	−0.89
震災ボランティアの経験									0.228*	1.84	0.2151*	1.7
誤差項の標準偏差	9.240		7.942		8.085		7.940		7.724		7.905	
標本数	62		62		60		62		62		62	
尤度	−83.65		−76.87		−74.09		−76.72		−75.00		−72.56	
ワルド統計量	17.19***		14.32		15.33***		14.51**		17.76***		18.17***	

注：***、**、* はそれぞれ、1％、5％、10％水準で有意であることを示す。

を仮想し、それを今年負担する場合と来年負担する場合に環境に求めるプレミアムの差（時間のプレミアムの差）を説明変数とすると、10％水準で有意となった。またモデルの尤度比検定は1％水準で有意となった。

こうした推定では、通常基本的な個人属性が用いられるが、今回は標本の制約から年齢や性別を説明変数としていない。ただしWTPに所得が影響を与えている可能性は無視できないため個人の所得水準（万円）を自然対数変換したものを説明変数としたが、有意ではなかった。

また環境問題には本質的に外部性の問題が存在する。それを克服しうる個人属性として「利他主義」を考え、その代理変数として、東日本大震災への募金額の自然対数、および東日本大震災時にボランティアに参加した回数を用いた。募金額は有意ではなかったが、震災ボランティアの経験回数は10％水準で有意となった。この際に、時間のプレミアムの差がWTPの説明変数として有意でなくなってしまった（モデルA5）。

最後に、ここまでに用いたすべての説明変数を加えたモデルA6では、時間のプレミアムの差および震災ボランティアの経験回数の両方が10％水準で有意となった。尤度比検定の結果より最も説明力が高いモデルとなっているので、このモデルの時間のプレミアムの係数－0.024に基づいて、異時点間の消費の代替性とWTPの関係を説明する。投資のための税負担が今年でなく来年なのであれば、計測された時間のプレミアム1％に対して－(0.024／(－0.128))×100円＝18.75円を多く支払うことができると考えていることがわかる。平均値が7％であるので、平均的には税負担が来年であるならば131円多く投資してもよいと考えていることになる。

しかしながら、環境投資に5,000円を仮想した場合には時間のプレミアムの差の係数はどのモデルでも有意とならなかった。理由として、環境の生産関数の係数は個体差があるため、1,000円の投資のときは個人差が小さいが、5,000円分の投資を仮想したときには、プレミアムのばらつきが大きくなったことが考えられる。これは標本を多くとることで解消する可能性がある。一方環境投資の要因としてボランティアが有意になっていることは、利他的な人は投資に積極的であることを示している。

モデルA6の結果を用いてWTPを求めると2,405円／人となった。この結果は伊藤（2000）による東京湾三番瀬への税金によるWTPの13,672円と

比較しても、また過去の日本の干潟について、四角他（2003）の諫早干潟の計測での諫早市、長崎市、北九州市の世帯平均 6,422 円と比較しても低い。この理由として3つが考えられる。①谷津干潟が 40ha の小さい干潟である。②過去のサーベイが郵送やメールによるものであったのに対し、本研究では実際に干潟で水鳥を観察しているため、その価値を過大に評価しなかった。③標本の少なさから支払提示額の最高額を 2,000 円に設定したため、もしも 5,000 円や 10,000 円を提示していれば高い WTP を得た可能性がある。

　推定結果をまとめると、モデルの説明力は人々の増税に対する考え方の違いをダミーとして入れることで高くなった。またその場合には、時間についてのプレミアムの差が、投資金額として 1,000 円を仮想したとき WTP を説明しうる要因となった。しかしこれは頑健でなく、5,000 円を仮想すると利他主義の代理変数である震災ボランティアの経験がむしろ有意になった。

第6節　おわりに

　本章はフィールド実験で日本の干潟の評価を行った数少ない研究の1つであり、その目的は異時点間代替性が WTP を説明しうるかを明確にすることにあった。さまざまな制約の中で、環境に関する異時点間の代替率を測定する方法として、環境投資のために今すぐ税金を支払わなければならない場合と、国債を発行して投資をし、来年支払えばよい場合を想定し、それぞれ増えてほしい水鳥の増加率（プレミアム）の差を用いるという新しい方法を開発した。その結果年平均 7% と、1年間の異時点間の代替率として現実的な回答を得た。仮想的な投資が 1,000 円のときの結果を用い、さらに環境保全のための資金提供についての考え方の違いのダミーを入れると、たとえば異時点間の代替性が 10% の人は、今すぐでなく1年後の税負担でよいのであれば、187 円多く支払えると考えているという結果が得られた。時間のプレミアムの差が WTP を説明しうるかについては頑健な結果ではなかったものの、CVM のシナリオにおいて環境投資のために金銭的な犠牲を払う時期と、投資の成果が表れる時期について明確にすることが重要であることが確認された。

　さらに今後の CVM による環境評価研究への一般的な貢献として、環境投

資への支払手段として、すべて先行研究において基金（寄付・募金）または税金のどちらかのシナリオを採用してきたが、支払手段に両方のシナリオを用意することで、より正確な評価額が得られる可能性が高いことが挙げられよう。

最後に、今回の実験は谷津干潟に実際に来られる人への対面調査を行ったため、3年間以上の歳月をかけたが標本に限りがあった。今後は谷津干潟自然観察センターと提携して映像を作成し、疑似体験してもらったうえでサーベイに回答してもらうことで多くのサンプルを集め、干潟に実際に足を運んだ人との差を計測したいと考えている。

【参考文献】

Ainslie, G. (1992) *Picoeconomics*, Cambridge: Cambridge University Press.

Barro, R. J. (1999) "Ramsey Meets Laibson: Ramsey Meets Laibson in the Neoclassical Growth Model", *The Quarterly Journal of Economics*, 114(4), pp.1125-1152.

Carson, R. T. and R. C. Mitchell, W. M. Hanemann, R. J. Kopp, S. Presser and P. A. Ruud (2003) "Contingent Valuation and Lost Passive Use: Damages from the Exxon Valdez Oil Spill", *Environmental and Resource Economics*, Vol. 25.

Carson, R. T. and W. M. Hanemann (2005) "Contingent Valuation", K.-G. Maler and J. R. Vincent eds., *Handbook of Environmental Economics,* Vol. 2, University of California, Berkeley, US, Chap. 17, pp. 822-935.

Cooper, J. and J. Loomis (1992) "Sensitivity of Willingness-to-Pay Estimates to Bid Design in Dichotomous Choice Contingent Valuation Models", *Land Economics*, Vol. 68, No. 2, pp. 211-224.

Cooper, J. and J. Loomis (1993) "Sensitivity of Willingness-to-Pay Estimates to Bid Design in Dichotomous Choice Valuation Models: Reply", *Land Economics*, Vol. 69, No. 2, pp. 203-208.

Croker, T. D. and J. F. Shogren (1993) "Dynamic Inconsistency in Valuing Environmental Goods", *Ecological Economics,* 7, pp. 239-254.

Epstein, L. G. and S. E. Zin (1989) "Substitution, Risk Aversion, and the Temporal Behavior of Consumption and Asset Returns: A Theoretical Framework", *Econometrica,* Vol. 57, No. 4, pp. 937-969.

Epstein, L. G. and S. E. Zin (1991) "Substitution, Risk Aversion, and the Temporal Behavior of Consumption and Asset Returns: An Empirical Analysis", *Journal of Political Economy*, Vol. 99, No. 2, pp. 263-286

Frederick, S., G. Loewenstein and T. O'Donoghue (2002) "Time Discounting and Time Preference: A Critical Review", *Journal of Economic Literature*, Vol. 40, No. 2, June,

pp. 351-401.
Hanemann, W. M. (1994) "Valuing the Environment Through Contingent Valuation", *The Journal of Economic Perspectives*, Vol. 8, No. 4, Autumn, pp. 19-43.
Hanemann, M., J. Loomis and B. Kanninen (1991) "Statistical Efficiency of Double-Bounded Dichotomous Choice Contingent Valuation", *American Journal of Agriculture*, 73(4), pp. 1255-1263.
Kahneman, D. and J. Knetsch (1992) "Valuing Public Goods: The Purchase of Moral Satisfaction", *Journal of Environmental Economics and Management*, 22(1), pp. 57-70.
Kanninen, B. J. and B. Kriström (1993) "Sensitivity of Willingness-to-Pay Estimates to Bid Design in Dichotomous Choice Valuation Models: Comment", *Land Economics*, Vol. 69, No. 2, pp. 199-202.
Kovacs, K. F. and D. M. Larson (2008) "Identifying Individual Discount Rates and Valuing Public Open Space with Stated-Preference Models", *Land Economics*, Vol. 84, No. 2, May, pp. 209-224.
Laibson, D. (1997) "Golden Eggs and Hyperbolic Discounting", *The Quarterly Journal of Economics*, 112(2), pp. 443-478.
Lopez-Feldman, A. (2012) "Introduction to Contingent Valuation using Stata", Munich Personal RePEc Archive Paper No. 41018, posted 4. September 2012 19:36 UTC. (Online at http://mpra.ub.uni-muenchen.de/41018/)
Loewenstein, G. and R. Thaler (1989) "Anomalies: Intertemporal Choice", *Journal of Economic Perspectives*, 3(4), pp. 181-193.
National Oceanic and Atmospheric Administration (NOAA) (1993) "Report of the NOAA Panel on Contingent Valuation", *Federal Resister*, 53(10), pp. 4602-4614.
Shabman, L. and K. Stephenson (1996) "Searching for the Correct Benefit Estimate: Empirical Evidence for an Alternative Perspective", *Land Economics*, Vol. 72, No. 4, November, pp. 433-449.
Smith, V. K. (1993) "Nonmarket Valuation of Environmental Resources: An Interpretive Appraisal", *Land Economics*, Vol. 69, No. 1, pp. 1-26.
Stevens, T. H., N. E. DeCoteau and C. E. Willis (1997) "Sensitivity of Contingent Valuation to Alternative Payment Schedules", *Land Economics*, Vol. 73, No. 1, pp. 140-148.
Takeuchi, K. (2011) "Non-parametric Test of Time Consistency: Present Bias and Future Bias", *Games and Economic Behavior*, 71(2), pp.456-478.
Thaler, R. (1981) "Some Empirical Evidence on Dynamic Inconsistency", *Economic Letters*, 8, pp. 201-207.
Wada, R., H. Yoneda and S. H. Oda (2011) "A Factor Analysis of Transaction Costs in Time Preference Experiments", Proceedings of International Economic Association, 16th World Congress.
Wada, R. and S. H. Oda (2007) "Separation of Intertemporal Substitution and Time Preference Rate from Risk Aversion: Experimental Analysis with Reward Designs", *Developments on Experimental Economics, Lecture Notes in Economics and Mathematical Systems*, Vol. 590, pp. 131-136.

伊藤康（2000）「三番瀬の経済的価値──CVM による評価」『国府台経済研究』Vol. 11、No. 3、113-138 頁。
大野栄治・佐尾博志（2008）「CVM と TCM による干潟の経済価値の計測」『環境システム研究論文集』Vol. 36、10 月、333-341 頁。
大野栄治・林山泰久・森杉壽芳・中島一憲（2009）「干潟・ブナ林の生物多様性維持機能の経済評価」『地球環境』Vol. 14、No. 2、285-290 頁。
栗山浩一（2012）『環境経済学をつかむ』第 2 版、有斐閣。
栗山浩一・庄子康編著（2005）『環境と観光の経済評価──国立公園の維持と管理』勁草書房。
柘植隆宏・栗山浩一・三谷羊平編著（2011）『環境評価の最新テクニック──表明選好法・顕示選好法・実験経済学』勁草書房。
バロー、ロバート・ジョセフ／谷内満訳（1987）『マクロ経済学』多賀出版。
四角公一・小島治幸・K. S. Sarwar Uddin AHMED・後藤恵之介（2003）「CVM による干潟海岸の環境価値に関する研究」『海洋開発論文集』No. 19、279-284 頁。
鷲田豊明・栗山浩一・竹内憲司（1998）「藤前干潟の CVM による全国調査結果」名古屋市政記者クラブ・記者発表資料（現在は環境省の環境影響評価情報支援ネットワークのサイト http://www.env.go.jp/policy/assess/1-3sanka/3/link/Casees/RWD_FUJ6_CVM.htm に概要のみが残されている）。

第Ⅱ部
金融の理論・実証分析

第 10 章

金融仲介における不透明性

佐藤祐己

第 1 節　はじめに

　近年、金融市場は不透明化・複雑化している。情報開示義務がなく投資内容が不透明なヘッジファンドは年々規模を拡大し、今や市場における重要なプレーヤーである[1]。また、ストラクチャードプロダクト（structured products）等の複雑なデリバティブ商品も次々と開発され、その役割は 2007-2009 年の金融危機を経てより一層の注目を集めている。しかしながら、これらの不透明性・複雑性が金融市場において果たす役割についての研究は、まだそれほど行われていない。本章では、Sato（2014）を単純化したモデルを用いて、金融仲介における不透明性が、投資ファンドの行動と経済厚生に与える影響を理論的に考察する。

　本章では、金融仲介の 2 期間モデルを考える。ファンドマネジャーが、投資家から預かった資金を、投資プロジェクトと無リスク債券のポートフォリオに投資する。その投資収益の一定割合をファンドマネジャーが手数料として取り、残りを投資家が受け取る。この手数料に加えて、仮に投資家がプロジェクトの収益性を過大評価した場合には、ファンドマネジャーはボーナスを受け取る。このボーナスは、ファンドの収益性を過大に評価した投資家が、

---

[1] Hedge Fund Research, Inc によると、1990 年には全世界で 610 のヘッジファンドが約 390 億ドルの資産を運用していたが、2013 年には 1 万を超えるファンドが約 2 兆 4,000 億ドルを運用している。

将来にわたってファンドマネジャーに支払う"過剰な"手数料と解釈できる。このようなボーナスは、Sato（2014）の無限期間モデルでは内生的に導かれるが、本章では単純化のために外生的に仮定する。

このモデルでは、金融仲介における2つの不透明性（opacity）——すなわち、観察不可能性——が重要な役割を果たす。1つ目は、投資家が、ファンドマネジャーのポートフォリオ選択を観察できないこと、2つ目は、投資家が、ファンドのポートフォリオに含まれる個別プロジェクトの事後的な収益を観察できないことである。これら2つの不透明性が、ファンドマネジャーと投資家の間のエージェンシー問題の原因になる。ファンドマネジャーは、投資家が観察できるのはファンドのポートフォリオ全体の収益だけで、ポートフォリオを構成する個別のプロジェクトへの投資量とその収益は観察できないことを知っている。よって、ファンドマネジャーは、ファンドの収益性に対する投資家の評価を吊り上げてボーナスを稼ぐ目的で、秘密裡にレバレッジを増やし、投資家が予想するよりも多くの資金を危険なプロジェクトに投資し、ファンドのポートフォリオ全体の期待収益をかさ上げするインセンティブがあるのだ[2]。

このような投資は、投資家とファンドマネジャーの両者を過度なリスクにさらすため、非効率的（inefficient）である。また、合理的な投資家は、ファンドマネジャーに過剰なプロジェクト投資を行うインセンティブがあることを理解しているので、均衡では投資家がプロジェクト収益を過大に評価することはなく、ゆえにファンドマネジャーにボーナスが支払われることもない。それにもかかわらず、均衡において、ファンドマネジャーは実際に過剰投資を行う。これは、投資家がファンドマネジャーによる過剰投資を信じていることを所与とすると、ファンドマネジャーにとっては実際に過剰投資をすることが合理的になるからだ。なぜなら、仮にファンドマネジャーが過剰投資をしなければ、過剰投資が行われていると信じている投資家によって、ファンドの収益性が過小に評価されてしまうからである。

---

[2] このような問題は、ミクロ経済学では一般的にシグナルジャミング（signal jamming）と呼ばれる。金融仲介を扱ったものではないが、よく知られたシグナルジャミングのモデルとしては、Holmström（1999）やStein（1989）がある。

仮にファンドマネジャーのポートフォリオ選択が投資家に開示されれば、ファンドマネジャーは過剰投資をするインセンティブを失い、その結果、経済厚生はパレート改善する。この結果は、金融監督当局による投資ファンドのポートフォリオ開示の義務付け強化に、1つの理論的根拠を与えるものである。ただし、本モデルでは、ファンドの不透明性が持つ負の側面のみに注目していることには注意を要する。透明性をめぐる政策判断には、不透明性の持つ正の側面（後述）をも考慮したより包括的な議論が必要であろう。

本章は、金融市場における複雑性（complexity）・不透明性や"意図的に起こす混乱（obfuscation）"に関する研究に関連している。Arora et al.(2009) は、デリバティブ資産の複雑さが、売り手と買い手の間の逆選択（adverse selection）を助長すると論じる。本章のモデルでも、金融仲介における不透明性が、情報の非対称性による問題を深刻化させる。Carlin (2009) では、企業が市場支配力（market power）を高める目的で、自らの商品の価格構造を複雑化させる。Carlin and Manso (2011) は、金融機関が、情報レント（information rents）を確保するために、金融に精通していない投資家（unsophisticated investors）に提供する商品のラインアップを定期的に刷新することによって、そうした投資家が商品の詳細を学習（learn）することを意図的に阻害する可能性を論じている。これらの論文と同様に、本章のモデルにおける不透明性も、情報劣位の経済主体を搾取するための戦略的な道具として使われる。しかし、本章の主眼は、不透明性が投資ファンドの投資行動と経済厚生に与える影響にあり、上記の論文のそれとは異なる。また本章は、金融仲介の理論、とりわけ、近年特に増えつつある代理ポートフォリオ管理（delegated portfolio management）の理論研究に関連している（Allen and Gorton 1993; Shleifer and Vishny 1997; Vayanos 2004; Cuoco and Kaniel 2011; He and Krishnamurthy 2012, 2013; Malliaris and Yan 2012; Kaniel and Kondor 2013; Vayanos and Woolley 2013）。しかし、これらの既存研究は、金融仲介に伴う不透明性・複雑性については論じていない。

本章の構成は、以下のとおりである。第2節では、モデルを説明する。第3節では、ベンチマークとして、投資家がファンドマネジャーのポートフォリオ選択を観察できるケース（"透明性の高いファンド"）の均衡を分析する。第4節では、ポートフォリオ選択が観察不可能なケース（"不透明なファン

ド")の均衡を分析する。第5節では、金融仲介における不透明性が経済厚生に与える影響を論じる。第6節で結論を述べる。

第2節　モデル

　2期間（$t=0,1$）の経済を考える。経済には、ファンドマネジャーと投資家が1人ずついる。彼らのリスク選好は、ともに係数 $\alpha>0$ の CARA（constant absolute risk aversion）である。投資家は、$t=0$ に外生的に1円をファンドマネジャーに預ける[3]。ファンドマネジャーは、$t=0$ にその1円のうち θ 円を投資プロジェクトに、$(1-\theta)$ 円を無リスク債券に投資する[4]。プロジェクトは、$t=1$ に $(1+\delta)\theta$ 円を生む。プロジェクトの収益性 δ は定数だが、$t=0$ にはどちらの主体もその値を知らない。両主体の $t=0$ における δ についての事前信念（prior belief）は、平均 $\bar{\delta}$ と分散 σ^2 の正規分布とする。投資家は、δ の値を $t=1$ においても観察できないと仮定する。無リスク債券の $t=0$ の価格は1に、$t=0$ から $t=1$ の純リターンは0に基準化する。よって、ファンドのポートフォリオが $t=1$ に生む投資収益は、$Y \equiv (1+\delta)\theta + (1-\theta)$ 円である。この収益から、ファンドマネジャーは φY 円（$0<\varphi<1/2$）を手数料（management fee）として受け取り、投資家が残りの $(1-\varphi)Y$ 円を受け取ると仮定する[5]。

　投資家は、δ を観察することができないため、観察可能な情報から δ の値を推察（infer）する。投資家が $t=1$ に推察する δ の値を、δ^i と書こう。この δ^i に応じて、ファンドマネジャーは、$t=1$ に、φY の手数料に加えて"ボーナス"として $B = \Omega(\delta^i/\delta - 1)$ 円（$\Omega>0$）を受け取ると仮定する。すなわち、投資家が δ を過大に推察した場合（$\delta^i>\delta$）にはファンドマネジャーは正の

---

[3] Sato（2014）では、投資家によるファンドへの資金供給も内生的に決定される。しかし本章では、単純化のためにそれを外生とする。

[4] $\theta>1$ ならば、ファンドマネジャーが $(\theta-1)$ 円を外部から借り入れることを意味する。

[5] この仮定は、現実の投資ファンドの慣行と整合的である。Deli（2002）によれば、大多数のファンドマネジャーの報酬体系には、投資家からの預かり資産（asset under management）に対する固定割合が含まれている。

ボーナスを受け取り、過小に推察した場合（$\delta^i<\delta$）にはペナルティを受けるのである。この、ボーナス B が δ^i と δ の相対的な大きさによって決まるという構造は、Sato（2014）の無限期間モデルでは内生的に導き出される。しかし本章では、単純化のために上記のようなボーナスの形を外生的に仮定する。この仮定の背後にあるストーリーは以下のとおりである。仮に投資家が δ が高いと信じていれば、その投資家は将来にわたってそのプロジェクトに多くの資金をファンドを通して投資しようとする。その際にファンドマネジャーが手にする手数料は、投資家が預ける資金が多いほど多い（Deli 2002）。したがって、仮に $\delta^i>\delta$ の場合、ファンドマネジャーは必要以上に多くの——つまり、投資家が本当の δ を知っている場合よりも多くの——手数料を受け取ることになるのである。ここで注意が必要なのは、仮に投資家が正しく δ の値を推察すれば（$\delta^i=\delta$）、ファンドマネジャーのボーナスは $B=0$ ということである。後に見るように、均衡では投資家は合理的にファンドマネジャーの行動を予測するため、$\delta^i=\delta$ となり、ファンドマネジャーが受け取るボーナスはゼロである。それにもかかわらず、潜在的にはボーナスを受け取れる可能性があるという事実が、ファンドマネジャーの均衡における投資行動に影響を与えることになる。

ファンドマネジャーの $t=1$ における最終的な富（terminal wealth）は、手数料とボーナスの合計、$W_m=\varphi Y+B$ 円である。彼は $t=0$ に、W_m の期待効用 $E[-\exp(-\alpha W_m)]$ を最大化するような θ を選択する。

以下では、ファンドの透明性について2つのケースを分析する。第3節では、透明性の高いファンドのケース、すなわち、投資家がファンドマネジャーによる θ の選択を観察できるケースを分析する。こうしたファンドの例は、ポジションの開示が義務付けられているミューチュアルファンドである。続く第4節では、不透明なファンドのケース、つまり、投資家が θ を観察できず、かつファンドマネジャーが θ の選択にコミットできないケースを分析する。このファンドの例は、ポジションについての情報を開示しないヘッジファンドである。

第3節　透明性の高いファンド

はじめに、ベンチマークとして、透明性の高いファンドのケースを分析する。このケースでは、ファンドマネジャーによる θ の選択を、投資家が直接観察できる。したがって投資家は、θ とファンドからの収益 $(1-\varphi)Y$ を観察することによって、観察できないプロジェクトの収益性 δ を逆算によって知ることができる。つまり、ファンドマネジャーが選ぶ θ とは無関係に、必ず $\delta^i = \delta$ である。そのため、ファンドマネジャーのボーナス B は、θ にかかわらずゼロであり、$W_m = \varphi Y = \varphi(\delta\theta+1)$ である。この W_m は正規分布に従い、かつファンドマネジャーの選好はCARAなので、彼の最大化問題は、

$$\max_\theta E[W_m] - \frac{\alpha}{2} Var[W_m] \Leftrightarrow \max_\theta \varphi(\overline{\delta}\theta+1) - \frac{\alpha}{2}\varphi^2\theta^2\sigma^2$$

と書ける。よって、ファンドマネジャーによる最適な θ の選択は、

$$\theta^* = \frac{\overline{\delta}}{\alpha\varphi\sigma^2}$$

である。この解は、CARA－正規分布モデルの標準的なものとみなせる。最適なポートフォリオ θ^* は、プロジェクトの収益性の期待値 $\overline{\delta}$ について増加し、その分散 σ^2 およびリスク回避係数 α について減少する。手数料 φ について θ^* は減少する。これは、ファンドマネジャーが、高い φ に伴って高まる彼自身のリスク・エクスポージャーを抑えるために、低い θ^* を選択するためである。

第4節　不透明なファンド

本節では、不透明なファンドのケース、すなわち、投資家が θ を観察できず、ファンドマネジャーが θ の選択にコミットできないケースを分析する。このケースで重要なことは、δ と θ がともに観察不可能なために、投資家はファンドからの収益 $(1-\varphi)Y$ を観察しても、δ を逆算によって知ることができないということである。したがって投資家は、観察可能な $(1-\varphi)Y$ と、ファンドマネジャーが均衡において選択する θ についての信念(belief)に基づいて、δ を推察しようとする。

ファンドマネジャーが均衡で選択する θ を、θ^{**} と書こう。この θ^{**} の値を求めるためには、まず、ファンドマネジャーが θ^{**} を選択することから逸脱（deviate）した場合に何が起こるかを知らなければならない。すなわち、投資家がファンドマネジャーは $\theta = \theta^{**}$ を選択すると信じているときに、ファンドマネジャーが任意の $\theta \neq \theta^{**}$ を選択すると、投資家がどのように δ を推察することになるかを考える必要がある。投資家は、ファンドからの収益 $(1-\varphi)Y$ を観察し、δ を次式を満たす δ_i だと誤って推察する。

$$(1+\delta_i)\theta^{**} + (1-\theta^{**}) = (1+\delta)\theta + (1-\theta) \tag{1}$$

この式の右辺は、投資家が観察する Y の値で、それは真の δ とファンドマネジャーによって実際に選択された θ に依存する。他方、左辺は、投資家が信じる Y の構成（composition）である。それは、θ についての投資家の信念 θ^{**} と、投資家による δ の推察値 δ_i に依存する。(1)式を δ_i について解くと、$\delta_i = (\theta/\theta^{**})\delta$ を得る。この δ_i を使うと、ファンドマネジャーのボーナスは $B = \Omega\left(\dfrac{\theta - \theta^{**}}{\theta^{**}}\right)$ という非確率変数となり、彼の $t=1$ における最終的な富は、

$$W_m = \varphi(\delta\theta + 1) + \Omega\left(\frac{\theta - \theta^{**}}{\theta^{**}}\right)$$

と書ける。この W_m は δ について線形なので正規分布に従い、かつファンドマネジャーの選好は CARA なので、彼の最大化問題は、

$$\max_{\theta} E[W_m] - \frac{\alpha}{2} Var[W_m] \Leftrightarrow \max_{\theta} \varphi(\overline{\delta}\theta + 1) + \Omega\left(\frac{\theta - \theta^{**}}{\theta^{**}}\right) - \frac{\alpha}{2}\varphi^2\theta^2\sigma^2$$

である。ファンドマネジャーは、投資家が信じる θ^{**} を所与として、θ を選ぶ。よって、最適な θ の選択は、

$$\theta = \frac{1}{\alpha\varphi^2\sigma^2}\left(\varphi\overline{\delta} + \frac{\Omega}{\theta^{**}}\right) \tag{2}$$

となる。

均衡では、投資家の信念とファンドマネジャーの行動は、互いに整合的（consistent）でなければならない。したがって、(2)式で $\theta = \theta^{**}$ として、θ^{**} について解くと、均衡におけるファンドマネジャーの θ の選択、

$$\theta^{**} = \frac{1}{2\alpha\varphi\sigma^2}\left(\overline{\delta} + \sqrt{\overline{\delta}^2 + 4\alpha\sigma^2\Omega}\right)$$

を得る。この θ^{**} と第3節の解 θ^* を比較すると、ファンドの投資行動について以下の結論を得る。

> **結果1**：$\Omega > 0$ ならば、$\theta^{**} > \theta^*$ である。すなわち、投資家がプロジェクトの収益性を過大評価したときにファンドマネジャーがボーナスを得る場合、不透明なファンドは、透明性の高いファンドよりも多くの資金をプロジェクトに投資する。

ここで注意すべきことは、不透明なファンドのケースでも、透明性の高いファンドのケースと同様に均衡では $\delta^i = \delta$ であり、したがってファンドマネジャーのボーナスは $B=0$ ということである。このことを考慮すると、結果1は少々奇妙に聞こえるかもしれない。最終的に支払われるボーナスは両ケースとも $B=0$ で等しいにもかかわらず、なぜ不透明なファンドのマネジャーがより多くの資金をプロジェクトに投資するのだろうか？ 経済学的直感は以下のとおりである。不透明なファンドのマネジャーは、投資家が θ と δ のどちらも観察できないことを知っているので、投資家に δ を過大に推察させて自らがボーナスを得るために、大きい θ を選択するインセンティブを持っている。しかし、合理的な投資家はそのことを事前に把握している。投資家がファンドマネジャーは大きな θ を選択すると信じていることを所与とすると、ファンドマネジャーにとっては実際に大きな θ を選ぶことが合理的になる。なぜなら、仮にファンドマネジャーが大きな θ を選択しなければ、大きな θ が選択されたと信じている投資家によって、δ を過小に推察されてしまうからである。よって、均衡では、ファンドマネジャーは実際に大きな θ を選び、投資家がそれを正しく予測するのである。

第5節　経済厚生

金融仲介における不透明性は、経済厚生にどのような影響を与えるであろうか？ ファンドマネジャーの期待効用の確実性等価（certainty equivalent）

を、θ の関数として $V_m(\theta) = E[W_m] - \frac{\alpha}{2} Var[W_m]$ と書こう。透明性の高いファンドのケースでは

$$V_m(\theta^*) = \varphi + \frac{\overline{\delta^2}}{2\alpha\sigma^2}$$

であり、不透明なファンドのケースでは

$$V_m(\theta^{**}) = \varphi - \frac{\Omega}{2} + \frac{\overline{\delta}}{4\alpha\sigma^2}\left(\overline{\delta} + \sqrt{\overline{\delta^2} + 4\alpha\sigma^2\Omega}\right)$$

である。これら2式から、$\Omega > 0$ ならば $V_m(\theta^*) > V_m(\theta^{**})$ だとわかる。他方、投資家の期待効用の確実性等価を、θ の関数として $V_i(\theta) = E[W_i] - \frac{\alpha}{2} Var[W_i]$ と書こう。すると、$\Omega > 0$ ならば $V_i(\theta^*) > V_i(\theta^{**})$ ということを示せる[6]。したがって、2つのケースの経済厚生比較について以下の結果を得る。

結果2：$\Omega > 0$ ならば、$V_m(\theta^*) > V_m(\theta^{**})$ かつ $V_i(\theta^*) > V_i(\theta^{**})$ である。すなわち、不透明なファンドのケースは透明性の高いファンドのケースに対してパレート劣位である。

結果2の経済学的直感を考えよう。まず、なぜ $V_m(\theta^*) > V_m(\theta^{**})$ なのであろうか？ これは、不透明なファンドのマネジャーが θ の選択にコミットできないからである。仮にコミットすることができれば、不透明なファンドのマネジャーは「$\theta = \theta^*$ を選ぶ」と投資家に対して宣言すればよい。投資家はそれを信用し、ファンドマネジャーは高い $V_m(\theta^*)$ を達成できる。ところが、彼が θ にコミットできないために、投資家の"疑心暗鬼"が生まれ、結果的にファンドマネジャーは低い $V_m(\theta^{**})$ しか達成できないのである。仮にファンドマネジャーが「$\theta = \theta^*$ を選択する」と宣言したところで、投資家はそれを信用せず、ファンドマネジャーは密かにもっと高い θ^{**} を選んで δ^i を大きく誘導してボーナスを得ようとするに違いないと予測する。この投資

---

[6] 投資家の期待効用の確実性等価 $V_i(\theta) = (1-\varphi)(\overline{\delta}\theta + 1) - \frac{\alpha}{2}(1-\varphi)^2\theta^2\sigma^2$ は θ の逆U字型関数であり、$\theta = \frac{\overline{\delta}}{\alpha(1-\varphi)\sigma^2} \equiv \hat{\theta}$ でその最大値をとる。つまり、$\theta > \hat{\theta}$ に対して、$dV_i(\theta)/d\theta < 0$ である。ところで、仮定から $\varphi < 1/2$ なので $\hat{\theta} < \theta^*$ であり、仮に $\Omega > 0$ ならば $\theta^* < \theta^{**}$ である。そのため、$\Omega > 0$ ならば $\hat{\theta} < \theta^* < \theta^{**}$ であり、$V_i(\hat{\theta}) > V_i(\theta^*) > V_i(\theta^{**})$ である。

家の予測を所与とすると、結果1で議論したように、ファンドマネジャーは実際に高い θ^{**} を選ばざるを得ないのである。この θ^{**} のもとでは、ファンドマネジャーは（手数料収入 φY を通じて）過度なポートフォリオリスクにさらされているため、$V_m(\theta^*) > V_m(\theta^{**})$ となる。

次に、なぜ $V_i(\theta^*) > V_i(\theta^{**})$ なのであろうか？　この結果の鍵は、$\varphi < 1/2$ という仮定のもと、投資家の方がファンドマネジャーよりもリスクエクスポージャーが大きいということである。そのため、投資家の視点からの最適な θ （脚注6の $\hat{\theta}$）は、ファンドマネジャーの視点からの最適値である $\theta = \theta^*$ よりも低い。この θ^* のもとでのリスクエクスポージャーが投資家にとってはすでに過剰なのだから、$\theta^{**}(>\theta^*)$ のもとではなおさら過剰である。よって、$V_i(\theta^*) > V_i(\theta^{**})$ となる。

結果2は、金融監督当局による投資ファンドのポートフォリオ開示の義務付け強化に、1つの理論的根拠を与えるかもしれない。本モデルでは、投資リターンの実現前（$t=0$）にせよ実現後（$t=1$）にせよ、不透明なファンドのポートフォリオ θ を投資家が知ることができさえすれば、ファンドマネジャーは自発的に $\theta = \theta^*$ を選び、パレート改善が達成されるからである。しかしながら、この結果をもって手放しでファンドの透明性を高めるべきと結論付けるのは拙速であろう。なぜなら、本モデルは、不透明なファンドが不透明であることによって得るであろう恩恵を捨象しているからである。現実の金融市場では、ヘッジファンドのポジションが開示されると、そのファンドはフロントランニングや略奪的なトレーディング（predatory trading）の危険にさらされるかもしれない。また、Easley, O'Hara and Yang（2012）が指摘するように、ファンド独自の投資戦略や情報を他の市場参加者に推測されることによって、ファンドの収益性が損なわれる可能性もある。事実、ポジションの秘匿性こそがヘッジファンドが著しい正のアブノーマル・リターンを生むことを可能にしているという実証研究もある（Aragon, Hertzel and Shi 2013）。透明性をめぐる政策判断には、こうした不透明性の持つ正の側面をも考慮した包括的な議論が必要であろう。

第6節 おわりに

本章では、Sato（2014）を単純化したモデルを用いて、金融仲介における不透明性が投資ファンドの行動と経済厚生に与える影響を理論的に考察した。金融仲介に伴う不透明性――すなわち、ファンドのポートフォリオ選択と、そのポートフォリオを構成する個別プロジェクトの事後的な収益が、どちらも投資家には観察不可能ということ――は、ファンドマネジャーによるリスキーなプロジェクトへの過剰投資を誘発し、結果として経済厚生を低下させることを示した。金融市場の不透明性・複雑性に関する理論研究は、まださほど進んでおらず、今後も研究テーマとして有望と思われる。こうしたテーマを、OTC市場（Over-The-Counter Market: 店頭市場）のモデル（たとえば、Duffie, Gârleanu and Pedersen 2005）や、流動性の低い（すなわち、price impactのある）市場のダブルオークション・モデル（たとえば、Kyle 1989）の枠組みで論じることができれば、より現実的で豊富な経済的含意が得られるかもしれない。

【参考文献】

Allen, F. and G. Gorton (1993) "Churning Bubbles", *Review of Economic Studies*, 60(4), pp. 813–836.

Aragon, G., M. Hertzel and Z. Shi (2013) "Why do Hedge Funds Avoid Disclosure? Evidence from Confidential 13F Filings", *Journal of Financial and Quantitative Analysis*, 48(05), pp. 1499–1518.

Arora, S., B. Barak, M. Brunnermeier and R. Ge (2009) "Computational Complexity and Information Asymmetry in Financial Products", Working Paper, Princeton University.

Carlin, B. (2009) "Strategic Price Complexity in Retail Financial Markets", *Journal of Financial Economics*, 91(3), pp. 278–287.

Carlin, B. and G. Manso (2011) "Obfuscation, Learning, and the Evolution of Investor Sophistication", *Review of Financial Studies*, 24(3), pp. 754–785.

Cuoco, D. and R. Kaniel (2011) "Equilibrium Prices in the Presence of Delegated Portfolio Management", *Journal of Financial Economics*, 101(2), pp. 264–296.

Deli, D. (2002) "Mutual Fund Advisory Contracts: An Empirical Investigation", *Journal of Finance*, 57(1), pp. 109–134.

Duffie, D., N. Gârleanu and H. Pedersen (2005) "Over-the-counter Markets", *Econometrica*, 73(6), pp. 1815–1847.

Easley, D., M. O'Hara and L. Yang (2012) "Opaque Trading, Disclosure and Asset Prices: Implications for Hedge Fund Regulation", Working Paper, Cornell University and University of Toronto.

He, Z. and A. Krishnamurthy (2012) "A Model of Capital and Crises", *Review of Economic Studies*, 79(2), pp. 735-777.

────(2013) "Intermediary Asset Pricing", *American Economic Review*, 103(2), pp. 732-770.

Holmström, B. (1999) "Managerial Incentive Problems: A Dynamic Perspective", *Review of Economic Studies*, 66(1), pp. 169-182.

Kaniel, R. and P. Kondor (2013) "The Delegated Lucas Tree", *Review of Financial Studies*, 26(4), pp. 929-984.

Kyle, A. S. (1989) "Informed Speculation with Imperfect Competition", *Review of Economic Studies*, 56(3), pp. 317-356.

Malliaris, S. and H. Yan (2012) "Reputation Concerns and Slow-moving Capital", Working Paper, Yale University.

Sato, Y. (2014) "Opacity in Financial Markets", *Review of Financial Studies*, 27(12), pp. 3502-3546.

Shleifer, A. and R. Vishny (1997) "The Limits of Arbitrage", *Journal of Finance*, 52(1), pp. 35-55.

Stein, J. (1989) "Efficient Capital Markets, Inefficient Firms: A Model of Myopic Corporate Behavior", *Quarterly Journal of Economics*, 104(4), pp. 655-669.

Vayanos, D. (2004) "Flight to Quality, Flight to Liquidity, and the Pricing of Risk", Working Paper, London School of Economics.

Vayanos, D. and P. Woolley (2013) "An Institutional Theory of Momentum and Reversal", *Review of Financial Studies*, 26(5), pp. 1087-1145.

第 11 章

金融検査が銀行行動に与える影響
―― 金融円滑化法を事例として

永田（島袋）伊津子・飯島高雄

第 1 節　はじめに

　金融市場には情報の偏在などの理由で「市場の失敗」が存在することから、各種の規制が実施されている。そのため、各金融機関（銀行）[1]は規制のもとで利潤最大化を行っている。ただし、規制は不完備とならざるを得ないため、銀行にとって当局の行動（監督・検査）[2]には不確実性が存在する。日本においては、金融行政の組織改編すなわち金融（監督）庁の設立と時を同じくして、金融行政のスタイルが「事前指導型」から「事後チェック型」へ転換したことから、その不確実性はそれ以前より大きくなったと言えよう。
　この不確実性は、監督指針や金融検査マニュアルが公表されることで縮小されると期待されるし、また銀行が当局とコミュニケーションを重ねることによって、たとえば立入検査を複数回経験することによって、徐々に解消されるものと考えられる。しかし、経済環境の変化に応じて金融行政の目標

---

[1] 金融円滑化法の対象となる「金融機関」は、銀行、信金・信組・労金・農協・漁協およびその連合会、農林中金を指すが、本章の以下では単に「銀行」と記述する。
[2] この検査とは、金融庁等が定期的に行う金融機関への立入検査のことである。金融庁(2005)には、「金融庁及び財務局（福岡財務支局及び沖縄総合事務局を含む。以下同じ。）における検査部局の使命は、銀行法等が求める金融機関の業務の健全性及び適切性の確保のため、立入検査の手法を活用しつつ、各金融機関の経営管理態勢、金融円滑化管理態勢、各種リスク管理態勢等を検証し、その問題点を指摘するとともに、金融機関の認識を確認することである。検査部局におけるこうした事実関係の的確な把握等を前提に、監督部局において行政上の措置が行われることとなる。」とある。

（間のウェイト）が変更3)されたときは、銀行にとっての当局行動の不確実性は再び増大することになる。

　日本の金融行政を振り返ると、金融（監督）庁が設立された時期の最優先課題は、「金融システムの安定」であった。そのため、当局による検査も「経営の安定性（財務の健全性）」に相当のウェイトが置かれていた。その後、経済環境の変化に応じた施策実行に伴い、監督指針や金融検査マニュアルにおいても、「経営の安定性（財務の健全性）」以外の目標（「金融の円滑化」）にもウェイトが置かれるようになった。リーマン・ショック後の中小企業の資金繰り改善策として成立・施行された金融円滑化法4)は、その流れを強化したと言える。

　それゆえ、金融円滑化法と、その実施状況の検証に焦点を絞って（通常検査とは別途に）行われた金融円滑化検査は、「金融行政の目標が変更された際の銀行行動の分析」に適した事例と考えられる。そこで本章では金融円滑化法および金融円滑化検査を対象に、当局の目標ウェイトが変更された際に銀行はどのように行動するのか、また実施時期が予測できない検査は銀行の行動にどのような影響を与えるのかについて分析することとする。

　本章の構成は以下のとおりである。第2節では、金融行政における目標の理論的根拠、金融円滑化法が銀行の中小企業向け貸出に与えた影響、および金融検査が銀行行動に与える影響に関する先行研究を展望する。第3節では、金融監督庁設立以降の金融行政の変遷を概観したうえで、金融円滑化法の内容を整理する。第4節では、金融検査が銀行行動（貸出）に与える影響を理論的に考察する。第5節では本章で使用するデータと推計モデルを解説し、第6節ではその推計結果に基づき、金融行政が銀行行動に与える影響について考察する。最後の第7節では、結論を述べる。

---

3) 金融行政の目標は複数存在し、経済環境に応じてそのウェイトは変化すると考えられる。
4) 正式名称は「中小企業者等に対する金融の円滑化を図るための臨時措置に関する法律」であるが、本章では単に「金融円滑化法」と記述する。

第2節　先行研究

　本章の主たる関心は、金融行政の目標が変更された際の銀行行動である。そこで本節では、金融行政における目標の理論的根拠、金融円滑化法が銀行の中小企業向け貸出に与えた影響、および金融検査が銀行行動に与える影響に関する先行研究を展望することとする。

　金融行政の目標として預金者保護を挙げ、当局がリスク管理を目的に金融検査を行うことの理論的根拠は、すでに多くの文献で示されている。その一方で、「中小企業あるいは地域への金融円滑化が金融行政の目的として適切か」というテーマには、賛否双方の議論が存在する。アメリカにはコミュニティ再投資法（Community Reinvestment Act: CRA）なる法律が存在し、預金金融機関に対して「安全かつ健全」な営業と両立させながら「地域の金融ニーズ」を満たすよう求めている。

　小倉（2008）によれば、CRA推進派は情報の不完全性に基づく「市場の失敗」がより顕著に現れるという問題等をCRAの存在根拠とする一方で、批判派はCRAが信用市場の効率的資源配分を歪めていることを指摘する。小倉（2008）は先行研究をCRAの費用便益の観点から整理し、批判派が指摘するほどCRAの費用は大きくないこと、また便益面でも非営利地域ファンドの拡大や債権流動化市場の進展といったCRAによって派生的に生み出された質的変化を指摘し、CRAを評価している。

　他方、日本での金融円滑化法に関連して議論されたテーマには、「中小企業あるいは地域への金融円滑化が金融行政の目的として適切か」という規範的なものより、「金融円滑化法はその目的を達成できるか」あるいは「金融円滑化法の効果はどのくらいか」という実証的なものが多く見られた。

　金融円滑化法の施行前から、同法による悪影響を懸念する声があり、制度的な不備が指摘されていた。櫻川・星（2009）は、金融円滑化法により返済条件緩和が増える分新規融資が萎縮するおそれがあることや、将来の借入への悪影響を心配する健全な借入先は同法による対応を行わないという逆選択が起こりうることなどを挙げ、制度の実効性に疑問を呈した。また星（2011）は、金融円滑化法による「条件緩和債権」の基準変更を「監督緩和」と評し、「隠れ不良債権」[5]の存在により銀行の信用リスクが過小に評価され

ると指摘した。

　同法施行後の実際の効果に関しても、肯定的に評価する研究は少ない。家森（2012）は中小企業へのアンケート調査から、「条件緩和債権」の基準変更は金融円滑化法以前にも実施されており、その点で同法によるインパクトは大きくなかったこと、条件変更の申し出に対する銀行の態度は二極化していること、金融円滑化法利用企業が金融機関から積極的な支援を受けているとは必ずしも言えないことを示した。

　また、公開が義務付けられていた金融円滑化実行状況の各行データを用いた実証分析に、近藤（2014）と近藤（2011）がある。前者は銀行・信金を対象として金融円滑化法の中小企業向け貸出への影響を分析し、同法は逆選択と既往資産の劣化懸念による貸出態度消極化をもたらしたとしている。後者は銀行の属性が金融円滑化実行率に与える影響を分析し、銀行は自行の財務体力を考慮して対応するが、経済活力の低い地域などで信用保証のない融資における対応が不十分であると結論付けている。

　他方、本研究の重要な関心事項である金融検査を計量的に分析した研究についてはアメリカの事例が数多くあり、論点の1つとして検査のプロセスあるいは検査の結果が銀行の貸出行動に与える影響がある[6]。

　以上の先行研究展望から本研究の貢献をまとめると以下の2点となる。1つ目は、先行研究が示した金融円滑化法の是非や効果ではなく、当局の目標ウェイト[7]が変更された際の銀行行動および金融検査が銀行行動に与える影響という新しい視点から同法を扱っている点である。2つ目は、日本のデータを使って金融検査と銀行行動に関して計量的に分析を行っている点である。

---

5) 従来の基準では不良債権として分類された「条件緩和債権」が、正常債権として分類されるために「隠れ不良債権」と称している。金融円滑化法が時限立法であるため、「失効後に『隠れ不良債権』が表面化するのではないか」という懸念も多数見られた（たとえば、安藤（2012）、太田（2012））。

6) たとえば、Berger, Kyle and Scalise（2000）、Curry and Fissel（2006）、Alexander Jr., Dahl and Spivey（2009）、Agarwal et al.（2012）、Kiser, Prager and Scott（2012）など。

7) Yoshino and Taghizadeh-Hesary（2014）は、「中小企業の信用リスク分析」という本研究とは異なるテーマではあるが、当局の目的関数を銀行の経営健全化と中小企業に対する貸出目標の加重平均とするモデルを設定しており、当局の複数の目標間のウェイトという点で類似した視点を取り入れている。

アメリカの場合は検査に関するデータが詳細な結果とともに公開されているため、これを用いた研究が数多く存在するが、日本の場合は公開データが少ないこともあり、計量的な分析が不十分である。

第3節　金融行政の変遷

1　金融行政における目標の複線化

本項では、金融監督庁設立から金融円滑化法成立までの金融行政を概観することにする。

金融監督庁が設立された1998年6月は金融危機の渦中にあり、当時の金融行政の目標は「金融システムの安定」にウェイトが置かれていた。その施策は、金融再生法による長銀・日債銀の破綻処理、金融機能早期健全化法による大手行への公的資金注入など、「危機への緊急対応」が中心であった。なお、1999年7月に金融検査マニュアル[8]が策定され、その基本的考え方は「当局指導型から、自己管理型へ」、「資産査定中心から、リスク管理重視へ」と転換された。

「金融再生プログラム」が公表された2002年10月以降は、「金融システムの安定」に向けた施策も「危機への緊急対応」から「不良債権問題解決を通じた経済再生」へと移行する。「金融再生プログラム」は主要行に対して不良債権の最終処理（オフバランス化）を促す一方で、中小・地域金融機関に対しては「主要行とは異なる特性を有する」として別途対応することとした。その対応策として2003年3月に公表された「リレーションシップバンキングの機能強化に関するアクションプログラム」では、「中小企業の再生と地域経済の活性化を図るための各種の取組を進めることによって、不良債権問題も同時に解決していくことが適当」とされ、取組課題として「健全性の確保」のほかに「中小企業金融の再生」が提示された。

2004年12月公表の「金融改革プログラム」では、金融行政の「金融シス

---

[8] 金融検査マニュアルをもとに、経営管理（ガバナンス）やリスク管理態勢を検証する「通常検査」が定期的に実施される。このほかこの時期には、市場の評価に著しい変化が生じている等の債務者に着目した「特別検査」が主要行を対象に実施された。

テムの安定」重視から「金融システムの活力」重視への転換が確認され、その施策の1つとして「地域の再生・活性化、中小企業金融の円滑化」が盛り込まれた。2005年3月公表の「地域密着型金融の機能強化の推進に関するアクションプログラム」には、その具体的な取組として「創業・新事業支援機能等の強化」「取引先企業に対する経営相談・支援機能の強化」などが提示されている。

以上から、金融危機・不良債権問題が解消されていく中で、金融行政の目標のウェイトが「金融システムの安定」から「金融システムの活力」へ移行[9]し、銀行は「健全性の確保」に加え、「地域の再生・活性化、中小企業金融の円滑化」が求められるようになったことがわかる。

2　金融円滑化法

2008年9月のリーマン・ブラザーズの破綻を契機に発生した世界的な金融危機は、日本企業、特に中小企業の資金繰りに深刻な影響を与えた。その対策として2009年11月に金融円滑化法が成立した（施行は同年12月）。同法によって、銀行は、中小企業等の借り手から申込みがあった場合には、貸出条件の変更等を行うよう努めるとともに、実施状況の開示・報告が義務付けられることとなった（表11-1）。

金融円滑化法施行に伴い、金融庁は監督指針および金融検査マニュアルを改定した。金融検査マニュアルには「金融円滑化編」が新設され、金融円滑化法の実効性の確保のために特に留意すべき事項が整理された。これに基づき、「金融機関が適切なリスク管理をベースとしつつ、借手の実態をよく把握し、善良かつ健全な借手に対して適切な資金供給に努めているか、また借手に対する適切な経営相談・経営指導や経営改善計画の策定支援に取り組む等コンサルティング機能の十分な発揮に努めているか」を検証する「金融円滑化検査」[10]が、2010年2月からすべての銀行に対して実施された。

---

9)　金融審議会「我が国金融業の中長期的な在り方に関するワーキング・グループ」（2012）は、「今日、金融に求められる役割は、実体経済を支え、かつ、それ自身が成長産業として経済をリードすることにある。金融機能の安定性確保は、そのための必要条件にすぎない。必要条件が確保されている中にあっては、金融機能を向上・活性化する視点が求められる」と述べている。

表 11-1 「中小企業金融円滑化法の実施状況等に関する検査」を受けた
　　　　地方銀行・第二地方銀行の数

2009 年度	2010 年度	2011 年度	2012 年度	2013 年度
1	54	31	9	1

注：本表「2013 年度」の数値は、平成 24 事務年度（2013 年 6 月まで）に初回の検査
　　が終了したもの。
出所：金融庁『金融庁の 1 年』平成 21～24 事務年度版より筆者作成。

　当初の失効期限が近づく中、中小企業の業況や資金繰りが依然として厳しいことから、金融庁は 2011 年 3 月に法改正し期限を 1 年間延長した。また、貸出条件変更が銀行の経営を圧迫しないためには、返済負担が軽減されている間に経営改善・事業再生等が図られる必要があるとの認識から、同年 4 月に銀行のコンサルティング機能の強化を促す監督指針の改定を行った。2012 年 3 月に再度 1 年間延長（最終延長）され、同年 4 月に中小企業の経営改善・事業再生の促進等を図るため、「中小企業金融円滑化法の最終延長を踏まえた中小企業の経営支援のための政策パッケージ」が策定された。
　2013 年 3 月末の失効期限を前にした 2012 年 11 月には、金融担当大臣談話「中小企業金融円滑化法の期限到来後の検査・監督の方針等について」が公表された。この中で「中小企業向け融資に当たり貸付条件の変更等を行っても不良債権とならないための要件は恒久措置であり、円滑化法の期限到来後も不良債権の定義は変わらない」ことが示された。
　なお、金融円滑化法施行以来の実行件数および比率推移は、図 11-1 のとおりである。施行直後の実行比率は 70％ 台であったが、その後は 90％ 台を維持している。なお、同法失効後（2013 年 4 月以降申込み受付分）の実績報告は義務ではなくなったが、従来どおり継続して報告・公表されている。
　前項で確認したとおり、経済環境の変化に伴って金融行政の目標は「健全性の確保」のみから「地域の再生・活性化、中小企業金融の円滑化」へとウェイトを移しつつあった。その意味では、金融円滑化法は従来の政策の延長上にあると言える。しかし、円滑化への対応に対し努力義務や報告義務が課

10）　金融庁検査局検査企画官兼企画・情報分析室長であった屋敷（2010）は、「法の施行をふまえて、法の実効性確保と改定金融検査マニュアルの早期定着を図る観点から、金融の円滑化に重点を置いた検証を進めています」と述べている。

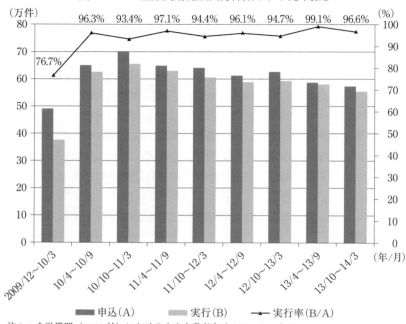

図11-1 金融円滑化法実行件数および比率推移

注1:金融機関(1,482社)における中小企業者向けのデータである。
　2:実行率は、各期間における実行件数と申込件数から算出したもの。
出所:金融庁(2014)。

されたことや、健全性等を検証する通常検査とは別に円滑化対応に焦点を当てた金融円滑化検査が行われたことで、銀行は従来とは異なる対応を求められることとなった。

第4節　理論的考察

本節では、金融行政の目標として従来の「財務の健全性」に、新たに「円滑化への取組」が加えられたとき、金融円滑化法および金融円滑化検査が銀行行動にどのような影響を与えるかを理論的に考察する。

借り手が、経営環境が悪化したため貸出条件の変更を申し込んできたとする。このときの銀行の対応としては、変更の「拒絶(reject)」と「承諾

(accept)」がある。ここで、申込に対する承諾の比率を以下では円滑化実行率 $z(0 \leq z \leq 1)$ と呼ぶこととする。

銀行にとっての貸出債権価値（キャッシュフロー流列の割引現在価値）を R とする。R は z によって変化し、$z^*(0 \leq z^* \leq 1)$ で最大値をとるものとする。すなわち、銀行は利潤最大化のために、貸出債権価値が最大化されるような円滑化実行率を選択する。

$$R \equiv R(z), \ R'(z^*) = 0, \ R''(z) < 0 \qquad (1)$$

他方、当局は金融検査における2つの基準、すなわち「財務の健全性」と「円滑化への取組」の間にウェイトを置いて、検査を実施するものとする。銀行が当局のウェイトを検査前は知らないという情報の非対称性のため、情報コストが発生する。すなわち、拒絶（承諾）すべきを承諾（拒絶）したと指摘されるコストである。当局が「財務の健全性」の基準から、検査で「拒絶すべきを承諾した」と指摘したとき、銀行がこれに対応する情報コストを C_a とする。また、当局が「円滑化への取組」の基準から、検査で「承諾すべきを拒絶した」と指摘したとき、銀行がこれに対応する情報コストを C_r とする[11]。

ここで、「円滑化への取組」へのウェイトを $w(0 \leq w \leq 1)$ とし、「財務の健全性」へのウェイトを $1-w$ とする。ただし銀行は検査前に、当局のウェイト $w = w_g$ を知ることができないため、これを $w = w_b$ と予想して円滑化実行率を決定する。また検査後は w_g が銀行に明らかになり、w_g のもとで円滑化実行率を決定する。

銀行が予想する当局の「円滑化への取組」へのウェイト w_b の低下および円滑化実行率 z の上昇によって C_a は上昇し、w_b の上昇および z の低下によって C_r は低下すると考えられる。そこで、条件変更に関する当局との情報コスト C_a および C_r を以下のとおり定式化する。

$$C_a(w_i, z) \equiv (1 - w_i) \cdot z, \quad C_r(w_i, z) \equiv w_i \cdot (1 - z), \ i = g, b \qquad (2)$$

---

11) 円滑化対応した貸出債権が不良債権化したときの将来時点の対応も含めることとする。

以上から、銀行は R から C_a および C_r を控除した純価値 Y を最大化するとする。

$$Y(w_i, z) \equiv R(z) - \{C_a(w_i, z) + C_r(w_i, z)\}, i = g, b \tag{3}$$

検査前の銀行行動について検討する。(3)式に $w_i = w_b$ を代入し、z で微分して0とおく。

$$Y'(w_b, z) = R'(z) - \{(1-w_b) - w_b\} = 0 \tag{4}$$

銀行は(4)式を満たすよう、検査前の円滑化実行率 $z = z_b$ を決定する。(1)式から $R''(z) < 0$ であるから、以下の関係が成り立つ。

$$w_b \gtreqless 0.5 \Leftrightarrow z_b \gtreqless z^* \tag{5}$$

(5)式から、次の2点が示唆される。
① 当局における「円滑化への取組」のウェイトが「財務の健全性」よりも高い（低い）と銀行が予想した場合、円滑化実行率は貸出債権価値を最大化させる水準よりも高く（低く）なる。
② 検査基準が「財務の健全性」だけ（$w = 0$）から「円滑化への取組」が加わることで、2つのウェイトが同水準になるまで（$0 < w \leq 0.5$）、円滑化実行率は貸出債権価値を最大化させる水準に近づく。しかし、「円滑化への取組」のウェイトが「財務の健全性」を上回る（$0.5 < w \leq 1$）と、円滑化実行率は貸出債権価値を最大化させる水準から乖離していく。

また、検査後の銀行行動について検討する。(3)式に $w_i = w_g$ を代入し、z で微分して0とおく。

$$Y'(w_g, z) = R'(z) - \{(1-w_g) - w_g\} = 0 \tag{6}$$

銀行は(6)式を満たすよう、検査後の円滑化実行率 $z = z_g$ を決定する。(4)、(5)、(6)式から、以下の関係が導かれる。

$$w_g \gtreqless w_b \Leftrightarrow z_g \gtreqless z_b \tag{7}$$

(7)式から、次の点が示唆される。
③ 検査によって当局の「円滑化への取組」のウェイトが銀行の予想よりも

高い（低い）ことが判明した場合、検査後の円滑化実行率は検査前に比べて高く（低く）なる。

また、同一的な（identical）複数の銀行を想定し、各変数に $k=i, j$ の上付き添え字を追加する。今期において銀行 i には検査が入り、銀行 j には検査が入らなかった場合、銀行 i においては $w^i = w_g^i$ となる一方で、銀行 j においては $w^j = w_b^j (= w_b^i)$ のままとなる。そこで、(7)式は以下のとおり書き換えられる。

$$w_g^i \gtreqless w_b^j \Leftrightarrow z_g^i \gtreqless z_b^j \qquad (8)$$

(8)式から、次の点が示唆される。

④　検査によって当局の「円滑化への取組」のウェイトが自行の予想よりも高い（低い）ことが判明した場合、検査後の円滑化実行率は検査が入らなかった他行の円滑化実行率に比べて高く（低く）なる。

第5節　推定モデルとデータ

銀行の金融円滑化実行率の要因を分析するため、以下の推定式を設定した。

金融円滑化実行率 $_t = f$（検査ダミー$_t$，地域経済変数$_t$，銀行財務変数$_{t-1}$）

分析対象は、2009年度から2012年度の個別の地方銀行・第二地方銀行で、年次パネルデータを使用した。ただし、「貸出条件の変更等の対応状況」の公開を現在行っていない銀行や、再編等で財務データが入手できなかった銀行は対象外とする。

表11－2は、推定式を構成する変数の記述統計である。前年差は、今期の値から前期の値を差し引いたものである。推定で銀行の財務状況を表す単体自己資本比率、ROA、不良債権比率は1期前のデータを用いる。したがって、これらの前年差は、1期前のデータから2期前のデータを差し引いたものである。

各変数の定義およびデータ出所は表11－3のとおりである。

表11-2 推定式の変数に関する記述統計

変数	Obs.	Mean	Std. Dev.	Min	Max
金融円滑化実行率（%）	371	88.3343	9.4704	30.2	97.9
金融円滑化実行率［ロジット変換］	371	2.2523	0.7689	−0.8	3.8
商業地地価変動率（%）	371	−4.4792	1.8420	−10.8	−0.4
［前年差］都道府県別失業率（pp）	371	0.0323	0.6431	−1.8	1.7
単体自己資本比率（%）	371	10.8520	1.7969	6.1	17.2
ROA（%）	371	0.0674	0.4945	−2.9	5.8
不良債権比率（%）	371	3.6380	1.2684	1.6	9.0
［前年差］単体自己資本比率（pp）	369	0.3067	1.3067	−2.9	17.6
［前年差］ROA（pp）	369	0.0212	0.7123	−5.0	4.8
［前年差］不良債権比率（pp）	369	−0.2371	1.0418	−12.1	2.8
2010年度検査ダミー	371	0.1267	0.3331	0	1
2011年度検査ダミー	371	0.0809	0.2730	0	1

第6節　推定結果

　表11−4は、被説明変数を金融円滑化実行率とする推定式のOLS、Panel Fixed Effect（FE）、Panel Random Effect（RE）の結果を示している。推定式(1)は銀行の財務変数（単体自己資本比率、ROA、不良債権比率）がレベル、推定式(2)は前年差となっている。また、これら財務変数は1期前のデータを用いている。

　いずれの結果も2010年度、2011年度の検査ダミーの係数が有意に正の推定値となった。金融円滑化への取組に対する当局の行政目標のウェイトがどの程度なのか銀行は把握しておらず、立入検査で当局と直接接触することにより両者の情報の非対称性が解消され、銀行の金融円滑化への取組が当局目標に近づくよう変化する、という仮説と整合的な結果が得られた。また、理論的考察から、銀行の想定より当局の目標は高い（低い）と判明した場合、銀行は検査が入っていない先と比して円滑化実行率を高める（低める）が、推定結果は検査ダミーの係数が正の値で有意であり、検査が入った先は他行と比して金融円滑化実行率を高めたということを示唆している。つまり本研究の分析対象である銀行については、当局の円滑化への取組のウェイトが自

表 11-3 各変数の定義と出所

定義	データ出所
金融円滑化実行率（％）： $\dfrac{\text{実行額（各年度末）}}{\text{貸し付け条件の変更等の申し込みを受けた貸付債権の額（各年度末）}} \times 100$	各銀行のウェブサイト上の資料「貸出条件の変更等の対応状況」※銀行ごとに各期の累積額が公開されており、本章では 2009 年度から 2012 年度の各年度末のデータを使用した。
商業地地価変動率（％）：前年と継続する基準地の価格の変動率の単純平均	国土交通省「平成 22 年度都道府県地価調査」の「都道府県別変動率表」
都道府県別完全失業率（％）： $\dfrac{\text{完全失業者数}}{\text{労働力人口}} \times 100$	総務省統計局「労働力調査」
単体自己資本比率（％）： $\dfrac{\text{Tier I} + \text{Tier II} - \text{控除項目}}{\text{リスクアセット等}} \times 100$	各銀行の有価証券報告およびディスクロージャー誌
ROA（％）： $\dfrac{\text{当期純利益}}{\text{資産}} \times 100$ 不良債権比率（％）： $\dfrac{\text{リスク管理債権}}{\text{貸出金}} \times 100$	全国銀行協会「全国銀行財務諸表分析」
2010 年度検査ダミー：「立入検査終了日」が 2010 年度の銀行＝1、その他＝0 2011 年度検査ダミー：「立入検査終了日」が 2011 年度の銀行＝1、その他＝0	金融庁『金融庁の 1 年』平成 24 事務年度版 ※「中小企業金融円滑化法の実施状況等に関する検査」のみを対象とする。

行の予想よりも高いことを検査を通じて把握し、検査が入らなかった先に比べて円滑化実行率を高めていたと言える。

都道府県別の経済状況を示す失業率（前年差）の係数は有意な負の値となり、失業率が改善している地域ほど円滑化実行率が高いことがわかった。現状の経済が相対的に良い地域は企業再生について明るい見通しが持てるため、円滑化実行を受け入れやすいということが背景にあると考えられる。

銀行個別の状況を示す財務変数については推定式や推定方法によって異なる結果となった。推定式(1)においてはハウスマン検定の結果、Random Effect（RE）を棄却できなかった。したがって Panel RE の結果が有効となる。

表11-4 推定結果

被説明変数: 金融円滑化実行率	推定式(1)			推定式(2)		
	OLS	Panel FE	Panel RE	OLS	Panel FE	Panel RE
2010年度検査ダミー	0.1829* (0.1033)	0.1587*** (0.0570)	0.1668*** (0.0558)	0.2415** (0.1072)	0.1588** (0.0617)	0.1588** (0.0601)
2011年度検査ダミー	0.2024* (0.1080)	0.1558** (0.0650)	0.1548** (0.0627)	0.1432 (0.1172)	0.1957*** (0.0601)	0.1858*** (0.0583)
商業地価変動率	−0.0148 (0.0170)	0.0238 (0.0155)	0.0151 (0.0146)	0.0066 (0.0184)	0.0212 (0.1675)	0.0166 (0.0156)
失業率(前年差)	−0.5615*** (0.0573)	−0.0509*** (0.0452)	−0.5234*** (0.0452)	0.0687*** (0.0621)	−0.4894*** (0.0469)	−0.5130*** (0.0469)
単体自己資本比率	0.0593** (0.0148)	0.0102 (0.0317)	0.0458** (0.0190)			
ROA	0.1704 (0.1665)	0.2925** (0.1275)	0.2416* (0.1291)			
不良債権比率	−0.1145*** (0.0255)	−0.0753** (0.0416)	−0.0940*** (0.0291)			
単体自己資本比率(前年差)				0.0084 (0.0191)	−0.0120 (0.0179)	−0.0152 (0.0180)
ROA(前年差)				0.1743 (0.0383)	0.0506 (0.0304)	0.0458 (0.0308)
不良債権比率(前年差)				0.0346 (0.0248)	0.0740*** (0.0188)	0.0677*** (0.0183)
2010年ダミー	0.1735* (0.1024)	0.2993*** (0.0689)	0.2657*** (0.0679)	0.0241 (0.1044)	0.3015*** (0.0695)	0.2544*** (0.0681)
2011年ダミー	0.1513 (0.1021)	0.3089*** (0.0697)	0.2704*** (0.0666)	−0.0107 (0.1123)	0.3493*** (0.0714)	0.2906*** (0.0694)
2012年ダミー	0.5138*** (0.0789)	0.5163*** (0.0578)	0.5080*** (0.0570)	0.4447*** (0.0845)	0.5286*** (0.0573)	0.5167*** (0.0558)
定数項	1.7145*** (0.2253)	2.2406*** (0.3703)	1.8779*** (0.0272)	2.1566*** (0.0984)	2.135*** (0.0867)	2.117*** (0.0993)
R-sq/R-sq(within)	0.4980	0.7575	0.7557	0.4266	0.7640	0.7629
Number of OBS.		371			369	
F Test	Prob＞F=0.0000			Prob＞F=0.0000		
Hausman Test	Prob＞chi2=0.9942			Prob＞chi2=0.0007		
BP Test	Prob＞chibar2=0.0000			Prob＞chibar2=0.0000		

注1：BP Testにより不均一分散が確認された。( )内はRobust SEである。
2：***，**，*はそれぞれ1％，5％，10％水準で有意であることを表す。
3：被説明変数の円滑化実行率はロジット変換している。

また、推定式(2)においてはハウスマン検定の結果、Random Effect（RE）が有意に棄却されたので、Panel FE の結果が有効となる。

まず、単体自己資本比率については、推定式(1)で有意に正の推定値となった。自己資本比率が高い、健全性が良好な銀行ほど円滑化実行率が高いということである。

ROA については、推定式(1)で有意な結果となった。係数の符号が正となっており、収益状況が良い銀行ほど円滑化実行率が高いということがわかる。

不良債権比率については、レベルで設定した推定式(1)では有意に負の推定値が得られた一方、前年差で設定した推定式(2)では有意に正となった。つまり、不良債権比率が上昇傾向にある銀行は円滑化実行率が相対的に低いが、対象期間の 4 年間で不良債権比率の伸び幅が増加、すなわち不良債権比率が急激に上昇している銀行は円滑化実行率が高いことを表している。推定式(1)の結果は不良債権比率が増加傾向にある、つまり健全性が悪化傾向にある銀行が円滑化に積極的でない可能性が示唆され、自己資本比率が高い健全性が良好な銀行ほど円滑化実行率が高いという結果と整合的である。一方、推定式(2)の結果の背景としては、金融円滑化実行により、債権の不良化を一時的に先延ばしする効果があるため、不良債権比率が急激に上昇した銀行は不良債権比率の悪化を取り急ぎ抑制する手段として金融円滑化を利用した可能性が考えられる。

第 7 節　おわりに

本章では、金融行政の転換期において当局の目標ウェイトが変更された際に銀行はどのように行動するのか、また実施時期が予測できない検査は銀行の行動にどのような影響を与えるのかについて、金融円滑化法および金融円滑化検査を対象に理論および実証分析を行った。

まず、理論分析では、金融行政の目標として従来の「財務の健全性」に、新たに「円滑化への取組」が加えられたとき、金融円滑化法および金融円滑化検査が銀行行動にどのような影響を与えるかを検討した。その結果、検査によって当局の「円滑化への取組」のウェイトが自行の予想よりも高い（低い）ことが判明した場合、検査後の円滑化実行率は検査が入らなかった他行

の円滑化実行率に比べて高く(低く)なることが示された。

　続く実証分析では、被説明変数を金融円滑化実行率とする式を推定した。その結果、検査ダミーの係数が有意となり、検査が金融円滑化実行率に影響を与えていることがわかった。また、検査ダミーの係数が有意に正の値となったことは、当局の「円滑化への取組」のウェイトが自行の予想よりも高いことが検査によって判明した場合、検査が入らなかった他行に比べて円滑化実行率が高くなる、という理論的考察と整合的な結果である。

　2000年代は、不良債権問題が収拾し、金融行政が危機対応から平時へと転換する時期にあたり、銀行にも不良債権処理のみならず収益力強化が求められるようになっていた。リーマン・ショック対応として登場した金融円滑化法は、当局の意図しない形で(意図を越えて)、その流れを決定づけたと言えよう。また、通常検査とは別途実施された金融円滑化(オンサイト)検査は、文書(オフサイト)では伝達されにくい当局の目標を迅速に銀行に伝達したと考えられる。

　その一方で、金融円滑化法で貸出条件が緩和された債権がその後の銀行業績にどのような影響を与えるかの評価は、今後の動向を注視する必要がある。その意味で、金融円滑化法の評価は、銀行が収益力強化手段としてコンサルティング機能をどれだけ発揮できるかにかかっていると言える。

【参考文献】

Agarwal, S., D. Lucca, A. Seru and F. Trebbi(2012)"Inconsistent Regulators: Evidence from Banking", NBER Working Paper, No. 17736.

Alexander Jr., J.C., D. Dahl and M. F. Spivey(2009)"The Effects of Bank Lending Practices on CRA Compliance Examination Scheduling and Non-Compliant Banks' Recovery, 1990-1998", *Quarterly Journal of Finance and Accounting*, Vol. 48, No. 1, pp. 49-65.

Berger, A.N., M. K. Kyle and J. M. Scalise(2000)"Did U.S. Bank Supervisors Get Tougher During the Credit Crunch? Did They Get Easier During the Banking Boom? Did It Matter to Bank Lending?", NBER Working Paper, No. 7689.

Curry, T.J. and G.S. Fissel(2006)"The Effect of Bank Supervision on Loan Growth", FDIC Center for Financial Research Working Paper, 2006-12.

Kiser, E. K., R.A. Prager and J.R. Scott(2012)"Supervisor Ratings and the Contraction of Bank Lending to Small Business", FRB Finance and Economics Discussion Series, 2012-59.

Yoshino, N. and F. Taghizadeh-Hesary(2014)"Analysis of Credit Risk for Small and Medium-

Sized Enterprises: Evidence from Asia", mimeo.
安藤範親 (2012)「近づく中小企業円滑化法の終了」『金融市場』2012 年 10 月号、26-29 頁。
太田珠美 (2012)「中小企業金融円滑化法の失効で何が変わるのか」『Economic Report』2012 年 5 月 10 日。
小倉将志郎 (2008)「米国地域再投資法を巡る諸議論の検討と展望」『一橋研究』32(4)、35-55 頁。
金融審議会「我が国金融業の中長期的な在り方に関するワーキング・グループ」(2012)「我が国金融業の中長期的な在り方について (現状と展望)」。
(http://www.fsa.go.jp/singi/singi_kinyu/tosin/20120528-1/01.pdf)
金融庁『金融庁の 1 年』各事務年度版。
──── (2005)「金融検査に関する基本指針」。
(http://www.fsa.go.jp/news/newsj/17/f-20050701-2/02.pdf)
──── (2014)「貸付条件の変更等の状況の推移」。
(http://www.fsa.go.jp/news/25/ginkou/20140627-11/02.pdf)
近藤万峰 (2011)「リレーションシップ・バンキング行政の下における地域銀行の中小企業金融円滑化法への取り組み──各行のディスクロージャーデータを用いた分析」『会計検査研究』第 44 号、73-89 頁。
近藤隆則 (2014)「「円滑化法」が中小企業金融に与える影響についての実証研究」『金融経済研究』第 36 号、24-43 頁。
櫻川昌哉・星岳雄 (2009)「問題多い中小企業円滑化法案」『日本経済新聞 (経済教室)』2009 年 11 月 13 日。
星岳雄 (2011)「日本の金融システムに隠されたリスク」『NIRA オピニオンペーパー』No. 4。
屋敷利紀 (2010)「金融円滑化法の施行で、金融検査はどう変わったのですか？」『金融財政事情』2010 年 5 月 17 日、26-29 頁。
家森信善 (2012)「中小企業金融円滑化法の効果と課題──2010 年中小企業金融の実態調査結果に基づいて」『金融構造研究』第 34 号、99-114 頁。

第 12 章

クレジットクランチ期における政府系
金融機関による民間銀行融資代替の検証＊

関野雅弘・渡部和孝

第 1 節　はじめに

　1980 年代、大企業は社債、コマーシャルペーパー等、直接市場での資金調達を拡大、銀行借入れへの依存を低めた。多くの系列大企業向け融資を失った邦銀は、不動産価格が上昇を続けるなか、不動産価格は下落しないという事後的には間違った期待から融資ポートフォリオを不動産担保融資が中心の不動産業向け融資を拡大した。銀行はこうして発生した事実上の不良債権をしばらく認識せずにいた。不動産価格はいずれ回復するだろうと期待しており、また、不良債権処理により自己資本が毀損する事態を避けたかったためである。

　このようななか、1998 年 4 月（1998 年度初）に、経営の健全性に問題のある銀行を自己資本比率の水準で事前に識別し、行政介入を実施することを定めた早期是正措置の開始を控え、1998 年 3 月決算（1997 年度末）には、大蔵省（当時）の要求により、銀行自身による自らの資産の厳格な自己査定が実施された。その結果、銀行の自己資本は不良債権処理により大幅に毀損、自

＊　本章の執筆にあたり、貴重なデータを提供いただいた、和田修一取締役以下、「政策金融の有効性評価に関する研究会」に参加されている日本政策金融公庫の役職員の方々、特に、データについての質問に丁寧に回答いただいた大川淳悟氏に、心より感謝を申し上げる。また、座長の根本忠宣先生をはじめ同研究会に参加されている先生方に感謝申し上げる。さらに、2014 年第 8 回地域金融コンファランスに参加された指定討論者である中島清貴先生をはじめとした先生方にも感謝申し上げる。もちろん、この論文についての文責は筆者が負う。

己資本をリスク・アセット（各資産のエクスポージャーをそのリスクの高低に応じて設定されるリスク・ウェイトを用いて加重平均したもの）で除した自己資本比率は大幅に低下した。銀行は自己資本比率の回復を目的として、リスク・アセットの圧縮、とりわけ、リスク・ウェイトが最高の100％である企業向け貸出金を削減するようになった。これが、いわゆる貸し渋り、または、クレジットクランチと呼ばれる現象である。

クレジットクランチは貸出供給の削減が企業による投資を制約するため実体経済に有害である。日本企業の大部分を占める中小企業は一般的に大企業に比べて経営の透明性が低い。そのため、中小企業の多くは資金調達において銀行に依存している。したがって、銀行が貸し渋りを行うと投資を手控えざるを得ない。

政府には、クレジットクランチが実体経済に及ぼす負の影響の緩和を目的とした政策の実施が期待された。1990年代後半に、貸し渋り緩和策として日本政府が採用した政策は4種類に大別される。

第1に、民間銀行に対する公的資金の注入が行われた。貸し渋り緩和策としての資本増強策は2回に分けて実施された。まず、1998年3月に、金融機能安定化法に基づき、大手行を中心とした21行に公的資金が注入され、続いて1999年3月にも、やはり大手行を中心とした15行に対して実施された。公的資金の注入により自己資本不足が解消され、銀行の融資供給能力が回復することが期待されたわけである（Montgomery and Shimizutani 2009; Allen, Chakraborty and Watanabe 2011; Giannetti and Simonov 2013）。

第2に、預金保険制度の拡充により預金保護が拡大された。1996年6月から2002年3月にかけて、預金保険の付保限度額が撤廃され、預金は限度額無制限の完全保険制度に改正された。いわゆるジャパンプレミアムに代表される、銀行の経営悪化による銀行の市場での資金調達コストの上昇による融資能力の制約を緩和する政策であると言えよう（Guizani and Watanabe 2014）。

第3に、特別保証制度の創設など、銀行の融資に対する信用保証付与が拡大された。これは、銀行のクレジットリスクを実質的に公的セクター（国）に移転することで銀行の融資能力（の低下）を国が補完する制度である（Uesugi, Sakai and Yamashiro 2010）。

第 4 に政府系金融機関による中小企業等への融資が拡大された。これは信用保証制度の拡大と同様、国が銀行の融資能力を補完する制度である。本章は、この政府系金融機関による融資の拡大の妥当性について検証するものである。

政府系金融機関による融資拡大策については、1997 年 11 月に決定された「経済対策関係会議　21 世紀を切り開く緊急経済対策」において、政府系金融機関に、金融機関との取引が著しく変化し、運転資金の確保に困難が生じるなど、資金繰りに支障をきたす恐れのある中小企業者に対する別枠の融資制度の創設が盛り込まれた。1998 年 4 月に決定された「総合経済対策」には、中小企業対策等として、財政投融資の活用による中小企業への融資の拡充や、政府系金融機関に対する追加出資が盛り込まれた。同年 8 月に閣議決定された「中小企業等貸し渋り対策大綱」には、信用補完制度や金利減免措置の延長とともに政府系金融機関の融資制度の拡充が提言された。中小企業金融公庫（日本政策金融公庫中小企業事業本部の前身、以後、中小公庫と略称）は、「緊急経済対策」を受け 1997 年 12 月に金融環境変化対応資金を創設し、運転資金の調達が困難な中堅・中小企業の円滑な資金調達の支援を始めた。

本章では、中小公庫が融資拡大策を開始した 1997 年 12 月から金融危機直後の 1998 年度の期間を対象に、銀行による貸し渋りの影響を強く受けた企業に対して中小公庫の融資姿勢が積極的であったかの検証を試みる。企業のメインバンクによる貸し渋りの程度は、自己資本総資産比率と貸出の伸び率の関係をもとに、自己資本比率不足に起因する貸出供給の減少率の程度を推計した Watanabe（2007）をもとに各銀行の貸し渋りの程度を推計し、企業のメインバンクの貸し渋りの程度と中小公庫の融資額との関係について考察する。

本章で分析に用いるデータは、日本政策金融公庫から提供を受けた中堅中小企業の財務データ、企業のメインバンクに関するデータ、および、中小公庫による企業への融資契約のデータ、並びに、日経 NEEDS データに収録された企業のメインバンクにあたる銀行の財務データである。

分析の結果、サンプル期間に約定した融資額、とりわけ、運転資金の融資額の合計は、自己資本に関する目標に満たず貸し渋りの程度が大きかった銀行をメインバンクとしていた企業に対する融資契約ほど融資金額が大きかっ

たことがわかった。

次節では、クレジットクランチ（いわゆる貸し渋り）とそれに対する政策対応手段について説明する。第3節では、データと分析手法について説明する。第4節では、分析で得られた推計結果を紹介する。第5節では、結論と今後の課題について述べる。

第2節　クレジットクランチと政策対応手段について

1　クレジットクランチ

クレジットクランチとは、安全実質利子率と潜在的な借り手の質を一定としたときに、銀行の貸出供給曲線が大幅に左方シフトすることであると定義される（Bernanke and Lown 1991）。Bernanke and Lown によると、1990年7月から始まった米国の不況では、銀行が貸出金を削減したことが各業種の企業の経営難につながったと疑われた。これは、米国の他の不況期においては、金融機関全体の貸出金は増加していたにもかかわらず、1990年の不況期では、年率 -3.6% で減少していたからである。また、米国内の商業銀行の貸出金の伸び率は、1990年の不況期には他の不況期よりも小さく 1.7% にすぎなかった。この時期の銀行の貸出金の成長率と自己資本総資産比率の関係を調べるために Bernanke and Lown が行った分析では、自己資本総資産比率の 1% 低下に対応して、貸出金の伸び率が約 2.7% 減少するという、統計的に有意で正の関係があることもわかっており、銀行の自己資本の低下が貸出金の低下をもたらしたことが示唆されている。

Holmström and Tirole（1997）は、理論モデルを用いて、貸し手銀行と借り手企業との間に情報の非対称性があり、企業が借り入れた資金を流用するなどのモラルハザードの可能性がある場合、銀行の自己資本が減少すると、銀行が貸出供給を削減するクレジットクランチが発生することを示した。

ただし、現実的には、銀行の貸し渋り（クレジットクランチ）発生の主な原因は、銀行に対する規制監督政策であると考えられる。現代の金融監督規制の中心は、自己資本比率規制である。自己資本比率規制は、銀行にその資産のリスクの度合いに応じて一定以上の自己資本の確保を要求することを目的とした規制である。自己資本が十分にあれば、不良債権の発生などで資産

価値が減価しても債務超過を逃れることが可能である。

しかし、自己資本比率規制はひとたび金融危機が発生すると銀行の融資能力をさらに制限する場合がある。これは、一般に自己資本比率規制のプロシクリカリティー（景気循環増幅効果）とも呼ばれる性質であり、自己資本比率が自己資本をリスク加重資産で除すことで定義されるという点に原因がある。自己資本が低下すると、銀行はリスク・ウェイトの高い（企業向け）融資の削減によりリスク加重資産を圧縮することで自己資本比率を引き上げようとする。これは企業の投資の抑制を通じてさらに景気にマイナスの影響を与えることにつながる。もちろん、銀行は新規株式を発行することによって自己資本を直接的に増強し、自己資本比率を引き上げることも可能である。しかし、銀行と投資家の間に深刻な情報の非対称性があるので、自己資本比率が低下した銀行の発行する株式を引き受ける投資家が見つからない可能性が高く、自己資本比率引き上げの現実的な解法にはならない[1][2]。

2　1990年代後半の日本におけるクレジットクランチ

図12－1は、国内銀行銀行勘定の中小企業向け貸出金残高成長率の推移を示したものである。1998年第1四半期から始まった大幅なマイナス成長は、2000年第1四半期まで続いている。図12－2は国内銀行の貸出約定平均金利から5年満期の国債金利を差し引いた金利スプレッドの推移を示したものである[3]。1996年頃から1998年頃まで、どの業態の銀行の金利スプレッドも上昇していく傾向にある。これはクレジットクランチにより貸出金の供給が少なくなると、均衡での貸出金金利は上昇するという事実と整合的である。

---

[1] 自己資本が毀損した銀行の、株式発行による自己資本の拡充についての理論的な説明は Stein（1998）を参照のこと。
[2] この他、日本では、銀行の既存の融資債権が事実上不良債権化している企業に対して、既存債権の返済原資として、その銀行が追加的な貸出し（追い貸し）を実行することで、債権の会計上の不良債権化を防ぐことも横行した。追い貸しについての詳細は Sekine, Kobayashi and Saita（2003）、Peek and Rosengren（2005）を参照のこと。
[3] 5年満期の国債金利を用いたのは、銀行の貸出金残存期間の平均（4.9年）に満期がもっとも近いためである。銀行の平均貸出残存期間は、2012年度の都市銀行、地方銀行および第二地方銀行の残存期間別貸出金の加重平均である。なお、各数値は山本（2013）の図表5の数値を用いて算出した。

図 12-1　国内銀行銀行勘定中小企業向け貸出金成長率の推移

注：成長率は対前年同四半期比成長率である。
出所：日本銀行。

　図12-3は中小企業について、日本銀行短観の金融機関の貸出態度DIの推移を見たものである。1997年から1998年にかけて貸出態度が著しく悪化していることがわかる。

　マクロデータを用いた図12-1〜12-3からわかることは、金融危機が発生したとされる1997年度から中小企業向け貸出金残高は大幅な減少を始めたこと、銀行の貸出金利スプレッドが上昇していたこと、日銀短観の貸出態度DIが著しく悪化していたことである。これらはいずれもクレジットクランチの発生と整合的である。ただし、マクロデータを見るだけでは、貸出金の供給が減少したのか、企業による借入金の需要が低下したのかわからない。例えば、景気が良ければ、借入需要が増加し、企業の業況が改善して不良債権が減少、自己資本が増加する。逆に、景気が悪ければ、借入需要が低迷し、業況も悪化して不良債権が増加、自己資本が低下する。

　Watanabe (2007) は、1989年度の銀行の貸出金残高に占める不動産業向け貸出金のシェアを銀行の自己資本総資産比率の操作変数として用いることで、

第12章　クレジットクランチ期における政府系金融機関による民間銀行融資代替の検証　241

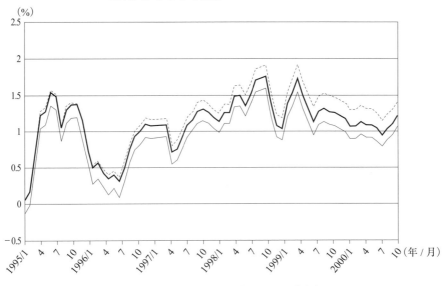

図12-2　国内銀行の貸出約定平均金利と5年満期の国債金利との金利スプレッドの推移

出所：日本銀行。

貸出供給と借入需要を識別している。この時期の不動産融資のシェアを用いるのは、バブル期に銀行が過剰な不動産融資に傾倒し、その価格の下落とともに多額の不良債権を抱えることになったことが、日本の不良債権問題の原因であるとされるからである。このため、不動産融資のシェアを操作変数に用いることで、自己資本比率をバブルのピーク（1989年度）の不動産融資より影響を受けた部分と景気変動による影響を受けた部分に分解することができ、景気変動の影響を受けない自己資本比率（の低下）の貸出金（成長率）への影響を識別することが可能となる。分析の結果、Watanabe（2007）は、1997年度には自己資本不足により銀行が貸出供給を削減するクレジットクランチが発生していたことを明らかにしている。

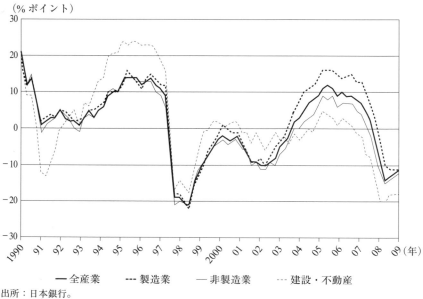

図12-3 貸出態度DIの推移（中小企業）

出所：日本銀行。

3　日本における政府系金融機関を利用したクレジットクランチへの政策的対応

　1997年度末には、1998年度に早期是正措置の開始を控えていた大蔵省の要求を受け、銀行は資産の厳格な自己査定を実施、その結果、銀行の自己資本の大幅な毀損が発生した。国内銀行の自己資本総資産比率と貸出金成長率の推移を示す図12-4を見ると、それまで4％弱あった自己資本総資産比率が1998年3月から、1999年2月頃にかけて、3％にまで低下している。その後、自己資本総資産比率は、4％台に戻っている。貸出金成長率は、銀行の自己資本総資産比率が急激に低下した1995年の末頃から鈍化し始め、1998年11月からは成長率がマイナスとなっている。

　1997年後半から1998年にかけて、政府は民間銀行の貸し渋りの企業への影響を緩和する各種政策パッケージを発表した。

　政府は、1997年11月に「経済対策関係会議　21世紀を切り開く緊急経済対策」を発表し、政府系金融機関に対して、金融機関との取引が著しく変化

図12-4 国内銀行の自己資本総資産比率と貸出金成長率の推移

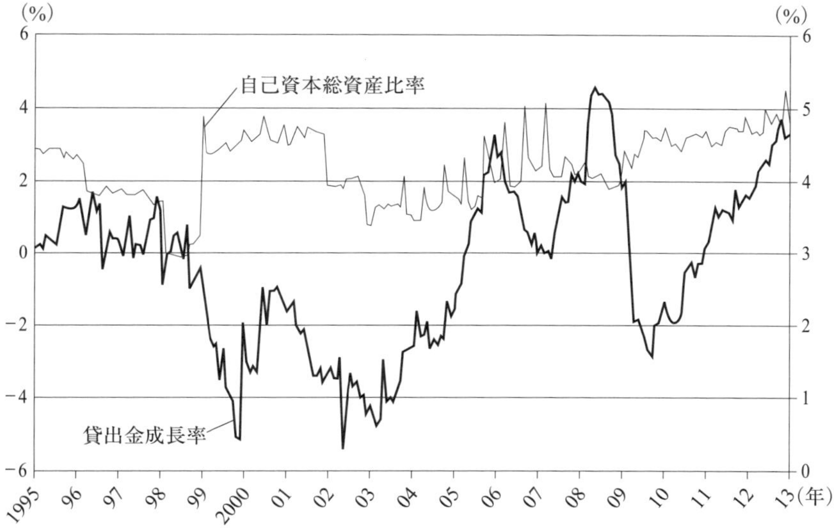

注:貸出金成長率は左軸、自己資本総資産比率は右軸を用いている。
出所:日本銀行。

し、運転資金の確保に困難が生じるなど、資金繰りに支障をきたす恐れのある中小企業者に対する別枠の融資制度の創設を求めた。これを受けて、中小公庫は、1997年12月に金融環境変化対応資金を創設した。この制度は、民間金融機関との取引状況の変化による資金繰りが悪化した企業に対して行われたもので、融資期間は最大7年、最高1億5,000万円が融資可能であった。

さらに、政府は、1998年4月に、日本経済の景気回復を目標に、社会資本整備や特別減税等複数の分野にまたがる「総合経済対策」を発表した。「総合経済対策」に含まれる中小企業対策には、中小企業に対する融資の拡充や、政府系金融機関に対する追加出資が列挙されている。これらは、民間銀行の貸し渋りの企業への影響を緩和する政策である。

さらに、1998年8月には「中小企業等貸し渋り対策大綱」が閣議決定された。「貸し渋り大綱」には政府系金融機関に関しては、融資制度の拡充と融資金利減免措置の延長が盛り込まれた。

この時期に融資額が急速に増大したのは、1998年度に、件数、貸出残高

が、各々、5,681件、3,368億円となった金融環境変化対応資金に基づく融資であり、「総合経済対策」、「貸し渋り大綱」に対応した制度改正などに起因する融資額の増大は、金融環境変化対応資金の急増に比べれば無視できるほど小さかった[4]。

第3節 データと分析方法

1 データ

　本章の分析に用いるデータは主に日本政策金融公庫（以下、日本公庫）から提供された企業レベル、融資契約レベルのミクロデータである。分析対象となる融資契約は1997年12月1日から1999年3月末日までの1年4カ月間に約定された契約である。この期間にサンプル期間を限定したのは、1997年度後半から1998年度にかけて金融危機が発生しており[5]、1997年12月1日より中小公庫による金融環境変化対応資金が開始されたからである。日本公庫から提供されたデータには、中小公庫の融資契約に関するデータ（中小公庫融資契約データ）、企業の財務に関するデータ（財務データ）、企業の取引金融機関に関するデータ（取引金融機関データ）がある。中小公庫融資契約データは、当時の中小公庫が約定した融資契約についてのデータであり、融資実行額や融資実行日等の契約内容についてのデータが収録されている。財務データには、実際に、中小公庫と融資を約定した企業を中心に中小公庫に

---

[4] 金融環境変化対応資金が創設された1997年12月は、民間金融機関に対する信用不安から民間金融機関への預金が郵便貯金にシフトしたという指摘もある。同月28日付けの『日経金融新聞』では「十二月上旬だけで定額・定期貯金の新規預入額が昨年同期比の一・五倍の約一兆九千億円に達した。北海道拓殖銀行の破たんを受けて北海道新聞社が道内で実施した調査では、郵貯に預金を移し替えた人が回答者の四三％にのぼった。」との記述がある。ただし、1997年度、1998年度とも、民間金融機関（国内銀行、及び、信用金庫）の個人預金と郵便貯金の伸び率に大きな差はない（出所：日本銀行、日本郵政株式会社）。

[5] Watanabe（2007）では、各銀行の自己資本比率の目標値と実際の数値の関係を年度ごとに分析している。その結果、1997年度では、すべての大手銀行で実際の自己資本比率が目標値を下回っており、資本不足が生じていた。しかし、1998年度には政府の公的資金注入により多くの銀行で自己資本比率が目標値を上回り、1999年度になると大手銀行のほとんどで実際の自己資本比率が目標値を上回っていた。

決算情報を提出した企業についての直近の決算日における財務データが収録されている。取引金融機関データには、企業の、中小公庫を含む直近の決算時における金融機関取引に関する情報が収録されている。日本公庫提供の3種類のデータを接続し、そのいずれのデータにも含まれている企業が当初のサンプルとなる。このとき中小公庫融資契約データと接続したため、サンプル企業はすべて中小公庫との約定融資契約があることになる。本章の分析では、後述するように、日本公庫提供のデータに、企業のメインバンクを接続したデータセットを分析サンプルとする。その際、メインバンクについてのデータは、日経NEEDSのデータに基づくWatanabe（2007）の分析データを用いるが、Watanabeの分析は銀行法上の銀行126行のみを対象としているため、本章でもメインバンクが信用金庫など、銀行法上の銀行でない企業はサンプルから落とした。その結果、サンプルサイズは2,061となった。なお、金融機関取引データには、日本公庫、メインバンク以外の取引金融機関のデータも収録されているが、貸し渋りの影響がもっとも深刻なのは貸し手がメインバンクのときと考えられるので、各企業のメインバンク（およびそのデータ）のみをデータセットに加えた[6][7]。

2 仮説の設定と分析モデル

本章の目的は、民間銀行の貸し渋りによる影響を緩和することを目的とした中小公庫の融資拡充策の妥当性の検証である。もし、中小公庫の融資が貸し渋り緩和の目的を達成していたなら、貸し渋りの影響を強く受けて資金制約を受けていた企業に対し中小公庫が積極的に融資を実行することにより、民間銀行を補完する役割を果たしていたはずである。したがって、検証すべき仮説は、「貸し渋りの程度の大きかった銀行をメインバンクとしていた企業に対する中小公庫の融資額が大きかった」というものである。この仮説の検証のために、本章で用いる基本的な分析モデルは以下の（1）式である。

$$y_i = \alpha + \beta \, \text{CAPSUR} + \gamma Z_i + \varepsilon_i \tag{1}$$

---

6) メインバンクは、企業の自己申告によるものである。
7) データの加工方法の詳細な説明については付録を参照すること。

このとき、y_i は、日本政策金融公庫の融資額の指標、CAPSUR は各企業のメインバンクの自己資本の目標に対する超過に起因する貸出（供給）成長率であり、Z_i はコントロール変数の集合である。Z_i には、Gopalan Udell and Yerramilli（2011）を参考に、各企業の ROA とレバレッジを含める。ROA は企業の総資産に対する総利益の比率を示している。これは、各企業の収益性をあらわしている。またレバレッジは、総資産から純資産を引いた総負債を総資産で除したものであり、企業倒産に関するリスクの大きさをあらわしている[8]。企業の財務データに基づくこれらの変数の計測時点は、1997 年度に最初の融資が実行されている場合は、1997 年度、1998 年度に最初の融資が実行されている場合は、1998 年度とした。

y_i には中小公庫からの融資額の指標を用いる。中小公庫融資契約データに収録されている中小公庫の融資は設備資金を目的とした融資（設備資金融資）と運転資金を目的とした融資（運転資金融資）に分類される。設備資金融資額、運転資金融資額とも、各々、サンプル期間中に複数の約定契約がある場合は複数の契約の融資額を合計した。総融資額は、こうして構築した設備資金融資額と運転資金融資額の合計である。実際の回帰分析では、設備資金融資額、運転資金融資額、総融資額の自然対数、および、各々を企業の総資産で除した融資額総資産比率を用いる。

CAPSUR は、Watanabe（2007）の推計をもとに作成する。Watanabe（2007）は、日経 NEEDS の銀行財務データを用いて、以下の回帰式を推計している。

$$\Delta \ln L_{j,97} = \alpha_0 + \alpha_1 \Delta \ln L_{j,96} + \beta \left\{ \frac{K_{j,97}}{A_{j,97}} - \left(\frac{K_j}{A_j}\right)^{target} \right\} + \varphi X_j + \varepsilon_j \tag{2}$$

$\Delta \ln L_{j,97}$ は、1997 年度の企業のメインバンク j による健全業種向け貸出金の成長率、$\Delta \ln L_{j,96}$ は、1996 年度の企業のメインバンク j による健全業種向け貸出金の成長率である。また、$\frac{K_{j,97}}{A_{j,97}}$ は 1997 年度の企業のメインバンク j の自己資本総資産比率であり、$\left(\frac{K_j}{A_j}\right)^{target}$ は、時間不変で銀行固有の、$\frac{K_{j,97}}{A_{j,97}}$ の

---

[8] ここでのレバレッジは、レバレッジが 1 を超えているときに、その企業は債務超過に陥っていることを示す指標である。

目標値である。この目標値は、各銀行について、1992年度から1994年度の自己資本総資産比率の平均をとったものである。X_j は、1997年度の銀行 j についてのコントロール変数の集合であり、具体的には銀行の業態を示すダミー変数の集合となっている。ε_j は誤差項である[9]。

CAPSUR は 1997 年度の自己資本総資産の実現値と目標値の差、$\frac{K_{j,97}}{A_{j,97}} - \left(\frac{K_j}{A_j}\right)^{target}$ とその係数の推計値 $\hat{\beta}$ の積、CAPSUR $= \hat{\beta}\left\{\frac{K_{j,97}}{A_{j,97}} - \left(\frac{K_j}{A_j}\right)^{target}\right\}$ で定義される。CAPSUR は、1997 年度の銀行の健全業種への貸出金成長率のうち、自己資本の超過により説明可能な部分である。CAPSUR が負の値をとる場合は、CAPSUR は、その銀行の自己資本不足が貸出金の伸び率をどれほど低下させたかをあらわすので、CAPSUR は各銀行の貸し渋りの程度をあらわす指標となっている。

第 4 節　分析結果

1　記述統計量

表 12-1 は、各変数の記述統計量を示したものである。

まず、被説明変数に利用する貸出金の指標について見てみる。総融資額、設備資金融資額、運転資金融資額の平均は各々、約 7,800 万円、約 6,100 万円、約 1,600 万円となっている。なお、設備資金融資額の中央値はゼロとなっているが、これは、一般に、設備資金は数年ごとに機械等の交換などのために発生する資金であるためと考えられる。なお、総資産は平均約 16 億 2,000 万円である。

次に、被説明変数について見てみる。企業のメインバンクの自己資本超過に起因する貸出供給の増加の指標である CAPSUR は、平均 -2.4% と負になっている。平均的に見れば、分析サンプルに含まれる企業のメインバンクの自己資本総資産比率はその目標値を下回っており、メインバンクが貸し渋りを行っていたことがわかる。サンプル企業の平均 ROA、平均レバレッジは各々、-0.008、0.880 である。すなわちサンプル企業は平均的に、赤字であ

---

[9]　(2)式の推計の詳細については、Watanabe (2007) を参照すること。

表 12-1 各変数の記述統計量

変数名	N	平均	中央値	標準誤差	最小値	最大値
総融資額（100万円）	2,061	77.54	50	79.73	5	900
運転資金融資額（100万円）	2,061	61.35	40	66.13	0	520
設備資金融資額（100万円）	2,061	16.19	0	56.0	0	900
総融資額／総資産	2,061	0.254	0.059	7.27	0.002	330
運転資金融資額／総資産	2,061	0.067	0.048	0.10	0	3.42
設備資金融資額／総資産	2,061	0.187	0	7.27	0	330
CAPSUR	2,061	−0.024	−0.032	0.031	−0.117	0.042
総資産（100万円）	2,061	1623	875	2528	0.1	41632
ROA	2,061	−0.008	0.002	0.087	−2.219	0.609
レバレッジ	2,061	0.880	0.894	0.219	0.144	2.594

注：各変数の定義は、第4節2を参照のこと。

り、レバレッジも高いことがわかる。

2 推計結果

表12-2は、総融資額、設備資金融資額、運転資金融資額の各々の自然対数を被説明変数にした場合の、(1)式の推計結果を示したものである。推計には最小二乗法（OLS）を用いている。

メインバンクの自己資本超過に起因する貸出増加率をあらわすCAPSURの係数は、総融資額（対数）、運転資金融資額（対数）を被説明変数にしたとき、負で有意であるが、設備資金融資額（対数）を被説明変数とした場合には有意ではない。これは、メインバンクの貸し渋りの程度が大きかった企業に対して中小公庫の新規の運転資金融資額が大きかったことを示している。設備資金融資額が被説明変数の場合に、CAPSURの係数が有意ではないのは、1997年12月1日以降に実行された中小公庫の金融環境変化対応資金の対象が運転資金であるためであると推察される。−1.067というCAPSURの係数の推計値は、CAPSURが1％ポイント低下すると、総融資額が約1.1％増加するということである。これは、総融資額の平均で評価すると85万円の融資額の増加に相当する。金融環境変化対応資金の対象となっている運転資金融資について、同様に、CAPSURが1％ポイント低下した場合の効果を計算すると、融資額が1.7％増加し、運転資金の平均で評価すると101万

表12-2 貸し渋りの中小企業金融公庫の融資への影響についての推計結果
貸出金額の自然対数を被説明変数とした場合の推計結果

	総融資額	設備資金融資額	運転資金融資額
CAPSUR	−1.067**	1.0292	−1.650*
	(−2.20)	(0.90)	(−1.76)
Log（総資産）	0.482***	0.025	0.513***
	(24.29)	(0.66)	(17.49)
ROA	−0.515***	0.367	−0.933***
	(−2.72)	(1.04)	(−2.68)
レバレッジ	−0.014	−0.560***	0.494***
	(−0.18)	(−3.36)	(3.64)
定数項	0.695***	1.094***	−0.473**
	(4.41)	(3.63)	(−1.97)
R-squared	0.378	0.008	0.116
N	2,061	2,061	2,061

注1：*、**、***は各々、10％、5％、1％の水準で統計的に有意であることを示す。
 2：（ ）内の数値は各変数のt値である。

円の融資額の増加に相当することになる。

 CAPSUR以外の変数の係数の推計結果についても考察してみる。総資産（対数）の係数は、総融資額（対数）、運転資金融資額（対数）を被説明変数とした場合に、正で有意である。この結果は、総資産が大きいほど借入可能な融資額も大きくなるという一般的な結果であると言える。ROAの係数は総融資額（対数）、運転資金融資額（対数）を被説明変数にした場合に、負で有意である。ROAの係数が負となったのは、中小公庫の金融環境変化対応資金が金融機関の貸し渋りなどにより経営難に陥った企業に対する貸出であったからだと推察される。

 レバレッジの係数は、設備資金融資額（対数）を被説明変数とした場合、有意で負であるが、運転資金融資額（対数）を被説明変数とした場合、有意で正と、設備資金と運転資金で逆の結果となった。レバレッジの貸出金（もしくはその伸び率）への効果は、Gopalan, Udell and Yerramilli (2011) の推計、Bharath et al. (2011) の推計とも正である。ただし、これら先行研究での分析の対象は民間銀行による融資契約であり、民間銀行と本章の分析の対象で

表12-3 貸し渋りの中小企業金融公庫の融資への影響についての推計結果
貸出金額を各企業の総資産で除したものを被説明変数とした場合の推計結果

	総融資額	設備資金融資額	運転資金融資額
CAPSUR	4.381	4.413	−0.033
	(1.00)	(1.01)	(−0.55)
ROA	−0.150	0.374	−0.524**
	(−0.25)	(0.73)	(−2.05)
レバレッジ	0.389	0.389	−0.001
	(0.90)	(0.91)	(−0.00)
定数項	0.014	−0.048	0.062
	(0.11)	(−0.42)	(1.48)
R-squared	0.0005	0.0005	0.1894
N	2,061	2,061	2,061

注1：*、**、***は各々、10％、5％、1％の水準で統計的に有意であることを示す。
2：( ) 内の数値は各変数のt値である。

ある公的金融機関は貸出行動が異なる可能性がある。レバレッジの運転資金融資額への正の効果は、運転資金融資は中小公庫による貸し渋り対策の対象であったため、貸し渋りによって経営上の悪影響を受ける可能性が高い、レバレッジが高く倒産リスクの高い企業に優先的に資金を供給したためと推察される。一方、レバレッジの設備資金融資額への負の効果は、貸し渋り対策の対象ではない設備資金融資については、中小公庫が民間銀行と同様、レバレッジの高い企業への融資を手控えていたことを示唆している。

3 被説明変数を総資産で相対化した場合の分析

Bharath et al. (2011) は、貸出金額の対数ではなく、貸出金額を借入企業の総資産で除したものを被説明変数に用いている。言い換えると、貸出金額を規模で相対化しているわけである。Bharath et al. にならって、貸出金額を各企業の総資産で除したものを被説明変数とした推計結果を示したのが表12-3である。

表12-2の結果と異なり、CAPSURの係数は被説明変数に関係なく統計的に有意ではない。これは、中小公庫が、企業に融資を実行する場合、貸出金額と借り手の資産との比率を考慮して融資を行うことがないからではない

かと推察できる。このことは、この表に結果を示している貸出金額と総資産の比率を被説明変数とした3つのモデルについて、推計された係数が統計的に有意なのは、被説明変数が運転資金融資額総資産比率である場合に負で有意であるROAの係数のみであることからもいえる。

第5節 まとめと今後の課題

本章では、1990年代後半の、銀行が貸出供給を減らすクレジットクランチ（貸し渋り）が発生した時期に、中小企業金融公庫による貸し渋り緩和策が妥当だったかを、中小公庫による融資の契約データを用いて分析した。中小公庫は1997年12月1日に金融環境変化対応資金を創設して、中小企業の運転資金を対象とした貸し渋り緩和策を本格化させたが、本章では、1997年12月1日以降、1998年度末までに約定した中小公庫の融資契約データを用いて中小企業がメインバンクから受けた貸し渋りの程度と中小公庫の融資行動の関係について分析した。

その結果、この時期に約定した融資額、とりわけ、運転資金の融資額の合計は、自己資本についてその目標に満たず貸し渋りの程度が大きかった銀行をメインバンクとしていた企業向けの融資ほど大きかったことがわかった。これは、中小公庫の融資がメインバンクからの貸し渋りの影響が強い企業に対して、そうでない企業以上に積極的であったということを示している。

本章の分析では、中小公庫が、貸し渋り対策という政策目的に合致した融資先に対して積極的に融資を実行していたかに着目して分析を行ったが、貸し渋り対策で中小公庫より融資を受けた企業の事後的パフォーマンスについての検証は今後の課題として残っていることに留意したい。

付録　データの加工方法の説明

ここでは、本章で分析に用いたデータの加工方法についてより詳しく説明する。

本章で分析に用いたデータのうち、日本政策金融公庫から提供されたものは、中小公庫の融資契約に関するデータ（中小公庫融資契約データ）、企業の

財務に関するデータ（財務データ）、企業の金融機関取引に関するデータ（金融機関取引データ）である。日本公庫提供のデータのうち、中小公庫融資契約データに収録された約定契約は1997年度が25,161件、1998年度が25,321件である[10]。なお、中小公庫融資契約データでは、同一企業に対する複数の契約が収録されている場合がある。財務データは1954年度から2012年度まで存在しており、延べ企業数の合計は772,686社である。なお、財務データは同一企業について通常は複数年度分、収録がある。

金融機関取引データは、1982年度から2012年度まで存在しており、延べ3,638,020件存在している。なお、同一企業について、同一年度でも複数の金融機関と取引している場合は、各々の金融機関に対応して複数の観測点がある。

財務データと金融機関取引データは各々、年度ごとに分割した。なお、便宜上、年度は、金融機関の財政年度に合わせて、4月1日から翌年の3月31日までとした。この結果、財務データの1997年度のサンプルは19,108社分、1998年度のサンプルは20,025社分となり、金融機関取引データは、1997年度のサンプルが3,820件、1998年度のサンプルが14,280件となった。なおこのとき、金融機関取引データのメインバンクと中小公庫以外の取引に関するデータを削除している。

こうして分割した中小公庫融資契約データ、財務データ、金融機関取引データを年度ごとに結合した。まず企業のIDとなる名寄せ番号を識別変数に1997年度の中小公庫融資契約データと1997年度の財務データを結合した。この結合によって、サンプルサイズは5,881となった。次に、結合した結果として得られたデータセットと1997年度の金融機関取引データを結合した結果、サンプルサイズは1,194となった。同様に1998年度についても3種類のデータを結合した。1998年度の金融機関取引データと1998年度の財務データを結合したサンプルのサイズは5,848になった。そして、このサンプルと金融機関取引データを結合させたサンプルのサイズは3,107であった。

さらに、ここまで得られた1997年度、1998年度のデータを結合したとこ

---

10) 便宜上、年度は金融機関の財政年度同様、暦年の4月から翌暦年の3月までとした。企業の決算期は金融機関のように3月末であるとは限らないが、X年4月からX+1年3月までの決算期のデータは便宜上、すべてX年度の決算データと呼ぶことにした。

ろサンプルサイズは 4,301 となった。こうして得られたサンプルのうち、同一企業に対する複数の融資契約を 1 つに統合した。この結果、サンプルサイズは 3,297 となった。この時点で、サンプルは、企業ベースとなっている。

こうして得られたデータセットに、全国銀行協会が指定した金融機関コードを識別変数として Watanabe（2007）の分析データセットに基づく各企業のメインバンクについての自己資本の目標に対する超過に起因する貸出（供給）についてのデータを結合した。CAPSUR は銀行法上の銀行 126 行にのみ存在し、信用金庫等には存在しなかったため、マッチングしなかったデータは分析対象から除いた。その結果、サンプルサイズは 2,580 になった。

さらに、運転資金を対象とした金融環境変化対応資金が創設された 1997 年 12 月 1 日以降のサンプルに限定した結果、サンプルサイズは 2,394 となった。この時点で、1997 年度、1998 年度の両年度に融資契約があったためにサンプル企業として 2 回ずつ記録されている 333 企業を 1 回ずつの記録に修正した。このため最終的なサンプルサイズは 2,061 となった。

【参考文献】

Allen, L., S. Chakraborty and W. Watanabe（2011）"Foreign Direct Investment and Regulatory Remedies for Banking Crises: Lessons from Japan", *Journal of International Business Studies*, 42(7), pp. 875-893.

Bernanke, B. S. and C. S. Lown（1991）"The Credit Crunch", *Brookings Papers on Economic Activity*, 1991(2), pp. 205-247.

Bharath, S. T., S. Dahiya, A. Saunders and A. Srinivasan（2011）"Lending Relationships and Loan Contract Terms", *Review of Financial Studies*, 24(4), pp. 1141-1203.

Giannetti, M. and A. Simonov（2013）"On the Real Effects of Bank Bailouts: Micro-Evidence from Japan", *American Economic Journal: Macroeconomics*, 5(1), pp. 135-167.

Gopalan, R., G. F. Udell and V. Yerramilli（2011）"Why Do Firms Form New Banking Relationships?", *Journal of Financial and Quantitative Analysis*, 46 (05), pp. 1335-1365.

Guizani, G. and W. Watanabe（2014）"Public Capital, the Deposit Insurance and the Risk-Shifting Incentives: Evidence from the Regulatory Responses to the Financial Crisis in Japan", mimeo.

Holmström, B. and J. Tirole（1997）"Financial Intermediation, Loanable Funds, and the Real Sector", *The Quarterly Journal of Economics*, 112(3), pp. 663-691.

Hoshi, T.（2001）"What Happened to Japanese Banks", *Monetary and Economic Studies*, 19(1),

pp. 1–29.
Montgomery, H. and S. Shimizutani (2009) "The Effectiveness of Bank Recapitalization Policies in Japan", *Japan and the World Economy*, 21(1), pp. 1–25.
Peek, J. and E. S. Rosengren (2005) "Unnatural Selection: Perverse Incentives and the Misallocation of Credit in Japan", *American Economic Review*, 95(4), pp. 1144–1166.
Sekine, T., K. Kobayashi and Y. Saita (2003) "Forbearance Lending: The Case of Japanese Firms", *Monetary and Economic Studies*, 21(2), pp. 69–92.
Stein, J. C. (1998) "An Adverse Selection Model of Bank Asset and Liability Management with Implications for the Transmission of Monetary Policy", *RAND Journal of Economics*, 29(3), pp. 466–486.
Uesugi, I., K. Sakai and G. M. Yamashiro (2010) "The Effectiveness of Public Credit Guarantees in the Japanese Loan Market", *Journal of the Japanese and International Economies*, 24(4), pp. 457–480.
Watanabe, W. (2007) "Prudential Regulation and the "Credit Crunch": Evidence from Japan", *Journal of Money, Credit and Banking*, 39(2–3), pp. 639–665.
中小企業庁 (2000) 『中小企業白書 (2000 年版)』。
山本直紀 (2013)「NFI リサーチ・レビュー――地方銀行の預金・貸出金・有価証券動向」資産運用研究所。http://www.nikko-fi.co.jp/uploads/photos1/1283.pdf

第 13 章

株価変動が家計の資産選択行動に及ぼす影響

塚原一郎

第 1 節　はじめに

　日本の家計の金融資産構成については、欧米と比べて預金や保険などの比較的安全とされる資産の保有比率が高く、株式や投資信託などのリスクのある資産の比率が低いことは、長い間一貫した特徴となっている。このことは、日本銀行の『資金循環統計』や金融広報中央委員会の『家計の金融行動に関する世論調査』からもよくわかり、各種報告書でも強調されている。最近の日本の実際の金融商品の保有状況については、日本証券業協会調査部 (2013) によると、預貯金以外の金融商品を保有しているのはごく一部である。さらに、家計が株式を保有していたとしても、保有株式の銘柄数は 1 銘柄が 39％ と一番多くなっている。

　金融資産構成の決定要因については、塚原 (2009) や松浦・白石 (2004) などでも分析をされてきた。どのような属性の家計が株式などのリスク資産を相対的に多く持っているかというもので、多くの分析では、総資産や所得が多い家計ほど、リスク資産投資が多いという結論になっている。また、実物資産である住宅購入の効果を考慮に入れているものも多いほか、年齢や家族属性などによっても保有の特徴は変わってくる。吉野・和田 (2000) では、都道府県パネルデータを用いて、資産選択行動を特に、近くに金融機関店舗があるかどうかという利便性に注目して分析している。

　金融資産構成の決定要因の 1 つに、資産価格や金利などの金融市場環境の変化も考えられる。本章では、特にフローである金融資産の需要に影響を与

える要因について、マクロデータを用いて実証分析を行う。実際の株価変動に対して家計が株式需要をどうしたか、投資信託や預貯金についてはどのような反応をしているかについて、検証を行う。

近年では家計の金融資産の決定要因に関する分析は、世論調査やアンケート調査に基づいたクロスセクション分析およびパネル分析が中心となっている。推定期間が比較的短いものが多いため、資産構成に影響を与える個人属性、家族属性の特徴を分析しているものが多い。ただし、アンケート調査で資産額や住宅評価額を聞くため、データの精度は昔よりは格段に良くなってはいるものの、偏りがまったくないとは言い難い。

本章では、比較的長期間のデータを扱い、株価変動に対して家計がどのような行動をとるかを分析しようとするものである。資産価格変動に対する家計の資産保有行動の影響を調べることができる。

株式市場における投資家の特徴については、川北・櫨（2004）が1990年代の株式保有構造と投資家の行動について分析している。個人、事業会社、銀行、海外投資家など、それぞれの投資家が株価の変動に対して、どのようにして反応してきたかを、業種別・投資家別の株式時価保有金額と業種別株価のデータを用いて検証している。特に、それぞれの投資家が株式ポートフォリオをどのように変化させるかが分析され、個人については、相対的な株価の上昇（下落）に対して株式ポートフォリオにおけるその業種の組み入れ比率を下落（上昇）させるような、逆バリの投資家だという結論が出された。銀行や生保会社も逆バリであったが、事業会社、海外投資家、年金信託は順バリであった。

亀坂（2006）では、各投資家の売買パターンやパフォーマンスについて分析をしている。売買パターンについては、個人投資家は、12月に売却を進めていることが示され、所得税の計算期間との関係上、12月に向けて売却損益を調整していた。また、法人は1月から3月にかけて純売却を続けていて、3月決算に向けて株式売却損益を調整していた。パフォーマンス分析では、外国人投資家のパフォーマンスが高いこと、外国人投資家は中間決算前の8月から9月、本決算前の2月から3月に大きな正のパフォーマンスが観測された。

本章では、株式市場だけではなく、預金、投資信託との関わりなど、資産

全体の中から分析するところに特徴がある。その分、上記の研究と異なり、対象は家計のみに限られるとともにデータの制約から四半期データの分析となってしまう。さらに、塚原（2009）などとの違いは、マクロデータを利用しているため、年齢ごとの特徴や家族属性ごとの特徴は示すことができないが、外部環境変化が選択行動に与える影響については分析できる。塚原（2009）などのミクロデータを利用した分析のほとんどは、ボラティリティや収益などは十分な変動がとれないので一定と仮定し、リスク回避度に関連する変数を説明変数として利用している。

本章の結論としては、株価収益率は株式需要に負の影響を与え、株価の上昇に対して株式需要を下落させる逆バリの結果となった。株価ボラティリティに関しては株式需要には負の影響を与え、ポートフォリオ理論どおりの結論となった。投資信託需要については、株価収益率や株価ボラティリティは正の影響を与え、株式需要とは別の性質を持っていた。株式需要と投資信託需要は相互に正の影響を及ぼし合い、補完的な関係になっていた。預貯金需要は株式需要にマイナスの、投資信託需要にプラスの影響を与えていたが、逆に株式や投資信託需要が預貯金需要に与える影響は少なかった。

以下、第2節では関連する基本的な理論モデルについて確認する。第3節では利用データと家計の金融資産構成や取引の特徴を説明する。第4節では実際に数種類のモデルで実証分析を行い、その結果を考察する。第5節がまとめである。

第2節　理論モデル

家計の資産需要およびポートフォリオ理論に関しては、さまざまなモデルが考案されているが、ここでは、後の節で実際に実証分析をする背景となるモデルについて、田近・中川（1991）で紹介されている理論モデルをまとめる。

家計の期首の金融資産保有額を W 円として、それを安全資産に m 円、n 種類の危険資産にそれぞれ z_j 円（$j=1,2,\cdots,n$）投資するとする。また、危険資産の保有額を列ベクトル z で表せるとする。

安全資産の年利は r とする。n 種類の危険資産の収益率は確率変数で列ベ

クトル x と表せ、x の平均は μ、分散共分散行列は Ω であるとする。

また、すべての要素が 1 の列ベクトルを $\mathbf{1}$ とすると、期首の資産制約は、$W = m + \mathbf{1}'z$ となり、期末の資産額 Y は、$Y = rm + x'z$ となる。これに期首の資産制約を m について解き直したものを代入すると、

$$Y = rW + (x - r\mathbf{1})'z$$

となり、これが期末の資産制約式となる。

家計は、この制約のもとで、期末資産から得られる期待効用 $E(U(Y))$ を最大にするよう、z と m の配分を決める。

効用関数を Mossin (1973) と同じように $U(Y) = Y - cY^2$ とすると、z で偏微分した 1 階の条件は、$E((1-2cY)(x-r\mathbf{1})) = 0$ となる。これに Y を代入すると、x が確率変数であることに注意をして、$(1/(2c) - rW)(\mu - r\mathbf{1}) = E((x-r\mathbf{1})(x-r\mathbf{1})')z$ となり、この右辺は、$(\Omega + (\mu-r\mathbf{1})(\mu-r\mathbf{1})')z$ と書けるので、危険資産の需要関数は、

$$z = \left(\frac{1}{2c} - rW\right)(\Omega + (\mu-r\mathbf{1})(\mu-r\mathbf{1})')^{-1}(\mu-r\mathbf{1})$$

であり、安全資産の需要関数は、

$$m = W - \mathbf{1}'z$$

と書くことができる。

つまり、危険資産需要および安全資産需要は、安全資産の金利、総資産額、リスク資産の収益率、ボラティリティに依存することがわかる。

近年では、行動ファイナンスを背景とした投資行動の分析も盛んに行われている。Mokhtar (2014) では、伝統的なポートフォリオ理論と行動ファイナンスに基づくポートフォリオ理論の違いについて説明している。伝統的な理論では、投資家はポートフォリオを構成する資産間の共分散を考え、リスクに対しては一貫して回避型であった。それに対して、行動ファイナンスに基づくポートフォリオ理論では、投資家は資産がある理想とする水準以下になる確率がある水準を超えないという制約のもとで、期待資産を最大化して

いる。投資家は、ある理想的な水準の富を達成するためなら、わずかな確率で起こる多少の失敗には耐えることができる。

つまり、行動ファイナンスでは、投資家は必ず合理的な行動をして効用最大化行動をとるとは限らず、経済学のほかに心理学的要素を取り入れて投資家行動を理解しようとするものである[1]。

実際の実証分析では、各投資家の行動の背景を聞く必要があるため、アンケート調査に基づく個票データを用いてミクロ計量分析を行わなければならない。

第3節　利用データとその特徴

家計の金融資産保有構成については、『資金循環統計』の残高表で家計部門の各資産の額がわかる。家計の金融資産保有額構成の推移を示したのが図13-1である。

図13-1より、現金・預金比率が50〜55％の間で一貫して高く、保険・年金準備金と合わせて75〜85％の間で推移している。また、2006年から2008年にかけて株式保有比率が一時増加したが、金融危機後に比率は減少していて、急激な市場変動によって多少の変動も起こっているが、株式や証券などの比率が低い傾向が一貫して見られる。

ただし、株式保有額の変化は、実際の売買によるものか、価格変動によるものかはこの図だけからはわからないので、『資金循環統計』の取引表を用いて、株式と投資信託の取引状況の推移を表したのが、図13-2である[2]。

図13-2は家計の実際の資産購入額から資産売却額を引いた、ネットの購入額の推移である。株式に関しては、売却している時期が一貫して多いが、金融危機後に売却額が急激に増えたわけではないので、図13-1とあわせて、資産価格の下落が保有比率に影響を与えていることがわかる。投資信託に関しては、金融危機後に購入額が減少したが、2003年以降はほぼ買い増しの

---

1) 行動ファイナンスについては近年多くの解説書が出ているが、ゴールドベルグ／ニーチュ（2002）などを参照。
2) 『資金循環統計』についての詳しい解説は、日本銀行のWebサイト、または、小清水（2006）を参照。

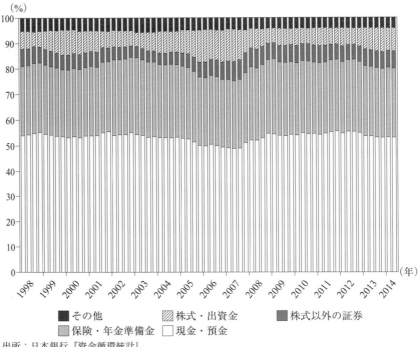

図 13−1 家計の金融資産構成の推移

出所：日本銀行『資金循環統計』。

時期が続いていることがわかる。

次節での推定で実際に利用するデータの記述統計が表 13−1 である。本章では四半期データを利用し、対象は 1998 年第 1 四半期から 2014 年第 2 四半期までで、サンプル数は 66 である。

預貯金と株式、投資信託の取引額は日本銀行『資金循環統計』を用いている。取引額は、購入額−売却額を指す。株価は日経平均株価の各期末日の終値を用いている。収益率は、前期末日終値と比較した当期末日終値の変化率、ボラティリティは、当期の日次データすべての終値の標準偏差を計算したものである。実効為替レートは日本銀行公表のもので、対象となるすべての通貨と日本円との間の 2 通貨間為替レートを、貿易額などでウェイト付けした指数で、数値が高くなるほど円高、数値が低くなるほど円安である。預金金

第 13 章　株価変動が家計の資産選択行動に及ぼす影響　261

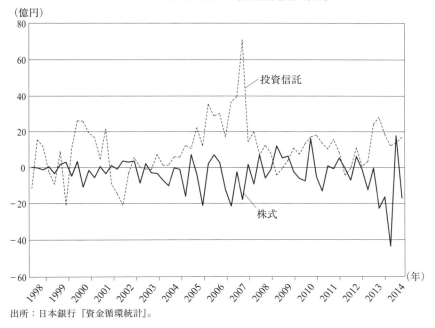

図 13-2　家計の株式・投資信託売買状況

出所：日本銀行『資金循環統計』。

表 13-1　記述統計

	預貯金需要 （万円）	株式需要 （万円）	投資信託 需要（万円）	株価 （円）
平均	27,705.68	−3,225.71	10,737.48	12726.21
中央値	24,443.50	−1,095.50	10,625.50	11787.13
最大値	202,159.00	17,798.00	70,937.00	20337.32
最小値	−127,456.00	−43,522.00	−20,979.00	7972.71
標準偏差	95,009.95	9,690.80	14,749.33	3210.95

	株価 収益率（％）	株価ボラティ リティ（円）	預金金利 （％）	実効為替 レート	10 年物国債 金利（％）
平均	0.59	512.39	0.051	88.98	1.308
中央値	1.40	471.67	0.020	87.60	1.345
最大値	22.80	1416.07	0.198	110.39	2.010
最小値	−24.63	137.70	0.001	70.62	0.560
標準偏差	10.77	242.28	0.059	9.73	0.373

図 13-3 株価収益率の推移

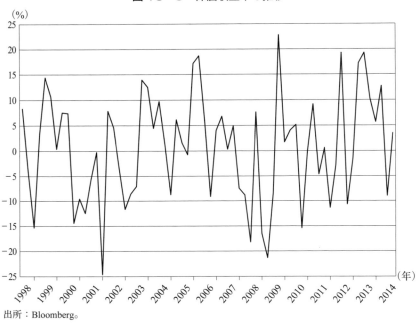

出所:Bloomberg。

利については、日本銀行「預金種類別店頭表示金利の平均年利率」の普通預金で、各四半期末時点の数値を用いている。10年物国債金利も各四半期末時点の数値で、預金金利がゼロ金利政策のためにここ数年ほぼゼロで推移していて変動がほとんどないため、推定には10年物国債金利も用いてみた。

日経平均株価の収益率の推移を表しているのが、図13-3である。預金金利は0%よりわずか少し上に位置する程度であるとすると、収益率がマイナスのときは、収益率だけを比べても、預金の方が株式よりもパフォーマンスがよくなっていることになる。

近年では、外貨預金や海外への投資も行いやすくなっているが、日本は以前から外貨預金が少なくなっている。外貨預金の推移を日本の実効為替レートの推移と比較したのが図13-4である。

図13-4より、外貨預金は為替レートとはあまり連動して動いてはいないが、全体的な傾向としては、2000年代前半に外貨預金は増加し、2005年頃

第 13 章 株価変動が家計の資産選択行動に及ぼす影響　263

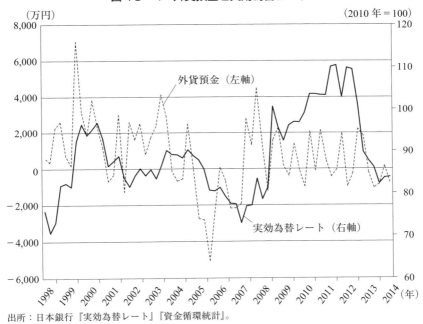

図 13-4　外貨預金と実効為替レート

出所：日本銀行『実効為替レート』『資金循環統計』。

から減少して、その後は再び増加傾向が続いているが、額自体はそれほど多くない状態が続いている。

第 4 節　推定

　第 2 節で紹介したモデルに基づいて、家計の金融資産需要が株価や金利変動にどのように影響されているかを、実際のデータを用いて実証分析をする。

　推定式の中に非定常な変数が含まれていると、本来相関を持たないはずの説明変数と被説明変数の間で高い決定係数が得られるという、見せかけの回帰の問題が発生するおそれがある。各変数が定常かどうかを検定するには単位根検定が必要となる。単位根検定には、Augmented Dicky-Fuller 検定（以下 ADF 検定）、Phillips and Perron 検定、Ng and Perron 検定などがある[3]が、ここでは ADF 検定を用いている。その結果が表 13-2 である。

表13-2 単位根検定（ADF）の結果

変数	統計量
預貯金需要	−2.499**
株式需要	−4.123***
投資信託需要	−2.235**
株価	−1.839
株価収益率	−6.593***
株価ボラティリティ	−7.360***
預金金利	−2.365
実効為替レート	−2.149
10年物国債金利	−2.574

注：***、**、* はそれぞれ 1 %、5 %、10% 水準で有意なことを示す。

　預貯金需要、株式需要、投資信託需要、株価収益率は定数項なし、株価、株価ボラティリティ、預金金利、実効為替レート、10年物国債金利は定数項ありのモデルを用いている。

　ADF検定の帰無仮説は「単位根がある」であるので、帰無仮説が棄却できた預貯金需要、株式需要、投資信託需要、株価収益率、株価ボラティリティは $I(0)$、つまり定常な変数である。株価、預金金利、実効為替レート、10年物国債金利は帰無仮説を棄却できなかったので、1階の階差をとってから再度単位根検定を行ったところ、今度は「単位根がある」という帰無仮説を棄却できたので、$I(1)$ 変数である。よって、1階の階差をとると定常になるので、推定には1階の階差をとった変数を利用する[4]。

　次に、株式需要、投資信託需要、預貯金需要の決定要因を最小二乗法により推定を行う。第2節の理論モデルに基づいて、それぞれの需要関数について、下記のように定式化を行う。ただし、Δ は1階の階差を表すとする。

---

[3] 単位根検定についての詳しい説明は、松浦・マッケンジー（2012）、Hamilton（1994）などを参照。

[4] 推定式のすべての変数が $I(1)$ の場合、変数が共和分関係にあれば推定式は意味を持つことが知られている。そのためには共和分検定をする必要があるが、共和分検定の詳しい説明は、松浦・マッケンジー（2012）、Hamilton（1994）などを参照。

表13-3 最小二乗法の結果

	株式需要	(t値)	投資信託需要	(t値)	預貯金需要	(t値)
定数項	3,611.13	1.20	7,375.54	1.52	−76,757.9***	−8.49
株価収益率	−381.85***	−3.76	33.74	0.21	495.88	1.63
株価ボラティリティ	−3.49	−0.80	6.21	0.89	5.28	0.40
Δ預金金利	−88,125.84*	−1.91	266,645.00***	3.59	−235,609.30*	−1.70

注：***、**、*はそれぞれ1％、5％、10％水準で有意なことを示す。預貯金需要の説明変数には、ほかに季節ダミーも存在するが、推定結果は割愛している。

$$\text{株式需要} = a_0 + a_1 \text{株価収益率} + a_2 \text{株価ボラティリティ} + a_3 \Delta \text{預金金利}$$

$$\text{投資信託需要} = b_0 + b_1 \text{株価収益率} + b_2 \text{株価ボラティリティ} + b_3 \Delta \text{預金金利}$$

$$\text{預貯金需要} = c_0 + c_1 \text{株価収益率} + c_2 \text{株価ボラティリティ} + c_3 \Delta \text{預金金利}$$

符号条件であるが、株価ボラティリティが高いと、株式需要は減少して、逆に預貯金需要が増加することが予想されるので、a_2 は負、c_2 は正となる。b_2 は、投資信託需要が株式需要と預貯金需要のどちらに性質が近いかで、符号条件は正負どちらも考えられる。預金金利が上がると預貯金需要が増加することが予想されるので、c_3 は正となり、逆に a_3 は負となり、b_3 はどちらも考えられる。

株価収益率については、収益率が下落すれば株式需要を減少させる順バリの家計が多ければ a_1 は正となるが、逆に、収益率が下落すれば株式需要を増加させるような逆バリの家計が多ければ、a_1 は負となる。

預貯金需要については季節変動が見られたので、季節ダミー（第2四半期、第3四半期、第4四半期）を用いている。

個別推定の推定結果が表13-3である。

株式需要は株価収益率が高くなるほど減少し、Δ預金金利が大きくなるほど減少する。投資信託需要は、Δ預金金利が大きくなるほど増加する。預貯金需要はあまり影響を受けなかったが、Δ預金金利が小さくなるほど需要が増加した。

なお、実効為替レートや10年物国債金利を入れた推定も行ってみたが、各資産需要への影響は見られなかった。

ただし、上記の推定では株式需要、投資信託需要、預貯金需要とも投資家がそれぞれ独立した意思決定のもとで行っていることになるが、実際には、意思決定は複数の資産で同時に行っていると考える方が現実的であるので、説明変数に他の資産の需要額も入れる必要があり、以下のような定式化を考える。

株式需要　　＝$d0+d1$株価収益率$+d2$株価ボラティリティ$+d3\Delta$預金金利
　　　　　　　$+d5$投資信託需要$+d6$預貯金需要

投資信託需要＝$e0+e1$株価収益率$+e2$株価ボラティリティ$+e3\Delta$預金金利
　　　　　　　$+e4$株式需要$+e6$預貯金需要

預貯金需要　＝$f0+f1$株価収益率$+f2$株価ボラティリティ$+f3\Delta$預金金利
　　　　　　　$+f4$株式需要$+f5$投資信託需要

　ここで、他の資産需要についての変数は、モデルの外から決まる外生変数ではなく、モデルの中で決定される内生変数になる。内生変数が含まれるモデルの場合には、通常の最小二乗法では内生性の問題が発生して、望ましい結論が得られないことが知られている。

　内生性の問題がある場合の対応としては、2段階最小二乗法や操作変数法があるが、操作変数が必要となる。操作変数は、①誤差項とは相関しないが、②説明変数と相関し、③複数の操作変数を利用する場合は完全な線形従属関係でないような変数群である。説明変数の数よりも、外生変数＋操作変数が下回っていると、過少識別となり、パラメータを推定できない。

　2段階最小二乗法や操作変数法を包括するのがGMMであるので、ここではGMMによる連立方程式体系を用いて推定を行う[5]。

　はじめに、株式需要と投資信託需要の同時推定を行う。用いた操作変数は、定数項、株価収益率、株価収益率の1期前、株価ボラティリティ、株価ボラティリティの1期前、Δ預金金利である。推定結果は表13−4である。

　株式需要では、株価収益率は負に有意、Δ預金金利は負に有意、投資信託需要は正に有意となっている。投資信託需要では、株価収益率は正に有意、

---

[5] 内生性の問題およびGMMについての詳しい説明は、松浦・マッケンジー（2012）、Hayashi（2000）などを参照。

第 13 章　株価変動が家計の資産選択行動に及ぼす影響　267

表 13-4　株式需要、投資信託需要の同時推定結果

	株式需要	(t 値)	投資信託需要	(t 値)
定数項	−5,481.94*	−1.68	9,126.66*	1.80
株価収益率	−432.27***	−2.71	713.96***	2.79
株価ボラティリティ	−8.93	−1.42	14.86	1.43
Δ預金金利	−239,372.80**	−2.41	398,377.70***	2.62
株式需要			1.65***	9.44
投資信託需要	0.60***	12.06		

注：***、**、*はそれぞれ 1 %、5 %、10% 水準で有意なことを示す。

Δ預金金利は正に有意、株式需要も正に有意となった。つまり、株価収益率が上昇（下落）すると、株式需要を減少（増加）させることになり、家計は逆バリの性質を持っていることになる。投資信託需要に対しては、株式収益率は正の、Δ預金金利は正の影響を与えていて、株式需要の決定式とは逆の符号となっていたので、株式需要と投資信託需要とは別の性質を持っていることがわかる。

さらに、投資信託需要、株式需要がそれぞれ正に有意で、相互に正に影響し合っているので、両者の需要は、代替的な関係にあるというよりは、補完的な関係にあることになる。

ただし、ポートフォリオ理論では影響があるとされたボラティリティについては、本モデルでは、株式需要、投資信託への影響は見られなかった。

次に、株式需要と投資信託需要に預貯金需要も加えた 3 モデルの同時推定を行った。操作変数は、定数項、株価収益率、株価収益率の 1 期前、株価ボラティリティ、株価ボラティリティの 1 期前、預金金利である。ここでも預貯金の需要決定要因の推定では季節ダミーを用いている。推定結果は表 13-5 である。

表 13-4 との違いとしては、株式需要には株価ボラティリティが負の影響を与えていて、ボラティリティが高くなるほど株式需要が少なくなるという理論どおりの結果となった。投資信託需要には、株価ボラティリティが正の影響を与えているので、株式需要とは逆の性質を持っている。預貯金需要は株式需要には負の影響を与え、投資信託需要には正の影響を与えているが、逆に、株式需要は預貯金需要に正の影響を、投資信託需要は預貯金需要に影

表13-5 株式需要、投資信託需要、預貯金需要の同時推定結果

	株式需要	(t値)	投資信託需要	(t値)	預貯金需要	(t値)
定数項	−3,613.01	−1.50	7,160.86	1.54	23,145.94	0.23
株価収益率	−291.72***	−3.09	590.34***	3.39	3250.74*	1.72
株価ボラティリティ	−9.39**	−2.37	19.61**	2.49	212.09	1.61
Δ預金金利	−425,372.40**	−2.52	846,289.60**	2.60	12,134,000.00	1.47
株式需要			1.99***	9.82	12.95*	1.70
投資信託需要	0.49***	9.65			−15.39	−1.37
預貯金需要	−0.03***	−2.77	0.06***	2.96		

注：***、**、* はそれぞれ1％、5％、10％水準で有意なことを示す。預貯金需要の説明変数には、ほかに季節ダミーも存在するが、推定結果は割愛している。

響を与えていない。

　預貯金需要には株価収益率が正の影響を、株式需要が正の影響を与えていたが、季節変動の影響以外はあまり影響を受けていない。

第5節　おわりに

　本章では株価や金利変動に対して家計の株式、投資信託、預貯金の各資産需要がどのように変化してきたかを1998年以降の『資金循環統計』の取引表を用いて推定した。株式需要、投資信託需要、預貯金需要の決定要因をGMMによる同時方程式体系モデルで推定したところ、株価収益率は株式需要に負の影響を与え、株価の上昇に対して株式需要を下落させる逆バリの結果となった。株価ボラティリティに関しては、株式需要には負の影響を与え、理論どおりの結論となった。

　投資信託需要については、株価収益率、株価ボラティリティ、預金金利が株式需要の場合とは逆の影響を与えていて、株式需要とは別の性質を持っていた。株式需要と投資信託需要は相互に正の影響を及ぼしあい、補完的な関係になっていた。預貯金需要は株式需要にマイナスの、投資信託需要にプラスの影響を与えていたが、逆に株式や投資信託需要が預貯金需要に与える影響は少なかった。

　2014年1月からNISA（小額投資非課税制度）が開始されるなど、家計が投

資に関心を持ち安定的な資産形成がされるよう、政府も支援をしている。前述のように、株価や金利変動は資産需要に影響を与えているが、株価下落によって全資産需要が減少するわけではないので、株式や投資信託保有が少ない要因は、価格変動の影響よりも構造的な要因が大きいだろう。投資への理解を深めるような取り組みを今後も続けることが大切である。

本章では3資産モデルで分析をしたが、今後の研究の方向性としては、債券や保険など、扱う資産の種類を増加させることもできるとともに、企業や国際部門など、対象部門を拡張することも可能である。

【参考文献】

Hamilton, J.(1994) *Time Series Analysis*, Princeton University Press.
Hayashi, F.(2000) *Econometrics*, Princeton University Press.
Mokhtar, A. I.(2014) "Behavioral Finance, Investor Psychology Perspective", *Journal of Finance and Investment Analysis*, 3(2), pp. 41-60.
Mossin, J.(1973) *Theory of Financial Markets*, Prentice Hall.
亀坂安紀子(2006)「外国人投資家、国内機関投資家、個人投資家の株式売買に関する月次アノマリーの分析」『ファイナンシャル・プランニング研究』6、4-16頁。
川北英隆・櫨浩一(2004)「高齢化の進展と個人金融資産の変化――アセットマネジメントの対応」『証券アナリストジャーナル』42巻1号、50-62頁。
小清水世津子(2006)「資金循環統計からみた日本経済の動き」『立法と調査』256。
田近栄治・中川和明(1991)「わが国家計の資産選択と資産需要の代替性」『フィナンシャル・レビュー』20、67-83頁。
塚原一郎(2009)『家計データを用いた資産選択決定要因の計量分析』三菱経済研究所。
日本証券業協会調査部(2013)「証券投資に関する全国調査、平成24年度調査報告書(個人調査)」。
松浦克己、コリン・マッケンジー(2012)『EViewsによる計量経済分析[第2版]』東洋経済新報社。
松浦克己・白石小百合(2004)『資産選択と日本経済』東洋経済新報社。
ヨアヒム・ゴールドベルグ／リュディガー・フォン・ニーチュ著、真壁昭夫訳(2002)『行動ファイナンス』ダイヤモンド社。
吉野直行・和田良子(2000)「家計の金融資産選択行動のパネルデータ分析」松浦克己・吉野直行・米沢康博編著『変革期の金融資本市場』日本評論社、第1章。

第 14 章

消費者の決済手段選択行動
——個票調査による実証分析[*]

中田真佐男

第1節 はじめに

　経済には複数の小額決済手段が存在する。具体的には、現金、クレジットカード、デビットカードなどである。一般にはこれらの小額決済手段は並存し、取引金額の大小に応じて使い分けられている。これは、消費者にとって払いやすく、小売店にとって受け取りやすい決済手段が、支払金額帯に応じて異なっていることを意味する。

　この背景には、伊藤・川本・谷口（1999）で指摘されるように、各決済手段の行使に伴って発生する各種の固定費用・可変費用の存在がある。経済主体は、各自が直面する支払金額のもとで、これらの取引費用の合計が最小になる決済手段を選好すると考えられる。現金をはじめとする既存の決済手段は、総取引費用の逆転が生じる支払金額を「境界」としたうえで、自らの総取引費用が最小となる領域で支配的な決済手段としての地位を確保してきた。

　しかし、新しい決済手段が登場すると、当然ながらこのような既存の「棲み分け」にも変化が生じる。本章ではこの点に着目し、電子マネーのような新しい決済手段がどのような取引費用の構造を有し、その普及によって既存の決済手段がどのように代替されていくのかを理論的・実証的に明らかにする。

---

[*]　本研究は、日本学術振興会科学研究費補助金（課題番号：20730212、23730300））の助成を受けて行われた研究成果の一部である。

小額決済手段の選択に関する理論分析には、Humphrey and Berger（1990）や Shy and Tarkka（2002）、Choudhary and Tyagi（2009）、Bourreau and Verdier（2010）などがある。また、Zinman（2009）、Simon, Smith and West（2010）をはじめとして、海外では個票データを用いた実証分析も盛んに行われている。しかし、欧米とは対照的に、日本では複数決済手段の選択に関する理論研究は少なく、伊藤・川本・谷口（1999）や北村（2005）などに限られる。ミクロデータを用いた実証分析も遅れており、電子マネーの普及が貨幣需要に及ぼす影響を分析した Fujiki and Tanaka（2009）が数少ない先行研究である。そこで、本章では筆者が独自に実施した福岡県在住の消費者を対象とする個票調査の回答結果を利用し、Ordered Probit モデルを推定して電子マネーの利用頻度の決定要因を明らかにする。同様の分析は中田（2010）でも行われているが、本章では、設問を追加したより直近（2013 年 3 月実施）の調査の結果が利用され、推定式も修正されている。

　本章の分析から得られる主要な結果として、第 1 に、電子マネーは、硬貨を用いるようなごく小額の現金決済と競合しながら普及していることが明らかになる。第 2 に、消費者の電子マネーの利用頻度の決定には、アベイラビリティ・コストや決済時間コストの代理変数が統計的に有意な影響を及ぼしており、経済理論と整合的な選択行動をしていることが示される。

　現状において電子マネーはすべての小売店で使えるわけではなく、その意味で交換手段としての現金は依然として重要な役割を果たしている。しかし、もっぱら小額の決済で利用される補助貨幣（硬貨）に限れば、これをいわば「公共財」として政府が供給し続けるにしても、今後は従来と同じ規模で発行していく必要性は低下していくと考えられる。

　本章の構成は以下のとおりである。第 2 節では、筆者が実施した消費者向け個票調査の概要を述べる。第 3 節では、本分析の理論的な背景である決済手段の選択モデルについて説明し、続く第 4 節では、実証分析を行い、得られた結果をまとめる。最後の第 5 節は本章の結論にあてるとともに、残された課題についても言及する。

第 2 節　電子マネーの利用実態に関するアンケート調査

　筆者は 2009 年から 2013 年までの毎年、合計 5 回にわたって「電子マネーの利用実態に関するアンケート」を実施した。調査対象は福岡県在住の消費者であり、調査方法はインターネット調査である[1]。具体的には、NTT コム オンライン・マーケティング・ソリューション株式会社に委託し、同社のネットリサーチサービスにモニター登録している消費者にインターネットで回答を依頼した[2]。調査票は、回収数を 1,000 とすることを目標に、男女別に年齢階級を 5 つ設定（16～19 歳、20～29 歳、30～39 歳、40～49 歳、50 歳以上）したうえで原則として各階級で同数の調査票を送信した[3]。ただし、10 歳代はモニター数が少ないために送信数が少なく、これを補完するために 20 歳代への送信数が多めになっている。直近に実施された第 5 回調査（2013 年 3 月実施）では 1,052 名から回答が得られた。その内訳が表 14－1 に示されている。

　本調査の回答結果は、対象がインターネット・ユーザーに限定され、送信対象の年齢構成も福岡県の実際の人口構成とは異なっているなどの点において、サンプル・バイアスがあることは否定しがたい。しかしながら、電子マネーの利用実態に関する個票調査がほとんど存在しない日本の現状をふまえる限り、電子マネーの利用に関する消費者の意思決定に影響を与える諸要因

表 14－1　第 5 回調査回答者の年齢構成

	標本（人）	16～19 歳	20～29 歳	30～39 歳	40～49 歳	50 歳以上
構成比	1,052	0.9%	16.9%	25.0%	28.2%	29.1%
男	545	3	67	133	166	176
女	507	6	110	130	131	130

出所：「電子マネーの利用実態に関するアンケート調査」（筆者実施）。

---

1) ただし、第 4 回調査（2012 年 3 月実施）、第 5 回調査（2013 年 3 月実施）では、これとは別に東京都在住の消費者にも同じ調査票でアンケートを実施している。
2) ただし、第 4 回調査（2012 年 3 月実施）までは、当該ネットリサーチサービスの当時の提供元である NTT レゾナント株式会社に委託していた。
3) なお、パネルデータセットを構築することを目的に、第 2 回調査（2010 年 3 月）以降は、過去の調査に回答したモニターに優先的に調査票を送信している。

表 14-2　電子マネーの利用頻度：第 1 回調査と第 5 回調査の回答の比較

	全体	ほぼ毎日	5日／週程度	2～3日／週程度	1日／週以下	利用しない
第 5 回調査 （2013 年 3 月）	1,052 名	63 名 (5.9%)	103 名 (9.8%)	217 名 (20.6%)	407 名 (38.7%)	262 名 (25.0%)
第 1 回調査 （2009 年 3 月）	1,145 名	50 名 (4.4%)	46 名 (4.0%)	133 名 (11.6%)	282 名 (24.6%)	634 名 (55.4%)

出所：「電子マネーの利用実態に関するアンケート調査」（第 1 回・第 5 回）（筆者実施）。

をミクロデータによって定量分析できること自体に、大きな意義を見出すことができる。

　本調査では、電子マネーを「金銭価値を電子化して IC カードや携帯電話（おサイフケータイ）などに収納し、この電子化された金銭価値を使って買い物をする決済手段」と定義したうえで[4]、消費者に 1 週間当たりの電子マネー決済の利用頻度を尋ねた。表 14-2 では、この設問への回答結果が第 1 回調査（2009 年 3 月実施）と第 5 回調査（2013 年 3 月実施）で比較されている。

　直近の 4 年間で、電子マネー決済の利用者が増加し、利用者の決済頻度も高くなっている。電子マネーを週に 1 回以上利用する消費者には、よく使う電子マネーのブランドを 3 つまで挙げてもらったが、ポストペイタイプのブランドを挙げる消費者は、多いもの（iD）でも 5.2% にとどまっている。また、BitCash などのネットワーク型のサービスに関して同じ比率を見ても 3 % である。すなわち、本調査では、電子マネーを利用する消費者の大半は、楽天 Edy、nanaco、WAON といった流通系のプリペイド型電子マネーか、Suica、SUGOCA、Nimoca、Pasmo といった交通系のプリペイド型電子マネーを利用している。

　次に、表 14-3 では、消費者が各小額決済手段をどのような取引金額のレンジで利用しているのかが示されている。この表からは、電子マネー決済の主たる競合対象は現金決済であり、とりわけ硬貨を頻繁に用いる小額の現金決済であることが示唆される。

4）　具体的には、プリペイドタイプとして楽天 Edy、Nanaco、WAON、Suica、SUGOCA、PASMO、Nimoca など、ポストペイタイプとして iD や QUICPay など、このほか、ネット上のみで利用できるタイプとして BitCash、WebMoney などが挙げられる。

表 14-3　各小額決済を利用した場合の平均的な決済金額

	平均	中央値
クレジットカード	4,692 円	3,000 円
電子マネー	777 円	300 円
硬貨のみ	498 円	500 円
硬貨と紙幣を併用	2,316 円	2,000 円

注:「平均値±標準偏差の2倍」を超えるサンプルについては，外れ値として除外した。
出所:「電子マネーの利用実態に関するアンケート調査」（第5回）（筆者実施）。

表 14-4　支出金額別に見た総決済件数に占める電子マネー決済の割合

	0%〜5%未満	5%以上〜10%未満	10%以上〜20%未満	20%以上〜30%未満	30%以上〜40%未満	40%以上〜50%未満	50%以上
500 円未満	29.9%	9.0%	9.5%	7.2%	5.2%	24.6%	14.7%
500 円〜1,000 円未満	31.1%	13.9%	10.1%	9.9%	7.1%	19.9%	8.0%
1,000 円〜10,000 円未満	46.6%	14.6%	8.7%	7.2%	5.2%	10.8%	7.0%
10,000 円超	75.7%	5.4%	2.9%	2.3%	1.4%	6.5%	5.8%

出所:「電子マネーの利用実態に関するアンケート調査」（第5回）（筆者実施）。

表 14-4 は、買い物、交通機関への乗車、飲食などの支出で電子マネーを用いた決済を利用する割合を、決済金額レンジ別に示したものである。500円未満の買物では、総決済件数の半分以上で電子マネーを利用する消費者が全体の 14.7% を占めている。一方で、10,000 円超の買物について同じ比率を見ると 5.8% に過ぎない。つまり、小額の決済機会であるほど、電子マネー決済の割合が高くなっている。

表 14-3 や表 14-4 からは、これまでは硬貨（補助貨幣）が支配的な決済手段としての地位を占めていたごく小額の決済金額レンジにおいて、電子マネー決済との競合の度合いが強まっていることが確認できた。このような現象は経済理論によってどのように説明することができるだろうか。次節では、決済手段の選択理論についてまとめる。

第3節　複数決済手段の選択理論

1　先行研究

　複数決済手段の選択に関する理論分析は、各決済手段の行使にかかる取引費用を消費者の立場から比較した Humphrey and Berger（1990）が出発点となっている。伊藤・川本・谷口（1999）は Humphrey and Berger（1990）のモデルを拡張し、支払金額のレンジごとに取引費用が最小となる決済手段が異なるために決済手段間の「棲み分け」が生じることを示した。Shy and Tarkka（2002）は、決済サービスの需要と供給に関与する消費者・小売店・決済事業者の3主体の行動を明示的に考慮し、決済手段間の「棲み分け」が均衡として実現される条件を示した。北村（2005）は Shy and Tarkka（2002）のモデルを援用して同様の分析を行っている。このほか、Choudhary and Tyagi（2009）では、決済事業者が新しい決済手段の普及を図るためにディスカウントをするインセンティブについて理論的に分析され、Bourreau and Verdier（2010）では、決済事業者と加盟店の戦略的な行動に焦点を当て、クレジットカード決済における手数料の決定過程が分析されている。

　Shy and Tarkka（2002）以降の理論分析では、決済市場が Two-sided Market であることを前提とした Platform 競争モデルが採用されることが一般的である。しかし、実証分析では、小売店や決済事業者の意思決定に影響を及ぼす変数に関するデータの入手が難しいという制約がある。このため、海外の先行研究や本研究のように消費者を対象とした個票調査を実施し、消費者側の視点から分析せざるを得ない。この点をふまえ、以下では、伊藤・川本・谷口（1999）に修正を加えたモデルをもとに、電子マネーの登場・普及が消費者の決済手段の選択行動に及ぼす影響を整理する。なお、以下では消費者が普通預金口座およびキャッシュカードを保有していることを前提に議論を進める。

2　決済手段の利用に伴う取引費用

　消費者が決済手段を行使するにあたってはさまざまな費用が伴う。これらの取引費用は固定費と変動費に大別される。

①固定費

　決済手段を利用する際、支払金額の多寡とは無関係に生じる固定費として、アベイラビリティ・コストと決済時間コストがある。このうちアベイラビリティ・コストは、当該決済手段が利用可能な状態になるまでに要する費用であり、主に「利用申請」・「店舗探索」・「金銭価値補充」・「維持管理」の4つの要素から決定される。

　第1に、利用申請に関し、クレジットカード決済はカード会社の審査に合格しなければ利用できず、この意味でアベイラビリティ・コストは高い。電子マネーも、最初に利用申請手続きが要る。デビットカードに関しては、日本で主流のJ-Debit[5]の場合、金融機関からキャッシュカードが発行された時点ですでに機能が付されていることが多く、アベイラビリティ・コストは相対的に低い。現金はもちろん申請なしで利用可能である。

　第2に、店舗探索に関しては、現金がどこでも決済に利用できるのに対し、クレジットカード、デビットカード、電子マネーに関しては、サービスに加盟する小売店数が少ないほどアベイラビリティ・コストは高くなる。また、個々の消費者の生活様式（日常の買物場所や移動手段など）もアベイラビリティ・コストに影響を及ぼす。たとえば、電車やバスを主たる移動手段とする消費者は交通系の電子マネーにアクセスしやすい。これに対し、地域の商店街にある小規模な小売店で日常の買物をしている消費者は、電子決済手段を利用しにくい環境下にあると言える。

　第3に、金銭価値の準備に要する時間がある。十分な残高のある預金口座の保有を前提とした場合、デビットカードとクレジットカードに関しては、はじめから金銭価値が準備されている。しかし、現金決済の場合、財やサービスの購入資金をあらかじめ預金口座から引き出す必要がある。さらにプリペイド型の電子マネーの場合には、事前にチャージをして金銭価値を充填せねばならず、追加的な時間費用が発生する[6]。

　第4に、当該決済手段の利用可能状態を維持するためのコストも考慮に入れる必要がある。端的に言えば、会費の有無がこれに該当する。デビット

---

5)　J-Debitとは、金融機関で発行されたキャッシュカードをデビットカードとして利用できるサービスである。日本デビットカード推進協議会には農林漁業系を含めて1,414の金融機関が加盟している（平成26年9月現在）。

カードや電子マネーの場合、原則として、いったん会員になると年会費はかからない。しかし、クレジットカードでは、勧誘手段として初年度の会費を無料とするケースはあるものの、原則として年会費が発生する。

　次に、決済時間コストとは、決済完了までの所要時間を機会費用とみなしたものである。電子マネーの場合、非接触型ICチップをかざすだけで決済が完了するので決済時間コストは微小である。これに対し、現金決済ではつり銭のやりとりに時間を要するため、決済時間コストは相対的に高い。なお、小額の取引でも、つり銭として多くの硬貨が必要となれば決済完了までに時間を要する。よって、現金の決済時間コストは（決済金額の多寡とは相関しない）固定費とみなされる。このほか、クレジットカード決済では、小売店がカード会社に消費者の信用情報を確認し、さらに消費者が伝票へ署名しないと原則として決済は完了しない。よって、やはり一定の決済時間コストが発生する[7]。

②変動費

　決済金額の大小と相関する費用として、「ハンドリング・コスト」・「セキュリティ・コスト」・「金利獲得機会の逸失費用」・「使用金額・残高の把握コスト」がある。

　第1に、ハンドリング・コストには当該決済手段の携行の手間が反映される。カード形態ないしは携帯電話やスマートフォンにアプリケーションを取り込んで利用する決済手段では、ハンドリング・コストは小さくなる。これに該当するのは、クレジットカード、デビットカード、電子マネーである。一方で、現金決済の場合、金額の大きな買物をしようとするほど多額の現金が必要になり、重量・体積の両面で運搬負担が増す。よって、現金決済のハ

---

6) インターネットバンキングからのチャージやクレジットカードからのオートチャージ機能を利用すれば、チャージの手間を軽減することも可能である。しかし、「電子マネーの利用実態に関するアンケート調査」（第5回）では、主要なチャージの方法としてインターネットバンキングと回答した消費者は10.5％、オートチャージと回答した消費者は16.5％にとどまっている。
7) 情報通信技術の発達により、近年は信用情報の確認に要する時間はかなり短縮されている。また、一定金額以下の決済では署名を要求しない小売店も増えており、その意味ではクレジットカードの決済時間コストは低下する傾向にある。

ンドリング・コストは決済金額と正相関する。

　第2に、セキュリティ・コストには当該決済手段の盗難・紛失のリスクが反映される。現金の場合、盗難・紛失時には金銭価値の回復が困難である。こうしたリスクは、金額の大きな買物のために多額の現金を持ち歩いているときほど大きくなる。よって、現金決済のセキュリティ・コストは決済金額と正相関する。他方、デビットカードやクレジットカードは盗難・紛失時に機能を停止できる。機能停止前にカードが不正利用されても、一定の手続きを経れば損失分を回復できるケースも少なくないため、セキュリティ・コストは相対的に低い。電子マネーに関しては、氏名・生年月日・連絡先等の個人情報を決済事業者に登録すれば（いわゆる「記名式」）、盗難・紛失時に電子的な金銭価値が回復される[8]。しかし、記名式を選択しなければ、現金と同様に、チャージ残高（すなわち、予定される取引の規模）と正相関するセキュリティ・コストが発生する。また、これとは別に、電子マネーの場合には、電子金銭価値を管理するサーバーへの不正侵入による「盗難・紛失」のリスクにさらされている。

　第3に、金利獲得機会の逸失費用には、預金口座から資金が引き落とされるタイミングが決済手段ごとに異なることから生じる金利獲得機会の差異が反映される。まず、デビットカード決済（J-Debit）では、①財やサービスの受取、②代金の支払い、③預金口座からの資金引き出しの時点が完全に一致する。ところが現金決済の場合、財やサービスの購入のため、あらかじめ預金口座から資金を引き出す必要がある。よって、デビットカード決済と比べて預金金利を獲得できる期間が短くなる。この機会費用は、買物のために口座から引き出す資金（すなわち、決済金額）の大小と正相関する。この点は、プリペイド型の電子マネーでも同じである。なぜなら、電子マネーにチャージするために、預金口座から資金を引き出す必要があるからだ。これに対し、非割賦方式でクレジットカード決済する場合、最大で1カ月程度は購入代金の支払いを先延ばしでき、これにかかる金利・手数料の負担も発生しない[9]。よって、デビットカード決済と比べて資金をより長く預金口座にとどめられ

---

[8] ただし、回復されるのは盗難・紛失の申請があった時点での電子的金銭価値のチャージ残高であり、申請までに不正に利用されていた場合には、不正利用分は回復できない。

るため、金利収入を獲得できる便益（負の金利獲得機会逸失費用）が生じる。

　第4に、使用金額・残高の把握コストについては、先行研究では考慮されておらず、本研究が独自に分析で扱う費用要因である。欧米では小切手やクレジットカードのように現金を用いない小額決済が早くから普及し、近年ではデビットカードによる決済の件数も顕著に増加している。これとは対照的に、日本では、現金決済を選好する消費者が多いことが知られている。日本銀行が2011年に実施した「生活意識に関するアンケート調査」（第45回）によると、クレジットカードを「よく使う」という回答は16.6％、「たまに使う」も25.8％にとどまっている[10]。また、クレジットカードを使いたくない理由として最も回答が多かった選択肢（全体の46.2％が選択）は「使いすぎが気にかかる」である。クレジットカードを非割賦方式で利用した場合、商品購入から1カ月程度後に預金口座から代金が引き落とされる。この間は預金口座の残高が減らないため、消費者が金銭感覚の麻痺に不安を感じるのだと考えられる。加えて、クレジットカード決済では、一定期間内の複数回の買物代金が1カ月程度後に一括して請求される。それゆえ、事後的に利用明細書が発行されるとはいえ、現金決済と比べて個別の買物での支出金額を把握しにくい。

　他方、デビットカード（J-Debit）決済では購入代金が即時的に預金口座から引き落とされるため、支出金額に関する錯覚は起こらない。それにもかかわらず、現実にはJ-Debitによる決済は浸透していない。日本銀行の「生活意識に関するアンケート調査」（第51回・2012年）によると、デビットカード決済を「よく使う」との回答は全体のわずか0.8％、「ときどき使う」と「まれに使う」も合わせて6.5％の回答しかない[11]。そして、デビットカード決済を使わない理由として最も多かった回答（全体の30％が選択）は、「支払いは現金でしたい（カードで支払うことが好きでない）」であった。消費

9）「消費者信用実態調査」（日本クレジット協会）によれば、2012年のクレジットカード・ショッピングのうち92.6％は非割賦方式での信用供与である。ただし、非割賦方式の場合、明示的には金利や手数料が発生しないものの、カード会社は加盟店からの手数料、利用者からの年会費等の徴収によって間接的に費用を回収していると思われる。
10）　同調査では2,235名の有効回答を得ている（有効回答率　55.9％）。
11）　同調査では2,199名の有効回答を得ている（有効回答率　55.0％）。

表 14-5　電子マネー決済を利用しない理由の上位 5 回答

理由	回答率
現金と比べると、使用金額や残高を把握しにくいから	34.4%
店舗や交通機関によって使える電子マネーの種類が異なり、使い勝手が悪いから	21.0%
利便性の面でクレジットカードやデビットカードより劣っているから	17.6%
電子マネーを使える店舗が家や職場・学校の近くにないから	15.3%
周りに使える場所はあるが、初期登録が面倒だから	14.5%

出所:「電子マネーの利用実態に関するアンケート調査」(第 5 回) (筆者実施)。

者は、代金引き落としのタイミングとは無関係に、使用金額を実感・把握しにくいことを問題視していることが示唆される。

　電子マネー決済にも同様のことが言える。電子マネーの場合、クレジットカードのように利用明細が発行されず、J-Debit のように預金口座に取引履歴が残るわけではない。スマートフォンや携帯電話に IC チップを搭載したタイプ(いわゆる「おサイフケータイ」)ではアプリケーション経由で利用履歴を確認できるが、現在主流のカードタイプの電子マネーでは、利用履歴をチャージ機等で確認するか、専用のリーダーをパソコンに接続するなど非常に手間がかかる。表 14-5 には、「電子マネーの利用実態に関するアンケート調査」(第 5 回)で電子マネーを利用しないと回答した消費者に対し、その理由を尋ねた設問の上位 5 回答が示されている。アベイラビリティに関連する理由などを抑え、「使用金額や残高を把握しにくい」という回答が最も多くなっている。

　以上により、現金決済で物理的かつ視覚的に支出金額・残高を把握することに慣れている日本の消費者は、これと同等の使用感が得られないクレジットカード、デビットカード、電子マネー決済に不便を感じていることがわかる。本章では、決済金額の増加に応じてこうした不便への不満は高まると仮定し、「使用金額・残高の把握コスト」を変動費用として扱う。

3　複数決済手段の並存

　前項での取引費用に関する整理をふまえ、既存の決済手段について、取引費用総額と決済金額との関係を図示したものが図 14-1 である。
　縦軸を総取引費用、横軸を決済金額とした場合、現金決済の総取引費用は

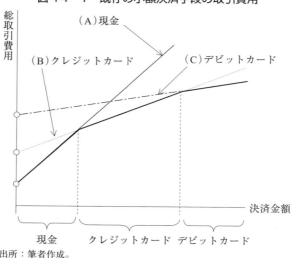

図14−1 既存の小額決済手段の取引費用

出所：筆者作成。

図14−1の（A）のように表される。決済時のつり銭のやりとりに関する決済時間コストなどがかかるものの、どこでも利用でき、事前の登録も不要であることから総固定費（すなわち切片）は小さい。他方、ハンドリングやセキュリティなどに関する変動費が生じることから、一定の大きさの正の傾きを持つ取引費用関数が想定される。

　次に、クレジットカードの総取引費用は図14−1の（B）のように表される。つり銭のやりとりがない分だけ決済時間こそ短いものの、現金のようにどこでも利用可能ではなく、加えて、事前の登録・審査や維持費（年会費）なども必要なため、総固定費は現金を上回る。変動費に関しては、支払いが先延ばしされることで金利獲得期間が長くなる便益が生じるが、現状のように低金利の環境ではこの便益は小さい。逆に、支払いが先延ばしされることで、無視できない「使用金額・残高の把握コスト」が発生する。他方で、現金のようなハンドリングやセキュリティのコストが生じないことは大きな利点である。これら諸点を考慮すると、クレジットカードの取引費用関数の正の傾きは、現金よりは小さくなると想定される。

　さらに、デビットカードの総取引費用は図14−1の（C）のように表され

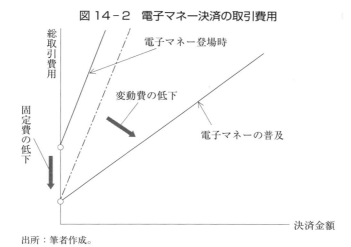

図14-2 電子マネー決済の取引費用

出所：筆者作成。

る。デビットカードは利用可能店舗が限られるためにアベイラビリティ・コストが高く、既存の決済手段の中では固定費が最大になる。変動費の構成要素についてはクレジットカードとほぼ同様であるが、低金利下では逸失金利が小さい一方で、即時払いである分だけ「使用金額・残高の把握コスト」はクレジットカードを下回る。よって、デビットカードの取引費用関数の傾きは、クレジットカードよりは小さくなると想定される。

以上の想定のもとでは、図14-1に示されるように、決済金額の小さなレンジでは現金、中間のレンジではクレジットカード、大きなレンジではデビットカードの総取引費用が最小となり、それぞれの決済金額レンジにおいて支配的な支払い手段となる。

4　電子マネーの普及が既存の決済手段の「棲み分け」に及ぼす影響

図14-2には、電子マネーの取引費用関数が示されている。固定費に関しては、電子マネーの決済時間コストは微小である。しかし、すべての店で利用できるわけではなく、事前に金銭価値をチャージする必要があるのでアベイラビリティ・コストは比較的大きい。変動費に関しては、セキュリティ・コストと金利獲得機会の逸失コストがかかる。加えて、電子マネーの「使用金額・残高の把握コスト」は非常に大きい。これは、クレジットカードやデ

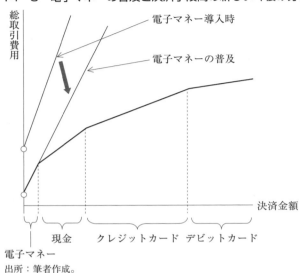

図14-3 電子マネーの普及と決済手段間の新しい「棲み分け」

出所：筆者作成。

ビットカードと比べても使用金額や残高の確認手段が限定されているためである。以上の点をふまえ、電子マネーの取引費用関数の傾きは現金よりも大きくなると想定した。

　電子マネーが普及すると、取引費用関数の形状も変化する。電子マネーの登場当初は、利用可能店舗が少ないことを反映して切片が大きい。しかし、電子マネーが普及して利用可能店舗が増え、決済に時間がかからないというメリットが認知されるにつれてアベイラビリティ・コストや決済時間コストが低下し、切片が小さくなっていく。また、電子マネーのセキュリティが向上し、技術進歩（例：スマートフォンのアプリケーションの高質化）によって使用金額の把握がより容易になれば、変動費用も低下していく。これは、取引費用関数の正の傾きが小さくなっていくことを意味する。

　では、現実には、電子マネー決済の取引費用関数の形状はどのように変化してきたのであろうか。表14-3や表14-4で示されるように、現状では、電子マネーはごく小額の決済金額レンジにおいて現金と競合している。図14-3では、こうした状況と整合的な電子マネーの取引費用関数の形状変化

が示されている。

　電子マネーの普及は、消費者が負担する取引費用のうち、もっぱら固定費を低下させるかたちで進んでいると考えられる。もしも変動費も大きく低下しているならば（つまり傾きも小さくなるならば）、場合によっては、電子マネーが現金とクレジットカードの「境界」から両者の支配領域を侵食していく状況も生じうる。しかし、表14－3や表14－4から判断する限り、電子マネーとクレジットカードが競合する状況は今のところ生じていない。

　現実の小額決済手段の「棲み分け」が図14－3のようになっているのだとすれば、消費者による電子マネー決済の選択には、アベイラビリティや決済時間といった固定費用要因が大きな影響を及ぼしているはずである。次節では、「電子マネーの利用実態に関するアンケート調査」の回答結果を用いた計量分析により、この仮説の妥当性を検証する。

第4節　実証分析

1　先行研究と本分析の特徴

　欧米では、個票調査などのミクロデータをもとに実証分析を行い、決済手段の選択要因を明らかにする研究が盛んに行われている。近年の研究としては、所得・持ち家保有等がデビットカードの保有・使用に影響を及ぼすことを明らかにした Borzekowski, Elizabeth and Shaista（2008）、クレジットカードの利用限度額や割賦方式での利用の有無がデビットカードの使用に影響を及ぼすことを示した Zinman（2009）、特典付与（手数料の無料期間など）がクレジットカードの使用にプラスの影響を及ぼすことを示した Simon, Smith and West（2010）などがある。一方、日本ではミクロデータを用いたこの分野の実証分析は進んでいない。数少ない先行研究として、Fujiki and Tanaka（2009）が挙げられる。Fujiki and Tanaka（2009）は「家計の金融行動に関する世論調査」（金融広報中央委員会）をもとにした横断面データを用いて貨幣需要関数を推定し、家計の現金保有は電子マネーの利用頻度に影響を受けないという結論を得ている。しかし、決済手段の選択要因が検証されているわけではない。

　本章では「電子マネーの利用実態に関するアンケート調査」の回答結果を

もとに Ordered Probit モデルによる推定を行い、消費者の電子マネーの利用頻度に影響を及ぼす要因を明らかにする。同様の分析は中田（2010）でも行われているが、本章では、設問を追加したより直近の調査結果を利用し、推定式も修正されている。

2 Ordered Probit モデルによる推定

実証分析では、第2節で紹介した「電子マネーの利用実態に関するアンケート調査」（第5回・2013年3月実施）に回答した1,052名の福岡県在住の消費者を標本として、以下の式を Ordered Probit モデルで推定した。

$$y_i = \alpha + X\beta + Z\gamma + \varepsilon$$

y：電子マネーの利用頻度
X：消費者の属性を表す変数から構成される行列
Z：決済手段行使の取引費用に関連する変数から構成される行列

従属変数は、消費者の電子マネーの利用頻度である。具体的には、「ほぼ毎日」を4、「週5日程度」を3、「週2～3日」を2、「週1日以下」を1、「利用しない」を0とする変数を作成している。

説明変数については、まず消費者の属性をコントロールする変数として、①性別（男性を1とするダミー変数）、②年齢（実数）、③婚姻状況（既婚を1とするダミー変数）、④世帯構成（単身を1とするダミー変数）、⑤就業状態（正規就業以外にダミー変数を設定）、⑥居住地（県内の大都市にダミー変数を設定）を加えた。次に、決済時間コストの代理変数として、買物に行く頻度に関する設問の回答（「ほぼ毎日行く」を6、「1カ月に1回以下」を0とし、その中間の選択肢を2～5とした変数）と、1カ月の支出額の回答（対数変換した値）を説明変数に加えた。買物の頻度が高く、1カ月の支出金額が多い消費者ほど、買物1回当たりの決済時間を短縮する誘因がある。よって、これらの変数の係数に期待される符号はプラスである。

さらに、アベイラビリティ・コストの代理変数として、日常の移動手段と主な買物場所に関する回答結果を説明変数に加えた。前者については、徒歩以外の手段（鉄道・地下鉄・バスの公共交通機関、車、自転車）で移動する消費者にそれぞれダミー変数を設定した。公共交通機関を利用する消費者は、

交通系電子マネーの利便性が高く、かつ、潜在的に多数の店舗への訪問機会を有するため、プラスの符号が期待される。逆に、車で移動する消費者は電子マネーの利用機会が限られることからマイナスの符号が期待される。後者については、コンビニエンス・ストア、規模の大きなスーパーマーケット、小規模小売店と回答した消費者にそれぞれダミー変数を設定した。多くのコンビニエンス・ストアや規模の大きなスーパーマーケットでは電子マネーが利用可能であることから、これらのダミー変数の符号はプラスになると予想される。他方、小規模の小売店では電子マネーを使えない店が少なくないため、このダミー変数の符号はマイナスになると予想される。このほかに、クレジットカード決済との代替性・補完性を確認するため、クレジットカードの利用頻度に関する回答を説明変数に含めている[12]。表14－6には、本分析で推定に用いる変数の記述統計量が示されている。

表14－7にはOrdered Probitモデルの推定結果が示されている。決済時間コストの代理変数は、買物の頻度および1カ月の平均支出額（対数値）ともに係数推定値が有意にプラスであった。アベイラビリティ・コストの代理変数について見ると、主な移動手段に関するダミー変数では、公共交通機関がプラス、車がマイナスで統計的に有意になっている。

日常の買物場所に関するダミー変数では、コンビニエンス・ストアの係数推定値はプラス、小規模小売店ダミーの係数推定値はマイナスで有意になっている。

最後に、クレジットカードの利用頻度が高い消費者は、電子マネーの利用頻度が高くなることが統計的に有意に示された。すなわち、既存の電子決済手段を利用している消費者は電子マネーの利用にも積極的であり、その意味で補完的な関係にあると言える。

以上、推定に利用できる説明変数に制約があるものの、実証分析の結果から判断する限り、消費者の電子マネー決済の利用頻度の決定にアベイラビリティ・コストや時間コストが影響を及ぼしていることが確認され、第3節で提示された理論仮説を支持する結果が得られた。

---

[12] クレジットカードを「よく使う」と回答した消費者を3、「高額の商品購入・飲食時にのみ使う」と回答した消費者を2、「持っているがほとんど（ないしまったく）使わない」と回答した消費者を1、「カードを持っていない」と回答した消費者を0とした。

表14-6 推定に用いる変数の記述統計量

従属変数・独立変数	平均	標準偏差	最大	最小
電子マネーの利用頻度 (最頻=4、未利用=0)	1.33	1.13	4	0
性別(男性=1)	0.52	0.50	1	0
年齢	42.80	12.26	81	14
婚姻(既婚=1)	0.60	0.49	1	0
世帯構成(単身=1)	0.15	0.35	1	0
買物に行く頻度 (最頻=6、最小=0)	3.87	1.43	6	0
1カ月の支出額(円)	60,114	62,144	600,000	40,000
主な移動手段ダミー(基準は徒歩)				
公共交通機関	0.23	0.42	1	0
自動車	0.51	0.50	1	0
自転車	0.15	0.35	1	0
主な買物場所ダミー(注2参照)				
コンビニエンスストア	0.27	0.44	1	0
大型スーパー	0.54	0.50	1	0
小規模小売店	0.10	0.30	1	0
クレジットカードの利用頻度 (最頻=3、未利用=0)	1.95	1.02	3	0
就業状態ダミー(基準は正規就業)				
パート就業	0.14	0.35	1	0
専業主婦(主夫)	0.17	0.37	1	0
無職	0.04	0.20	1	0
学生	0.04	0.18	1	0
大都市居住ダミー				
福岡市	0.37	0.48	1	0
北九州市	0.14	0.35	1	0
久留米市	0.03	0.19	1	0

注1:「電子マネーの利用実態に関するアンケート調査」(第5回)における1,052名の回答。
　2:主な買物場所ダミーの基準は、コンビニエンスストア・大型スーパー・小規模小売店以外の回答(規模の大きい専門店・百貨店・インターネットでの通信販売・その他)である。

表14-7　Ordered Probit 推定の結果

説明変数	係数推定値	z値
性別（男性＝1）	0.16**	(1.99)
年齢	−0.003	(−0.94)
婚姻（既婚＝1）	0.06	(0.68)
世帯構成（単身＝1）	0.05	(0.42)
買物に行く頻度	0.06**	(2.29)
（最頻＝6、最小＝0）		
1カ月の支出額（対数）	0.10***	(2.63)
主な移動手段ダミー（基準は徒歩）		
公共交通機関	0.62***	(4.55)
自動車	−0.24*	(−1.93)
自転車	−0.23*	(−1.67)
主な買物場所ダミー（注3参照）		
コンビニエンスストア	0.25*	(1.90)
大型スーパー	−0.03	(−0.31)
小規模小売店	−0.35**	(−2.37)
クレジットカードの利用頻度	0.17***	(4.28)
（最頻＝3、未利用＝0）		
就業状態ダミー（基準は正規就業）		
パート就業	0.26**	(2.47)
専業主婦（主夫）	−0.03	(−0.27)
無職	−0.29	(−1.29)
学生	0.09	(0.44)
大都市居住ダミー		
福岡市	0.03	(0.32)
北九州市	−0.11	(−0.93)
久留米市	−0.16	(−1.05)
対数尤度	1,397.4	
標本数	1,052	

注1：「電子マネーの利用実態に関するアンケート調査」（第5回）における1,052名の回答。
　2：***、**、* はそれぞれ1％、5％、10％水準で統計的に有意であることを意味する。
　3：主な買物場所ダミーの基準は、表14-6と同一である。

第5節　おわりに

　本章では、新しい決済手段である電子マネーの普及が既存の決済手段の「棲み分け」構造に及ぼす影響を分析した。個票調査を用いた実証分析からは、電子マネーは、①決済の頻度が高いために決済時間を短縮する誘因が大きく、②利用可能店舗にアクセスしやすい環境にある消費者から支持されていることが明らかになった。したがって、購入金額の大小に関係なく決済が瞬時に完了するメリットが認知され、利用可能店舗数が増加していくにつれ、電子マネー決済は今後も普及していくと予想される。

　しかし、プリペイド型の電子マネー決済は、紛失・盗難時の金銭価値の回復可能性という点でクレジットカードやデビットカードに劣り、いったんチャージすると使用金額・残高を把握しにくいなど、決済金額と正相関する取引費用が大きい。このため、支払金額が大きくなるほど総取引費用は増加し、消費者は利用を敬遠するようになる。結果として、電子マネーの普及は進んでいるとはいえ、ごく小額の支払金額レンジにおいて現金決済と競合するにとどまっている。電子マネーがより広範な支払金額帯で利用されるようになるには、セキュリティ面でのデメリットが改善され、決済端末やスマートフォンのアプリケーションの技術革新によって使用金額の把握をより容易にするような取り組みが必要となろう。

　電子マネー決済が今後も普及していった場合、現金の必要性は低下するであろうか。電子マネーにチャージされた金銭価値は、あくまで現金によって裏付けられている。また、現行のプリペイド型電子マネーは資金決済法の規制下にあり、いったんチャージすると払い戻しできない。加えて、現時点で他者への送金機能を有する電子マネーは存在しない[13]。この意味で、電子マネーは純粋な「貨幣」としては機能できず、したがって中央銀行の発券銀行としての役割を脅かす状況も考えにくい。

　しかし、政府がいわば「決済ツール」として発行している補助貨幣（硬貨）に限って言えば、その役割は変化していくであろう。電子マネー決済の

---

13)　2010年の資金決済法の改正により、銀行以外の事業者が送金業を行えるようになった。しかし、収益性の問題などから、現時点で主要な電子マネー事業者は送金業に参入していない。

利用手数料は小売店によって負担される。よって、手数料に見合ったメリット（混雑時の決済処理能力の向上やつり銭管理負担の軽減など）が得られないと判断した小売店は、今後も電子マネーでの支払いを受け入れない。電子マネー決済ができない小売店が存在し続ける限り、今後も硬貨の公共財的な決済インフラとしての機能が失われることはないが、その発行量をこれまでと同じ規模に維持する必要性は低下していくであろう。

　最後に、本研究の残された課題に言及したい。第1に、決済サービスが有するネットワーク外部性の効果を考慮することが挙げられる。電子マネー決済の場合、利用者本人が「決済時間の短縮」という便益を受けることに加え、レジで並んでいる他の消費者にも「行列時間の短縮」という外部効果が発生する。よって、電子マネーが普及するほど「決済時間の短縮」という社会的な便益は大きくなり、利用者もさらに増加するであろう。この効果を検証するためには、アンケート調査において自分の周辺での電子マネー決済利用者の多寡について尋ねるなど、設問設定の工夫が必要になる。また、理論面では供給サイドの決済事業者の行動もモデルに考慮し、電子マネー決済サービスの過小供給の可能性について分析する必要が生じる。第2に、「使用金額・残高の把握コスト」について、より厳密な扱いを検討することが挙げられる。本章では「電子マネーの利用実態に関するアンケート調査」の回答結果を示すなどして、電子決済から現金と同等の使用感覚が得られないことを消費者が不便に感じていると指摘した。もっとも、預金口座をこまめに確認したり、家計簿で支出を管理すればこうした問題を解消することは可能であり、その意味で「使用金額・残高の把握コスト」は経済合理性を欠いたものだとの解釈もできる。この点を検証するためには、行動経済学のアプローチに立った実証分析が有益であり、やはり個票調査の設問を工夫する必要が生じる。

【参考文献】

Borzekowski, R., K. K.Elizabeth and A. Shaista（2008）"Consumers' Use of Debit Cards: Patterns, Preferences, and Price Response", *Journal of Money, Credit and Banking*, Vol. 40, No. 1, pp. 149-172.

Bourreau, M. and M. Verdier（2010）"Private Cards and the Bypass of Payment Systems by Merchants", *Journal of Banking & Finance*, Vol. 34, p. 1798-1807.

Choudhary, V. and R. K. Tyagi (2009) "Economic Incentives to Adopt Electronic Payment Schemes under Competition", *Decision Support Systems*, Vol. 46, pp. 552-561.

Fujiki, H. and M. Tanaka (2009) "Demand for Currency, New Technology and the Adoption of Electronic Money: Evidence Using Individual Household Data", IMES Discussion Paper Series, 09-E-27 (Institute for Monetary and Economic Studies, Bank of Japan).

Humphrey, D. and A. Berger (1990) "Market Failure and Resource Use: Economic Incentives to Use Different Payment Instruments", in D. Humphrey (ed.), *The U. S. Payment System: Efficiency, Risk and the Role of the Federal Reserve*, Kluwer Academic Publishers, pp. 45-86.

Shy, O. and J. Tarkka (2002) "The Market for Electronic Cash Cards", *Journal of Money, Credit and Banking*, Vol. 34, No. 2, pp. 299-314.

Simon, J., K. Smith and T. West (2010) "Price Incentives and Consumer Payment Behaviour", *Journal of Banking & Finance*, Vol. 34, pp. 1759-1772.

Zinman, J. (2009) "Debit or Credit?", *Journal of Banking & Finance*, Vol. 33, pp. 358-366.

伊藤隆敏・川本卓司・谷口文一（1999）「クレジットカードと電子マネー」IMES Discussion Paper Series, No. 99-J-16（日本銀行金融研究所）。

北村行伸（2005）「電子マネーの普及と決済手段の選択」『電子マネーの発展と金融・経済システム』第2章（金融調査研究会　報告書（34））21-37頁。

中田真佐男（2010）「小額決済サービスにおける構造変化──ミクロデータによる電子マネーの普及状況の実証分析」『経済学研究』第76巻、第5号、197-225頁。

【参考統計資料】

中田真佐男　「電子マネーの利用実態に関するアンケート調査」（第1回・2009年、第5回・2013年）

日本銀行　「生活意識に関するアンケート調査」（第45回・2011年、第51回・2012年）

日本クレジット協会　「消費者信用実態調査」（2012年）

第 15 章

不動産証券化が財務指標に与える影響

矢口和宏

第 1 節　はじめに

　一般に、資産流動化型の不動産証券化のメリットとしては、①資産金融としての資金調達手法、②不動産の金融化や小口化による流動性の付与、③不動産に関わるリスクの移転、④貸借対照表のオフバランス化による財務指標の改善、⑤証券化プロセスから派生するフィー（手数料）ビジネスの展開、が挙げられている[1]。中でも財務指標の改善効果への期待は大きく、そのことが証券化の大きなメリットであると言われている。

　しかし、不動産証券化を実施すれば、必ず財務指標が改善するかは明らかではない。証券化に関係する種々の条件により、財務指標へ与える効果は変化する。このことを理解するには、証券化に関係する重要な経済変数を明示した理論分析が必要になり、どのような条件で証券化が財務指標の改善をもたらすのかを明らかにすることが重要である。

　さらには、財務指標の時間的な推移を調べることも重要な課題である。諸外国と比較して日本の不動産証券化の歴史は浅く、まだ物件の劣化に関わる問題は大きな課題とはなっていない。その一方で、証券化に関わる実務では、今後はどの時点で不動産を売却するか、証券化の最終段階にどう対処するかという出口戦略は重要な課題になっている。

---

1) 不動産証券化協会（2014）24-25 頁による。また、不動産証券化には資産運用型の証券化があり、その代表例は不動産投資信託（J-REIT）である。

本章は、上記のような問題意識に立ち、不動産証券化が財務指標に与える影響を分析する。本章独自の貢献は、分析の期間を1期間ではなく多期間に拡張していることである。これにより、財務指標の時間的な推移を見ることができるようになり、証券化の出口戦略に対する示唆を得ることができる。

第2節　先行研究のサーベイ

不動産証券化の総論や個別論点をテキスト的にまとめたものには、佐藤（2004）、高橋（2004）、Brueggman and Fisher（2005）、それに一般社団法人不動産証券化協会公認の田辺信之監修・不動産証券化協会（2011）がある。中でも高橋（2004）は、貸借対照表のオフバランス効果が実務上重要な論点であることを指摘しているが、オフバランス効果の理論的な分析は行われていない。

貸借対照表のオフバランス効果に着目し、証券化が財務指標に与える影響を理論的に分析したものには片岡（2000）がある。ここで得られている結論は、①証券化によって総資産利益率（ROA）は上昇する。②証券化による自己資本利益率（ROE）の変化は、証券化主体の負債の利子率とSPV（Special Purpose Vehicle）の負債調達金利（SPVが発行する証券の支払い金利）に依存する、というものである。SPVは証券化のために設立される組織の総称のことで、導管体とも呼ばれる。

②の結果は、証券化が必ずしも財務指標を改善させないことを明らかにしたものであり、この分析の意義は大きい。ただ、ここでの分析は、証券化主体の保有する資産が1種類であり、SPVに譲渡する資産と証券化主体が保有しつづける資産の利回りが同一であるという仮定に基づいている。

これに対して、矢口（2002, 2007）や堀田（2005）はオリジネーターが保有する資産を2種類に拡張し、収益性の高い資産と、それが低い資産を分けて分析している。そして、収益性の低い資産を証券化した場合には、必ずしも総資産利益率が上昇しないことを導いている。ただし、これらの分析は期間を1期間に限定したものであり、証券化による財務指標の時間的経過を見たものではない。

第3節 不動産証券化のしくみ

本節では、後の議論の理解のために、不動産証券化のしくみを必要な範囲で説明する。本章でとりあげる不動産証券化は資産流動化型の証券化であり、それを簡略化して表したものが図15-1である。

証券化は、以下に示す3段階のプロセスを経て実行される。最初の第1段階は、証券化を行う不動産の特定化である。証券化の用語では、証券化を意図する主体のことをオリジネーターと呼ぶ。オリジネーターは証券化する不動産（原資産）とそうでないものを選別する。

第2段階は、オリジネーターによる証券化対象不動産のSPVへの譲渡である。オリジネーターはSPVより受け取った譲渡代金を有利子負債の削減に当て、財務指標の改善を図る。

SPVは証券化された不動産の保有者になり、その不動産が生み出すキャッシュフローを利払いや配当の原資にして証券を発行する[2]。SPVは証券化する不動産のみを譲渡される存在であり、オリジネーターが所有する他の資

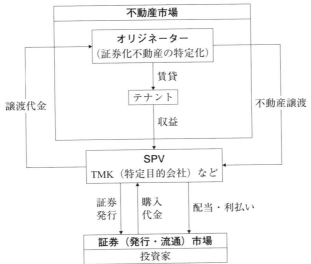

図15-1　資産流動化型の不動産証券化のしくみ

出所：不動産証券化協会（2014）や田辺信之監修・不動産証券化協会（2011）を参考にして筆者作成。

産の収益やリスクとは分離される。これを倒産隔離処理といい、SPV の発行する証券は証券化された不動産の収益とリスクのみに限定される。

第 3 段階は、SPV による証券の発行であり、それは資産対応証券と呼ばれる。なお、図 15-1 では省略しているが、不動産証券化にはさまざまなプレイヤーが関係する。たとえば、不動産証券化のためのスキーム全体を検討するアレンジャー、不動産の管理業務を行うプロパティマネジャー、テナントや居住者から賃料を回収・管理するサービサー、SPV の証券発行に関与する証券会社や信用補完会社などである[3]。これらの主体が証券化に関わるフィービジネスを展開する。

第 4 節　財務指標に与える影響の理論分析（1 期間のケース）

本節では、証券化が財務指標に与える影響を理論的に分析する。理論モデルは矢口（2002, 2007）や堀田（2005）に基づき、オリジネーターが所有する資産を 2 種類に拡張し、それぞれの資産から得られる利回りが異なることを仮定する。

1　モデルの展開

証券化前のオリジネーターの貸借対照表を示す。本質を崩さずに単純化すれば、それは以下のように表される。

オリジネーターの貸借対照表[4]

資産	負債・純資産
A	L
	K

---

[2]　実務では実物不動産の売買よりも信託を用いるようになっている。その場合オリジネーターは、信託銀行に証券化対象不動産を信託譲渡（管理処分信託契約）することで信託受益権を取得し、それを SPV に売却して売却代金を受け取る。

[3]　不動産証券化に関係するプレイヤーについては、不動産証券化協会（2014）や田辺信之監修・不動産証券化協会（2011）が詳しい。

A は資産、L は負債、K は純資産である。なお、単純化のために、資産はすべて不動産であると仮定する。

資産のうち、u の割合は γ の利回りが、残りの $(1-u)$ の割合は α の利回りが得られるとする[5]。そして、オリジネーターの負債の利子率を β とすれば、事業利益と経常利益（事業利益 − 支払利息）は以下のように表される。

$$\text{オリジネーターの事業利益} = \gamma u A + \alpha(1-u)A$$
$$\text{オリジネーターの経常利益} = \gamma u A + \alpha(1-u)A - \beta L$$

これより、総資産利益率と自己資本利益率を求める。これらの財務指標は企業の収益性を測るものであり、会計学でいう動態比率を表す指標である[6]。総資産利益率は事業利益を総資産で除して、自己資本利益率は経常利益を純資産で除して求められる[7]。

さらに、自己資本比率（ER）と負債比率（DR）も求める。これらの財務指標は財務体質の健全性や支払い能力といった安全性を測るものであり、会計学でいう静態比率を表す指標である[8]。自己資本比率は純資産を資産で除して、負債比率は負債を純資産で除して求められる。

これらの財務指標は以下のように表される。後の比較のため、ここで導出される証券化前の総資産利益率を ROA_0、自己資本利益率を ROE_0、自己資本比率を ER_0、負債比率を DR_0 と表記する。

$$\text{ROA}_0 = \frac{1}{A}\{\gamma u A + \alpha(1-u)A\}$$

$$\text{ROE}_0 = \frac{1}{K}\{\gamma u A + \alpha(1-u)A - \beta L\}$$

---

4) 貸借対照表の貸方にある純資産は、従来は資本と呼ばれていた。本章では、2005年に公表された企業会計基準第5号「貸借対照表の純資産の部の表示に関する会計基準等の適用指針」や、2006年に施行された会社法での適用をふまえ、資本ではなく純資産と表記する。この点については、伊藤（2014）の272頁、388-390頁を参考にしている。
5) u は割合であり、$0 < u < 1$ である。
6) 新井・川村（2014）267頁による。
7) 事業利益は営業利益に受取利息、配当金等を加えたものである。本章の分析では、オリジネーターの受取利息、配当金からの損益は考慮していないので、事業利益と営業利益は同じになる。総資産利益率の詳細については伊藤（2014）を参照のこと。
8) 新井・川村（2014）264頁による。

$$ER_0 = \frac{K}{A}$$

$$DR_0 = \frac{L}{K}$$

これより証券化の影響を考慮する。オリジネーターは証券化を行うためにSPVを設立して利回りγの資産を譲渡する。この手続きにより、uAが設立されたSPVの資産となると同時に、オリジネーターが受け取る譲渡金額になる。さらに、オリジネーターは譲渡金額uAのうち、sの割合を自己の負債の返却にあて、残りの$(1-s)$の割合はSPVを設立するための資本金にまわす[9]。

したがって、$(1-s)uA$はSPVの純資産になると同時に、オリジネーターの資産となる。これらのことを考慮すれば、オリジネーターとSPVの貸借対照表は以下のように表される。

オリジネーターの貸借対照表

資産	負債・純資産
$(1-u)A$	$L-suA$
$(1-s)uA$	K

SPVの貸借対照表

資産	負債・純資産
uA	suA
	$(1-s)uA$

次に、SPVは証券を発行する。SPVの負債の利子率である証券の支払い金利をrとすれば、SPVの経常利益は以下のように表される。

$$\text{SPVの経常利益} = \gamma uA - rsuA$$

---

9) sは割合であり、$0<s<1$である。

第 15 章　不動産証券化が財務指標に与える影響　299

　SPV の経常利益を考慮すれば、証券化後のオリジネーターの事業利益と経常利益は、以下のように表される。

$$\text{オリジネーターの事業利益} = \alpha(1-u)A + \gamma uA - rsuA$$
$$= \{\alpha(1-u) + u(\gamma - rs)\}A$$
$$\text{オリジネーターの経常利益} = \alpha(1-u)A + \gamma uA - rsuA - \beta(L - suA)$$
$$= \alpha A + uA(\gamma - \alpha) + suA(\beta - r) - \beta L$$

　これらの結果と証券化後のオリジネーターの貸借対照表の資産の部が $(1-su)A$ になることに注意すれば、証券化後のオリジネーターの各財務指標は以下のように表される。なお、証券化後の総資産利益率を ROA_1、自己資本利益率を ROE_1、自己資本比率を ER_1、負債比率を DR_1 と表記する。

$$\text{ROA}_1 = \frac{1}{(1-su)A}\{\alpha(1-u) + u(\gamma - rs)\}A$$
$$= \frac{\alpha(1-u) + u(\gamma - rs)}{1-su}$$
$$\text{ROE}_1 = \frac{1}{K}\{\alpha A - \beta L + uA(\gamma - \alpha) + suA(\beta - r)\}$$
$$= \frac{\alpha A - \beta L + uA(\gamma - \alpha) + suA(\beta - r)}{K}$$
$$ER_1 = \frac{K}{(1-su)A}$$
$$DR_1 = \frac{L - suA}{K}$$

2　財務指標への影響

　証券化後と証券化前の財務指標の差をとり、証券化による財務指標の変化を見る。最初は総資産利益率の変化である。証券化後と証券化前の総資産利益率の差は以下のように表され、(1)式が導出される。

$$\text{ROA}_1 - \text{ROA}_0 = \frac{\alpha(1-u) + u(\gamma - rs)}{1-su} - \left(\gamma u + \alpha(1-u)\right)$$
$$= \frac{su}{1-su}\{\gamma u + \alpha(1-u) - r\} \tag{1}$$

次に、自己資本利益率の変化を見る。証券化後と証券化前の自己資本利益率の差は以下のように表され、最終的に(2)式が導出される。

$$\text{ROE}_1 - \text{ROE}_0 = \frac{\alpha A - \beta L + uA(\gamma - \alpha) + suA(\beta - r)}{K} - \frac{\gamma uA + \alpha(1-u)A - \beta L}{K}$$

$$= \frac{suA}{K}(\beta - r) \tag{2}$$

(1)式と(2)式より総資産利益率と自己資本利益率の変化が比較できる。総資産利益率の変化を示した(1)式の符号は、分子の su と分母の $1-su$ は正の値になるので、$\gamma u + \alpha(1-u) - r$ に依存する。ここで、$\gamma u + \alpha(1-u)$ は、オリジネーターがSPVに譲渡した不動産と継続して保有する不動産の加重平均利回りであり、r はSPVの証券の支払い金利である。(1)式の結果は以下の結果1のようにまとめられる。

結果1：証券化による総資産利益率の変化
$\gamma u + \alpha(1-u) > r \Rightarrow$ 総資産利益率は上昇
$\gamma u + \alpha(1-u) = r \Rightarrow$ 総資産利益率は変化なし
$\gamma u + \alpha(1-u) < r \Rightarrow$ 総資産利益率は下落

結果1より、証券化によって必ずしも総資産利益率は上昇しないことがわかる。片岡(2000)では $\alpha > r$ を仮定しているが[10]、仮にこの仮定を採用したとしても、γ や u の値しだいでは、証券化によって総資産利益率は下落する可能性があることを示している。その意味において、ここで得られた結果1は片岡(2000)の拡張になっている。

自己資本利益率の変化は、(2)式の分子である suA と分母である K はともに正の値であるから、符号はオリジネーターの負債の利子率である β とSPVの証券の支払い金利である r の差に依存する。(2)式の結果は以下の結果2のようにまとめられる。

結果2：SPVの証券の支払い金利がオリジネーターの負債の利子率よりも低（高）ければ、証券化によって自己資本利益率は上昇（下落）

---

[10] 片岡(2000)は資産を1種類と想定しているので、この仮定は証券化した不動産の利回りがSPVの負債の利子率（証券の支払い金利）よりも高いことを示している。

する。また、両方の利子率が同じであれば、証券化をしても自己資本利益率は変化しない。

結果2は片岡（2000）とまったく同じである。これは、自己資本利益率の変化を決定づける変数が、オリジネーターの負債の利子率とSPVの証券の支払い金利であり、本章で着目している資産の利回りではないからだ。

さらに、証券化前後の自己資本比率と負債比率を比較すると、証券化後の自己資本比率（ER_1）は上昇し、証券化後の負債比率（DR_1）は低下する[11]。証券化によって財務の安全性を示す両指標は改善することから、この点に関しては、貸借対照表のオフバランス効果が表れている。

特に、負債比率に関しては証券化する不動産の価格が重要になる。それは、高価格の不動産の証券化を実施すれば、オリジネーターが受け取る譲渡金額（suA）は多額になり、その分の負債削減が可能になる。このことは負債比率をさらに低下させる要因となる。

第5節　財務指標に与える影響の理論分析（多期間のケース）

本節では、期間を多期間に拡張して財務指標の時間的経過を分析する。ここでは、証券化された不動産の劣化を考慮し、貸借対照表に時間的要素を導入する。分析のはじめは、前節で紹介したオリジネーターの貸借対照表であり、以下に再掲する。そしてこれを第1期の貸借対照表とする。

オリジネーターの貸借対照表（第1期）

資産	負債・純資産
$(1-u)A$	$L-suA$
$(1-s)uA$	K

---

[11] 自己資本比率の証券化前（ER_0）と証券化後（ER_1）を比較すると、分子の値は変わらないが分母の値は証券化後の方が小さくなるので、証券化後の自己資本比率は上昇する。一方、負債比率の証券化前後の値を比較すると、分母の値は変わらないが分子の値は証券化後の方が小さくなるため、証券化後の負債比率は低下する。

貸借対照表の借方の $(1-u)A$ は不動産であり、時間とともに劣化すると仮定する。一方、$(1-s)uA$ は SPV の資本金であり、オリジネーターの金融投資に該当するので劣化は生じない。これらのことを考慮すれば、第2期のオリジネーターの貸借対照表は以下のように表される。

オリジネーターの貸借対照表（第2期）

資産	負債・純資産
$(1-\delta)(1-u)A$	$L-suA$
$(1-s)uA$	$K-\delta(1-u)A$

不動産の減価償却率を δ とすれば、第2期の不動産は $(1-\delta)(1-u)A$ となり、$\delta(1-u)A$ だけ第1期よりも小さくなる[12]。貸借対照表の性質によりこの部分は第2期の純資産の減少になる。よって、第2期の純資産は第1期の K から $\delta(1-u)A$ を引いたものとなる。

次に SPV の貸借対照表を示す。オリジネーターから SPV に譲渡された不動産もオリジネーターが保有し続けるものと同じように劣化すると仮定する。このことを考慮すれば、オリジネーターの第2期の貸借対照表は以下のように表される。

SPV の貸借対照表（第2期）

資産	負債・純資産
$(1-\delta)uA$	suA
	$(1-s)uA-\delta(1-u)A$

これらのことを考慮すれば、オリジネーターの第2期の事業利益と経常利益は以下のように表される。

---

12) $0<\delta<1$ である。

第15章 不動産証券化が財務指標に与える影響　303

$$\text{オリジネーターの事業利益} = \alpha(1-\delta)(1-u)A + \gamma(1-\delta)uA - rsuA$$
$$= (1-\delta)\{\gamma u + \alpha(1-u)\}A - rsuA$$
$$\text{オリジネーターの経常利益} = \alpha(1-\delta)(1-u)A + \gamma(1-\delta)uA - rsuA - \beta(L-suA)$$
$$= (1-\delta)\{\gamma u + \alpha(1-u)\}A + suA(\beta - r) - \beta L$$

そして、オリジネーターの第2期の資産と純資産を組み合わせれば、第2期の総資産利益率と自己資本利益率は以下のように表される。

$$\text{ROA}_2 = \frac{(1-\delta)\{\gamma u + \alpha(1-u)\} - rsu}{1 - su - \delta(1-u)}$$

$$\text{ROE}_2 = \frac{(1-\delta)\{\gamma u + \alpha(1-u)\}A + suA(\beta - r) - \beta L}{K - \delta(1-u)}$$

不動産の劣化を考慮すると、総資産利益率と自己資本利益率は第1期と比較して変化する。両指標とも、分母は $\delta(1-u)A$ だけ小さくなり、分子は $\gamma u + \alpha(1-u)$ に δ を乗じたものだけ小さくなる。そのため、先験的には総資産利益率と自己資本利益率がどう変化するかは確定しない。

さらに、このような不動産の劣化を考慮した計算を第 n 期まで引き続き行うと、第 n 期のオリジネーターの貸借対照表は以下のように表される。

オリジネーターの貸借対照表（第 n 期（$n \geq 2$））

資産	負債・純資産
$(1-\delta)^{n-1}(1-u)A$	$L - suA$
$(1-s)uA$	$K - \delta(1-u)A\sum_{n=2}^{\infty}(1-\delta)^{n-2}$

第1期目の純資産は前述しているように K である。そして、オリジネーターの第 n 期の事業利益と経常利益は以下のように表される。

$$\text{オリジネーターの事業利益} = (1-\delta)^{n-1}\{\gamma u + \alpha(1-u)\}A - rsuA$$
$$\text{オリジネーターの経常利益} = (1-\delta)^{n-1}\{\gamma u + \alpha(1-u)\}A - suA(\beta - r) - \beta L$$

そして、オリジネーターの第 n 期の資産と純資産を組み合わせれば、第 n 期の総資産利益率と自己資本利益率は以下のように表される[13]。

$$\mathrm{ROA}_n = \frac{(1-\delta)^{n-1}\{\gamma u + \alpha(1-u)\} - rsu}{(1-\delta)^{n-1}(1-u) + (1-s)u}$$

$$\mathrm{ROE}_n = \frac{(1-\delta)^{n-1}\{\gamma u + \alpha(1-u)\}A - suA(\beta - r) - \beta L}{K - \delta(1-u)A\sum_{n=2}^{\infty}(1-\delta)^{n-2}}$$

第 n 期の場合も、第2期のときと同様に先見的には総資産利益率と自己資本利益率がどう変化するかは確定しない。

第6節　財務指標に与える影響のシミュレーション

これまでの理論分析で明らかになったように、証券化によって財務指標が改善するかどうかは先験的には確定しない。特に総資産利益率は、証券化した不動産とオリジネーターが継続保有する不動産の加重平均利回り、それにSPVによる証券の支払い金利が影響を与える。この結果が生じた理由は、本章で意図している2種類の不動産の想定が影響を与えているからである。

本節では、理論分析をもとに総資産利益率のシミュレーションを行い、その値が諸条件や時間的な変化によってどのように変化するかを分析する。シミュレーションでは、オリジネーターが証券化した不動産の利回り（γ）と、SPVによる証券の支払い金利（r）を変数として設定するが、証券化や利子率の想定は以下の仮定をおく。

$$\text{証券化の想定：} u = 0.3、s = 0.95$$
$$\text{利子率の想定：} \alpha = 0.04、\beta = 0.025$$

証券化の想定のところで s を0.95としているのは、日本公認会計士協会の実務指針である「5％ルール」をふまえたものである。

これは、オリジネーターが証券化対象不動産に関わっていても、リスク負担割合がおよそ5％以内であれば、オリジネーターの貸借対照表のオフバランスが認められるというものである[14]。ここでは、オリジネーターによるSPVへの出資割合をリスク負担割合として扱い、s を0.05と設定した。第1期の総資産利益率のシミュレーション結果は表15-1のようになる。

---

13)　$n=1$ のときの自己資本利益率は、ROE_1 である。

表 15-1　総資産利益率のシミュレーション結果（第1期）(%)

		\multicolumn{6}{c}{r}					
		0.005	0.01	0.03	0.05	0.07	0.11
γ	0.005	3.9	3.7	2.9	2.1	1.3	−0.3
	0.01	4.1	3.9	3.1	2.3	1.5	0.0
	0.02	4.6	4.4	3.6	2.8	2.0	0.4
	0.03	4.8	4.6	3.8	3.0	2.2	0.6
	0.04	5.4	5.2	4.4	3.6	2.8	1.2
	0.05	5.8	5.6	4.8	4.0	3.2	1.6
	0.075	6.9	6.7	5.9	5.1	4.3	2.7
	0.1	7.9	7.7	6.9	6.1	5.3	3.7
	0.125	9.0	8.8	8.0	7.2	6.4	4.8

出所：筆者作成。

　これより、γ が大きくて r が小さいほど総資産利益率は高くなり、これと逆の条件の場合には総資産利益率が低くなる傾向が見てとれる。総資産利益率が高くなる条件は、高い収益性を期待できる不動産を証券化したことを表している。

　次に、n 期間に渡るシミュレーションを行う。その際には不動産の減価償却率を考慮する必要があるが、その導出にあたっては、国税庁による建物・建物付属設備の法定耐用年数を用いる。それによれば、鉄骨鉄筋および鉄筋コンクリート造の建物の耐用年数は最長で 50 年である。

　減価償却率の計算には定率法を用いることとし、2014 年 4 月 1 日以降に取得した償却資産に適用される「200%定率法」を適用すれば、減価償却率の値は 0.04 となる[15]。この値を利用すれば、第 2 期の総資産利益率は表 15-2 のようになる。

---

14) 田辺信之監修・不動産証券化協会（2011）68-69 頁。この問題を会計学の視点から論じたものに、高橋（2009）がある。
15) 定率法で減価償却を行う場合は、2011 年度税制改正によって、2012 年 4 月 1 日以降に取得した減価償却資産の償却率は、定額法の償却率の 2 倍で計算するようになった。本章の分析に当てはめれば、法定耐用年数が 50 年であるから、定額法による償却率は 0.02（＝1/50）となる。そのため 200%定率法による減価償却率は 0.04 になる。この点の詳細については伊藤（2014）の 321-332 頁を参照のこと。

表 15-2　総資産利益率のシミュレーション結果（第2期）（%）

		r					
		0.005	0.01	0.03	0.05	0.07	0.11
γ	0.005	3.9	3.7	2.9	2.0	1.2	−0.4
	0.01	4.1	3.9	3.1	2.3	1.4	−0.2
	0.02	4.5	4.3	3.5	2.7	1.8	0.2
	0.03	4.8	4.5	3.7	2.9	2.1	0.4
	0.04	5.4	5.2	4.3	3.5	2.7	1.0
	0.05	5.8	5.6	4.8	3.9	3.1	1.4
	0.075	6.8	6.6	5.8	5.0	4.2	2.5
	0.1	7.9	7.7	6.9	6.0	5.2	3.5
	0.125	8.9	8.7	7.9	7.1	6.2	4.6

出所：筆者作成。

表 15-3　総資産利益率のシミュレーション結果（第10期）（%）

		r					
		0.005	0.01	0.03	0.05	0.07	0.11
γ	0.005	3.8	3.5	2.4	1.2	−0.2	−1.6
	0.01	4.0	3.7	2.6	1.4	0.0	−1.4
	0.02	4.4	4.1	3.0	1.9	0.4	−1.0
	0.03	4.6	4.3	3.2	2.1	0.6	−0.8
	0.04	5.3	5.0	3.8	2.7	1.3	−0.2
	0.05	5.7	5.4	4.2	3.1	1.7	0.3
	0.075	6.7	6.4	5.3	4.1	2.7	1.3
	0.1	7.8	7.5	6.3	5.2	3.8	2.3
	0.125	8.8	8.5	7.4	6.2	4.8	3.4

出所：筆者作成。

　第2期の総資産利益率は，微小ではあるが第1期と比較して低くなる。そして，第10期にもなると総資産利益率の低下がはっきりと見られる（表15-3）。
　次にγとrを一定の値に固定したとき，総資産利益率が時間的にどのような推移をたどるかを調べる。前述した鉄骨鉄筋および鉄筋コンクリート造の建物の法定耐用年数を考慮し，50年間の推移を見る。ここでは，高収益の不動産（$\gamma=0.05$，$r=0.01$）と低収益の不動産（$\gamma=0.02$，$r=0.03$）の2種類

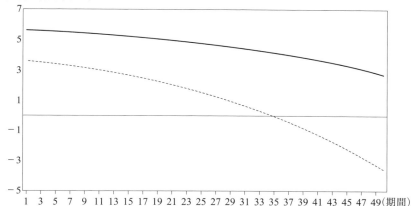

図15-2 総資産利益率の時間的推移（第1期から第50期まで）

注：実線は高収益の不動産（$\gamma = 0.05$、$r = 0.01$）のケースであり、点線は低収益の不動産（$\gamma = 0.02$、$r = 0.03$）のケースである。
出所：筆者作成。

を想定する。この場合、総資産利益率の時間的推移は図15-2のようになる。

これより、時間の経過とともに総資産利益率は低下する。低下の度合いは時間とともに大きくなり、低収益の不動産ほどそれは大きくなる。

第7節　おわりに

本章は不動産証券化が財務指標に与える影響を分析し、証券化は必ずしも財務指標を改善させることはないという結論を得た。そして、収益性の低い不動産の証券化ほど、証券化前よりも財務指標が悪化してしまうことが明らかになった。このことは、証券化が不良資産の処理策としては限界があることを示唆しており、証券化の効果に対して一定の限界を認めるものである。

本章独自の貢献としては、証券化の財務指標に与える影響を多期間の視点から分析したことである。不動産の劣化を考慮すれば、財務指標の変化の方向は理論的には明らかではないので、総資産利益率の時間的推移のシミュレーションを行った。その結果、時間の経過とともに総資産利益率は低下して

いき、時間の経過とともに低下の度合いは大きくなることが明らかになった。

　このことは、不動産証券化の出口戦略に対し、証券化した資産の収益性や価格自身を高めるためのプロパティマネジメントが、証券化の途中期間でも必要なことを示唆している。そして、これらの効果を中心にすえた分析を行えば、財務指標に与える影響はまた変わったものになるだろう。このような拡張のためには、理論モデルに不動産価格を明示的に組みこんだ分析が必要になる。この点については今後の研究課題としたい。

【参考文献】
Brueggman, W. B. and J. D. Fisher (2005) *Real Estate Finance and Investment*, McGraw-Hill.
新井清光・川村義則 (2014)『新版　現代会計学』中央経済社。
伊藤邦雄 (2014)『新・現代会計入門』日本経済新聞出版社。
片岡隆 (2000)『不動産ファイナンス入門』中央経済社。
佐藤一雄 (2004)『不動産証券化の実践（完全版）』ダイヤモンド社。
高橋正彦 (2004)『証券化の法と経済学』NTT出版。
高橋円香 (2009)「SPCを利用した不動産証券化における会計測定の諸問題」『商学研究論集』、第31号、125-142頁。
田辺信之監修・不動産証券化協会 (2011)『全体像がわかる不動産証券化の基礎知識』東洋経済新報社。
不動産証券化協会 (2014)『不動産証券化ハンドブック　2014』一般社団法人不動産証券化協会。
堀田真理 (2005)「不良債権証券化の効果」『経営論集』第64号、59-78頁。
矢口和宏 (2002)「不動産証券化の財務指標と不良債権処理に与える影響」LDI-REPORT 2002.1、31-47頁。
矢口和宏 (2007)「不動産の証券化による不動産の流動化と不良債権の処理」科学研究費補助金・基盤研究費（A）『土地・住宅ストックの利活用による資産デフレからの回復システムの解明（課題番号15203015・研究代表者　廣野桂子・平成15年度〜平成18年度）』62-82頁。

第 16 章

中国の為替レートの現状と最適為替制度への移行に関する動学分析*

吉野直行・嘉治佐保子・阿曽沼多聞

第 1 節　はじめに

　中国の為替制度についての国際的な議論は、最適な制度の模索に注目が集まってきた。Goldstein and Lardy（2006）、Frankel（2005）や Eichengreen（2006）をはじめとする研究は de facto のドルペッグ制の欠点を指摘したうえで、より柔軟性を伴う変動相場制こそが、国内の必要性に合った政策環境を生み出し、中国の通貨当局の手助けとなることを主張している。これらの文献が提言していることは、ただちに資本移動規制を撤廃して、徐々に為替の変動域を広げることである。

　一方で、Ito, Ogawa and Sasaki（1998）、Kawai（2004）、Yoshino, Kaji and Asonuma（2004）や Yoshino, Kaji and Suzuki（2004）はバスケットペッグ制の最適性を主張しており、この制度こそが、現状において円・ドルレートを主とする外部の為替変動の負の影響を受けている中国経済において、ドルペッグ制の欠点を補うことができるとする[1][2]。中国のように、日本や EU、アメリカをはじめとする複数の相手国との関係に依存している国においては、

---

*　本章は Yoshino, Kaji and Asonuma（2014a）を翻訳したものである。翻訳を担当した泉隆一朗氏に感謝の意を表す。本章に示されている見解は、筆者ら個人に属し、アジア開発銀行や国際通貨基金の公式見解、政策を示すものではない。

1)　Ito, Ogawa and Sasaki（1998）と Ogawa and Ito（2002）はともにこの点を強調しており、円・ドルレート変動の負の影響を避けるために東アジアでのバスケットペッグ制採用を主張している。

為替レートの安定をこれらの国々の通貨を用いたバスケットペッグ制によって達成することが有益となる。その理由は、為替レートが大きく変動してしまう問題を解消できる点にある[3]。

　これらの文献に対して、McKinnon and Schnabl（2014）は中国の国際競争力のために、対ドルレートを安定化することの重要性を強調している。

　バスケットペッグ制と変動相場制のいずれかが長期的に適切であったとしても、未だに研究がなされていない為替制度についての重要な問題がある。それは、現行の為替制度から長期的に望ましい為替制度にどのように移行していくことが最適なのかという問題である。言うまでもなく、現行制度を改革することは通貨当局にもそれなりの損失が伴う。完全資本移動下でのバスケットペッグ制や変動相場制への移行に伴い、通貨当局は資本移動規制を撤廃するとともに、政策手段をバスケットウェイトやマネーサプライ、もしくは利子率へと切り替えなければならない。本章では中国にとっての最適な移行策を導くために、小国開放経済を想定した一般均衡モデルを構築して、為替政策の動学的な分析を行う。

　特に、本章においてはバスケットペッグ制や変動相場制への4通りの移行経路と、現行制度を維持する場合（現行のドルペッグ制を維持して、通貨当局が資本移動規制と対ドルレートを固定し続けた場合）との経済厚生を定量的に比較する。第1の移行経路は資本移動規制とバスケットウェイトの調整期間を含む。このもとではドルペッグ制から完全資本移動を伴うバスケットペッグ制へと徐々に移行していくものである。2つ目には、移行期間を設けず、ドルペッグ制からバスケットペッグ制へと急に為替制度を変更する場合である。3つ目は、移行期間を設けず、ドルペッグ制から変動相場制へと為替制度を急に変更する場合とする。最後に4つ目として、ドルペッグ制から管理

---

2) Kawai（2004）と Yoshino, Kaji and Asonuma（2004）、Yoshino, Kaji and Suzuki（2004）は東アジア諸国がバスケットペッグ制を積極的に活用すべきであるという考えに同意している。Kawai（2004）がこれらの国々は共通のバスケットウェイトを採用するべきとする一方で、Yoshino, Kaji and Asonuma（2004）はそれぞれ独自のバスケットウェイトを採用した方がこれらの国々にとって好ましいと強調している。

3) Volz（2014）は中国が通貨バスケットに基づいた管理変動相場制へと移行していく過程で、東アジアが通貨バスケットに基づく、緩やかで非公式な域内の為替協調をするであろうと指摘している。

変動相場制（Managed Floating）へと移行期間を伴わずに変更する場合である。管理変動相場制のもとでは、もし為替レートが顕著に変動した場合、通貨当局が外国為替市場において介入を行い、ある決まった為替レートを維持する。つまり、よほど顕著な変動がない限り、もしくは為替レートが望ましい水準からよほど乖離しない限り、為替レートの変動を許容することとなる。

この分析では中国の1999年第1四半期から2010年第4四半期までのデータを用いてシミュレーションを行い、2つの主要な政策的含意が得られた。第1の含意は、中国のような国では漸進的なバスケットペッグ制への移行が他の移行経路よりも望ましいという点である。バスケットペッグ制への漸進的な移行の長所の1つは、通貨当局が、移行期間における資本移動規制の緩和やバスケットウェイトの調整によって為替レートや金利が国内総生産（GDP）に与える負の影響を最小化できるという点である[4]。急激に資本移動規制やバスケットウェイトを変更しないことで、GDPの変動も抑制することが可能となる。

第2の含意は、バスケットペッグ制への急激な移行がセカンドベストな政策であるということである。このとき、移行による金利や為替がGDPに与える負の影響を抑えることはできず、大きな損失を生むことは避けられない。しかし、バスケットペッグ制を一度導入してしまえば、通貨当局は依然としてGDPの変動を最小化するバスケットウェイトを決定することができる。これは明らかに急激に変動相場制へ移行するよりも好ましい。急激な変動相場制への移行が好ましくない理由は、通貨当局がマネーサプライを調整してGDPの変動を最小化できない点にある。Yoshino, Kaji and Asonuma（2012）でも、小国開放経済においては、バスケットペッグ制下においてバスケットウェイトのルールを設けることが、変動相場制下で異なる政策手段のルールを用いるよりも、GDPの変動を最小化するために優れていることが指摘されており、本章の結論はこれと整合的である。さらに、変動相場制への急激な変更は管理変動相場制への急激な変更よりも望ましくない。それは、通貨当局が一時的な為替介入によって生じる為替レートのボラティリティを抑制

---

[4] 本章では主にGDP変動の安定化を検討している。GDP変動の安定は持続可能な経済成長には不可欠なため、中国政策当局の政策目標（持続的な経済成長）と整合的である。

することができないからである[5]。

　本章は中国の為替制度に関する先行研究と関連している[6]。McKinnon and Schnabl（2014）は賃金を上げて国際競争力を高めるために、中国は人民元・米ドルレートの安定化に専念することを薦めている。一方で、Goldstein and Lardy（2006）は現行の為替制度の欠点を指摘したうえで、ただちに資本移動規制を撤廃して徐々に為替レートの変動域を拡大していくことを提言している。Frankel（2005）も同様に為替レートが変動することによって政策当局が得られる長期的な便益を強調するとともに、ターゲットゾーンのような中間的制度への移行を主張する。Eichengreen（2006）もまた、より柔軟性を伴う為替レートこそが、国内の必要性に合った政策状況を作り、通貨当局の手助けとなるとしている。この文脈においては、Ito（2008）が2005年7月に中国が為替政策の修正を公表してから、中国の為替政策がどのように推移してきたかを実証的に分析したうえで、公表後の為替制度が米ドルに対するクローリングペッグに近いこと、そして、バスケットペッグ制から大きく乖離していることを明らかにしている[7]。本章の意義は、バスケットペッグ制や変動相場制への移行についていくつかの方法を比較することで先行研究になかった新しい政策提言をすることにある[8]。

　本章の構成は次のとおりである。第2節は中国における為替レート変動について実証分析を行う。第3節では小国開放経済モデルを構築して、第4節において為替制度の説明を行う。続く第5節は、現行制度の維持と比較される、4通りの移行経路を説明する。第6節は1999年第1四半期から2010年第4四半期のデータを用いてシミュレーションを行い、その結果に基づき、第7節において政策提言と研究の結論をまとめる。

---

5) 物価水準の安定化を試みるとしたケースはYoshino, Kaji and Asonuma（2014b）を参照されたい。

6) Cheung, Chin and Fujii（2007）は人民元が正しく評価されているかを一般的な統計的推定法によって評価した。そのうえで、統計的に有意な乖離ではないが、人民元は過小評価されていることを示唆している。

7) Zhang, Shi and Zhang（2011）は通貨当局が対外収支の変動を最小化しようとしていることを明らかにしたうえで、中国にとって多様化させた通貨ポートフォリオを用いてバスケット通貨を構成することが賢明であり、経済の発展に寄与するとした。

第2節　中国の為替レート変動における実証分析

まずは中国における為替レートの推移を実証分析に基づいて議論する。図16-1の第1期に見られるように、人民元・米ドルレートは2005年7月まで比較的固定して維持された。ところが、2005年7月21日に、中国政府は為替政策を修正して、人民元・米ドルレートを「バスケット通貨の変動を考慮しつつ、市場の需給に基づいて調整可能な」為替レートとすることを発表した[9]。

2005年7月21日から2008年6月までは人民元の対ドルレートは増価傾向を見せ、このときの状況は管理変動相場制であったと言うことができる。それはつまり、市場が為替レート変動の向きを決定するのに対して、政府がその増価幅を市場介入によって抑制する状態を指し、図16-1では第2期として示されている[10]。2008年7月から2010年5月まで、1ドルを6.83元と比較的固定されている為替レートが維持された（図16-1の第3期）のち、再び為替レートは増価傾向をとった（同第4期）。

IMFの特別引出権（Special Drawing Rights: SDR）に対する日次の為替レー

---

8) これらのほかにも中国の最適な金融政策を対象にした研究がある。Chang, Liu and Spiegel (2013) は現状における資本移動規制、名目為替レートのターゲット、外国資本流入に対する不胎化政策などの状況を考慮に入れたうえで、最適な金融政策を検討している。そのうえで、資本移動規制と為替レートのペッグの組み合わせはマクロ経済の安定性を保つために必要な調整を阻み、金融政策の障害となっていることが示されている。He et al.(2011) は1997年1月から2010年10月において実証分析を行い、中国の中央銀行がインフレ率と国民総生産の変化に対応しつつも、資産価格の変動には対応できていなかったことを明らかにしている。また、構造VAR（Structural Vector Auto-Regression）モデルを用いた研究では、Koivu (2010) が中国の金融政策の喪失が資産価格を高い水準へと持ち上げ、結果として家計の消費に影響を及ぼしていることを示した。本研究ではバスケットペッグ制下でのバスケットウェイトや変動相場制下でのマネーサプライについて、その政策手段としての効果を比較して、こうした先行研究を補完している。

9) その後に、通貨バスケットの構成は米ドル、日本円、ユーロとその他いくつかの通貨で構成されるとアナウンスされたものの、通貨構成については一切明らかにされていない。

10) Wang (2011) は中国の通貨当局が段階的に通貨レートメカニズムを変更して、為替レートが自由に変動することを許容しないと決定したことについて、3つの理由を述べている。

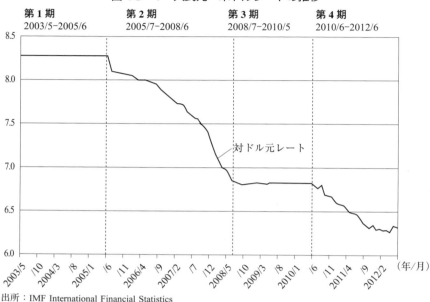

図16-1　人民元・米ドルレートの推移

出所：IMF International Financial Statistics

トを用いて、標本期間において、米ドルにどの程度のウェイトが置かれていたかを次のような推定式を用いて分析する。

$$CNY_t = \left(b_{0,1} + \sum_{i=\{2,3,4\}} b_{0,i}D_i\right) + \sum_{j \in C}\left(b_{j,1} + \sum_{i=\{2,3,4\}} b_{j,i}D_i\right)X_{j,t} + u_t \quad (1)$$

なお、j = USD, JPY, EUR, GBP, AUD, CAD, KRW, RUB, SGD, THB, MLR とする。CNY_t と $X_{j,t}$ はそれぞれ中国と j 国の t 期における対 SDR の為替レートを示している[11]。また、D_i は i 期におけるダミー変数である。右辺の1つ目の括弧は定数項を表し、2つ目の括弧は j 国の対 SDR レートが中国の対 SDR レートに与える影響を捉えている。標本期間ごとにダミー変数を用いることで、標本期間ごとに異なる定数項と係数を計測することが可能にな

---

11) USD は米ドル、JPY は日本円、EUR はユーロ、GBP はスターリングポンド、AUD はオーストラリアドル、CAD はカナダドル、KRW は韓国ウォン、RUB はロシアンルーブル、SGD はシンガポールドル、THB はタイバーツ、MLR はマレーシアンリンギットを示している。

表 16-1 米ドルのバスケットウェイトの推定値

	第 1 期	第 2 期	第 3 期	第 4 期
標本期間	2003/5/7 - 2005/7/22	2005/7/25 - 2008/6/30	2008/7/1 - 2010/5/28	2010/6/1 - 2012/6/12
推定された米ドルの バスケットウェイト	0.999** (0.001)	0.842** (0.036)	0.918** (0.017)	0.819** (0.039)

注：** は 5% 有意水準で有意を示す。（ ）内の数値は標準誤差を表す。
出所：筆者の分析に基づく。

る[12]）。

　実証分析によって明らかとなった対 SDR の米ドルレートが占めるウェイトは表 16-1 のとおりである。第 2 期と第 4 期では、人民元の増価に対応して、為替レートが完全に固定されていた第 1 期よりも対 SDR の米ドルレートのウェイトが顕著に 0.16 から 0.18 ほど減少しているのが見て取れる。比較的固定されていた第 3 期においてですら、対 SDR の米ドルレートのウェイトはドルペッグ期よりも低い。これらの結果は明らかに、人民元が完全に米ドルにペッグされていたというよりも、徐々にその他の通貨から受ける影響が増してきていることを表している。

第 3 節　小国開放経済モデル

　第 3 節では小国開放経済を想定した一般均衡モデルを構築する。このモデルは Yoshino, Kaji and Suzuki（2002）と Dornbusch（1976）をもとにしており、動学的な枠組みで分析される。均衡条件を直接的に家計や企業行動の最適化からモデルの均衡条件を導出してはいないものの、本章で用いている均衡条件は、Yoshino, Kaji and Asonuma（2012）でミクロ的基礎づけを行ったモデルから得られたものと同様である。このモデルでは、中国、日本、米国の 3 国を想定しており、中国を自国、日本と米国を外国であると想定している。なお、円の対ドルレートは中国にとって外生である。

---

12)　回帰分析の詳細な結果については Yoshino（2012）を参照されたい。

図 16-2 モデルの構造

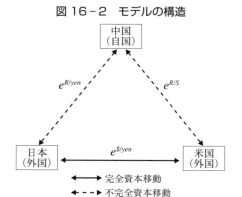

表 16-2 変数の一覧

変数	意味
m	マネーサプライ（ストック）
p	自国の物価水準
p^e	自国の期待物価水準
p^*	米国の物価水準
p^{yen}	日本の物価水準
i	自国金利
i^*	米国金利
y	GDP
$\bar{y}$	潜在的 GDP
$e^{R/\$}$	人民元・米ドルレート
$e^{R/yen}$	人民元・円レート
$e^{\$/yen}$	米ドル・円レート
υ	バスケット通貨の米ドルレートのウェイト
α	全要素生産性

注：金利を除くすべての変数は自然対数で定義される。

　まず、自国および外国資産は不完全代替であり、一方で、米国と日本の資産は自国の投資家にとって完全代替であるとする。このとき、金利平価条件は次のようになる。

第16章 中国の為替レートの現状と最適為替制度への移行に関する動学分析

$$i_{t+1} - i_t = -\lambda \left[i_t - \left\{ i_t^* + e_{t+1}^{R/\$,e} - e_t^{R/\$} - \sigma e_t^{R/\$} \right\} \right] \quad (2)$$

なお、λは国内金利の調整速度を示しており、これにより資本移動規制を捉えることができる。もし、λが0に近ければ、国内金利は国内外資産の金利差に反応していない。それはつまり、国内金利が外生でかつ完全に独立していることを意味している。本章ではこれを厳格な資本移動規制のケースとして扱う。対照的に、λが1に近い場合、国内金利は完全に国内外資産の金利差に反応していることになる。これを資本移動規制がないケースとする。さらに、$\sigma e_t^{R/\$}$は人民元の対ドルレートに依存するリスクプレミアムとする。一方でλ=1のとき、(2)式は次のように書き直せる。

$$i_{t+1} = i_t^* + e_{t+1}^{R/\$,e} - e_t^{R/\$} - \sigma e_t^{R/\$} \quad (2')$$

貨幣市場の均衡条件は次のようになる。貨幣の需要は名目金利とGDPギャップ（GDPと潜在的GDPとの乖離）に依存する。

$$m_t - p_t = -\varepsilon i_{t+1} + \varphi(y_t - \bar{y}) \quad (3)$$

財市場の需要は実質為替レート、為替レート期待、実質金利と為替リスクに依存しており、下記のようになる。

$$y_t - \bar{y} = \delta(e_t^{R/\$} + p^* - p_t) + \delta' e_{t+1}^{R/\$,e} + \theta(e_t^{R/yen} + p^{yen} - p_t) + \theta' e_{t+1}^{R/yen,e} - \tau \Delta e^{R/\$}$$
$$-\zeta \Delta e^{R/yen} - \rho\{i_{t+1} - (p_{t+1}^e - p_t^e)\} \quad (4)$$

ここで、$(p_{t+1}^e - p_t^e)$の項は期待インフレ率を示す。$\Delta e^{R/\$}$と$\Delta e^{R/yen}$は人民元・米ドルレートにおける為替リスクと、人民元・円レートにおける為替リスクを示している。

3つの為替レートのうち、1つは独立ではないため、人民元・円レートは次のように表せる。

$$e_t^{R/yen} = e_t^{R/\$} + e_t^{\$/yen} \quad (5)$$

インフレ率は全要素生産性、財の超過需要（GDPギャップ）、実質レート、為替レート期待、期待インフレ率、為替リスクに基づいており、次のようになる。

318　第Ⅱ部　金融の理論・実証分析

$$p_{t+1} - p_t = -\alpha_t + \psi(y_t - \bar{y}) + \eta\left(e_t^{R/\$} + p^* - p_t\right) + \eta' e_{t+1}^{R/\$, e} + \mu\left(e_t^{R/yen} + p^{yen} - p_t\right)$$
$$+ \mu' e_{t+1}^{R/yen, e} + \left(p_{t+1}^e - p_t^e\right) + \chi \Delta e^{R/\$} + \xi \Delta e^{R/yen} \tag{6}$$

右辺第 1 項は自国の全要素生産性を、そして、最終の 2 項は為替リスクを示している。すなわち、ここでは GDP は全要素生産性、日本と米国からの輸入中間財、そして、期待インフレ率に依存する。ここで、中国は日本と米国から中間財を輸入して、最終財を両国に輸出すると想定している。

変数の中でも、α_t、$\bar{y}$、p^*、p^{yen}、$e_t^{\$/yen}$、$\Delta e^{R/\$}$ と $\Delta e^{R/yen}$ はいかなる為替制度のもとでも、共通して外生変数である。なお、以下で考察する為替制度（A〜E）によっては、これら以外の外生変数が存在することになるが $e_t^{\$/yen}$、$\Delta e^{R/\$}$、$\Delta e^{R/yen}$、$m_t$、$i_{t+1}$ 以外の外生変数は不要である（＝0）と仮定する。また、係数はすべて正値をとる。

第 4 節　為替制度

本節では長期均衡を導出するとともに、今期（t 期）における均衡値を求める。ここで検討されるケースは、（A）厳格な資本移動規制を伴う固定相場制（ベンチマークケース）、（B）緩やかな資本移動規制を伴うバスケットペッグ制、（C）資本移動規制を伴わないバスケットペッグ制、（D）資本移動規制を伴わない変動相場制、（E）完全資本移動下での固定相場の 5 つである。

1　厳格な資本移動規制を伴う固定相場制（A）

米ドルの固定相場制のもとでは人民元・米ドルレート（$e_t^{R/\$}$）が外生となり（$e_t^{R/\$} = \bar{e}$）、期待為替レートも当期の為替レートと等しくなる。さらにこの場合にはマネーサプライ（m_t）が内生となるが、その調整は、通貨当局が最適な金利水準を達成するために行われる、資本移動規制により為替レートは一定に維持される。なお、通貨当局は居住者の外国資産保有を禁じているため、(2)式は成り立たない。この場合には国内金利（i_{t+1}）が政策手段（外生）となる。人民元・米ドルレートは固定されていることから、(5)式は次のように書き換えられる[13]。

第 16 章　中国の為替レートの現状と最適為替制度への移行に関する動学分析　319

$$e_t^{R/yen} = e_t^{\$/yen} \tag{5'}$$

長期均衡を導出したのち、合理的期待で解き、以下の誘導形を得る。

$$(y_t - \overline{y}'_A) = A_1(t)\hat{e}_t^{\$/yen} + A_2(t)\Delta \hat{e}^{R/yen} + A_3(t)i_{t+1} \tag{7}$$

$$(p_t - \overline{p}'_A) = A_1^p(t)\hat{e}_t^{\$/yen} + A_2^p(t)\Delta \hat{e}^{R/yen} + A_3^p(t)i_{t+1} \tag{7a}$$

$\overline{y}'_A$ と $\overline{p}'_A$ はそれぞれ長期均衡を示す。ここで $\hat{x}$ は長期均衡からの乖離を示す ($\hat{X} = X_t - \hat{X}$)。

この厳格な資本移動規制を伴う固定相場制の欠点は資本流入が制限されていることにあり、それによって金利の長期的均衡水準が、資本移動規制を伴わないバスケットペッグ制に比べて、より低い水準となる。

2　緩やかな資本移動規制を伴うバスケットペッグ制（B）

バスケットペッグ制は固定相場制の1種であるため、内生変数は固定相場制の場合と同じである。ただしケースAと異なり、資本移動は可能なため、(2)式に基づき国内金利は変化することになる。また、通貨当局は、バスケットの価値を維持するために外国為替市場において行う為替介入を行い、結果としてマネーサプライが変化する。この場合は、為替介入の影響を考慮する必要がある。前述のとおり、バスケットは人民元・米ドルレートと人民元・円レートの加重平均によって与えられている。そこで、(2)式に加え、次のバスケット式を定義する。

$$ve_t^{R/\$} + (1-v)e_t^{R/yen} = \Gamma \tag{8}$$

なお、Γ はバスケットの価値である。通貨当局がバスケットの価値を維持するように v を決めると仮定すると(5)式より、次の式を得る。

$$e_t^{R/\$} = -(1-v)e_t^{\$/yen}, \qquad e_t^{R/yen} = ve_t^{\$/yen} \tag{8a}$$

---

13) $A_1(t)$、$A_2(t)$、$A_3(t)$　$A_1^p(t)$、$A_2^p(t)$、$A_3^p(t)$ の各式は Yoshino, Kaji and Asonuma (2015) で示している。

長期均衡を導出したのち、合理的期待について解き、以下の誘導形を得る[14]。

$$(y_t - \bar{y}'_B) = B_1(t)v\hat{e}_t^{\$/yen} + B_2(t)\hat{e}_t^{\$/yen} + B_3(t)\hat{z}_t \tag{9}$$

$$(p_t - \bar{p}'_B) = B_1^p(t)v\hat{e}_t^{\$/yen} + B_2^p(t)\hat{e}_t^{\$/yen} + B_3^p(t)\hat{z}_t \tag{9a}$$

$$(i_t - \bar{i}'_B) = -(1-v)\left[(1+\sigma)(1-b_4)\right](1-\lambda)^t \hat{e}_t^{\$/yen} \tag{9b}$$

$\bar{y}'_B$ と $\bar{p}'_B$ はそれぞれ長期均衡を示す。なお、$B_3(t)\hat{z}_t$ と $B_3^p(t)\hat{z}_t$ は $\Delta\hat{e}^{R/\$}$ と $\Delta\hat{e}^{R/yen}$ によって構成される。

3　資本移動規制を伴わないバスケットペッグ制（C）

自由な資本移動の下では(2')式を得るとともに、国内の金利 i_{t+1} は米国の金利水準に固定される（$i_{t+1} = i^*$）。すなわち、長期水準を達成しているといえる。$\lambda = 1$ として前項と同様に合理的期待で解き、以下の誘導形を得る[15]。

$$(y_t - \bar{y}'_C) = C_1(t)v\hat{e}_t^{\$/yen} + C_2(t)\hat{e}_t^{\$/yen} + C_3(t)\hat{z}_t \tag{10}$$

$$(p_t - \bar{p}'_C) = C_1^p(t)v\hat{e}_t^{\$/yen} + C_2^p(t)\hat{e}_t^{\$/yen} + C_3^p(t)\hat{z}_t \tag{10a}$$

$\bar{y}'_C$ と $\bar{p}'_C$ はそれぞれ長期均衡を示す。なお $C_3(t)\hat{z}_t$ と $C_3^p(t)\hat{z}_t$ は $\Delta\hat{e}^{R/\$}$ と $\Delta\hat{e}^{R/yen}$ によって構成される。

4　資本移動規制を伴わない変動相場制（D）

変動相場制下ではマネーサプライ（m_t）は外生となる。これまでの分析に基づき、合理的期待で解き、次のような誘導形を得る[16]。

$$(y_t - \bar{y}'_D) = D_1(t)\hat{e}_t^{\$/yen} + D_2(t)\hat{z}_t + D_3(t)m_t \tag{11}$$

---

[14] 合理的期待の解き方と $B_1(t)$、$B_2(t)$、$B_3(t)$、$B_1^p(t)$、$B_2^p(t)$、$B_3^p(t)$ の各式は Yoshino, Kaji and Asonuma（2015）で示している。

[15] 合理的期待の解き方と $C_1(t)$、$C_2(t)$、$C_3(t)$、$C_1^p(t)$、$C_2^p(t)$、$C_3^p(t)$ の各式は Yoshino, Kaji and Asonuma（2015）で示している。

[16] 合理的期待の解き方と $D_1(t)$、$D_2(t)$、$D(t)$、$D_1^p(t)$、$D_2^p(t)$、$D_3^p(t)$ の各式は Yoshino, Kaji and Asonuma（2015）で示している。

$$(p_t - \bar{p}'_D) = D_1^p(t)\hat{e}_t^{\$/yen} + D_2^p(t)\hat{z}_t + D_3^p(t)m_t \tag{11a}$$

$\bar{y}'_D$ と $\bar{p}'_D$ はそれぞれ長期均衡を示す。なお $D_2(t)\hat{z}_t$ と $D_2^p(t)\hat{z}_t$ は $\Delta \hat{e}^{R/\$}$ と $\Delta \hat{e}^{R/yen}$ によって構成される。

5 完全資本移動下での固定相場制 (E)

第4節1で述べたように、人民元・米ドルレート ($e_t^{R/\$}$) は完全に外生となり ($e_t^{R/\$} = \bar{e}_t^{R/\$}$)、マネーサプライは内生となる。自由な資本移動のもとでは (2')式を得るとともに、国内の金利 (i_{t+1}) は米国の金利水準に固定される ($i_{t+1} = i_t^*$)。これは資本規制がないので、為替レートを一定に保つために自国金利が調整されるためである。ここでも合理的期待で解き、次のような誘導形を得る。

$$(y_t - \bar{y}'_E) = A_1(t)\hat{e}_t^{\$/yen} + A_2(t)\Delta\hat{e}^{R/yen} \tag{12}$$

$$(p_t - \bar{p}'_E) = A_1^p(t)e_t^{\$/yen} + A_2^p(t)\Delta\hat{e}^{R/yen} \tag{12a}$$

第5節　異なる為替制度への移行経路

ここでは4つの移行の方法を定義する。Yoshino, Kaji and Suzuki (2004) では1期間において最適な制度資本移動規制を伴わないバスケットペッグ制 (C) と、同じく資本移動規制を伴わない変動相場制 (D) であることを示している。その結果に沿って、移行後の新制度を、これらの2つの制度に限定する[17]。

まず、新制度に向けての移行経路について次のような4通りを検討する。また、比較対象として、現行制度の厳格な資本移動規制を伴う固定相場制 (A) も取り上げる。図16-3は以下の5つの移行策を表している。

---

[17] Yoshino, Kaji and Asonuma (2004) はこの政策的含意は二国一般均衡モデルにおいても成立することを明らかにしている。

図16-3 新制度へ向けた5つの移行経路

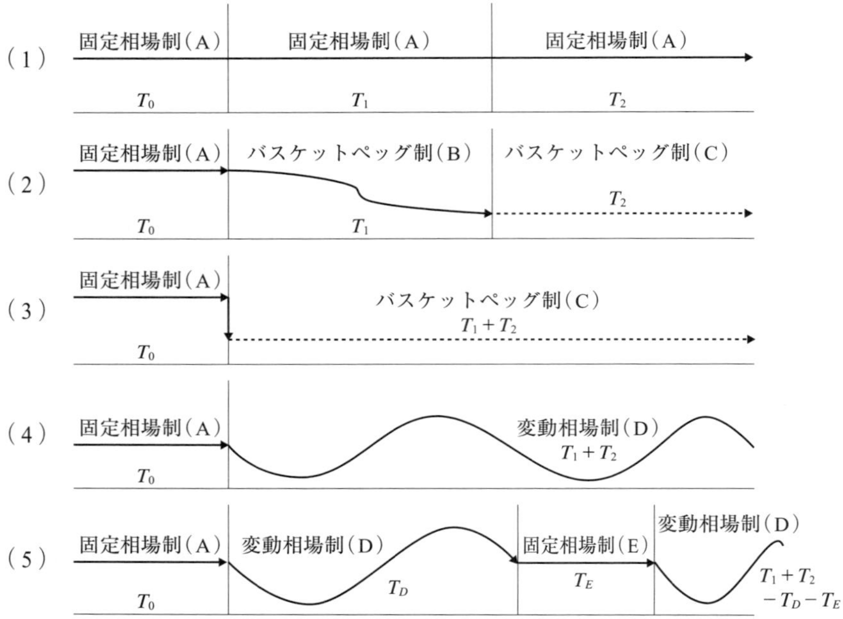

(1) 固定相場制(A) — 固定相場制(A) — 固定相場制(A)
　　T_0　　T_1　　T_2

(2) 固定相場制(A) — バスケットペッグ制(B) — バスケットペッグ制(C)
　　T_0　　T_1　　T_2

(3) 固定相場制(A) — バスケットペッグ制(C)
　　T_0　　$T_1 + T_2$

(4) 固定相場制(A) — 変動相場制(D)
　　T_0　　$T_1 + T_2$

(5) 固定相場制(A) — 変動相場制(D) — 固定相場制(E) — 変動相場制(D)
　　T_0　　T_D　　T_E　　$T_1 + T_2 - T_D - T_E$

1. 米ドルの固定相場制の維持（資本移動規制を伴う）：(A)−(A)−(A)
2. 米ドルの固定相場制から資本移動規制を伴わないバスケットペッグ制への漸進的移行（資本移動規制とバスケットウェイトについては徐々に調整される）：(A)−(B)−(C)
3. 米ドルの固定相場制から資本移動規制を伴わないバスケットペッグ制への急激な移行（資本移動規制はただちに撤廃され、バスケットウェイトもただちに変更される）：(A)−(C)−(C)
4. 米ドル固定相場制から変動相場制への急激な移行（資本移動規制はただちに撤廃され、為替レートの柔軟性は突如として増す）：(A)−(D)−(D)
5. 米ドル固定相場制から管理変動相場制への急激な移行（資本移動規制はただちに撤廃され、為替レートの柔軟性は突如として増すとともに、必要に応じて為替介入が行われる）：(A)−(D)−(E)−(D)

表16-3 各々の移行策における便益と損失

移行策	便益	損失
(1) 固定相場制の維持	a. $e^{R/\$}$ の変動がない。	a. 資本流入が限定される。
(2) バスケットペッグ制への漸進的移行	a. i の変動が小さい。	a. 長期的に望ましい制度に到達するまで時間がかかる。
	b. $e^{R/\$}$ と $e^{R/yen}$ の変動が小さい。	b. 調整コストがかかる。
	c. $e^{R/\$,e}$ と $e^{R/yen,e}$ の変動が小さい。	
(3) バスケットペッグ制への急な移行	a. 長期的に望ましい制度にすぐに到達する（安定的な制度のもとでより高い便益を得る）。	a. i の変動が大きい。
	b. 調整コストが必要ない。	b. $e^{R/\$}$ と $e^{R/yen}$ の変動が大きい。
	c. $e^{R/\$,e}$ と $e^{R/yen,e}$ の変動が小さい。	
(4) 変動相場制への急な移行	a. 長期的に望ましい制度にすぐに到達する（安定的な制度のもとでより高い便益を得る）。	a. i の変動が大きい。
	b. 調整コストが必要ない。	b. $e^{R/\$}$ と $e^{R/yen}$ の変動が大きい。
		c. $e^{R/\$,e}$ と $e^{R/yen,e}$ の変動が大きい。
(5) 管理変動相場制への急な移行	a. 長期的に望ましい制度にすぐに到達する（安定的な制度のもとでより高い便益を得る）。	a. i の変動が大きい。
	b. 調整コストが必要ない。	b. 介入時に金融政策の自律性が失われる。
	c. 為替レートの変動が限定される。	

　1つ目の経路は現行の米ドルの固定相場制を維持するものであり、通貨当局は資本移動を制限するとともに、米ドルに対するバスケットウェイトを1に維持する。2つ目は(B)という移行期間を設けており、資本移動規制とバスケットウェイトの調整期間である。また、調整期間である(B)を経て、(C)の資本移動規制を伴わないバスケットペッグ制へと移行していく。

　続く3つ目の経路は移行期間(B)を含んでおらず、経済が急激にバスケットペッグ制へと移ることを意味している。4つ目は固定相場制から変動相場制へと移行期間を設けずに移行する経路であり、これも経済が急激に変動相場制へと移る。最後に、5つ目の経路は固定相場制から管理変動相場制へと移行期間を経ずに移行することを表している。管理変動相場制下では、為替レートの変動が顕著に大きい場合、通貨当局が外国為替市場へ介入して為替レートをある固定水準まで調整する(E)。そうでなければ、望ましい水準か

表 16-4 各々の移行策における損失の推定値

移行策	損失	推定値
(1) 固定相場制の維持	a. 資本流入が限定される。	0.033[/1]
(2) バスケットペッグ制への漸進的移行	a. 長期的に望ましい制度に到達するまで時間がかかる。	0.003[/2]
	b. 調整コストがかかる。	0.0066[/3]
(3) バスケットペッグ制への急な移行	a. i のボラティリティが大きい。	0.0028[/4]
	b. $e^{R/S}$ と $e^{R/yen}$ のボラティリティが大きい。	0.0030[/5]
(4) 変動相場制への急な移行	a. i のボラティリティが大きい。	0.0034[/4]
	b. $e^{R/S}$ と $e^{R/yen}$ のボラティリティが大きい。	0.034[/5]
	c. $e^{R/S,e}$ と $e^{R/yen,e}$ の分散が大きい。	0.0013[/6]
(5) 管理変動相場制への急な移行	a. i のボラティリティが大きい。	0.0034[/4]
	b. 介入時に金融政策の自律性が失われる。	0.023[/7]

注：[/1] 9四半期（初期とその後の2年）にわたる累積損失によって代用している。[/2] 推定値は移行期間の14四半期と新制度移行後の18四半期の累積損失の差である。[/3] 推定値はλが基準値のケースとλが基準値からの20%乖離した際のケースの累積損失の差である。[/4] 推定値は $e^{\$/yen}$ のショック、ここでは 0.001 単位の乖離によって金利が上昇したことによる累積損失の変化である。[/5] 推定値は $e^{\$/yen}$ のショック、ここでは 0.001 単位の乖離による累積損失の変化である。[/6] 推定値は $e^{\$/yen,e}$ のショック、ここでは、0.001 単位の乖離による累積損失の変化である。[/7] 推定値は為替介入期間における累積損失の割合である。

出所：筆者の分析に基づく。

ら乖離しない限り、為替レートの変動が許容される。

初期のドルペッグ制の期間を T_0 として、移行期間を T_1、当局が新たな制度へと移行させてからの期間を T_2 とする。割引率は β である。本章を通じて前提としていることは、通貨当局は GDP の変動を通時的に最小化することを目標としている、という点であり、政府の損失関数は次のように表せる[18]。

$$L(T_1, T_2) = \sum_{t=1}^{T_0+T_1+T_2} \beta^{t-1}(y_t - \bar{y}')^2 \tag{13}$$

なお、第4節で述べたとおり、誘導形 $y_t - \bar{y}'$ は為替制度ごとに異なる数式で表現される。この分析では GDP の変動を安定化させることを考慮しており、中国当局の持続的な成長を維持する政策目標とも整合的である。それぞれの移行経路（2～5）における累積損失は Yoshino, Kaji and Asonuma (2015) によって定義される。

4つの移行経路と現行制度の維持には、表16-3に表されるとおり、各々

---

[18] 物価水準の安定化のケースは Yoshino, Kaji and Asonuma (2014b) を参照されたい。

第 16 章　中国の為替レートの現状と最適為替制度への移行に関する動学分析　325

便益と損失が伴う。損失のそれぞれの要素について，定量的な分析をもとに推定値を算出して表 16-4 にまとめた。これらの便益と損失は Yoshino, Kaji and Asonuma（2015）で定義される累積損失に含まれている。

第 6 節　定量分析

本節では中国のデータを用いて，モデルに基づいた定量分析を行う。

1　推定結果

まず(2)～(6)式のパラメータを操作変数法（IV）を用いて推定する[19]。分析期間は為替制度の違いを反映して，(1) 1999 年第 1 四半期－2005 年第 2 四半期：固定相場制およびバスケットペッグ制，(2) 2005 年第 3 四半期－2010 年第 4 四半期：変動相場制の 2 つに分割した。中国はこれまで一度も完全な変動相場制を採用したことがないため，(2)の期間で推定された係数値を用いる。表 16-5 は推定結果をまとめており，第 2 列が固定相場制（バスケットペッグ制）下での推定結果を，第 3 列が変動相場制下での推定結果を示している。

2　推定された係数を用いたシミュレーション

上記のパラメータ推定値を利用して，政策手段の最適値と累積損失を移行経路ごとに算出する。シミュレーションに利用する米ドル・円レートと人民元・米ドルレートおよび人民元・円レートの為替リスクのデータには，これらのデータの 1999 年第 1 四半期から 2010 年第 4 四半期までの実際のデータに Hodrick-Prescott フィルターを適用し，そのトレンドからの乖離値を利用した。固定相場制の期間を 1 四半期として（$T_0=1$），移行期間を 18 四半期（$T_1=18$），移行後の期間も 18 四半期（$T_2=18$）とする[20]。表 16-6 は累積損失と，各々の移行政策について GDP の変動を安定化させる政策手段の最

---

[19]　推定に利用したデータおよび単位根検定と共和分検定の結果は Yoshino, Kaji and Asonuma（2014b）を参照されたい。
[20]　Yoshino, Kaji and Asonuma（2015）はバスケットペッグ制下での最適ウェイトと期間の関係についてタイのデータを用いて議論している。

表 16-5　推定結果

係数	固定相場制、バスケットペッグ制	変動相場制
サンプル期間	1999Q1 – 2005Q2	2005Q3 – 2010Q4
λ	–	0.26*** (0.09)
σ	–	0.05*** (0.03)
ε	3.20*** (0.89)	10.13*** (1.89)
φ	0.23*** (0.05)	0.50*** (0.10)
δ, δ'	−1.20 (2.51)	1.27* (0.69)
θ, θ'	0.70** (0.33)	−0.007 (0.42)
ρ	−0.52 (0.38)	0.63** (0.25)
τ	−36.11 (46.78)	−0.14 (0.77)
ζ	0.40 (1.50)	8.66 (15.91)
α	0.16*** (0.02)	0.13*** (0.04)
ψ	−0.04* (0.02)	0.12** (0.05)
η, η'	−0.06* (0.03)	−0.15** (0.07)
μ, μ'	−1.32*** (0.26)	−0.35*** (0.11)
χ	−7.28** (3.13)	−0.001 (0.14)
ξ	−5.87*** (0.88)	−7.80*** (2.80)
a_4, b_4	0.71*** (0.16)	0.49*** (0.19)
d_5	–	0.98*** (0.07)
d_6	–	0.49*** (0.06)
β	0.99	0.99

注：（　）内の値は係数の標準誤差を表している。***、**、*はそれぞれ1％、5％、10％水準で有意であることを示している。
出所：筆者の分析に基づく。

適値を示している。

　結果より、5通りの移行政策のうち、移行策(1)の固定相場制の維持が最も累積損失が大きいことがわかる。資本移動規制下において、資本流入が制限されることの損失は人民元・米ドルレートが変動しないことの便益を上回っている。移行策(2)と(3)を比較すると、同じバスケットペッグ制への移行でも、漸進的な移行の方が急激な移行より累積損失が小さいことがわかる。資本移動規制とバスケットウェイトを徐々に調整していく移行期間があった方が、金利と為替レートの変動が最小化されることで便益を得ているといえ

表 16-6 累積損失と政策変数の最適値

	移行策(1)	移行策(2)	移行策(3)	移行策(4)	移行策(5) ($T_E=5$)/3
移行先の新制度	固定相場制	バスケットペッグ制	バスケットペッグ制	変動相場制	管理変動相場制
調整過程	—	漸進的	急激	急激	急激
政策変数の最適値/1	$i^\dagger=4.34$	$v^\dagger=0.58$	$v^{\dagger\dagger}=0.68$	$m^\dagger=0.016$	$m^{\dagger\dagger}=0.017$
累積損失	17.04	1.80	1.91	2.67	2.31
累積損失 (% of $\bar{y}^2$)/2	23.4	2.4	2.6	3.7	3.2

注:/1 $i^\dagger$は厳格な資本移動規制を伴う固定相場制(A)における最適な金利水準を示す。/2 第4節にあるように$\bar{y}^2$を計算して、その結果、$\bar{y}^2=72.8$という値を得た。/3 $T_E=7$の場合には、累積損失は3.54 ($m^{\dagger\dagger}=0.017$) である。
出所:筆者の分析に基づく。

る[21]。

 次にバスケットペッグ制(移行策(2)と(3))と変動相場制への移行(移行策(4))について比較すると、バスケットペッグ制への移行の方が累積損失をより小さくできることを示している。これは通貨当局が最適なバスケットウェイトを採用していくうちに為替レートを平衡させ、GDPの変動を最小限に抑制することが可能となるからである。なお、Yoshino, Kaji and Asonuma (2012) でも、移行期間が設けられなかったとしても、バスケットペッグ制においてバスケットウェイトルールを採用することが、変動相場制下におけるその他の政策手段よりも新興市場国(Emerging Countries)にとって望ましいことが示されている。最後に、管理変動相場制への移行(移行策(5))は変動相場制への移行(移行策(4))よりも通貨当局にとって良い結果をもたらす。為替レートの変動を軽減することは、必要に応じた為替介入によってGDPの変動に直接的に影響を与えることができるという点で、当局にとっての便益となる。

---

21) 移行策(2)と(3)の最適なバスケットウェイトは異なる。くわしくはYoshino, Kaji and Asonuma (2014b) 参照。

第7節　政策提言と結論

　現在、中国は為替制度をどのように変更していくかという決断に迫られている。しかし、動学的な文脈の中で、長期的に最適な為替制度へどのように移行していくのかという研究は数少ない。本章はGDPの変動の安定化を政策目標とした際の累積損失を算出した。

　この分析によって、最適なバスケットウェイトのもとで、漸進的にバスケットペッグ制へと移行していくことが他のいかなる移行策よりも望ましいことが明らかとなった。その長所は通貨当局が資本移動規制の程度とバスケットウェイトを移行期間に調整していくことによって、金利と為替レートがGDPに与える負の影響を最小限に抑えることができる点にある。資本移動規制とバスケットウェイトを急激に変更しないことは、GDPの変動の安定化につながる。

　次に、バスケットペッグ制への急激な移行は、検討した移行政策の中で2番目に最適となることがわかった。制度変更の際に金利と為替レートによる負の影響を制御することができず、大きな累積損失をもたらすこととなる。一方で、バスケットペッグ制を一度採用したならば政策当局はGDPの変動を安定化させるのに最適な通貨ウェイトを設定することができる。

　また、急激に変動相場制へ移行することは好ましくないことも明らかになった。これは、政策当局がマネーサプライを調節することによってGDPの変動を最小化することができないからである。これはYoshino, Kaji and Asonuma（2012）が明らかにした、バスケットウェイトルールを設けることが、GDPの変動を最小化しようとしている小国開放経済にとっては、変動相場制下における他の政策手段よりも優れているという政策的含意とも整合的である。さらに、変動相場制への急激な移行は、管理変動相場制への急激な移行よりも好ましくないこともわかった。これは、管理変動相場制では必要に応じて為替介入を行うことで為替レートの変動を抑制することができるのに対して、変動相場制下では政策当局が為替介入を行わないため、為替レートの変動を軽減することができないからである。

【参考文献】

Chang, C., Z. Liu and M. Spiegel (2013) "Capital Controls and Optimal Chinese Monetary Policy", Federal Reserve Bank of San Francisco Working Paper, 2013-33.

Cheung, Y.-W., M. D. Chin and E. Fujii (2007) "The Overvaluation of Renminbi Undervaluation", *Journal of International Money and Finance*, Vol. 26, No. 5, pp. 762-785.

Dornbusch, R. (1976) "Expectations and Exchange Rate Dynamics", *Journal of Political Economy*, Vol. 84, No. 6, pp. 1161-1176.

Eichengreen, B. (2006) "China's Exchange Rate Regime: The Long and Short of It", Manuscript, University of California, Berkeley.

Frankel, J. (2005) "On the Renminbi: The Choice between Adjustment under a Fixed Exchange Rate and Adjustment under a Flexible Rate", National Bureau of Economic Research Working Paper, No. 11274, National Bureau of Economic Research, Cambridge, MA.

Goldstein, M. and N. Lardy (2006) "China's Exchange Rate Policy Dilemma", *American Economic Review*, Vol. 96, No. 2, pp. 422-426.

He, P., G. Nie, G. Wang and X. Zhang (2011) "Optimal Monetary Policy in China", *China and World Economy*, Vol. 19, No. 1, pp. 83-105.

International Monetary Fund (2014) *International Financial Statistics*, International Monetary Fund, Washington, DC.

Ito, T. (2008) "Chinese Foreign Exchange Policies and Asian Currencies (in Japanese)", Research Institute of Economy, Trade and Industry Discussion Paper Series, 08-J-010.

Ito, T., E. Ogawa and Y. N. Sasaki (1998) "How did the Dollar Peg Fail in Asia?" *Journal of the Japanese and International Economies*, Vol. 12, No. 4, pp. 256-304.

Kawai, M. (2004) "The Case for a Tri-polar Currency Basket System for Emerging East Asia", In G. De Brouwer and M. Kawai (eds.), *Exchange Rate Regimes in East Asia*, Routledge Corzon, pp. 360-384.

Koivu, T. (2010) "Monetary Policy, Asset Prices and Consumption in China", European Central Bank Working Paper, No.1240.

McKinnon, R. and G. Schnabl (2014) "China's Exchange Rate and Financial Repression: The Conflicted Emergence of the Renminbi as an International Currency", *China & World Economy*, Vol. 22, No. 3, pp. 1-35.

Ogawa, E. and T. Ito (2002) "On the Desirability of Regional Basket Currency Arrangement", *Journal of the Japanese and International Economies*, Vol. 16, No. 3, pp. 317-334.

Ogawa, E. and J. Shimizu (2006) "Stabilization of Effective Exchange Rates under Common Currency Basket System", *Journal of the Japanese and International Economies*, Vol. 20, No. 4, pp. 590-611.

Volz, U. (2014) "RMB Internationalization and Currency Cooperation in East Asia", in F. Rövekamp and H. G. Hilpert (eds), *Currency Cooperation in East Asia*, Heidelberg and New York: Springer, pp. 57-81.

Wang, X. (2011) "China's Exchange Rate and Monetary Policy", in BIS (eds.), *The Influence of External Factors on Monetary Policy Frameworks and Operations*, BIS Papers, No. 57.

Yoshino, N. (2012) "Views on Japan's Medium-term Current Account Balance", Cabinet Office, ESPR-2012-01.

Yoshino, N., S. Kaji and T. Asonuma (2015) "Dynamic Effect of a Change in the Exchange Rate System: From a Fixed Regime to a Basket-peg or a Floating Regime", ADBI Working Paper, No. 517.

―――― (2014a) "Dynamic Transition of the Exchange Rate Regime in China", *China & World Economy*, Vol. 22, No. 3, pp. 36-55.

―――― (2014b) "Dynamic Transition of the Exchange Rate Regime in the People Republic of China", ADBI Working Paper, No. 476.

―――― (2012) "Choices of Optimal Monetary Policy Instruments under the Floating and the Basket-peg Regimes", *The Singapore Economic Review*, Vol. 57, No. 4, pp. 1250024-1-1250024-31.

―――― (2004) "Optimal Exchange Rate System in Two Countries with the rest of the world", *Keio Economic Studies*, Vol. 41, No. 2, pp. 25-75.

Yoshino, N., S. Kaji and A. Suzuki (2004) "The Basket-peg, Dollar-peg and Floating: A Comparative Analysis", *Journal of the Japanese and International Economies*, Vol. 18, No. 2, pp. 183-217.

―――― (2002) "A Comparative Analysis of Exchange Rate Regimes", in L. Ho and C.W. Yuen (eds.), *Exchange Rate Regimes and Macroeconomic Stability*, Kluwer Academic Publishers, pp. 107-131.

Zhang, Z., N. Shi and X. Zhang (2011) "China's New Exchange Rate Regime, Optimal Basket Currency and Currency Diversification", Bank of Finland BOFIT Working Paper, No. 19.

索引

Calvo 型　50, 54, 55
CRA（Community Reinvestment Act: コミュニティ再投資法）　219
CVM（Contingent Valuation Method: 仮想法）　180, 181, 188
Difference-in-Differences method　142
Dichotomous Choice Model（二肢選択方式）　181
DSGE モデル　45
Eular の定理　106
Gauss = Seidel 法　84
JSTAR（Japanese Study of Aging and Retirement:「くらしと健康の調査」）　143
MCMC 法（マルコフ連鎖モンテカルロ法）　63
near-VAR　21, 24
OLS　148, 150-152
Ordered Probit モデル　272
Probit モデル　148, 150, 151, 154
RAND Health Insurance Experiment　140, 141
Regression Discontinuity Design　142
ROA（総資産利益率）　246, 297, 299, 300, 303-308
ROE（自己資本利益率）　297, 299, 300, 303, 304
SPV（Special Purpose Vehicle）　295, 298, 302
SUR（Seemingly Unrelated Regression）　107, 114
swing voter モデル　126, 130
TFP（Total Factor Productivity: 全要素生産性）　51, 66
Torbit モデル　148, 150, 151
Two-sided Market　276
VAR　21, 22
Vector Error Correction Model: VECM　26
WTA（Willingness To Accept: 受入補償額）　180
WTP（Willingness To Pay: 支払意思額）　180, 190, 195, 197, 198

あ

アバーチ・ジョンソン効果　176
アベイラビリティ・コスト　277

い

移行過程　85
異時点間代替性（率）　179, 181, 190, 195, 197, 198
1 次同次　107
1 票の重み　120, 122
医療サービス需要　141
医療需要の価格弾力性　142
インセンティブ規制　161, 162, 164, 165, 176
インパルス・レスポンス　59, 60
インパルス反応関数　27

う

受入補償額（WTA: Willingness To accep）　180
運転資金融資　246

え

エージェンシー問題　206

お

オリジネーター　295, 298, 299, 302-304

か

外貨預金　262
外需　30
外部資金調達プレミアム　46, 53, 60, 68

価格の硬直性　54, 55
価格のマークアップ率　55
家計　77
貸し渋り　236-238, 251
　　――緩和　236, 242, 243, 251
貸出供給曲線　238
貸出金成長率　238, 242
仮想法（CVM: Contingent Valuation Method）
　　180, 181, 188
株価収益率　257, 268
株価ボラティリティ　257, 268
カリブレーション　57
カルマンフィルター　66
為替政策の動学分析　310
為替レート変動　312, 313
環境（保全）投資　179, 190, 195, 197
環境評価　185, 188, 198
環境評価額　193
頑健性チェック　145, 148, 149, 151, 155
患者負担割合　149
間接効果　108, 115, 116
完全資本移動　310
観測方程式　64
管理変動相場制　311, 313, 327, 328

き

企業　77, 80
　　――家　51, 52
基礎的財政赤字　24, 25
基礎的財政収支　29
逆選択　161-167, 173
逆バリ　256, 257, 268
共和分　26
均斉成長制約　48
均斉成長率　50
金融
　　――円滑化検査　222
　　――円滑化法　218
　　――環境変化対応資金　243, 251
　　――行政　217, 222, 231
　　――検査　220
　　――検査マニュアル　217

　　――資産構成　255
　　――市場の不完全性　45, 46, 59-61, 66
　　――市場の不完全性の度合い　53, 58, 62,
　　　　67, 68
　　――政策　56
　　――政策ルール　56, 66
　　――仲介　205, 215
　　――仲介機関　51, 52

く

クラウディングアウト　60, 61
「くらしと健康の調査（JSTAR: Japanese Study
　　of Aging and Retirement）」　139, 141, 143,
　　148, 157, 158
クレジットカード　271
クレジットクランチ　235, 236, 238, 239, 242,
　　251

け

景気循環増幅効果　239
経済危機　43
経済厚生　212, 215
経済政策　43
継続雇用　73
ケインズ経済学　22
ケインズ効果　21, 22
決済時間コスト　277
決済端末　290
現役並み所得　149
限界生産力　115, 116
　　――説　106
減税　43-45, 57, 59, 60, 62

こ

公共財　291
公共投資　99, 114
交差項　142, 156
厚生水準　90, 91, 94, 95
構造ショック　66
構造パラメータ　58, 64, 66
高速道路　123, 124, 128, 130, 133, 134
行動経済学　291

行動ファイナンス　258, 259
合理的期待　84, 85
高齢者等の雇用の安定等に関する法律　73
高齢地域　32
国県道　123, 124, 128, 130, 134
国債
　――の需給メカニズム　9, 10
　――の需要　3, 7
　――の大量発行　5
　――の保有主体　7
固定効果　145, 148, 150, 151, 153, 157
固定相場制　318, 321, 325
コブ・ダグラス型生産関数　114
コミュニティ再投資法（CRA: Community Reinvestment Act）　219
雇用延長　75, 95
コントロール変数　142, 145

さ

最終財企業　55
財政
　――悪化　33
　――再建　33
　――支出　43
　――政策　21, 22, 44, 68
　――政策の効果　45, 62
　――の持続可能性　3, 12
最適価格　54
最適財政策ルール　3
最適賃金　50
財務指標　293, 294, 296, 297, 301, 304, 307, 308
サブプライム・ローン問題　43

し

資金決済法　290
シグナルジャミング　206
自己資本
　――総資産比率　238, 242
　――比率　297, 299, 301
　――比率規制　238, 239
　――利益率（ROE）　297, 299, 300, 303, 304
自己負担　139-141, 158
　――率　139-142, 149-151, 156-158
事後分布　67, 68
資産選択行動　255
事前分布　64, 66, 67
失業確率　78
疾病リスク　139, 140
支払意思額（WTP: Willingness To Pay）　180, 190, 195, 197, 198
資本移動規制　310, 317-321, 325, 328
資本財企業　55
自民党　119-122, 124, 126, 128, 130, 134
社会資本　99
　――の生産力効果　100, 108, 115, 116
若年地域　32
受診行動減少　140
受診抑制　139
　――効果　140
純債務残高　4
純資産　51, 52, 59
純資本ストック　102
小額決済　271
小国開放経済　310, 328
　――モデル　312, 315
乗数効果　21
情報の非対称性　139, 161, 162, 165, 166, 168, 176, 238
所得移転　45, 46, 57, 59, 68
所得コントロール　156
新興市場国　327
人口の高齢化　18
新古典派　24
　――モデル　23

せ

税　56
政策目標関数　15
生産弾力性　106, 115, 116
生産の資本ストック　102, 112
政治的景気循環　131, 133, 135

政治変数　122-124, 126, 128, 130, 134
税収ルール　15
生存確率　77
政府　77, 80
　――貸出　45, 46, 53, 57, 59-62, 66, 68
　――系金融機関　43, 235, 242
　――債務　24, 25
　――支出　44, 46, 56, 57, 59-61, 66, 68
　――支出ルール　15
セキュリティ・コスト　278
世代重複モデル　23, 24, 31, 74, 76
設備資金融資　246
ゼロ金利　69
全要素生産性（TFP: Total Factor Productivity）
　51, 66

そ
操作変数　266, 267
総資産利益率（ROA）　297, 299, 300, 303-308
粗債務残高　4
粗資本ストック　101, 112

た
貸借対照表のオフバランス　293, 301, 304
対数線形近似　57
ダミー変数　142, 145, 148
単位根　26
　――検定　263, 264

ち
チャージ　279
中央銀行　56
中間財企業　54
中小企業金融公庫　237
中小企業への融資拡大　237
直接効果　108, 115, 116
賃金の硬直性　50
賃金のマークアップ率　51

つ
通貨ウェイト　328

て
定常状態　49, 50, 57-59, 66
定常性　26
デビットカード　271
電子決済手段　277
電子マネー　271

と
投資家　205-207, 215
同時推定　266, 267
投資の調整コスト　55
透明性の高いファンド　210
道路族　119
ドーマー条件　8, 12
独占的競争市場　47, 49
トランスログ型生産関数　106, 114
取引費用　271
ドルペッグ制　309, 310

な
内生性　122, 123, 134

に
二肢選択方式（Dichotomous Choice Model）　181
日経平均株価　260, 262
日本政策金融公庫　237, 244
ニューケインジアンモデル　46

ね
ネットワーク外部性　291
年金支給開始年齢の引き上げ　73, 95

は
バスケットウェイト　310, 311, 326, 328
　――ルール　328
バスケットペッグ制　309-312, 319-321, 325-328
パネルデータ　143
ハンドリング・コスト　278

ひ

非ケインズ効果　21, 22
非定常　263
非リカード的家計　45-49, 57-61, 66, 67

ふ

ファンドマネジャー　205-207, 215
フィナンシャル・アクセラレーター　46
負債比率　297, 299, 301
不動産証券化　293-295, 307
不透明性　205, 215
不透明なファンド　210
プライマリー・バランス　14
プリンシパル・エージェント理論　161, 162
ふるさと投資ファンド　19
プロシクリカリティー　239

へ

ベイズ推定　46, 63, 66
ヘッジファンド　205
変動相場制　309-312, 320, 321, 326-328

ほ

貿易収支　31
ポートフォリオ開示　207
ポートフォリオ理論　257, 258
ボーン条件　8, 13
補助貨幣　272

ま

真水　44, 46, 62, 68
マルコフ連鎖モンテカルロ法（MCMC法）　63

み

民間資本ストック　111

も

目標ウェイト　218, 222
モラルハザード　139, 140, 158, 161-167, 238

や

ヤードスティック　168
　——規制　161, 164, 166
　——査定　167, 170, 171, 173-176
谷津干潟　180, 185

ら

ライフサイクル効用関数　77
ラムサール条約　185
ランダム効果　148, 150, 151

り

利益誘導政治　120, 123
リカード的家計　47-49, 57
リカードの等価定理　23, 59
罹患リスク　158
罹患率　158
リスク分散機能　139, 140
リスク分散効果　140

れ

レバレッジ　206, 246
　——比率　53
レベニューボンド　171

ろ

老朽化　99, 103, 105
労働分配率　110

わ

ワニの口　5

執筆者紹介

吉野直行（よしの なおゆき）〔編者，第1章，第16章〕
アジア開発銀行研究所所長，慶應義塾大学名誉教授

1973年東北大学経済学部卒業，1975年同大学大学院経済学研究科修士課程修了，1979年ジョンズ・ホプキンス大学大学院博士課程修了。Ph.D. in Economics。2004年スウェーデン/ヨーテボリ大学名誉博士，2013年ドイツ/マルティン・ルター大学ハレ・ヴィッテンベルク名誉博士。1979年ニューヨーク州立大学経済学部助教授，1982年埼玉大学大学院政策科学研究科助教授，1990年慶應義塾大学経済学部助教授，1991年同教授を経て，2014年より現職。専門は，マクロ経済学，金融財政政策。

主な業績："An 'Expanded Equation' Approach to Weak-Exogeneity Tests in Structural Systems and a Monetary Application", co-authored, *Review of Economics and Statistics*, 72(1), 1990; *Postal Savings and Fiscal Investment in Japan*, co-authored, Oxford University Press, 2004; *Hometown Investment Trust Funds*, co-edited, Springer, 2013 ほか。

亀田啓悟（かめだ けいご）〔編者，第2章〕
関西学院大学総合政策学部准教授

1993年慶應義塾大学経済学部卒業，1996年同大学大学院経済学研究科修士課程修了，1998年同博士課程中途退学。博士（経済学）。1993年東京銀行入行，1996年慶應義塾大学経済学部研究助手，1998年新潟大学経済学部講師，1999年同助教授，2006年関西学院大学総合政策学部助教授を経て，2007年より現職。専門は，公共経済学，マクロ経済学。

主要業績："Preestablished Harmony: The Japanese Government's Demand for Japanese Government Bonds", co-authored, *Japan and the World Economy*, 24(3), 2012; "What Causes Changes in the Effects of Fiscal Policy? A Case Study of Japan", *Japan and the World Economy*, 31, 2014; "Budget Deficits, Government Debt and Long-term Interest Rates in Japan", *Journal of the Japanese and International Economies*, 32, 2014 ほか。

中東雅樹（なかひがし まさき）〔編者，第5章〕
新潟大学人文社会・教育科学系准教授

1996年慶應義塾大学経済学部卒業，1998年同大学大学院経済学研究科修士課程修了，2001年同博士課程単位取得退学。2001年日本学術振興会特別研究員，2002年財務省財務総合政策研究所研究官，2004年千葉経済大学経済学部専任講師，2006年新潟大学経済学部助教授を経て，2007年より現職。専門は，財政学。

主要業績：『日本の社会資本の生産力効果』三菱経済研究所，2003年; "The Role of Infrastructure in Economic Development", co-authored, *ICFAI Journal of Managerial Economics*, 2(2), 2004;「三大都市圏における社会資本整備の経済効率性からみた評価」『財政研究』第9巻，共著，2013年ほか。

中田真佐男（なかた まさお）〔編者，第14章〕
成城大学経済学部教授

1995年慶應義塾大学経済学部卒業，1997年同大学大学院経済学研究科修士課程修了，2000年

同博士課程単位取得退学。博士（経済学）。2001 年千葉経済大学経済学部専任講師，2004 年財務省財務総合政策研究所主任研究官，2007 年九州大学大学院経済学研究院准教授，2011 年成城大学経済学部准教授を経て，2012 年より現職。専門は，金融論。
主要業績：「財政投融資制度の変革と政府債務――わが国資金循環の構造変化が政府債務に及ぼす影響」『フィナンシャル・レビュー』第 79 号，2005 年；"Public Debt and the Macroeconomic Stability in Japan", co-authored, *Public Policy Review*, 1(1), 2005；「電子マネー決済の現状と課題」『月刊金融ジャーナル』第 54 巻第 6 号，2013 年ほか。

溝口哲郎（みぞぐち てつろう）〔第 1 章〕
麗澤大学経済学部准教授
1997 年慶應義塾大学経済学部卒業，1999 年同大学大学院経済学研究科修士課程修了，2008 年オタワ大学経済学部博士課程修了。Ph.D. in Economics。2008 年京都大学経済研究所研究員（慶應‒京大グローバル COE），2009 年慶應義塾大学経済学部特別研究講師，2011 年麗澤大学経済学部助教を経て，2013 年より現職。専門は，公共経済学，応用ミクロ経済学。
主要業績：『国家統治の質に関する経済分析』三菱経済研究所，2011 年；"Amakudari: The Role of the Post-Retirement Employment of Bureaucrat in Japan", co-authored, *Journal of Public Economic Theory*, 14(5), 2012；"Corruption in Public Procurement Market", co-authored, *Pacific Economic Review*, 19(5), 2014 ほか。

江口允崇（えぐち まさたか）〔第 3 章〕
駒澤大学経済学部講師
2004 年青山学院大学経済学部卒業，2006 年中央大学大学院経済学研究科修士課程修了，2010 年慶應義塾大学大学院経済学研究科博士課程単位取得退学。博士（経済学）。2008 年三菱経済研究所研究員，2010 年慶應義塾大学経済学部助教を経て，2013 年より現職。専門は，財政学，マクロ経済。
主要業績：「担保可能性（pledgeability）と融資配分の非効率性」『金融経済研究』第 31 号，2010 年；『動学的一般均衡モデルによる財政政策の分析』三菱経済研究所，2011 年；"Optimal Monetary Policy in an Estimated Local Currency Pricing Model", co-authored, *Advances in Econometrics*, 28, 2012 ほか。

高野哲彰（たかの てつあき）〔第 3 章〕
日本経済研究センター研究員
2011 年慶應義塾大学経済学部卒業，2013 年同大学大学院経済学研究科修士課程修了。2013 年日本経済研究センター研究本部を経て，2014 年より現職。専門は，マクロ経済学。
主要業績：「将来推計の抜本見直しを――日本の経済財政社会保障に関する将来推計の課題と将来像」共著，東京財団政策提言，2012 年ほか。

佐藤格（さとう いたる）〔第 4 章〕
国立社会保障・人口問題研究所社会保障基礎理論研究部第 1 室長
2000 年慶應義塾大学経済学部卒業，2002 年同大学大学院経済学研究科修士課程修了，2005 年同博士課程単位取得退学。2005 年国立社会保障・人口問題研究所社会保障基礎理論研究部研究

員を経て，2012年より現職。専門は，マクロ経済学，財政論。
主要業績：「OLGモデルによる社会保障の分析」『社会保障の計量モデル分析——これからの年金・医療・介護』東京大学出版会，2010年；「経済前提の変化が年金財政に及ぼす中長期的影響——マクロ計量モデルによる年金財政の見通し」『季刊社会保障研究』第46巻第1号，2010年；「財政・社会保障改革に関するシミュレーション分析」『財政再建の道筋——震災を超えて次世代に健全な財政を引継ぐために』総合研究開発機構，2011年ほか。

近藤春生（こんどう はるお）〔第6章〕
西南学院大学経済学部准教授
2003年慶應義塾大学経済学部卒業，2005年同大学大学院経済学研究科修士課程修了，2008年同博士課程単位取得退学。博士（経済学）。2005年慶應義塾大学経済学部研究助手，2006年財務省財務総合政策研究所研究官，2008年西南学院大学経済学部講師を経て，2010年より現職。専門は，財政学。
主要業績：「社会資本整備における政治経済学的側面」『フィナンシャル・レビュー』第89巻，2008年；「公的支出の地域経済への効果」『財政研究』第7巻，2011年；"Government Transparency and Expenditure in the Rent-Seeking Industry: The Case of Japan for 1998-2004", co-authored, *Contemporary Economic Policy*, 31 (3), 2013 ほか。

井深陽子（いぶか ようこ）〔第7章〕
東北大学大学院経済学研究科准教授
2000年慶應義塾大学経済学部卒業，2002年同大学大学院経済学研究科修士課程修了。2008年ラトガース大学博士課程修了。Ph.D. in Economics。2008年イェール大学公衆衛生大学院博士研究員，2011年一橋大学大学院経済学研究科専任講師，2012年京都大学大学院薬学研究科特定准教授を経て，2013年より現職。専門は，医療経済学。
主要業績："The Stabilization of an Open Economy with Capital Controls: An Analysis Using Malaysian Data", co-authored, *Asian Economic Papers*, 2 (3), 2003; "Impact of Program Scale and Indirect Effects on the Cost-effectiveness of Vaccination Programs", co-authored, *Medical Decision Making*, 32(3), 2012; "Free-riding Behavior in Vaccination Decisions: An Experimental Study", co-authored, *PLoS One*, 9 (1), 2014 ほか。

庄司啓史（しょうじ けいし）〔第7章〕
衆議院憲法審査会事務局参事
2000年東京学芸大学教育学部卒業，2013年一橋大学大学院国際・公共政策教育部専門職学位課程修了。2000年金融庁監督局銀行第一課，2002年衆議院調査局予算調査室調査員，2004年日本経済研究センター金融研究員などを経て，2013年より現職。専門は，財政論。
主要業績：「公的年金改革の検証」『日本金融研究——金融研究班報告書』共著，日本経済研究センター，2004年；「中高年者の受診行動——身体機能との関係から」『統計』共著，2013年；「海外市場情報と輸出開始——情報提供者としての取引銀行の役割」『経済分析』第188号，共著，2014年ほか。

鈴木彩子（すずき あやこ）〔第 8 章〕
早稲田大学国際教養学部准教授
1994 年慶應義塾大学経済学部卒業，2006 年ジョンズ・ホプキンス大学大学院博士課程修了。Ph. D. in Economics。1994 年あさひ銀行入行，2006 年大阪大学社会経済研究所専任講師，2008 年早稲田大学国際教養学部専任講師を経て，2014 年より現職。専門は，産業組織論。
主要業績："The Basket-Peg, Dollar-Peg, and Floating: A Comparative Analysis", co-authored, *Journal of the Japanese and International Economies*, 18（2），2004; "Market Foreclosure and Vertical Merger: A Case Study of the Vertical Merger between Turner Broadcasting and Time Warner", *International Journal of Industrial Organization*, 27（4），2009; "Yardstick Competition to Elicit Private Information: An Empirical Analysis", *Review of Industrial Organization*, 40（4），2012 など。

和田良子（わだ りょうこ）〔第 9 章〕
敬愛大学経済学部教授
1987 年慶應義塾大学経済学部卒業，1989 年同大学大学院商学研究科修士課程修了，1999 年同博士課程単位取得退学。1989 年富士総合研究所研究員，1999 年敬愛大学専任講師，2003 年同助教授を経て，2011 年より現職。専門は，実験経済学，実験ファイナンス。
主要業績：*Experimental Analysis of Decision Making: Choice Over Time and Attitude toward Ambiguity*，白桃書房，2007; "Separation of Intertemporal Substitution and Time Preference Rate From Risk Aversion: Experimental Analysis With Reward Designs", *Developments on Experimental Economics: New Approaches to Solving Real-world Problems*, co-authored, Springer, 2007; "Choice with Imprecise Information: An Experimental Approach", co-authored, *Theory and Decision*, 69（3），2010 ほか。

佐藤祐己（さとう ゆうき）〔第 10 章〕
ローザンヌ大学助教，スイス金融研究所（SFI）研究員
2001 年慶應義塾大学経済学部卒業，2003 年同大学大学院経済学研究科修士課程修了，2006 年ユニバーシティ・カレッジ・ロンドン修士課程修了，2011 年ロンドン・スクール・オブ・エコノミクス博士課程修了。Ph.D. in Economics。2011 年より現職。専門は，金融理論。
主要業績："Opacity in Financial Markets", *Review of Financial Studies*, 27（12），2014 ほか。

永田〔島袋〕伊津子（ながた〔しまぶくろ〕いつこ）〔第 11 章〕
沖縄国際大学経済学部准教授
1998 年横浜国立大学経営学部卒業，2000 年慶應義塾大学経済学研究科修士課程修了，2003 年同博士課程単位取得退学。2003 年学術振興会特別研究員，2004 年財務総合政策研究所研究官，2006 年沖縄国際大学経済学部専任講師を経て，2010 年より現職。専門は，金融論。
主要業績：「貸出のレントと邦銀の海外業務」『アジア金融危機とマクロ経済政策』共著，慶應義塾大学出版会，2004 年;「銀行貸出におけるスイッチング・コストの推定——信用金庫データを用いて」『沖縄国際大学経論集』第 6 巻第 1 号，2009 年;「リレーションシップ構築コストと金利に関する実証分析」『經濟學研究』第 76 巻第 5 号，2010 年ほか。

執筆者紹介

飯島高雄（いいじま たかお）〔第11章〕
近畿大学産業理工学部准教授
1994年慶應義塾大学経済学部卒業，2000年同大学大学院経済学研究科修士課程修了，2003年同博士課程単位取得退学。博士（経済学）。2004年慶應義塾大学21世紀COEプログラム研究員（PD），2006年金融庁金融研究研修センター研究員を経て，2008年より現職。専門は，韓国経済論，金融論。
主要業績：『日韓経済システムの比較制度分析』共著，日本経済新聞社，2001年；『韓国「構造改革」の理論分析』三菱経済研究所，2004年；「バブルとアジアの資本移動変化」『不良債権と金融危機』共著，慶應義塾大学出版会，2009年ほか。

関野雅弘（せきの まさひろ）〔第12章〕
2012年慶應義塾大学商学部卒業，2014年同大学大学院商学研究科修士課程修了。2014年より民間企業に勤務。専門は，計量経済学。

渡部和孝（わたなべ わこう）〔第12章〕
慶應義塾大学商学部教授
1995年慶應義塾大学経済学部卒業，1999年プリンストン大学大学院経済学研究科修士課程修了。2003年同博士課程修了。Ph.D. in Economics。1995年総務省入省，2003年大阪大学社会経済研究所講師，2005年東北大学経済学研究科助教授，2007年慶應義塾大学商学部准教授を経て，2013年より現職。専門は，銀行行動，企業金融，応用マクロ経済学。
主要業績："Why Do People Save? A Micro-Analysis of Motives for Household Saving in Japan", co-authored, *Economic Journal*, 107(442), 1997; "Prudential Regulation and the "Credit Crunch": Evidence from Japan", *Journal of Money, Credit and Banking*, 39(2-3), 2007; "Foreign Direct Investment and Regulatory Remedies for Banking Crises: Lessons from Japan", *Journal of International Business Studies*, 42(7), 2011 ほか。

塚原一郎（つかはら いちろう）〔第13章〕
福山大学経済学部准教授
2001年慶應義塾大学経済学部卒業，2003年同大学大学院経済学研究科修士課程修了，2009年同博士課程修了。博士（経済学）。2009年福山大学経済学部専任講師を経て，2011年より現職。専門は，金融論，計量経済学。
主要業績：『日本の家計の資産選択行動に関する実証分析』三菱経済研究所，2009年；「株式投資をする家計の特徴」『福山大学経済学論集』第35巻第1号，2010年；「家計の金融資産構成の特徴と要因」『季刊個人金融』2014年夏号，2014年ほか。

矢口和宏（やぐち かずひろ）〔第15章〕
東北文化学園大学総合政策学部准教授
1992年法政大学経済学部卒業，1994年慶應義塾大学大学院経済学研究科修士課程修了，1998年同博士課程単位取得退学。1994年ライフデザイン研究所（現 第一生命経済研究所ライフデザイン研究本部）研究員，1999年東北文化学園大学総合政策学部専任講師，2004年同大学助教授を経て，2007年より現職。専門は，経済政策論。

主要業績:「不動産証券化の財務指標と不良債権処理に与える影響」『LDI-REPORT 2002.1』2002年;「不動産証券化が不動産の流動化に与える影響」『経済政策ジャーナル』第6巻第2号,2009年;『ECOシティ』共著,中央経済社,2010年ほか.

嘉治佐保子 (かじ さほこ) 〔第16章〕

慶應義塾大学経済学部教授,PCP Co-ordinator

1982年慶應義塾大学経済学部卒業,1984年同大学大学院経済学研究科修士課程修了,同大学経済学部助手,1985年ジョンズ・ホプキンス大学大学院博士課程入学,1988年イェール大学経済学部訪問大学院生.1992年ジョンズ・ホプキンス大学大学院修了.Ph.D. in Economics.1991年慶應義塾大学経済学部助教授,1999年慶應義塾大学経済学部教授,2006年より同大学経済学部 Professional Career Programme (PCP) Co-ordinator兼務.専門は,欧州経済,国際マクロ経済学.
主要業績:『国際通貨体制の経済学――ユーロ・アジア・日本』日本経済新聞社,2004年;『ユーロ危機で日本はどうなるのか』日本経済新聞社,2012年;*Who Will Provide the Next Financial Model?: Asia's Financial Muscle and Europe's Financial Maturity*", co-edited, Springer, 2013ほか.

阿曽沼多聞 (あそぬま たもん) 〔第16章〕

国際通貨基金 (IMF) エコノミスト

2003年慶應義塾大学経済学部卒業,2005年同大学大学院経済学研究科修士課程修了,2011年ボストン大学大学院博士課程修了.Ph.D. in Economics.2005年慶應義塾大学経済学部研究助手を経て,2010年より現職.2014年ボストン大学経済学部訪問研究員.専門は,国際金融論,国際マクロ,対外債務 (Sovereign Debt).
主要業績:"Choices of Optimal Monetary Policy Instruments under the Floating and the Basket-peg Regimes", co-authored, *Singapore Economic Review*, 57(4), 2012; "Dynamic Transition of Exchange Rate Regime in China", co-authored, *China & World Economy*, 22(3), 2014; "Dynamic Analysis of the Exchange Rate Regime: Policy Implications for Emerging Countries in East Asia", co-authored, *Review of Development Economics*, forthcomingほか.

日本経済の課題と針路
——経済政策の理論・実証分析

2015 年 3 月 30 日　初版第 1 刷発行

編著者―――――吉野直行・亀田啓悟・中東雅樹・中田真佐男
発行者―――――坂上　弘
発行所―――――慶應義塾大学出版会株式会社
　　　　　　　〒108-8346　東京都港区三田 2-19-30
　　　　　　　TEL〔編集部〕03-3451-0931
　　　　　　　　　〔営業部〕03-3451-3584〈ご注文〉
　　　　　　　　　〔　〃　〕03-3451-6926
　　　　　　　FAX〔営業部〕03-3451-3122
　　　　　　　振替　00190-8-155497
　　　　　　　http://www.keio-up.co.jp/
装　丁―――――後藤トシノブ
印刷・製本―――株式会社加藤文明社
カバー印刷―――株式会社太平印刷社

Ⓒ 2014 Naoyuki Yoshino, Keigo Kameda, Masaki Nakahigashi, Masao Nakata,
Tetsuro Mizoguchi, Masataka Eguchi, Tetsuaki Takano, Itaru Sato,
Haruo Kondoh, Yoko Ibuka, Keishi Shoji, Ayako Suzuki, Ryoko Wada,
Yuki Sato, Itsuko Nagata, Takao Iijima, Masahiro Sekino, Wako Watanabe,
Ichiro Tsukahara, Kazuhiro Yaguchi, Sahoko Kaji, Tamon Asonuma
Printed in Japan　ISBN 978-4-7664-2204-7

慶應義塾大学出版会

慶應義塾大学経済学部 現代金融論講座

1 金融資産市場論
吉野直行・藤田康範編 ◎2,400円

2 信託・証券化ファイナンス
吉野直行編 ◎2,200円

3 金融投資サービス論
吉野直行編 ◎2,300円

4 金融資産市場論Ⅱ
吉野直行・藤田康範編 ◎2,300円

5 金融投資サービス論Ⅱ
吉野直行・藤田康範編 ◎2,300円

6 金融資産市場論Ⅲ
吉野直行・藤田康範編 ◎2,300円

7 金融システムの現在
吉野直行・藤田康範編 ◎2,300円

8 金融危機と管理体制
吉野直行・藤田康範編著 ◎2,300円

9 ふるさと投資ファンド
――意欲のある中小企業が資金を得る仕組み
吉野直行・塩澤修平・嘉治佐保子編著 ◎1,600円

表示価格は刊行時の本体価格(税別)です。

慶應義塾大学出版会

信金中央金庫寄付講座 中小企業金融論　全3巻

1 中小企業金融と日本経済

吉野直行・藤田康範・土居丈朗編　政策金融、不良債権処理、企業の整理・再建といった中小企業を取り巻く金融の動きを金融行政の担当者と金融機関の実務家が政策的視点から解説する。　◎2200円

2 中小企業の現状と中小企業金融

吉野直行・渡辺幸男編　中小企業金融機関の関係者と中小企業経営者が、中小企業金融の特徴、中小企業の活力ある行動など借手の立場にある中小企業の実際の活動内容を解説する。　◎2200円

3 中小企業金融と金融環境の変化

吉野直行・藤田康範編　金融行政の担当者と金融機関の実務家が、民間金融機関の革新の動きと地方における地域金融機関の役割を率直に語る。　◎2500円

表示価格は刊行時の本体価格(税別)です。

慶應義塾大学出版会

ファイナンスの基礎理論
株式・債券・外国為替

キース・カットバートソン、ダーク・ニッチェ著／吉野直行監訳　ファイナンスに関するこれまでの研究成果を正しく理解し、次のステップに進むための道標となるテキスト。米英の豊富な実証研究を紹介し、それらに基づく「株式」「債券」「外国為替」の運用に必要な基礎理論と実証分析を分かりやすく解説する。　　　　◎6,800円

金融経済
実際と理論

吉野直行・山上秀文著　経済、財政、国際金融などの関連分野に触れつつ、金融経済の実際を幅広く解説。理論から実際へと展開する通常のテキストとは構成の順序を逆にすることにより、実際との関連において理論にも興味を持ち学習できるよう工夫した新しい金融論テキスト。　◎2,500円

表示価格は刊行時の本体価格（税別）です。